Robert Minder
Dichter
in der Gesellschaft

*Erfahrungen mit deutscher und
französischer Literatur*

Insel Verlag

Dritte Auflage 1983
© Insel Verlag Frankfurt am Main 1966
Alle deutschen Rechte Insel Verlag Frankfurt am Main
Nachweise am Schluß des Bandes
Druck: Nomos Verlagsgesellschaft, Baden-Baden
Printed in Germany

Inhalt

Vorwort 14

Warum Dichterakademien? 18
Durchblutungsstörungen der Literatur. – Die Akademien im Hintertreffen. – Literarische Reiseführer zu beiden Seiten des Rheins. – Lebendige Klassik? – Das Versagen von Wien, Berlin, Hamburg. – Bismarck, Richelieu und die Dichtung. – Spitzengremien in der Bundesrepublik. – Zusammensetzung der Französischen Akademie. – Die Krise im 20. Jahrhundert. – Mallarmés und Gides Privatakademien. – Riten um Stefan George. – Die Absage Hofmannsthals. – Zeitphänomen und überzeitliche Leistung.
Die Preußische Akademie 1926–1933. – Brief von Ricarda Huch. – Das Tagebuch Loerkes. – Notwendigkeit und Grenzen der Institutionalisierung.
Dichterinnen. – Keine weiblichen Mitglieder in der Französischen Akademie. – Trotzdem aktive Rolle der Frau im Kulturleben Frankreichs. – Die Frauen um Goethe. – Literaturgeschichte als Familiengeschichte eines Volkes. – Im Salon, im Kloster, auf den Barrikaden. – Diane de Poitiers und die Pompadour, die hlg. Genoveva und Bernadette. – Sozialkritiker unter Ludwig XIII. und Ludwig XIV. – Die Reden Adenauers, Erhards und de Gaulles. – Voltaire und Rousseau, Chateaubriand und Victor Hugo als Opponenten. – Engagement von Zola bis Camus und Sartre. – Die ›eiserne Stummheit des deutschen Bürgertums‹. – Gerhart Hauptmann. – Entwicklung von Thomas Mann und Alfred Döblin. Gefahren der Akademie. – Machtinstrument für Richelieu und Napoleon I – Clemenceau und Foch in der Akademie. – Der literarische Streit zwischen Pétain und de Gaulle. – Kritik an der Akademie: von Molière und Rousseau bis Céline und Nathalie Sarraute. – Gegengifte aus der deutschen Literatur. – Eine deutsche Tendenz: Hypertrophie der Innerlichkeit. – Akademie als Konservatorium und Hort der Unruhe? – Deutsche und französische Literatur im

20. Jahrhundert. – Das neue Universum und die Rolle des Dichters. – Kritische Haltung und Kredit für den Menschen. – Die Nußschale des Odysseus.

Diderot, ein stürmischer Freund der Menschen 47
Der Choleriker oder emotionale Naturalist. – Widersprüche und Einheit. – Bezug auf Heimat und Volk. – Landschaft um Langres. – Das Vaterhaus. – Emanzipation des Bürgers. – Kunstkritik; Sinn für Ruinen. – Entdeckung Ossians und der Edda. – Rolle des Genfers Mallet in Kopenhagen. – Turgots Übersetzung. – Das Ossianbild Napoleons und seine Wandlungen.
Die Erzählung des alten Schmiedes. – Kleistischer Impetus der ›Zwei Freunde aus Bourbonne‹. – Rousseau. – ›Indiskrete Kleinode‹ oder ›Geschwätzige Muscheln‹. – Die ›Nonne‹ und ihre begeisterte Aufnahme durch die deutsche Klassik. – Diderots Materialismus und Lenin. – Der Baron Grimm und sein Korrespondenzblatt. – Zarin und Zimmermann. – Klinger und Schiller als Vermittler, Goethe als Übersetzer. – Künstlerische, soziale und geistige Hintergründe von ›Rameaus Neffen‹. – Ein Bruder Kreislers und Franz-Moor-Typ. – Demaskierung der Welt und iphigenische Rettung. – E. T. A. Hoffmanns und Grillparzers Musikanten. – ›Jakob und sein Herr‹ und die Verfremdungseffekte. – Sterne und Guardi, Hegel und Marx. – ›Enzyklopädie‹.

Jean Paul oder die Verlassenheit des Genius 66
Fülle und Versteinerung; Golgatha hinter Blumenbühl. – Musikalische Prosa und pathologische Zwangsmechanismen. – Ein Zitat von Görres. – Goethe, Schiller und das leise Klirren der Kette. – Mütterliches Magma, geistiges Selberstillen. – Hohe Seelen und Rollwenzelei. – Der ›Titan‹ als Abrechnung mit Weimar und mit dem Künstler. – ›Wuz‹ als heroische Idylle. – Die Todesprobe. – Das ›Leben Fibels‹ und Mallarmé. – Kindheitsgeschichte. – Das Kosmische im Häuslichen. – Schüler Swifts und Bruder Rousseaus. – Die Tragödie des Vaters. – Neurose auf sozialem Hintergrund. – Die Erleuchtung. – Der

›tote Gott‹ und die Französische Revolution. – Eremiten nach 1815. – Ungehobene Schätze.

Hölderlin unter den Deutschen 78
Hölderlin als Schwabe. – Lutherisches Bollwerk. – Die Revolte der Jugend: von J. V. Andreä zu Bengel, Oetinger und den Stiftlern von 1792. – Realpräsenz des unbekannten Gottes. – Die Verkennung. – Umschwung.
Hellenisch-orientalistische Schulung. – Der Vorsprung Deutschlands. – Politische Aktion. – Die Revolution »wie ein unaufhörlich Wetter hereinleuchtend.« – Bei Schiller und Goethe. – Fichte; Liebesaffären der Stiftler.
Das Frankfurter Patrizierhaus. – Susette Gontard als Griechin des 18. Jahrhunderts. – Balzac, Sainte-Beuve, Senancour und ›Hyperion‹. – Die Verstoßung. – Hegel, Stendhal und die Problematik von Herr und Knecht. – Homburg und Sinclair. – Der neue Bund; das Erbarmen. – Graf Reinhard als Gegenspieler. Der Jakobiner. – Alpen und Ozean im Spätwerk. Von der klassischen Synthese zur Parataxe. – Der Süden bei Claude Lorrain, Cézanne und van Gogh. – Ende der Fraternitas: Hegel, Schelling und Hölderlin. – Nationalistische Sakralisierung. – Heidegger und die vaterländische Kehre. – Schicksalhafte Auswattierung. – Der ›Achtzehnte Brumaire‹. Eine neue Stufe.

Jean Paul in Frankreich 101
Über Mikroanalysen. Was stiften Dichter? – Wirkung homöopathischer Dosen. – Geistige Rolle der protestantischen Minorität in Frankreich. – ›Rede des toten Christus‹: eine französische Quelle? – Die Originalität Jean Pauls. – Theologie und Politik. – Resonanz in der französischen Dichtung.
Der Zitatenschatz von de la Grange. – »Style symbolique«. – »Amour allemand« bei Stendhal, Balzac, Baudelaire. – Der verballhornte ›Titan‹. Angelismus und Selenographie Jean Pauls selbst in Zeitschriften für die Jugend. – Jean Paul neben Goethe und Schiller.
Das Wellental um die Jahrhundertmitte. – Der Literarhistoriker und Jean-Paul-Adept Alexander Büchner, ein Bruder Ge-

org Büchners und Verächter seiner Werke. – Übersetzung und Kommentar von Jean Pauls ›Ästhetik‹. – Jean Paul im französischen Lustspiel. – Schattendasein der späteren Übersetzungen; Weiterwirken des ›Titan‹.
Die wissenschaftliche Biographie: Firmery, 1886. – Rolle der Germanistik. – Giraudoux, Proust und Jean Paul. – Dichter-Kritiker: E. Jaloux und J. Cassou. – Nachwirkungen Jean Pauls 1965/66. – Louis Aragon: von Jean Paul F. Richter zu Sviatoslav Richter und dem Weltenrichter.
Richtlinien der künftigen Jean-Paul-Forschung in Frankreich. – Erste Ergebnisse. – Die Ästhetik von Gaston Bachelard. – Pettenkofer statt Jean Paul in der bayerischen Walhalla. – Geheimorden der Jean-Paul-Leser. – Ernst Jünger und ›Tristram Shandy‹. – Der Funke springt wie je.

Johann Peter Hebel
und die französische Heimatliteratur 126
Dank an Hebel. Doppelte Vertrautheit. – Albert Schweitzer als hebelsche Natur. – Aequitas und alemannische Statik. – Das Vorbild der Antike. – Fabeln von Lafontaine und Märchen von Perrault.
Ein europäisches Phänomen: Aufblühen der Dorfgeschichte in der Schweiz, Deutschland und Frankreich. – Zwei alte Bauernländer: Westfalen und Bretagne. – Die Impulse von Rousseau und Chateaubriand. – Die naturalistische Linie: von Restif de la Bretonne über Balzac bis Zola. – Reaktion von George Sand. – Ein elsässischer Vorläufer: Alexander Weill. – Vom Humanitätsgedanken Hebels zum Patriotismus Auerbachs. – Jüdische Gemeinden des Ostens.
Max Buchon aus dem französischen Jura und badische Tischler in Frankreich. – Die Uhrenverkäufer aus dem Schwarzwald und der Sergeant Kolb, ein Vorfahre de Gaulles. – Das Bierhaus Andler in Paris als Sammelpunkt der ›Realisten‹ gegen 1850. – Der Maler Courbet und seine literarischen Weggenossen. – Mörike, Leibl und Hans Thoma. – Beziehungen des französischen Juras, der welschen Schweiz, des Berner Oberlands, der Vogesen, des Schwarzwalds und des schwäbischen Juras. – He-

bels große Zeit in Frankreich: 1850/60. – Ein Arbeiterdichter aus Lyon: Pierre Dupont. – Reaktion Baudelaires.
Napoleon III. im Hintergrund. – Seine lyrischen Versuche. – Ministerialdekret über die Sammlung französischer Volkslieder. – Prozesse gegen den ›sittenwidrigen Naturalismus‹ von Baudelaire, Flaubert, Courbet. – Restaurative Architektur in Frankreich und Deutschland. – Aktivierung des germanischen Ideals durch Richard Wagner. – Auf- und Abtreten von Vercingetorix. – Bedeutung der französischen Provinzschriftsteller. – Vorwort von George Sand zu Gotthelf. – Der ›Oberhof‹ von Immermann in französischer Übersetzung. – André Gide wirbt umsonst für Gottfried Keller. – Andauernde Unpopularität der großen deutschen ›Realidealisten‹. Verstärkter Chauvinismus auf beiden Seiten des Rheins nach 1870. – Heimatkunst im Sinn von Hebel und Goethe, Madame de Staël und Manzoni und Volksverbundenheit im Sinn von F. Lienhard und A. Bartels, Charles Maurras und Léon Daudet. – Die Provinz als Hintergrund der großen französischen Romane im späten 19. und im 20. Jahrhundert. – Mistral: vergilische Reinheit.
Die Nachfolger Hebels am Oberrhein. – Schweizer Volkserzähler und Max Frisch. – Brecht, Graf, Hašek. – Kafka und der Schneider Crecelius. – Alleinseligmachende römisch-hellenische Kultur französischer Prägung. – Deutsche Aufnordung – Und die Araber? – Cordoba zur Zeit der Merowinger und Karolinger. – Hebels unbestechlicher Blick aufs Ganze.
Hebelfreunde in Lyon 1943/44. – Carl J. Burckhardt, Rilke und Lucien Herr, ein Deutschlandkenner und Mönch der Republik. – Bedrohung und Macht des Einzelnen. – Grenzen von Hebels Wirkung. – Der Gegenpol: Kleist. – Ein Klassiker der Koexistenz. – Albert Schweitzer und Christian Wagner, der Douanier Rousseau der schwäbischen Lyrik.

Über eine Randfigur bei Fontane 159
Hausbesitzer Schickedanzens Abschiedsworte. – Sterbeszenen bei Fontane, Jens Peter Jacobsen und Thomas Mann. – Märkisch-preußischer Boden. – Zelters ›Jeder muß‹. – Der kantische Imperativ fontanesch aufgelockert. – Die Tradition von

Franz Krüger, Schadow und Schinkel. – Nüchternheit des Erzberliners Nicolai und Räsonieren des Romantikers Ludwig Tieck. – Frau Schickedanz und Jenny Treibel. – Ironische Distanz Fontanes. – Duktus der Reden Stechlins und Schickedanzens. – Bescheidene Doublette.
Kritik an Fontanes Gestalten: Gottfried Benn und Alfred Döblin. – Schickedanz und Franz Biberkopf finden sich zuletzt. – Fontane-Anklänge in der Spätlyrik Benns. – Verschärfte Kulturkritik beim alten Fontane. – Die Briefe an Friedländer. – Neubewertung der späten Berliner Erzählungen. – ›Stechlin‹ als großer und verschwiegener politischer Roman. – Unterschied zu der englischen, französischen und russischen Gesellschaftskritik.
Hugenotten als Kader im unterentwickelten Königreich Preußen. – Innere Zusammenhänge in Europa. – Schickedanzens Warnung vor der Großmannssucht; Fontane als Prophet.

Alfred Döblin zwischen Osten und Westen 175
Dialektik von Macht und Ohnmacht; der Einzelne und der Ozean. – Ost-West-Wanderung der Familie. – Flucht des Vaters übers Meer. – Mosaisches Gesetz und preußischer Imperativ. – Die Nothelfer. – Mediziner und ›Sturm‹. – Frühexpressionistische Werke. – Durchbruch zu den großen Romanen. – Vita nuova und Wandel des Frauenbildes. – Das indische Epos ›Manas‹. – ›Berlin-Alexanderplatz‹ als religiöses Lehrgedicht. – Stilprinzip der Montage. – Biberkopf, der Mitläufer.
Politische Schriften. – Die Emigration. Von ›Amazonas‹ zu ›November 1918‹. – ›Hamlet‹ als Schlußpunkt. – Religiöses. – Verkanntes Vor- und Sinnbild.

Brecht und die wiedergefundene Großmutter 214
Die unwürdige Greisin. – Politische Schuhmacher. – Doppelrevolte im Familienhaus. – Landsknechttruppigkeit gegen Hofmannsthalsches fin-de-siècle. – Der Weg nach unten als Heilsweg. – Augsburger Tradition. – Das Verhältnis zu Italien. – Ludwig Curtius als Gegenspieler. – Häretiker und Revolutionäre an der Donau. – Die Rolle Münchens. – Technisches Zeit-

alter und Neublüte Augsburgs. – Mütter bei Brecht und Heidegger. – Hegel über die Eierfrau. – Die Großmutter als Grundfigur. – Laotse und Galilei. – Nochmals Hofmannsthal.

Heidegger und Hebel oder die Sprache von Meßkirch 234
Hebel, ein Unbekannter? – Von Goethe und Jean Paul zu Tolstoj. – ›Der Zauber der Heimat.‹ – Wagnerscher Zungenschlag Heideggers. – Muttersprache: die Sakralisierung des Begriffs. – Wandlungen des Wortes ›alemannisch‹. – Von Goethe und Hebel zu D. F. Strauß und H. Burte. – Das Kleinepos über Hebel. – ›Volkstum und Sendung‹, 1936. – Quelle und Wurzel als Leitbilder. – Weisgerbers Sprachtheorie. – Replik von Gottfried Keller.
Die ›Ursprünge‹ Hebels. – Erasmisches. – Belchismus. – Toleranzgedanke des Evangeliums und der Aufklärung. – Hebel als citoyen. – Schwächung der demokratischen Tradtion. – Rede Weisgerbers zum 30. Januar 1943. – Ein Zitat von Weinheber. – Hitler über das deutsche Lied. – Heidegger über Conradin Kreutzer. – Béla Bartók als Gegenbeispiel.
Meßkircher Heimat. – Landschaft bei Heidegger, Gabele und Gröber. – Die Mutter bei Péguy und Heidegger. – Meßkirch als kulturelles Zentrum. – Chronik der Grafen von Zimmern. – Der Meister von Meßkirch. – Abraham a Santa Clara, ein Vorfahre. – Chateaubriand meditiert in Meßkirch über Ludwig XIV. und Napoleon I. – Die Inschrift auf dem Pariser Triumphbogen und die Schlachtenbilder von J. B. Seele. – ›Nachtlager von Granada‹. – Anton Gabeles nazistisches Pfingstwunder. – Lehre von den organischen Bindungen bei Conrad Gröber. – Sein Bekenntnis zum Führer und die Kehrtwendung. – Reaktivierte autoritäre Jugenderziehung bei Heidegger und Benn. – Unterschiede in ihrem Verhalten. – Pangermanismus der deutschen Hochschullehrer 1914. – Kommersbuchverse und Heideggersche Proklamationen. – Beziehung der Reden über Schlageter und über Hebel. – Abkehr von der Politik.
Das ›Kuinzige‹. – Der Führeranspruch auf Hölderlin übertragen. – Chiliastische Schwärmer in Schwaben und Österreich. –

Heidegger und Gröber in der Okkupationszeit. – Die Faszination. – Walter Benjamin über Hebel als kritischen artistischen Geist. – Muttersprache, Nationalsprache und Dialektdichtung. – Allgemeine Ausdruckskrise durch die Technisierung der Welt. – Regressive Elemente bei Heidegger; Fremdwortausmerzung im Sinn Eduard Engels. – Vier Phasen im Verhältnis zur Sprache. – Friederike Kempner und Hans Arp. – Sklerosiertes Grundschema. – Grenzen der Kritik. – Provozierte Literarhistorie. – Annektierter Hebel.

*Lüneburger Heide, Worpswede
und andere Heide- und Moorlandschaften* 295
Heidschnucken, ein wilder Volksstamm. – Klassik und Romantik unberührt von der Heide. – Entdeckungen des 19. Jahrhunderts: Chateaubriand – die Bretagne; Droste-Hülshoff – Westfalen. Die Schwestern Brontë. – Sadismus von Hebbels ›Heideknaben‹. – Die Maler des Hamburger Biedermeier. – Von Storm zu Allmers und Brahms, Klaus Groth und Liliencron. – Rilke in Worpswede. – Eine Analyse von Ernst Bloch. – Paula Modersohn-Becker. – Die Vorbilder von Barbizon, Auvers-sur-Oise, Pont-Aven und die Maler im Haag und in Glasgow. – Rohlfs und Nolde 1908.
Massenausbeutung des Heidethemas. – Ein Roman der Marlitt. – Doppelrolle von Hermann Löns. – Politische Aktivierung des Themas. – Religiöse Untermauerung: die Missionsfeste der Brüder Harms. – Camargue, Heide und gegenseitiger Chauvinismus – H. H. Jahnn zwischen Lüneburger Heide und Norwegen. – Bergen-Belsen und Naturschutz. – Der Schatten Rußlands. – Abgesang von W. Lehmann und G. Benn.

Paris in der französischen Literatur (1760–1960) 319
Umgrenzung des Themas: Großstadt als phantastisches Eigenwesen auf apokalyptischem Hintergrund. – Renaissance und Klassik: Paris kein autonomes dichterisches Phänomen. – Die Großstadt in der Literatur des 18. Jahrhunderts. – Rousseaus Haß auf den Moloch. – Zwei Entdecker: Restif de la Bretonne und S. Mercier. – Naturalismus mit romantischen Einsprengseln; subterrane Elemente von Paris.

Die Girondisten gegen die Hauptstadt. – Robespierre, Napoleon und das zeitweilige Verschwinden des Themas. – Sturzwelle der großen Werke über Paris seit 1830. – Rolle der Julirevolution und der Industrialisierung. – Demographisches. – Herz Europas? – Stendhal ablehnend. – Balzac und das Epos der vulkanischen Stadt. – Victor Hugo: von ›Notre Dame‹ zu den ›Elenden‹. – Zunehmende Verdüsterung und Vertiefung. – Schiller und Hugo; Kolportage und Granit des Gedankens. – E. Sue und der Vulgärroman. – Die ›Mystères de Paris‹ als Kollektivarbeit einer Epoche. Baudelaire und die Großstadt in der modernen Lyrik. – Nerval als Vorläufer. – Straßendurchbrüche unter Napoleon III. und apokalyptische Prophezeiungen. – Rilke über Baudelaire und Cézanne. – Zola: Verismus und geistige Energie. – Der erste proletarische Roman. – Die Nuancen der Brüder Goncourt; Einfluß auf Thomas Mann. – Tagebücher der Epoche; Feuilletonismus; ›Physiologie de Paris‹. – Von A. Daudet und Maupassant zu den Boulevardromanen. – Das Theater. – Pamphlete von Veuillot und Vallés bis Bloy und Bernanos. – Paris bei Verlaine, Mallarmé, Rimbaud. – Die Kommune.

Zusammenwirken von Malern und Dichtern. – Rolle der Impressionisten im Kollektivbewußtsein. – Péguy und Claudel gegen Anatole France. – Romain Rolland und der ›roman-fleuve‹. – Paris bei Jules Romains. – Neuere Romane. – Wiederaufstieg des Theaters. – G. Apollinaire und die Bohème. – L. Aragon als Surrealist und Kommunist. – Chiffern und Barrikaden bei Eluard. Vision und Argot bei Céline. – Proust als Scheherazade einer versinkenden Kulturepoche. – Wiener Romane. – Die Großstadt radikal modern erfaßt: Dos Passos und Döblin. – Deutsche Verspätung, neuer Einsatz und der Bruch von 1933. – Weltpolitisches und literarisches Zurücktreten von Paris. – Rolle der Ausländer. – Joyce und die Russen. – Neoafrikanische Dichter in Paris.

Namenregister 377

Nachweise 392

Vorwort

Das Wort des Dichters bleibt auch für dieses Buch ein Ausgangspunkt.
Dreißig Zeilen Fontane genügen, um den besonderen Tonfall, die unverwechselbare Fontanesche Linienführung zu erkennen, von dieser Keimzelle aus Rückschlüsse auf den Menschen in seiner besonderen historischen Situation zu ziehen und – immer vom Stil her – die Brücke zu Dichtern einer anderen Zeit zu schlagen wie etwa Gottfried Benn.
Ebenso aufschlußreich die Diktion der Hebel-Rede Heideggers. Sie erlaubt die Zuordnung zu gewissen Ausdruckskategorien die von den Stabreimen Wagnerscher Observanz zur Sütterlinschrift der Heimatliteratur reichen und ein besonderes Verhalten gegenüber Geschichte, Politik und Kultur implizieren.
Ein kurzer Text von Brecht läßt andere Zusammenhänge hervortreten. Literarische wie kulturelle: Dichtung wird hier nie isoliert betrachtet, denn sie ist nicht isoliert. Sie steht in einem Netz von sozialen Verflochtenheiten, von denen sie mitbestimmt wird, die sie aber auch mitverändern kann. Am Zopf des Wortes, des dichterischen und menschlichen Elans reißt sie sich tatsächlich aus dem Sumpf der Verhältnisse und reißt die andern mit auf die neue Ebene.
Baudelaire wollte nichts von der Gesellschaft seiner Zeit wissen, obwohl er bis in feinste Fasern seines Stils und Lebensstils mit ihr verknüpft bleibt. Ein Frondeur ist er gewesen, ohne je ein politisches Engagement auf sich zu nehmen wie Victor Hugo, Mickiewicz, Büchner.[1] Dennoch bedeuten seine ›Blumen des Bösen‹ eine Wende in der modernen Lyrik. Die Gesellschaft hat den ungeratenen Sohn integrieren und ihr Empfinden von ihm ummodeln lassen müssen, weil er schärfer als andere und mit dichterischem Genie die Formen des Seins in der Zeit der Verstädterung bloßgelegt hat. Es brauchte freilich einen Weltkrieg, den sozialen Ruin, das Chaos in Europa, bis seine Bestandsaufnahme und Prophezeiung rezipiert war.

Die Welt verändert sich unter dem Blick der Dichter. Das Schottland Ossians, die Bretagne Chateaubriands, das Westfalen der Annette von Droste-Hülshoff, Hebels Schwarzwald, die Heide Storms und Rilkes Worpswede: das gab es in dieser Form vor ihnen nicht. Damit aus der Form ein Modell, aus dem Bild ein Vorbild für das Kollektivbewußtsein werden konnte, mußte allerdings Vieles zusammenkommen. Ohne den Humus an kleineren Dichtern keine große Literatur. Auch sie tragen einen bestimmten Rhythmus in sich, den sie aus der Welt heraushören und mit ihr in Einklang bringen möchten. Aber die Zeit muß reif sein und die Kraft des Sagens groß genug, damit dem Einen der Apfel in den Schoß springt.

Mit Balzac beginnt die Sichtbarmachung von Paris. Renaissance und Klassik hatten an ihr vorbeigesehen: die Stadt mit ihren immerhin 500000 Einwohnern unter Ludwig XIV. war höchstens am Rand skizziert worden, in Memoiren und Briefen aufgetaucht. Erst das späte 18. Jahrhundert erfaßt die Großstadt als autonomes Gebilde, als eine Art phantastisches Eigenwesen auf apokalyptischem Hintergund. England war vorangegangen. Balzac aber stürzte sich auf die französischen Vorläufer von 1770/80, Restif und Mercier. Zusammen mit seinen Generationsgenossen von 1820/30 zieht er die Bilanz aus der Revolution und dem napoleonischen Kaiserreich: ein gewaltiger Umschichtungsprozeß, der sich erst in diesen Jahrzehnten geistig verarbeiten ließ und von einer Phalanx großer Dichter verarbeitet wurde.

Paris als Industriezentrum tritt noch krasser bei Zola hervor. Finanzen und Handel, Politik und Kunst, Verwaltung und Eisenbahnnetz wurden gesteuert von einer Weltmetropole mit Kolonialreich. Äußerlich bildete sie immer noch ein relativ geschlossenes Ganzes. Durch die großen Straßendurchbrüche Napoleons III. war sie erst recht überblickbar geworden.

Heute hat sich die Stadt maßlos und wirr ausgedehnt und ist doch nur mehr eine unter zwanzig, dreißig Weltstädten. Der Pariser Romanzyklus von Jules Romains stellt hundert Jahre nach Balzac einen Abgesang dar, wie das geniale Werk Marcel Prousts kurz zuvor. Erprobt ein Dichter unserer Zeit – Michel

Butor – neue Sprachmittel, so nicht am Stoff von Paris mit dem Blick von den Höhen des Montmartre wie Balzacs Rastignac, sondern vom Flugzeug her, das einen Kontinent – Amerika – unter ihm entrollt.[2]

Ähnlich der Weg zum Bild von Berlin. Inkubationszeit auch hier mit Gutzkow, Spielhagen, Kretzer und wenigen andern; dichterische Gestaltung der kaum halbwegs industrialisierten Stadt durch Fontane; die eigentliche Großstadt bei Heym 1912, Döblin 1929 – dann der blutige Einschnitt von 1933, Trümmer, Spaltung und der Beginn des planetarischen Zeitalters.

Für Paris wie für Berlin dient als Folie das apokalyptisch-messianische Doppelbild des verruchten Sodom und des himmlischen Jerusalem. Sakral getönt ist auch das Bild der »erfüllten Stille«, mit dem die europäische Literatur im 19. Jahrhundert die bisher mißachtete »Heide« sichtbar macht. Die Entwicklung und Abnützung des literarischen Archetyps folgt ähnlichen Gesetzen.

Überall steht der Dichter im Fluktuieren der politischen, sozialen, ökonomischen, geistigen Bewegungen. Nicht nur Diderot als Typ des geselligen Franzosen – auch Hölderlin, auch Jean Paul, zwei sehr verschiedene Inkarnationen des großen deutschen Einzelgängers.

Die ständige Konfrontation der beiden Literaturen kann bestimmte dichterische Phänomene erhellen und darüber hinaus die Verschiedenheiten der jeweiligen Empfindungsweise, der geistigen Haltung, der elementaren Reflexe, die sich gern ein literarisches Mäntelchen umhängen. Die Französische Akademie exzelliert in dieser Rolle. Ihre positiven Seiten werden durch einen Vergleich mit Deutschlands Mangel an literarischen Sammelpunkten sichtbar.

Literaturgeschichte geht so Hand in Hand mit Kulturgeschichte. Sie darf es! Diderot und Herder, Goethe und Voltaire, Lessing und Madame de Staël und Heine haben den Begriff der Totalität nicht anders verstanden.

Der Weg führt über Kammzüge und durch Niederungen, zu Berühmten und zu Halbverschollenen. Den Geist, in dem die Wanderung angetreten wurde, charakterisiert ein Auszug aus dem ›Quintus Fixlein‹ von Jean Paul: »Und ich ging durch Wälder, durch Täler und über Bäche und durch schlafende Dörfer, um die große Nacht zu genießen wie einen Tag. Ich ging und sah, gleich dem Magnet, immer auf die Mitternachtgegend hin, um das Herz an der nachglimmenden Abendröte zu stärken, dieser heraufreichenden Aurora eines Morgens unter unsern Füßen. – Die fernen Dorfglocken schlugen um Mitternacht gleichsam in das fortsummende Geläute der alten Ewigkeit. Ich ging still durch kleine Dörfer hindurch und nahe an ihren äußern Kirchhöfen vorbei, auf denen morsche herausgeworfene Sargbretter glimmten, indes die funkelnden Augen, die in ihnen gewesen waren, als graue Asche stäubten. – Kalter Gedanke! greife nicht wie ein kaltes Gespenst an mein Herz: ich schaue auf zum Sternenhimmel, und eine ewige Reihe zieht sich hinauf und hinüber und hinunter, und alles ist Leben und Glut und Licht...«[3]

Heute spielen sich am Sternenhimmel Vorgänge ab, die Jean Paul nicht unvorbereitet finden. Man lese ›Des Luftschiffers Gianozzo Seebuch‹, im Rahmen der Zukunft eine erstaunliche innere Exploration.[4]

Die Geschichte des menschlichen Herzens bleibt auch für uns eine primäre Angelegenheit.

Die Texte sind deutsche Konzentrate französischer Vorlesungen oder Schriften. Das Doppelleben, das der Verfasser seit der Kindheit in beiden Sprachen und Kulturen führt, hat seine Belastungen. Es hat vielleicht aber auch ermöglicht, ein paar neue Perspektiven ins Bild zu bringen und die Eigenart des jeweiligen Volkes von innen zu sehen: von der besonderen Erlebnis- und Ausdrucksform her.

Der Anmerkungsapparat ist der Keller unter dem Gebäude: im Spinnenwinkel stecken ein paar gute Flaschen für Kenner. Das gehört zum Fach, und Fachsimpelei bleibt mit Recht eine Leidenschaft des Gelehrten. Die urbane Form der Mitteilung soll sie nicht beeinträchtigen. Vieles wirkt nur leicht, wenn der Autor es sich schwer gemacht hat.

Auch der Literaturforscher braucht nicht als ein in die Fachsprache abgekapselter Monolith in die Gesellschaft zu ragen.

1 Über Baudelaires sporadische, ganz subjektiv bedingte Teilnahme am Aufstand von 1848, W. T. Baudy und C. Pichois: *Baudelaire devant ses contemporains*, 1967.
2 Michel Butor: *Mobile*. Paris, 1962.
3 Jean Paul: *Quintus Fixlein,* in ›Ausgew. Werke‹, Reimer, 1856, XII, 195. Der erste Satz heißt im Original: »Und ich ging ohne Ziel.« Der letzte Satz schließt mit: »Und alles ist göttlich oder Gott.«
4 *Des Luftschiffers Gianozzo Seebuch* in: ›Komischer Anhang zum Titan, zweites Bändchen‹.

Warum Dichterakademien?

Ihre gesellschaftliche Funktion in Deutschland und Frankreich

Es darf von der elementaren Tatsache ausgegangen werden, daß jede Dichterakademie gesellschaftlichen Antrieben entsprungen ist und der Literatur zu einer besseren Zirkulation im Volkskörper verhelfen will. Deutschland leidet in diesem Punkt an einer ausgesprochenen Durchblutungsstörung, deren Opfer auch die Akademien sind. Sie bilden keine von staatlichem Glanz umflossenen Institute wie in Frankreich; sie präsentieren sich zersplittert, und sie sind jung, zum Teil sehr jung. So wurde die ›Deutsche Dichterakademie‹ als besondere Sektion der ›Preußischen Akademie der Künste‹ erst 1926 gegründet; die Mainzer, Darmstädter, Berliner, Hamburger Akademie nach dem zweiten Weltkrieg.

In den Augen gerade der jüngeren Dichter sind diese neuen Gebilde allerdings längst wieder veraltet. Kleine Gruppen wirken entscheidender; sie besitzen die Mobilität und Forschheit von Panzertrupps, wo eine Akademie ihrem Wesen nach mit der feierlichen Umständlichkeit der Infanterie manövrieren muß. Immer zahlreicher schließlich werden die Einzelgänger, die es vorziehen, sich auf eigene Faust durchzuschlagen, und die oft mit erstaunlichem Geschick die Selbstbedienungsapparate des Funks und Fernsehens handhaben – ein indirekter Profit für die Literatur, falls der Betreffende Talent hat, keineswegs eine prinzipielle Besserung im Verhältnis von Literatur und Gesellschaft.

Um sich beim Publikum und mehr noch bei der Gesamtheit der Literaten durchzusetzen, muß eine Akademie energiegeladen sein, muß vorgehen, eingreifen, sich dauernd legitimieren. Auch die Französische Akademie ist nicht einfach 1635 von Richelieu aus dem Boden gestampft worden und war nun eben da; sie mußte sich behaupten. Wenn sie heute Patina, Edelkruste, angesetzt hat, so nur deswegen, weil sie auf eine stürmisch bewegte Vergangenheit zurückblicken kann wie Sarah Bernhardt, deren Auge einen noch in ihrem hohen Alter anblitzte, in Ruinen eine Königin.

Zur Zeit Richelieus und nach dem Dreißigjährigen Krieg sind auch in Deutschland eine Reihe verdienstvoller Dichtergremien entstanden. Aber die ›Fruchtbringende Gesellschaft‹ so gut wie der ›Orden der Pegnitzschäfer‹ gehören dem Raritätenkabinett der Literarhistorie an und besitzen – sehr zu Unrecht – Abschreckungscharakter.

Woher dieses Versagen und woher die ganz andere gesellschaftliche Funktion der Literatur in Frankreich?

Aufschlußreich ist schon der Vergleich zwischen einem französischen und einem deutschen Nachschlagewerk: dem ›Literarischen Führer durch Frankreich‹ und dem ›Taschenheft der Spitzengremien des öffentlichen Lebens in Deutschland‹.[1]

Der ›Guide littéraire de la France‹, vor zwei Jahren bei Hachette erschienen, entspricht in seiner Anlage genau den berühmten touristischen Führern dieses Großverlags und ist wie diese nach Provinzen aufgeteilt, nach ›Landschaften und Stämmen‹, würde Nadler sagen. Der Inhalt betrifft ausschließlich Schriftsteller, registriert ihre Geburtsorte, ihre diversen Wohnsitze, ihre Reisen, die Beheimatung ihrer Figuren: Flauberts Madame Bovary in der Normandie, Balzacs Grandet in Saumur, Nervals Sylvie in Chantilly, Lamartines Elvire am See bei Aix-les-Bains, Mistrals Mireille in Arles, Mauriacs Thérèse in der Gironde bei Bordeaux. 630 Seiten sind der Provinz gewidmet und 210 Paris, seinen philosophisch-literarischen Zentren im Mittelalter, seinen schöngeistigen Salons in den späteren Jahrhunderten, seinen Dichtern von heute. Ein stattliches Buch, ein teures Buch: rund 30 Mark. Auflageziffer in den ersten drei Monaten: 50000.

Ein entsprechendes Werk könnten deutsche Verleger nicht ohne Risiko herausbringen – heroisch, wer es versuchen wird. Den Bundesbürger interessiert es meist wenig, den Spuren von Goethe und Schiller nachzugehen oder gar den Spuren von Lichtenberg und Wilhelm Heinse, Tieck und Friedrich Schlegel, Rückert und Platen, Grabbe und Immermann. Ihre Namen kennt er – im Durchschnitt – von vorneherein nicht. Auf den bedeutenden, total vergessenen Karl Gutzkow hat erst ein Ausgrabungsgenie mit scharfer Zunge wie Arno Schmidt hinweisen müssen: Gutzkows Werke sind nur noch im Antiquariat erhältlich; dabei ist der Verfasser der »Ritter vom Geist« erst 1878 gestorben.

Schwäbische Mörike-Gemeinden fahren gelegentlich in Autobussen die Pfarrorte an, die der unglückselige Vikar und Pastor der Reihe nach absolviert hat; auch das Weinsberg Justinus Kerners, das Tübingen Uhlands, das Lauffen und Nürtingen Hölderlins werden in andere Touren mit einbezogen – es handelt sich um ein binnenschwäbisches Ereignis; das ist so die Regel in einem Land, wo ein Minister, ein Präsident, ein sozialistischer Oppositionsführer sich nicht schämen, Literaten zu sein. Für Gesamtdeutschland könnte man sich vielleicht – vom Lied wie von der Politik her – eine Eichendorff-Rundfahrt vorstellen. Faktisch ist sie nicht durchführbar: Eichendorff kann der Westdeutsche heute so wenig auf Schloß Lubowitz folgen wie Fontane in die Mark, Reuter nach Mecklenburg, Kleist nach Frankfurt an der Oder, Lenz nach dem Baltenland, Stifter nach Böhmen, Lenau nach Ungarn, Rilke nach Prag.

Von der Wurzel her ist damit einer der Gründe gezeigt, warum Literatur und Gesellschaft in Frankreich so eng verflochten sind, und warum in Deutschland so wenig: Frankreich bildet seit Jahrhunderten einen trotz aller Revolutionen stabil in sich ruhenden Organismus, der schon rein geopolitisch durch die Ausgewogenheit, die gute Dosierung der verschiedenen Wesenselemente frappiert. Deutschland ist das Land mit den fließenden Grenzen; der Reichsbegriff schillert vieldeutig, war juristisch von jeher kaum faßbar und wurde deswegen immer wieder sakral überhöht, nicht zuletzt von den Literaten, und zwar deswegen, weil sie selber in der realen Gesellschaft nur als Randsiedler fungierten.

Resultat: Eine ungenügende Integrierung und Resorption der Literatur – ganz im Gegensatz zu Frankreich, wo die Klassik seit dreihundert Jahren nicht nur normativ, sondern vor allem springlebendig ist. Jedes Kind rezitiert seinen Lafontaine, liebt seinen Perrault, ergötzt sich an seinem Molière; jeder Schüler kennt Corneille, Racine, Pascal; die funkelnden Antithesen in Sartres Autobiographie verweisen unmittelbar auf einen frühen Drill durch La Bruyères Maximen von 1688 zurück; ganze Seiten in Prousts Romanwerk haben ihr Vorbild in den Briefen der Madame de Sévigné, aber auch zehnjährige Mädchen lernen immer noch in der Schule lange Passagen aus dieser so scharf beobachtenden und rhythmisch pulsierenden Prosa auswendig. Die deutsche Klassik ging in die Tiefe, aber Breitenwirkung war ihr versagt, wenn man die Dramen und Balladen Schillers, die Gedichte und ein paar Dramen Goethes ausnimmt; Wieland, Klopstock, Herder, zum Teil auch Lessing sind der heutigen Generation auf eine in Frankreich unvorstellbare Weise abhanden gekommen, und die Frage stellt sich: Kann man sie für einen größeren Kreis überhaupt wieder zurückholen?

Nicht ohne Gründe haben sie alle aus der Enge der Provinz in die Tradition eines Kaiser- oder zumindest Königshofes gestrebt, nach Wien, nach Berlin. Aber als Protestanten waren sie für Joseph den Zweiten und die Habsburger ebenso unerwünscht wie als deutsche bürgerliche Schriftsteller für Friedrich den Zweiten und die Hohenzollern. Eine Bürgerstadt wie Frankfurt hat anderseits nichts getan, um Goethe, Klinger, die Brentanos, den jungen Hölderlin zu halten. Im Hamburg der Metternich-Zeit profitierte das Verlagswesen von den laxeren Zensurverhältnissen, nicht aber die Schriftsteller: Heine und Börne flohen nach Paris, Büchner nach Zürich, Freiligrath nach London, Hebbel ging nach Wien. Man stelle sich vor: Heine, Büchner, Hebbel zusammen in Hamburg, und um sie eine Reihe von Trabanten – welch literarische, gesellschaftliche, staatsbürgerliche Energie hätte eine solche Konzentration von Genies und Talenten im Raum einer aufstrebenden, ökonomisch gesicherten Freien Hansestadt besessen! Die Erinnerung an Diderot, Rousseau, die Enzyklopädisten in Paris wird wach; aber es fehlte die Voraussetzung, der bürgerliche Nährboden, eine geistig dynamische, politisch resolute Gesellschaft. So blieb es beim Staatsbegräbnis für Klopstock (die Leibrente hatte ihm nach wie vor der dänische König bezahlt), und es

blieb hundert Jahre später bei einem Ehrensold für Dehmel. Es blieb bei Storm in Husum, Raabe in Braunschweig, Fontane in seiner Berliner Mietswohnung, deren Treppen Cohn und Meyer, nicht aber der preußische Adel hinaufpilgerten.
Bismarck hat wie Richelieu einen Thron durch Blut und Eisen befestigt; seine ›Gedanken und Erinnerungen‹ bezeugen ein urwüchsiges Schriftsteller-Talent; dem Redner strömten die frappanten Formulierungen zu. Theaterstücke zu schreiben wie sein französischer Vorgänger – einst ein Rivale des jungen Corneille (man stelle sich einen deutschen Reichskanzler als Rivalen G. Hauptmanns vor) – oder gar eine Akademie zu gründen, fiel Bismarck im Traum nicht ein, vermutlich zum Wohl Deutschlands. »Lesen Sie«, schreibt Gottfried Benn, »was Bülow über die Interieurs von Friedrichsruh verzeichnete: kein schönes Bild, keine größere Bibliothek, von Plafonds, Gobelins, orientalischen Teppichen keine Rede, die Sonne Homers hatte diesem Hause nicht gelächelt, und der Glanz der italienischen Renaissance, der wenigstens einige der Schlösser Norddeutschlands wie Tegel oder das Goethe-Haus angestrahlt hatte, war hier verloren.«[2] Köpfe von Schriftstellern auf deutschen Banknoten sind eine Rarität, falls sie überhaupt existieren. In Frankreich machen sie zwei Drittel des Bestandes aus und liegen weit vor den Monarchen und Staatsmännern.
Die Literatur wurde hier nie so aus dem Leben der Nation ausgeklammert, wie es in Deutschland der Fall ist. Als Goethe, der ›Dichterfürst‹ und Duzfreund Karl-Augusts, gestorben war, maßregelte die königliche Zensur Berliner Zeitungen, die dem Tod zu viel Beachtung geschenkt hatten. Der Vorwurf, Literaten in den Vordergrund zu rücken, kann einem modernen Nachschlagewerk nicht gemacht werden, das die amtlichen Stellen in Bonn auch ins Ausland verschicken: dem »Taschenheft für Spitzengremien des öffentlichen Lebens in Deutschland«. Rund 190 Körperschaften werden darin verzeichnet, genau sieben davon figurieren unter dem Titel ›Kultur‹ und von diesen sieben erwähnt eine – nebenbei – die Literatur: der ›Orden pour le mérite‹, der noch von monarchischem Glanz zehrt und dem mehr Wissenschaftler angehören als Dichter.

Spitzengremien sind die ›Arbeitsgemeinschaft der katholischen Frauen‹ und die ›Arbeitsgemeinschaft der überkonfessionellen und überparteilichen Frauen Deutschlands‹ – aber nicht die Akademie der Wissenschaften in Göttingen, die immerhin auf Leibniz zurückgeht. Ein Spitzengremium ist der ›Arbeitskreis für betriebswirtschaftliche Markt- und Absatzforschung‹, nicht die Mainzer Akademie der Wissenschaften und der Literatur. Ein Spitzengremium der ›Deutsche Mittelstandsblock‹, nicht die Heidelberger Akademie; der ›Deutsche Normenausschuß‹ und der ›Seeverkehrsbeirat beim Bundesministerium für Verkehr‹, nicht die Bayerische oder die Darmstädter Akademie. Ich zitiere nach der zweiten Auflage des Werkes (1958). Inzwischen hat der Protest etwas genützt und den Akademien nachträglich Eintritt verschafft. Von sich aus hatten sie keinen gefunden, ganz im Gegensatz zu Frankreich, wo sie vor allen übrigen Körperschaften auf einem Ehrenplatz figurieren.

Wer in die Französische Akademie gewählt ist, kann sich ›von‹ schreiben, und zwar ›von der Akademie‹. ›François-Poncet, de l'Académie française‹ oder ›François Mauriac, de l'Académie française‹ lautet jetzt die Unterschrift. Sie verdoppelt und verdreifacht automatisch jedes Honorar; Hoteliers brüsten sich auf der Fremdenliste mit ihr; vor dem Ersten Krieg stellte die Eisenbahn eine Freifahrkarte erster Klasse auf Lebzeiten aus (ein Grund, sich wählen zu lassen, sagte Barrès). Heutzutage erweisen sich die Fluggesellschaften als spendabel, der Bordkommandant selber fühlt sich geehrt durch einen so illustren Gast, er kennt seinen Saint-Exupéry und weiß, wäre er nicht abgestürzt, säße er in der Akademie.

Eine Anzahl großer Autoren saß allerdings nicht darin. Aber nur drei haben – nach einer Bemerkung von Montherlant – im Laufe des letzten Jahrhunderts aus Prinzip die Akademie abgelehnt. Der Protest der Schriftsteller gegen sie hat erst im 20. Jahrhundert resolute Formen angenommen. Von den letzten fünf französischen Nobelpreisträgern der Literatur ist nur einer – François Mauriac – in der Akademie, wie Hans Mayer vermerkt.[3] André Gide, Roger Martin du Gard und ihre Freunde von der ›Nouvelle Revue française‹ gingen auf die diskreten Offerten nicht ein, die nach dem Krieg von der Akademie an sie gerichtet wurden, obwohl sie mit Paul Valéry, Claudel und ein paar anderen nicht in der schlechtesten Gesellschaft gewesen wären. Eine neue Epoche war angebrochen; Dichter als Mangelware in diesem Gremium – Frankreich verändert sich. Aber die Akademie hat schon andere Krisen überstanden, und man sieht durchaus Michel Butor, den großen Stilisten der Avantgarde, einmal in einer aufgebesserten, weniger ramponierten Gesellschaft sitzen.

Balzac und Baudelaire so gut wie Zola hatten zu ihrer Zeit das ganze Zeremoniell einer Kandidatur, darunter die Runde der Visiten, vergebens in Kauf genommen, um von dieser Tribüne aus zu Frankreich sprechen zu können. Aus Erbitterung über die Cliquenwirtschaft stellten die Brüder Goncourt damals eine Gegenakademie auf, die bis heute floriert, wenn auch zweitrangig. Selbst Mallarmé, dessen ganzes Leben ein Protest gegen die öffentliche Rhetorik gewesen ist, war als Franzose derart gesellschaftsbedürftig, daß er von sich aus eine Akademie sekretierte: seinen Salon in der Rue de Rome, mit den herrlichen Bildern des Freundes Manet und anderer Impressionisten, mit seiner Frau, einer stillen Deutschen, der angebeteten Tochter und im Hintergrund einer Demi-Mondänen von Kultur, Méry Laurent, auf deren Fächer er die bezauberndsten Vierzeiler schrieb, schwebend und hintergründig. Gide, Valéry, Claudel waren unter den Zuhörern – und als vierzig oder fünfzig Jahre später die Zeit und die Akademie reif geworden waren, resorbierte die Akademie die Mallarmé-Jünger Valéry und Claudel zusammen mit dem Mallarmé-Interpreten Mondor, einem Chirurgen im Hauptberuf.

Gide hielt sich mit calvinistischem Purismus abseits. Aber auch er hatte seine Zeitschrift, seinen Verlag (Gallimard), sein Theater (Le Vieux Colombier) und obendrein eine Privatakademie, einen internationalen Sommersalon in der säkularisierten Abtei Pontigny, dem Wohnsitz seines Freundes Paul Desjardins, wo gleich nach dem ersten Weltkrieg verschiedene Gruppen französischer Schriftsteller jeweils zehn Tage mit englischen, spanischen, exil-russischen und auch deutschen

Schriftstellern verbrachten – darunter E. R. Curtius, Groethuysen, Max Scheler. Die Urbanität der Lebensformen verstand sich dabei von selbst.⁴

Ganz anders die Riten um Stefan George.

Der Zwanzigjährige hatte 1889 in Mallarmés Salon den Glauben an die Sendung des Dichters und den Mut zu sich selbst wiedergefunden. Seit Nerval und Baudelaire war das absolute Wort nach Frankreich hinübergewandert; verleiblicht trat es dem jungen Rheinländer in der rue de Rome entgegen. Erschütternd seine spätere Verblendung gegenüber dem ›weibischen‹ Frankreich; das Ausspielen Böcklins als ›Meister der Zukunft‹ gegen die vom Kunsthandel ›hochgetriebenen‹ Manet, Monet und Cézanne; die endgültige Absage von 1908 an ein Land, dessen Blüte in Kunst und Literatur unvermindert weiterdauerte, aller Welt sichtbar; der Ausschluß von E. R. Curtius aus dem Kreis, weil er Claudel und Gide, Valéry, Proust und Péguy zu rühmen gewagt hatte. Dabei erhellt gerade Péguys eigenes Verhalten das des deutschen Dichters. Zur selben Zeit und unter demselben Kollektivausdruck des seit der Marokko-Krise vollerwachten Nationalismus ließ er sich zur gleichen Verblendung der andern Nation gegenüber hinreißen. Für diesen genialen Hymniker und Mystiker war allein Frankreich, für George allein Deutschland dazu berufen, »seinen Stern zu gebären«.

Gesellschaft wollte George auf Grund eines pubertär verstiegenen Reichsbegriffs nur mythisch sehen mit gefährlich vorgelebtem Führeranspruch und sektiererischer Verdammung der modernen Welt in Bausch und Bogen. Gewiß galt es sich abzusetzen gegen die Saloppheit Liliencrons und Dehmels, Rang zu halten und Normen aufzustellen: es geschah mit dem legitimen Sendungsbewußtsein des Genies, aber auch mit der unduldsamen Starre und frühen Verholzung Klopstocks. Vom Gesellschaftlichen her beurteilt, entsprach die herrische Abkapselung dem wilhelminischen Standesdünkel, das Gottesgnadentum war auf den Dichter übertragen; bei allem gezügelten Pathos d'Annunzio näher verwandt als Dante, in dessen Rolle George sich hineinsteigerte wie Gerhart Hauptmann in die Rolle des

alten Goethe und damit nach außen hin die tieferen Züge verdeckte: die des sensiblen, einsamen Leidenden.
Diktatur und Inquisition hatten von Anfang an den jungen Hofmannsthal in die Flucht getrieben. Die Chance war verpaßt, mit dem flexiblen Österreicher als Gegenpol den Bund Goethe-Schiller zu erneuern und damit der deutschen Literatur die befreiende Weite eines geselligen Raums zu eröffnen. Was aus Hofmannsthals Anschmiegsamkeit herauszuholen war, zeigt die Zusammenarbeit mit dem robust vitalen Richard Strauß: antike und biblische Stoffe im Sinne des frühen 20. Jahrhunderts erneuert, und als bezauberndste Blüte ›Der Rosenkavalier‹, eine der wenigen großen Gesellschaftskomödien deutscher Sprache.
Nur in Deutschland gilt für bestimmte Kreise George als ›Stifter‹; in England und Frankreich wie in Amerika als einer unter den Symbolisten der Zeit: ein Einfluß Georges auf die Entwicklung der Weltlyrik ist so gut wie nicht vorhanden. Mallarmé hat kraft seines Genies und mit – oder trotz – menschenfreundlich gesitteten Umgangsformen in die Weite gewirkt. Die streng selektionierten und überwachten Dichter des Kreises waren – von Wolfskehl abgesehen – so mediokrer wie die eines Durchschnitts-Dichtervereins; wesentlich nur die Befruchtung der Geisteswissenschaften, welches auch die Grenzen eines Gundolf oder gar eines Bertram gewesen sein mögen, dessen rabiater Pangermanismus ihn über den Kriegstaumel von 1914/18 hinaus unmittelbar in die Arme der Nazis führte.
George selbst hat sich – wiederum im Gegensatz zu Dante, den Engländern und den Franzosen – über das Zeitgeschehen nur im engsten Kreis geäußert und auch da meist nur in orakelhaft überlegenen Andeutungen. Die absprechende Tonart bringt eine Bemerkung aus dem Jahr 1930 zu erschreckendem Ausdruck: »Was ich sehe, kann ich Euch gar nicht alles sagen. Aber Ihr werdet alle noch erleben und ausbaden. Und es wird noch viel wüster kommen. Aber das muß so sein, das könnt Ihr nur nicht verstehen.«[5]
Der Kreis war das Gegenteil einer Akademie: eine jener Sekten, wie Ernst Troeltsch sie in seiner Religionssoziologie sehr

genau definiert und in ihrem besonderen Verhältnis zur Institution der Kirche (hier einer institutionellen Akademie vergleichbar) und zum mystischen Einzelgänger (oder Dichter) untersucht hat. Nun sind aber auch Sekten immer wieder das Senfkorn gewesen, aus dem in verhärteten Zeiten neues Leben sproß, und es steht außer jedem Zweifel, daß von Stefan George ein Impetus ausgegangen ist, dem sich kein Dichter seiner Generation hat entziehen können.[6] Sein Werk, heute zum großen Teil verdeckt oder vergessen, wird vermutlich immer noch bestehen, wenn die meisten Lyriker unserer Epoche weitgehend verschollen sein werden. Eine Rolle als Kulturprophet hat er aber nur in den Augen seiner Anhänger gespielt. Das Treiben um Algabal und Maximin bleibt ein zeitbedingtes trübes Phänomen. Die Münchner Atelierfeste, bei denen der Dichter bekränzt im Peplos als Vergil oder als Dante auftrat, haben ihr genaues Vorbild in den Festen, die die französischen Parnassiens unter Napoleon III. im Atrium des pompejanischen Hauses des Prinzen Jérôme gaben.[7] Der Unterschied bestand in der feierlichen Unnahbarkeit, der stilisierten Unfehlbarkeit des deutschen Dichters und Führers: sie haben den verhängnisvollen deutschen Archetyp vom Dichter als weltabgesondertem Priester und Seher nur stärken, den Graben zwischen Dichtung und Nation nur verbreitern können. Mit seinem unduldsam exklusiven Hölderlin-Kult hat Heidegger später in derselben Richtung gewirkt.

Daß dem auch in Deutschland nicht so sein mußte, zeigen andere Beispiele, etwa Oskar Loerke, der als Dichter nicht den Rang Georges besitzt, der aber – von Moritz Heimann gefördert – seinerseits Wilhelm Lehmann, Hermann Kasack und andere Mitarbeiter der ›Neuen Rundschau‹ gefördert und sich hat finden lassen: urbaner, schöpferischer Geist auf dem Asphaltboden Berlins, eine Akademie in nuce. Es ist kein Zufall, daß Loerke erster Sekretär der ›Deutschen Dichterakademie‹ wurde, die der Kultusminister Becker 1926 ins Leben gerufen und der ›Preußischen Akademie der Künste‹ angegliedert hatte.

Hier war für wenige Jahre ein deutsches Gremium von internationalem Rang geschaffen: Gerhart Hauptmann und Ricarda Huch, Heinrich und Thomas Mann, Alfred Mombert, Alfred Döblin, Georg Kaiser, Rudolf Leonhard, René Schickele, Fritz von Unruh, Jakob Wassermann, Franz Werfel gehörten ihm neben andern an. Alle unter den vorgenannten bis auf Hauptmann, Thomas Mann und Ricarda Huch waren schon im Frühling 1933 ausgeschlossen.[8] Der Brief, in dem Ricarda Huch dem amtierenden Präsidenten der Akademie der Künste, Max von Schillings, ihren Austritt erklärte, müßte in jedem Lesebuch stehen: »Daß ein Deutscher deutsch empfindet, möchte ich für selbstverständlich halten; aber was deutsch ist, und wie Deutschtum sich bestätigen soll, darüber gibt es verschiedene Meinungen. Was die jetzige Regierung als nationale Gesinnung vorschreibt, ist nicht mein Deutschtum. Die Zentralisierung, der Zwang, die brutalen Methoden, die Diffamierung Andersdenkender, das prahlerische Selbstlob halte ich für undeutsch und unheilvoll...« Der Geist Ludwig Uhlands, Gottfried Kellers und der Achtundvierziger lebt in solchen Zeilen weiter – ein seltenes Beispiel staatsbürgerlicher Entschlossenheit und Klarsicht, dem als Gegenbeispiel Gerhart Hauptmanns Mangel an elementarster Zivilcourage entspricht.

Hanns Johst übernahm den Vorsitz der gesäuberten Körperschaft, in die neben Blunck, Beumelburg, Hans Grimm, Kolbenheyer, Börries von Münchhausen auch Ina Seidel einzutreten keinen Anstand nahm. Wie unbehaglich es ihr später darin wurde, geht aus dem Briefwechsel mit Gottfried Benn hervor. Ernst Jünger hatte die Wahl abgelehnt. Oskar Loerke blieb und vertraute seinem Tagebuch den Zorn und die Scham über die Zustände an: »Wilhelm Schäfer, immer zu hysterischen Wutausbrüchen neigend, brüllend, schwarzer Alberich. Das tückische aufgeblasene, breiige Nichts Kolbenheyer, stundenlang redend: eitle Diktatoren, Haß auf die ›Berliner‹ (7. Juni 1933).«[9] Verstört, aschgrau saß Loerke bei einem Besuch 1938 in der Redaktion der ›Neuen Rundschau‹, wie zum voraus schon unter den Ruinen der Stadt.

Der kaum gelegte Keim zu einer gültigen Akademie war für Jahrzehnte vernichtet. Die ›Reichsschrifttumskammer‹ – ein fürchterliches Wort, von bürokratischen Spießern zusammengebastelt und widerstandslos angenommen – schaltete aus und gleich. Die Rücken krümmten sich. Die Scheiterhaufen brannten.

Unter Napoleon und der anschließenden bourbonischen Restauration hatte die Französische Akademie zwar auch Säuberungsaktionen über sich ergehen lassen und dazu geschwiegen. Akademien sind ihrer Anlage nach Konservatorien. Mannesmut gedeiht nicht gut auf solchem Feld. Diese Schattenseite wird uns später beschäftigen. Vorerst lassen wir noch etwas Licht auf die Körperschaft fallen.

Die eminent gesellschaftliche Rolle der Französischen Akademie hat seit drei Jahrhunderten darin bestanden, Sprache und Literatur für ein ganzes Volk zu ›institutionalisieren‹, wie Arnold Gehlen es mit einem bereits etwas ominös gewordenen Ausdruck nennen würde. Von Anfang an wollte die Akademie Richelieus keine exklusive Vereinigung von literarischen Genies oder gar ein Treffpunkt von Avantgardisten sein, sondern ein Salon, in dem Dichter und Liebhaber der Dichtung ihre Gedanken austauschen konnten.

Zu Unrecht erhebt die Soziologin Gertraud Linz in ihrer kritischen Studie über die derzeitigen deutschen Akademien den Vorwurf, in ihnen säßen ebensoviel oder mehr Philosophen, Historiker, Aesthetiker als ›eigentliche‹ Dichter. Eine Akademie soll im Gegenteil diese absurde Trennung aufheben und jeden, der auf seinem Gebiet die Sprache meistert, zur Mitarbeit einladen: nur so werden Dichter und Schriftsteller in den größeren Raum der Nation gestellt. Die Französische Akademie ist auf den ›honnête homme‹ zugeschnitten, der in seinem Fach etwas geleistet hat, ohne dabei den Sinn für Richtigkeit und Schönheit des Ausdrucks zu verlieren, den Sinn für das Glück der Grazien, wie Hölderlin es einmal genannt hat. Dadurch eben ist seit Generationen die Empfänglichkeit für das Wort derart Gemeingut geworden, daß jährlich die drei oder vier besten Literaturaufsätze der Abiturienten in extenso von führenden Zeitungen abgedruckt und besprochen werden; daß seriöse Blätter sich ihre Hausgrammatiker halten, deren Artikel ihrerseits automatisch Leserbriefe auslösen; daß ein kürzlich erschienenes Buch des aggressiven Pariser Universitätslehrers Etiemble über die zunehmende Technisierung und Amerikanisierung des Französischen in kurzer Zeit eine Auflage von 160 000 Exemplaren erreichte, und daß schließlich die Neuausgabe von Littrés Wörterbuch im Handumdrehen vergriffen war – während sein Vorbild, Grimms profunderes Wörterbuch, in den Bibliotheken verstaubt und auch von Dichtern kaum benützt wird.[10]

Dies ein paar Tatsachen. Von den Ursachen, die die intensive gesellschaftliche Funktion der Literatur in Frankreich erklären, mögen zwei genannt werden: Die Rolle der Frau und die Rolle des Dichters als Bürger.
Wie in Italien, dem Ursprungsland, ist auch in Frankreich die Akademie aus den humanistischen Zirkeln erwachsen, in denen ihrerseits die Frau tonangebend war – Tasso und die Prinzessin Eleonore Goethes Schauspiel ist aber nicht umsonst ein Fremdgewächs geblieben, und Faust in seiner Studierstube ein Archetyp. Der deutsche Humanismus hat seine großen Leistungen innerhalb der Universität vollbracht, verschanzt hinter diesem Bollwerk einer Männergesellschaft, das bis heute den Respekt einflößt, den der Dichter nicht genießt. Erhards Kanzlerwort vom Avant-gardisten als ›Pinscher‹ ist keine Entgleisung. Es ist Tradition.
Was die Dichterinnen betrifft, so wächst ihre Zahl seit hundert Jahren ständig – in Deutschland wie in der ganzen Welt. Und in *einem* Punkt wenigstens überflügeln die deutschen Akademien die Pariser Akademie. Sie haben weibliche Mitglieder, die französische hat sie nicht – vielleicht aus einem gesunden Abwehrreflex von Männern, die die Tür hinter sich zufallen lassen: endlich unter uns, wo doch in den Kulissen Frauen die Wahlmacherinnen gewesen sind und es bleiben. Selbst die große Colette mußte in die etwas aufgeschlossenere Académie Goncourt abwandern, und damit Simone de Beauvoir in die Französische Akademie käme, brauchte es allen Ernstes einen neuen Weltkrieg, eine Weltrevolution.[11] Auch de Gaulle duldet keine

weiblichen Minister um sich, und die Zahl der weiblichen Abgeordneten ist in Deutschland von jeher größer gewesen als in Frankreich, das vor 1945 überhaupt keine Frauen ins Parlament ließ. Die Rechnung geht bei der globalen Herausschälung nationaler Gegensätze nie glatt auf, die Freiheit des Werdens flüchtet in diese ungelösten Restbestände. Erzreaktionäre Wesenselemente in einem relativ großen Teil des französischen Volkes sind jedem Kenner vertraut und vertragen sich mit allgemeinen Sprüchen über Menschheitsbeglückung; in glücklicher Ignoranz weiß die linke Hand nicht, was die rechte tut. Deutsche Emigranten, die mit Illusionen nach Paris gekommen waren, hatten in manchmal unbarmherziger, tragischer Weise unter dieser fortschrittsfeindlichen Kleinbürgerlichkeit, dem knickerigen Geist und der provinziellen Verhocktheit zu leiden. Wir rühren da an ganz böse Dinge, vom femininen Charme Frankreichs ist nichts mehr zu spüren.
Und doch darf an der allgemeinen Bemerkung festgehalten werden: in Frankreich ist die Frau viel aktiver als in Deutschland mit der Literatur und dem ganzen Kulturleben verbunden – als Schriftstellerin, als Inspiration literarischer Zirkel, als Heroin des öffentlichen Lebens.
Man schlage den Reclamband ›Frauen der Goethezeit‹ auf. Sein Untertitel: ›Von der Gottschedin bis zu Bettina‹. Wer kennt die Gottschedin, wer in der Lesermasse kennt selbst Bettina, und wer unter den zwanzig anderen Schriftstellerinnen die berühmtesten: Caroline Schlegel, die Günderode, Rahel Levin? Eine Briefmarke von Annette von Droste-Hülshoff kleben wir alle. Aber fur wie viele hat diese größte Dichterin des vorigen Jahrhunderts die gleiche Präsenz, die für den französischen Durchschnittsleser Madame de Lafayette, Madame de Staël, George Sand haben? Können Louise von François und die Ebner-Eschenbach mit dem passionierten Interesse konkurrieren, das selbst Eugénie de Guérin oder Lucile de Chateaubriand, das heißt, die Schwestern berühmter Dichter, bis heute in Frankreich finden? Sind nicht vorwiegend mütterliche Gestalten wie Liselotte von der Pfalz oder Goethes Mutter deutsche Archetypen geblieben (von den Filmstars des zwanzigsten Jahrhunderts

sei abgesehen)? Rangiert nicht immer noch in einer bestimmten Mittelschicht des Kollektivbewußtseins die Königin Luise vor Sophie-Charlotte von Preußen, die zu gelehrt, und vor Maria Theresia, die zu katholisch war?

Belebung und Vielfalt schaffen zum Glück Goethes Freundinnen – eine üppige Auswahl, von Friederike bis Lili, von Frau von Stein bis Christiane, von Marianne bis Ulrike und etlichen anderen: der Nachkomme setzt sich munter in diese Runde wie Kellers Landvogt von Greifensee unter seine fünf ehemaligen Geliebten. Besteht doch *eine* der gesellschaftlichen Funktionen der Literaturgeschichte darin, daß sie Familiengeschichte eines Volkes ist, bestimmte Bilder, Episoden in Umlauf bringt, die allgemeinen Kurswert haben, geheime Kennzeichen einer Bruderschaft bilden. Als Privatleute wissen wir meist nicht, was unsere Ur-Urgroßmütter empfunden und wie sie geliebt haben – aus Goethes ›Werther‹ und seinen eigenen Briefen an Charlotte, an Maximiliane erfahren wir einiges darüber. Die Stärke Frankreichs ist, daß seine Literaturgeschichte wie seine politische Geschichte immer auch als Teil einer allgemeinen Kulturgeschichte erscheint. Zu diesem Thema nur *eine* Zahl: Die Auflageziffer zweier historischer Wochenzeitschriften mit populärwissenschaftlichem, aber gediegenem Charakter, die man an jedem Kiosk kaufen kann: 200 000 die eine, 150 000 die andere. Daß solche Zeitschriften in Deutschland von keinem Verleger riskiert werden, kennzeichnet das prekäre Verhältnis zur eigenen Tradition.

Wollen wir eine ganz flüchtige Ortsbestimmung der Frau im französischen Kulturleben vornehmen, so werden wir sagen: wir finden sie nicht nur im Familienkreis, sondern ebensosehr im Salon, im Kloster, auf den Barrikaden. Auch hier ein stetes Hin und Her. Vom Salon gehen die einen ins Kloster, wenn sie fromm oder bigott geworden sind; vom Kloster kehren andere ins weltliche Leben zurück – Diderots ›Nonne‹ sei als Beispiel genannt. Überraschender noch der Gang vom Kloster auf die Barrikaden. So die heilige Genoveva, die Schutzpatronin von Paris – nicht Genoveva von Brabant, gottergeben in der Waldeinsamkeit mit Knäblein und Hirschkuh, sondern eine andere

Genoveva auf den Wällen des belagerten Paris, die Männer aufrüttelnd zum siegreichen Widerstand gegen die Hunnen unter Attila.

Das weist zurück auf die druidischen Priesterinnen, die bei den Galliern höchste Verehrung genossen; es weist vor auf Jeanne d'Arc und auf Charlotte Corday, die als reine Jungfrau und Engel des weißen Terrors aus der Provinz aufbrach, um Marat in Paris zu ermorden. Klopstock hat ihr eine Ode gewidmet; Büchner aber gibt in seinem ›Danton‹ das letzte Wort einer Heldin der Revolution, Lucile Desmoulins, die unter Robespierre freiwillig dem Gatten Camille Desmoulins aufs Schafott folgte.

Franz Werfel hat im Exil einen Roman über die jugendliche Bernadette von Lourdes geschrieben. Frappant erscheint, wie der lange Zug der französischen Heiligen sich im Lauf des neunzehnten Jahrhunderts zusehends verjüngt. Die kleine Therese von Lisieux war ein Phänomen religiöser Frühreife und hat ihre Erleuchtungen mit zwanzig Jahren gehabt wie Rimbaud fast zur gleichen Zeit und im gleichen Alter die dichterischen Visionen seiner ›Illuminations‹. Neben den Heiligen ein nicht weniger imposanter Zug von Sünderinnen. Die Mätressen deutscher Fürsten sind meist kein glorioses Kapitel; in Württemberg wird die Grävenitz noch heute in einem Atem mit Jud Süß genannt (ein Unrecht am Finanzmann, der begabter, aber nicht härter war als der Landesvater). Man denke hingegen an Diane de Poitiers, die Geliebte zweier Könige, die schon zu Lebzeiten Dichter, Maler, Bildhauer zu mythologischer Verherrlichung hingerissen und die antike Göttin wiederbelebt hat – ein Archetyp lockender und kühler, hochgeschürzter und grazilerr Schönheit: ihre Nachwirkung ist noch bei Heine, Baudelaire, Mallarmé spürbar.[12]

Unter Hunderten von Beispielen nur eins noch: die Pompadour, von der ebenfalls hinreißend schöne Portraits und Plastiken die Zeit überdauern. Ludwig XV. hatte sie zur Marquise erhoben, sie aber – ein geborenes Fräulein Poisson – vergaß die bürgerliche Herkunft nicht. Gegen Adel und Klerus stellte sie sich vor Diderots ›Enzyklopädie‹ und trug mit dazu bei, das Er-

scheinen dieses Fundamentalwerkes bürgerlicher Reformdynamik zu ermöglichen. Man hat nicht gehört, daß Franziska von Hohenheim sich vor Schillers ›Räuber‹ gestellt hätte, wie mäßigend auch das ›Fränzel‹ auf Karl Eugen von Württemberg eingewirkt haben mag, den sie halb und halb zum Pietismus hinüberzog. Ein marxistischer Interpret würde nicht nur von der größeren Emanzipation der französischen Frau sprechen, sondern auch von ihrem ausgeprägteren Klassenbewußtsein.
Das gleiche gilt – verstärkt – von den Männern.
Auch hier nur ein paar Hinweise. Jedem der Mächtigen ist auf literarischem Niveau ein Kritiker höchsten Ranges erwachsen. Die ›Memoiren‹ des Kardinals de Retz, 1661, enthüllen die Schwächen der ludovizianischen Epoche in ihren Anfängen unter Mazarin, und die ›Memoiren‹ des Herzogs von Saint-Simon, 1691, die Makel und Verbrechen ihrer Glanzzeit. Beide Schriftsteller sind – von der Sprache wie vom Inhalt her – so aktuell geblieben, daß jede Woche 300 000 Leser des satirischen Wochenblatts ›Le Canard enchaîné‹ auf den Hauptartikel warten, der im geistblitzenden und überquellenden Stil Saint-Simons die illusionären Komponenten des derzeitigen Regierungsprogramms bloßstellt. Die Parodie von Saint-Simon her trifft deswegen den Kern der Dinge, weil der Staatschef selber in den Kategorien des ›grand siècle de Versailles‹ denkt und die weitgeschwungene Architektur seiner Reden unmittelbar aus Bossuets Kanzelreden übernommen hat.
Niemand käme in Deutschland auf den Gedanken, das Programm Konrad Adenauers oder Ludwig Erhards im Stil von Grimmelshausen oder Moscherosch zu persiflieren: Literatur und Gesellschaft bleiben auch hier inkommensurabel. Diese so ganz unliterarischen Reden können satirisch nur im Spiegel eines reißerisch durchindustrialisierten Jargons getroffen werden. Allenfalls ließe sich bayerische Politik im Saft- und Kraftstil Fischarts oder noch besser Abraham a Santa Claras parodistisch ableuchten: von dieser Wurzel her führen Verzweigungen bis zu Ludwig Thomas Briefen des Abgeordneten Jozef Filser und zur Suada des ›Billigen Jakob‹ auf den Jahrmärkten – kräftiges provinzielles Eigengewächs Ausdruck un-

verwüstlicher bajuwarischer Sprachvitalität. Im ganzen gesehen aber ist die deutsche Dichtung der Renaissance wie der Barockzeit – wenige Ausnahmen abgerechnet, darunter die großartige, überzeitliche Lyrik – in Museumsvitrinen als Kostbarkeit für Kenner verwahrt und zirkuliert nicht mehr im Volk, während sprachliche Impulse immer noch von Luthers Bibelübersetzung ausgehen.
Lenken wir den Blick auf Frankreich zurück. Vier der größten Schriftsteller der letzten zwei Jahrhunderte, die der französischen Prosa ihren Duktus und ihre Melodie gegeben haben, sind zugleich aktive politische Denker gewesen: Voltaire, Rousseau, Chateaubriand, Victor Hugo.
Voltaire, ein Erzpariser, der schließlich am Genfer See, auf dem Grenzgebiet zwischen Frankreich und der Schweiz sich niederläßt und von dort aus – trotz allen persönlichen Schwächen und Anfechtbarkeiten – in entscheidenden Momenten das Weltgewissen repräsentiert, wie zweihundert Jahre nach ihm – mit mehr Integrität und weniger Sprachgewalt – Romain Rolland.
Voltaires Gegenspieler, Rousseau, als eine Art Kaspar Hauser von Genf nach Paris verschlagen, formuliert seine Anklagen gegen die Hauptstadt, gegen die Intrigen ihrer Salons, die Korruption der herrschenden Klasse, die Servilität der Lakaien in einem Stil, von dem man mit Rilke sagen möchte »lauter Raum reißend von weit herein« – Alpenluft und zugleich der herbe Atem calvinistischen Republikanertums.
Rousseaus genialster Schüler, Chateaubriand, ist Katholik und Monarchist und stellt sich deswegen gegen die Regierung seiner Zeit – gegen die Revolution und gegen ihren größten Sohn, Napoleon. Zugleich aber gibt sich dieser geborene Bretone, der mit allen Fasern an der Bretagne hängt, keiner Illusion über die Bourbonen hin. Ludwig XIV. hat er nie verziehen, daß unter ihm der Adel dem Land entfremdet und zum Höflingsdienst degradiert wurde. Die Erscheinung Napoleons überwältigt anderseits Chateaubriand immer wieder. Nach der Rückkehr aus dem Exil in Amerika tritt er – vom Ersten Konsul selber umworben – eine Zeitlang in dessen Dienste, geht als Legationsrat nach Rom und in die Schweiz, schleudert ihm 1804 nach der

Ermordung des Duc d'Enghien seine Demission mit derselben Vehemenz hin, mit der Beethoven die Widmung an Buonaparte auf dem Titelblatt der Eroica durchstrich, und nimmt dafür politische Überwachung und bald ein neues Exil in Kauf.[13]

Ähnlich Victor Hugo, der als Royalist beginnt, ganz jung noch mit höchsten Ehren überschüttet wird und nach der Revolution von 1830 zu einer Art von inoffiziellem Ratgeber des Bürgerkönigs Louis-Philippe avanciert. Das Scheitern der Revolution von 1848 und der Aufstieg Napoleons III. machen aus ihm jenen politischen Emigranten, von dem an anderer Stelle dieses Buches die Rede sein wird und der als Verfechter des freien Wortes und Ankläger der staatlichen Übergriffe seinen Platz zwischen Voltaire und Rousseau, Zola und den Dichtern unserer Epoche hat.

Welche führenden Schriftsteller haben in Deutschland je mit dem Problematischen in Friedrich II., Bismarck, Wilhelm II. so abgerechnet wie diese immer neu erstehende Phalanx? Bismarcks Kritiker rekrutierten sich aus politischen Gegnern und professionellen Geschichtsschreibern (Constantin Frantz, Mehring, Mommsen) oder wurden als Journalisten erledigt. Das grundlegend Andere in Frankreich ist, daß nicht Fachleute oder ›Zeitungsschreiber‹ sich über die Machtverhältnisse ausgesprochen haben, sondern Dichter als verantwortungsbewußte Bürger. Politik ist damit nicht mehr Spezialgebiet für Eingeweihte, abgeschirmt gegen Unbefugte. Der Dichter als politischer Denker ist ebenso befugt, sein Wort abzugeben wie die Schweizer Bergbauern, als sie gegen Geßler zur Freiheit aufriefen. Die Sprache selber ist zu einem Instrument der Demokratie geworden: ihre Melodie, ihre Plastizität reißen unmittelbar hin und geben der Überzeugungskraft, die dahinter steht, die volle Resonanz. Chateaubriands Angriffe gegen Napoleon wirken durch den souveränen Stil so gut wie durch die innere Souveränität, mit der hier auf höchster Stufe ein Gleicher mit einem Gleichen sich mißt, bis zuletzt fasziniert vom Genius des Kaisers, der selber ein unvergleichlicher Stilist gewesen ist – aber bis zuletzt auch felsenfest in der Ablehnung eines dämonischen Machtwillens, der unberührt über Ströme von Blut hinwegritt. »Ein großer Verzehr an Menschen«, war Napoleons unmenschliche Formel nach geschlagener Schlacht: im Namen der Opfer revoltiert Chateaubriand dagegen, statt von Charisma des Führers, heiligem Krieg und schicksalhafter Hingabe zu schwadronieren. Eine solche Prosa beflügelt den Geist, weil hier mit eherner Konsequenz Recht gegen Unrecht gesetzt wird und weil die Sprache ihrem Stoff vollkommen adäquat geworden ist. Der ästhetische Genuß, den wir empfinden, ist derselbe, wenn Schiller im ›Don Carlos‹ den Marquis Posa, König Philipp und den Großinquisitor gegeneinander auswürfelt und uns doch dabei keinen Augenblick im Zweifel darüber läßt, wo das Recht in seiner idealischen Unbeugsamkeit steht und wo die Verstrickungen der Macht beginnen.

Sternheims Komödien demaskieren das Bürgertum vor 1914 – aber Sternheim selbst ist – wie Wedekind, der Bürgerschreck, der im Weltkrieg einen ›Bismarck‹ schrieb – zu sehr wilhelminischer Typ, hochfahrend und schrill (Polgar sprach nicht umsonst vom Stechschritt und abgehackten Kommandoton seines Stils), um Sprecher des Volks sein zu können oder auch nur zu wollen.

Hätte Hauptmann nach 1933 – oder schon nach 1914 – mit der explosiven Kraft seiner ›Weber‹ den Schrei der Opfer durch Deutschland und die Welt dringen lassen; wäre Stefan George vor der Flucht und Ausflucht in die Schweiz wie ein Sturmwind mit seiner ganzen Sippe gegen die Verbrecher oben aufgestanden, unter Einsatz seines Lebens wie Victor Hugo oder wie Dante, auf den er sich so gern berief – so hätte das zunächst an der faktischen Entwicklung wenig geändert, und doch wäre ein moralisches Gewicht in die Schale geworfen gewesen, das mit der Kraft des Magneten ungeahnte Energien mobilisiert hätte – wie in Frankreich Zolas ›J'accuse‹ 1898, Romain Rollands ›Au-dessus de la mêlée‹ 1914, Camus' Aufruf zum Widerstand 1941, Sartres Manifest gegen die französischen Verbrechen in Algerien 1959.

Die »eiserne Stummheit« des Bürgertums durch die Jahrhunderte, von der Hans Henny Jahnn einmal spricht, findet in solchem Versagen seine erschreckendsten Manifestationen. Als

Gerhart Hauptmann 1944 nach der Zerstörung Dresdens, einem alliierten Verbrechen, endlich die Stimme erhob, war es zu spät. Und zu spät kam die Tat aus dem George-Kreis: Stauffenberg trägt in der tragischen Isoliertheit seines Untergangs konradinische Züge. Es ist ein dramatisches Schauspiel zu sehen, wie Thomas Mann sich stufenweise zum Sprecher der Nation entwickelt hat, herangereift in der produktiven Rivalität mit Heinrich Mann, der als Dichter elementarer, als Kulturpolitiker hellsichtiger war und dessen universale Schau der jüngere Bruder – in Zwist, Hader und Versöhnung – sich angeeignet hat mit einem in Deutschland seltenen Verantwortungsgefühl des Schriftstellers der Politik gegenüber. Allerdings wird man auch – wie Alfred Döblin es mit einem ganz besonderen Affekt getan hat – gegen Thomas Mann das Gespreizte, in gewissem Sinn großbürgerlich Artifizielle seines Stils und Lebensstils, kurz das Akademische ins Feld führen können. »Eine Akademie – das ist die Dressur, das ist der spanische Stiefel, das ist der Block, das ist die Uniform, das ist die Antikunst«, schreit Kollege Crampton bei Gerhart Hauptmann – und spuckt aus.

Damit ist das Stichwort für die Schlußbetrachtung gefallen: die Gefahren, die jeder Akademie inhärent sind, der Hang zur Nivellierung des Originalgenies zugunsten des Soignierten, Gepflegten, Distanzierten. Wo Heyse und Geibel herrschen, bleibt Büchner vor der Tür.

Suspekt ist von vornherein, daß Richelieu, der den Adel in die Knie gezwungen und die Protestanten in Frankreich entmachtet hat, auch der Gründer der Akademie gewesen ist: sie sollte ihm die Schriftsteller in die Hand geben. Ein Gemälde von 1635 präsentiert ihn als die Sonne, in deren Strahlenkranz die Mitglieder seiner Akademie kreisen... Die Revolution hob sie 1793 als Hort der Reaktion auf; Napoleon stellte sie 1803 als Stütze für Thron und Altar wieder her. Sein Bruder Lucien vertrat darin die Familie. Der Kaiser selbst begnügte sich damit, die Geschicke von oben zu leiten, rüffelte die Mitglieder, als sie 1810 es nicht gewagt hatten, dem größten Frondeur und besten Schriftsteller des Regimes – Chateaubriand – einen Preis zu erteilen, und dekretierte seine Wahl in der Hoffnung, den Meister des Stils mit dem unwiderstehlichen Cello-Ton wieder auf seine Seite zu ziehen. Er hatte den graniten Eigensinn des Bretonen nicht in Rechnung gestellt. Chateaubriand nahm die Wahl an, weigerte sich aber, die Antrittsrede zu halten, die vom Kaiser eigenhändig mit wilden Strichen korrigiert worden war. »Ich spürte die Krallen des Löwen in meiner Flanke und gab nicht nach«, schreibt Chateaubriand rückblickend in seinen ›Memoiren‹.

Clemenceau, dessen Prosa die mitreißende Vehemenz von Churchills Stil besitzt, bewies die gleiche Unabhängigkeit. Am Tag nach dem Waffenstillstand von 1918 war er zusammen mit Marschall Foch auf dem ungewöhnlichen Weg der Akklamation, nicht der Geheimwahl, Mitglied der Akademie geworden, ist aber nie zu einer Sitzung erschienen: das übliche Ritual und die Mehrzahl der Kollegen flößten dem großen Stilisten und Menschenverächter nur Sarkasmen ein. Im Gegensatz zu Foch, der eine sehr persönliche und gezügelte Prosa schrieb, ohne an Clausewitz oder an Moltke ganz heranzukommen, wurden die Marschälle Joffre und Pétain in die Akademie gewählt, obwohl jedermann wußte, daß selbst ihre Proklamationen an die Armee aus fremden Federn stammten.

Eine akademischer Zwist brachte 1932 die schwelende Opposition zwischen Pétain und seinem früheren Ordonnanzoffizier de Gaulle zum Ausbruch. Statt sich dem Marschall zur anonymen Verfügung zu stellen, publizierte der damalige Hauptmann 1932 unter eigenem Namen ein später berühmt gewordenes militärpolitisches Werk. In der katholisch-monarchistischen Rhetorik einer professoralen Familie aufgewachsen, mit schriftstellernden Großtanten versehen, hatte de Gaulle die Literatur im Blut. Bezeichnenderweise kandidierte er dabei niemals für die Akademie, obwohl er als hervorragender Schriftsteller und Redner viel besser dazu qualifiziert gewesen wäre als die mehr oder weniger siegreichen Generäle, die das demokratische Frankreich immer in Reserve hat und die samt einem halben Dutzend von Herzögen und Kardinälen zum Hausrat der Akademie gehören wie Barocktruhen zum neudeutschen Appartement. Protektor, nicht Mitglied der Akademie, wollte

de Gaulle werden, und kaum war er es – als Staatschef – geworden, machte er Gebrauch von seinem Vetorecht, indem er die Wahl eines ihm politisch nicht genehmen Kandidaten, des Vichy-Gesandten Paul Morand, verhinderte. Marschall Juin schrieb unterdessen seine Memoiren, schrieb sogar einen Liebesroman und muckste nicht; ihm, den viele zur Zeit der Algerienkrise als kommenden Führer der Armeerebellion ansahen, waren die Zähne ausgebrochen – er saß in der Akademie.[14]
Der Treffpunkt des ›honnête homme‹ ist immer wieder auch ein Treffpunkt der wendigen Dilettanten, schwadronierenden Schöngeister und ordenbehangenen Titelträger gewesen, eine feste Burg der guten Gesellschaft und ihres schalen guten Tons. Molière, der wie Saint-Simon der urwüchsigen Epoche Ludwigs XIII. viel nähersteht als der geschmeidigten Ludwigs XIV., verspottet in seinen Komödien die Salons der ›Preziösen‹, aus denen die Akademie hervorgegangen ist, und macht im ›Bürger als Edelmann‹ Monsieur Jourdain lächerlich, der jeden Satz im Mund herumdreht, statt zu reden, wie ihm der Schnabel gewachsen ist. Rousseau geißelt den »glatten akademischen Jargon mit seinen glatten Worten und den glatten feinen Anspielungen«. Chamfort überbot ihn an Virulenz, und Diderot stellt in seinem ›Neffen Rameaus‹ einen genialischen Außenseiter hin, der den eleganten Nutznießern der Akademie ebenso überlegen ist wie heutzutage ein Céline und der ihnen die Maske der Wohlanständigkeit vom Gesicht reißt, den akademischen Bettel vor die Füße wirft. Auch Romain Rollands ›Foire sur la place‹ gehört in diesen Zusammenhang. Mit subtileren Mitteln und russischem Sensorium für das Ursprüngliche zeigt Nathalie Sarraute in ihren ›Goldenen Früchten‹, wie in den schöngeistigen Salons der Hauptstadt ein Werk zerredet wird und wie das Gehabe und Getue einer bestimmten Kritik die Struktur und das Niveau des Klatsches in der Portiersloge haben.
Gegengift gegen die Perversion des Akademismus findet der Franzose so in der eigenen Literatur und noch ausgesprochener in der Literatur der anderen Völker. Daher auch die ungeahnt tiefe Wirkung, die in Frankreich nach 1945 die einsamsten un-

ter den einsamen deutschen Dichtern gefunden haben: Kleist mit seinem ›Prinz von Homburg‹, Büchner mit ›Woyzeck‹, Hebbel mit ›Judith‹, Hölderlin mit seinen Hymnen, Nietzsche immer wieder und nicht zuletzt Hegel, der schon für Mallarmé ein Führer auf dem Weg zur reinen Lyrik geworden war. Und vor Mallarmé, um 1830, der Erzklang aus Wunsiedel, Jean Pauls ›Rede des toten Christus‹, und die zauberkräftig in sich versponnene Seligkeit seiner Idyllen: »Jetzt aber, meine Freunde, müssen vor allen Dingen die Stühle um den Ofen, der Schenktisch mit dem Trinkwasser an unsre Knie gerückt werden, und an die ›grande monde‹ über der Gasse drüben und ans Palais royal muß keiner von uns denken, bloß weil ich die ruhige Geschichte des vergnügten Schulmeisterleins erzähle...« Nerval hat aus der gleichen wiedergefundenen Innigkeit der Kinderjahre heraus eine der schönsten, traumhaft schwebenden und doch in allen Einzelheiten präzisen französischen Erzählungen des 19. Jahrhunderts geschrieben: ›Sylvie‹. Jean Paul ist sein Lehrmeister gewesen, und jeanpaulisch wirkt auch Balzacs deutscher Musiker im ›Vetter Pons‹, ein ›armer Spielmann‹ vor Grillparzer. Typisch für Frankreich: daß Komponisten zwar in der »Académie des Beaux-Arts« saßen, aber kein einziger je in der »Académie française« – selbst Rameau, Berlioz, Debussy nicht, die ganz hervorragend schrieben: Der Musiker ist in Frankreich nur halbwegs integriert.

Die deutsche Gefahr bleibt, den Orgelpunkt des ganz nach innen gezogenen Gefühls beflissen und breit durchzuhalten, den Dichter aus der realen Gesellschaft hinweg auf die Höhen der Metaphysik zu entrücken, wo doch die Leiden eines Jean Paul auch ganz konkrete Leiden an der Gesellschaft gewesen sind, und wo selbst ein Kleist, ein Hölderlin versucht haben, wenn nicht eine Akademie zu gründen, so doch die Vorstufe dazu, einen Sammelplatz aller Guten: ein ›Journal‹, eine literarische Zeitschrift, die sie aus der geistigen und gesellschaftlichen Isolierung herausgeführt hätte. Genauso sind in unseren Tagen ausgesprochene Einzelgänger, angebliche Anarchisten wie Döblin und Hans Henny Jahnn, zu Gründern von Akademien geworden, der eine in Mainz, der andere in Hamburg. Der

Trieb zur Akademie, zum Austausch ist dem Schriftsteller eingeboren. Literatur ist Mitteilung, sie will rezipiert werden und sucht sich die Organe für die Rezeption zu schaffen.

Daß die Akademie ein Hort der Unruhe werden soll, wie Hans Mayer es in seiner Berliner Antrittsrede verlangt, und dabei zugleich von Natur aus ein Ort der Bewahrung ist, schafft ihre Dialektik: der Balanceakt gelingt nur in seltensten Stunden. Die vollkommene Akademie wird immer die Unmöglichkeit des perpetuum mobile haben und wird darum immer wieder gesucht werden. Ihr Paradoxon ist die Garantie ihrer idealischen Dauer.

Wie stehen die Chancen für die deutsche Dichtung in einer Epoche, in der Deutschlands Grenzen fließender denn je sind und niemand weiß, wo und von wem sie in zehn, in zwanzig Jahren gezogen werden? Vielleicht ist gerade dieses Fließend-Unbestimmte einer Zeit, die selber im Fluß ist wie keine sonst, angemessener als die gloriose Last einer allzu präsenten Vergangenheit. Frankreich pocht gern auf seine universale Mission. Aber Deutschland ist schon durch seine Lage weltoffener, und seine flexiblere Sprache erlaubte Eindeutschungen der Bibel und Shakespeares, denen die Franzosen nichts an die Seite zu setzen haben. Den Orient hat im frühen 18. Jahrhundert Galland mit seiner epochemachenden französischen Übersetzung von ›Tausendundeine Nacht‹ erschlossen. An letzte Feinheiten und Tiefen wie Goethes ›West-östlicher Divan‹ führt er nicht heran. Selbst Rückerts virtuose und schmählich vergessene Nachdichtungen stehen unerreicht da. Hier ist große Tradition, hier sind Anknüpfungspunkte gegeben. Von hier aus erweitern sich auch unsere Perspektiven.

Die Wissenschaft muß sich auf die Beine machen, wenn sie den Taschenbüchern nachkommen will. Sie schleusen in die Lesermassen Werke hinein, die bisher Reservat für ein paar Liebhaber oder Verfasser von Handbüchern der Weltliteratur gewesen waren: die ›Geschichten vom Prinzen Genji‹ der Murasaki und die ›Skizzen unter dem Kopfkissen‹ der Sei Shonagon – subtile und profunde Romane oder Romanskizzen japanischer Schriftstellerinnen, die um das Jahr 1000 entstanden sind, also zur Zeit, wo Roswitha ihre hölzernen Komödien nach Terenz schrieb und die französische Literatur an Bibelparaphrasen herumstotterte. Die Franzosen sind stolz darauf, daß ihre Akademie aus dem Jahr 1635 stammt. Die erste chinesische Akademie datiert aus der Zeit der Merowinger (725), und 938 n. Chr. lag die erste chinesische Enzyklopädie komplett in 1000 Bänden vor.

Unsere Generation erlebt den ungeheuren Moment, wo dieser Koloß wieder aufwacht und zum vollen Bewußtsein der eigenen unbegrenzten Möglichkeiten kommt. An seiner Spitze ein Dichter, der zugleich ein Doktrinär und ein eiserner, zuletzt unberechenbar gewordener Diktator ist: was geht hier vor? Was spielt sich hinter der Vergitterung der gegenseitigen Schlagworte ab? Ameisenhaufen? Niemand wird uns weismachen, daß 700 Millionen Menschen alle zu Ameisen geworden sind oder es überhaupt werden können, so wenig wie seinerzeit, daß alle Deutsche Nazis waren, obwohl sie alle verkleidet umherliefen und verstellt reden mußten. Es war das Privileg eines französischen Dichters, der zugleich Minister ist – des Kulturmorphologen, Asienkenners und Romanciers André Malraux –, dem Staatspräsidenten zur Anerkennung dieser 700 Millionen Menschen geraten zu haben. Welches auch die taktischen Überlegungen der Politik sein mögen: Konfrontation scheint heute das einzig mögliche Ziel in einer planetarisch gewordenen Welt zu sein. Europa muß sich geistig Asien, Afrika, dem südamerikanischen Kontinent, Rußland stellen.

Man denke an die Stalinzeit: Terror, ungeheuerlich. Nicht ungeheuerlicher allerdings als der offene oder versteckte Terror, unter dem durch Jahrhunderte bis in die zwei Weltkriege hinein das sogenannte christliche und bislang noch so wenig christliche Abendland sich entwickelt hat. »Manche freilich müssen drunten sterben«, – ein provokanter Euphemismus! Sartre und Camus wurden von den Kommunisten in den Schmutz gezogen, als sie zum Stalinterror so wenig schweigen wollten wie zu dem der eigenen Vergangenheit und unmittelbaren Gegenwart. Zugleich aber wiesen sie auf das ganz andere hin, das sich daneben und trotz allem in Rußland entwickelte und das heute für die

ganze Welt sichtbar am Himmel eingezeichnet ist. Wer möchte glauben, dieser Vorstoß ins Universum sei nur das Werk gottverlassener Roboter? Welch menschlichen Elan, welch inneres Feuer setzt ein solcher Erfindergeist und Wagemut voraus?
Kein Mitglied der Darmstädter Akademie und vermutlich keines irgendeiner anderen Dichterakademie hat dazu beigetragen, daß eine Rakete sich auch nur einige Zentimeter über den Erdboden erhöbe. Auf uns wird gezählt werden müssen für eine andere Art der Durchdringung des Universums, auf die Integration der ungeheurlich erweiterten Menschenwelt mit ihren Rätseln, Drohungen und Versprechen, auf die richtige Proportionierung des Ichs in diesem verwandelten All, auf die richtige Stimmlage.
Und so darf man vielleicht den Dichter in der Gesellschaft sehen: mit Kredit für den Menschen und zugleich kritisch gegenüber der Zeit, kritisch zunächst dem gegenüber, was er am besten kennt, dem eigenen Volk (›Nestbeschmutzer‹ ist eine Diffamierung des Herkules in der Kloake), kritisch und dabei hingegeben horchend in die rauschende Nacht der unbewältigten Zukunft; scheinbar ganz auf sich zurückgezogen und doch begabt mit dem Radar der Intuition, einer ganz besonderen Witterung für das Wesen des anderen, Silben zählend und Worte wägend, unsicher und voll kindlichen Vertrauens in seine Nußschale, die eines Tages für *Einen* zur Barke des Odysseus werden wird, des weltumsegelnden.

---

1 R. Bonnefous und Mitarbeiter: *Guide littéraire de la France,* Paris, 1964. – A. Oeckl u. R. Vogel: *Taschenheft für Spitzengremien des öffentlichen Lebens in Deutschland,* Festlandverlag, Bonn, 2. Aufl. 1958. – Ausg. 1966 (A. Oeckl), 698 S.

2 G. Benn: *Prosa und Szenen,* hg. D. Wellershoff, 1958, S. 229.

3 Hans Mayer: *Über die Möglichkeiten einer Akademie im heutigen Deutschland,* Berlin, 1965. Ein Leitgedanke dieser Antrittsrede, die in der Berliner Akademie der Künste gehalten wurde und die früheren Akademiereden von H. Mann und G. Benn dialektisch konfrontiert, ist: »Nur die Sprache und ein großer Teil unserer Literatur scheint dem Hang zur restaurativen Erstarrung und zur beruhigten Kalligraphie noch einigen Widerstand zu leisten. Das fehlte also noch: daß eine

heutige Akademie in Deutschland von sich aus dazu beitrüge, mit Hilfe akademischer Autorität diesen letzten Bereich für die Restauration zu gewinnen.«

4 Über die Zusammenkünfte in Pontigny (1910-1914 und 1922-1939) und ihre Rolle im französischen und europäischen Geistesleben, cf. A. Heurgon-Desjardins: *Paul Desjardins et les Décades de Pontigny*, Paris, 1964. – Persönliche Erinnerungen an die Tagung von 1923 gibt mein Artikel im *Elsässischen Literaturblatt*, 2. 2. 1930 (unter dem Pseudonym Max Gilmore).

5 Wie eng George sich auch an mittelmäßige Vertreter des französischen Symbolismus hielt, geht aus der präzisen Untersuchung von B. Böschenstein über sein Verhältnis zu Viélé-Griffin hervor (*Dichtung des Absoluten, 1968*). – Das George-Zitat aus dem Jahre 1930 bei R. Pannwitz: *Albrecht Verwey und Stefan George*, 1965, S. 48. – Aufschlußreich die Interpretation von Georges Schweigen zu Krieg und Drittem Reich: »G. schickte (1914) die Seinigen an die Front... Aber er sah sie in einer blinden Begeisterung befangen, die ihn verstummen machte. Warum wich er vor ihr zurück?... Der Krieg erschien ihm als der Einbruch des verwandelnden Dionysos, der vor ihm nicht gewesene Möglichkeiten schuf... Sollte er einen biologischen Prozeß, den einer Schwangerschaft, unterbrechen, weil das erwartete Kind in Sünde gezeugt war? Er durfte nicht seine Schüler ihres einheitlichen und einsinnigen Schwunges berauben, durch den sie nicht nur mit ihrem Volk verbunden waren, sondern auch ihr Volk mit ihnen.« (S. 47-49). Die Sophismen gipfeln im Ausspruch, der auch die Hitler-Zeit mit einbezieht: »Wie er sich da praktisch verhalten mußte und konnte, in das sich fragend oder urteilend einzumischen, hat kein Mensch auf Erden ein Recht.« Der Seher, der die Zeit dauernd beurteilt und verurteilt hat, muß sich im Gegenteil mehr als andere dem Urteil stellen. – Weitere entlarvende Aussprüche des Dichters bei Edith Landmann: *Gespräche mit Stefan George*, Düsseldorf, 1964. Cf. dazu auch eine ausführliche und scharfe Rezension von Ernst Stein in *Die Zeit*, 1965, Nr. 49.

6 Der zum Teil unbewußte Einfluß Georges auf Rilke ist hervorragend geklärt worden durch E. C. Mason: *Exzentrische Bahnen, Studien zum Dichterbewußtsein der Neuzeit*, Göttingen, 1963, S. 208 sq.

7 Photographien der Münchner Atelierfeste mit George und seinem Kreis bei R. Boehringer: *Mein Bild von Stefan George*, 1951. Die Aufnahme eines ähnlich antikisierenden Festes im Kreis der Parnassiens unter Napleon III. Bei Bédier und Hazard: *Histoire illustré de la littérature française*, Paris, 1924.

8 Zahlreiche Dokumente über die Neuordnung der Akademie 1933 bei Joseph Wulf: *Literatur und Dichtung im Dritten Reich*, 1963, S. 17 sq.

9 O. Loerke: *Tagebücher 1903-1939*, Darmstadt, 1955.

10 Gertraud Linz: *Literarische Prominenz in der Bundesrepublik*, Olten/Freiburg, 1965. – Gegen die Amerikanisierung des Französischen, cf. René Etiemble: *Le franglais*, Paris, 1964.

11 1911 hat die Französische Akademie den Beschluß gefaßt, keine Frauen zuzulassen, und sich seither strikt an ihn gehalten. – Über die Französische Akademie, cf. René Peter: *La Vie secrète de l' Académie française*, Paris, 1934-1940, 5 Bde., und den Kollektivband: *Trois siècles de l' Académie française par les Quarante*, Paris, 1935.

12 Vgl. hierzu Françoise Bardon: *Diane de Poitiers et le mythe de Diane*, 164 S., Paris, 1963.

13 Über Chateaubriand die neueren Monographien von Durry, Levaillant, Moreau; dazu die Sondernummer der *Revue de littérature comparée*, 1949. Sehr

kritisch die neueste Arbeit von H. Guillemin: *L'homme des Mémoires d'outre-tombe*, Paris, 1964. Ebenso kritisch gegenüber Madame de Staël H. Guillemin: *Madame de Staël, Benjamin Constant et Napoléon*, Paris, 1959.

14 Unterlagen über das Verhältnis Pétain – de Gaulle im gleichnamigen Quellenwerk von J. R. Tournoux: *Pétain et de Gaulle*, Paris, 1964. (dt. Ausg. 1967) – J. F. Revel: *Le style du général*, 1959. – Über die Französische Akademie, cf. die schon oben zitierten Werke, besonders René Peter: *Vie secrète de l'Académie française*, o. c.

Diderot, ein stürmischer Freund der Menschen

Für Ernst Kreuder

Diderot ist die universalste, impulsivste, funkensprühendste Gestalt des achtzehnten Jahrhunderts in Frankreich gewesen, ein Beflügler und Befreier, bisweilen auch Hans Dampf in allen Gassen, der überall dazwischenredete und sich in zahllose Händel verstrickte, dabei ohne Gift und Galle, mit einem unverwüstlichen Kern von Begeisterung und Menschenliebe; ein Weltverbesserer, der an allen Ecken und Enden mit Reformplänen aufwartete – in Mathematik, Experimentalwissenschaften, Musik- und Maltechnik, Schauspielkunst so gut wie in Ackerbauwesen, Zoll- und Kanalsystemen, Sozialordnung; oft utopisch, öfter mit dem geschulten Blick und eminent praktischen Sinn des Handwerkersohns, für den vierzehn Stunden Arbeit am Tag eine Durchschnittsleistung bedeuteten; ein großer, ungenierter Genießer des Lebens und zugleich ein Moralist, den das Elend der Welt spontan in Wallung brachte; Zweiseelenmensch, könnte man sagen, wäre damit nicht die Vorstellung eines Hamlet oder Tasso verbunden, während Diderot zwar mit sich haderte, aber nicht mit sich zerfiel und in einem letzten Anlauf, wenn Gefühl und Geist in unlösbare Widersprüche verheddert schienen, über den eigenen Schatten zu springen vermochte und uns von weitem begrüßt, wenn wir endlich nachkommen, als ein herrlicher Mann, der mit gewaltiger Fackel voranleuchtet, wie Goethe einmal geschrieben hat.[1] Allegro und Presto sind seine Tempi und zwischendurch immer wieder das Andante der Rührung und Tränenbereitschaft, deren Heftigkeit in umgekehrtem Verhältnis zu ihrer Dauer stand, wie bei Cholerikern üblich, ohne daß ihnen darum ein für allemal Mangel an Tiefe und Komödiantentum vorgeworfen werden könnte: die Seelenkräfte sind nur anders gelagert als bei introvertierten Naturen. Jahrzehnte hindurch hat dieser Nachkomme einer Messerschmiedfamilie aus der Provinz auf seine Weise in Paris am Amboß gestanden und mit den dreißig Bän-

den seiner ›Enzyklopädie‹ das Werkzeug geschmiedet, mit dem der Feudalismus aus den Angeln gehoben und der Dritte Stand in seine Rechte eingesetzt wurde. Der Bezug auf Heimat und Volk bricht immer wieder durch sein Werk hindurch. Man lese in den Briefen an Sophie Volland – einem Meisterwerk französischer Briefliteratur – die Schilderung des Geburtsortes Langres auf den östlichen Hängen der Champagne, von wo der Blick über die weiten Räume der burgundischen Ebene geht.
Frühromantisches Naturgefühl spricht daraus, zugleich wird Erinnerung an die Klassizität von C. F. Meyers ›Römischem Brunnen‹ wach: das romantisch-klassische Zusammenspiel bleibt für Diderot charakteristisch. »Wir haben hier eine reizende Promenade, eine große Allee mit dichten Bäumen, die zu einem Hain führt, wo die Bäume plan- und regellos aufwachsen. Frische und Einsamkeit umfängt einen da. Über eine rustikale Treppe hinunter gelangt man zu einer Quelle, die dem Felsen entspringt. Ihre Wasser, in ein Schalenrund aufgenommen, fließen da in ein erstes Becken, fließen weiter in ein zweites und durch kleine Kanäle in ein drittes, wo sie zum Strahl aufsteigen. Die Schale und die Becken sind einen Hang entlang in ziemlich großer Entfernung untereinander angelegt. Das letzte Becken ist mit alten Linden bestanden. Sie blühen eben; zwischen den Linden stehen Steinbänke; um fünf Uhr sitze ich dort. Mein Blick schweift über das schönste Panorama, das man sich denken kann: ein Gebirgszug, von Häusern und Gärten belebt, an dessen Fuß ein Bach sich durch die Wiesen hinschlängelt, die Wasser der Quellen und Brunnen aufnimmt und sich in der Ebene verliert...«[2]
Aus der gleichen Zeit – Sommer 1759 – stammt die berühmte Schilderung, die Diderot von sich und seinen Mitbürgern gibt: »Die Bewohner dieses Landes haben viel Geist, viel Impulsivität und eine wetterwendische Unbeständigkeit; das hängt, denke ich, mit den besonderen Witterungsverhältnissen zusammen, die in vierundzwanzig Stunden von Kälte in Hitze umschlagen, von Ruhe in Gewitter, von heiterem Himmel in Regen. Wie sollten derartige Umschwünge nicht auch auf die Menschen einwirken und ihre Seele in ruhigem Gleichmut be-

lassen? Von Kindesbeinen an sind sie daran gewöhnt, auf jeden Windstoß zu reagieren. Der Kopf der Einwohner von Langres sitzt auf ihren Schultern wie der Wetterhahn auf der Kirchturmspitze. Er bleibt niemals unbeweglich am gleichen Ort, und kehrt er einmal in die frühere Position zurück, so hält es ihn nicht lange darin. Mit einer verblüffenden Beweglichkeit in ihren Empfindungen, ihren Wünschen, Plänen, Träumen und Gedanken sprechen sie dabei langsam. Was mich betrifft, so gehöre ich zu diesem Land; nur haben mein Aufenthalt in Paris und die ständige Kontrolle meiner selbst manches gebessert.«
Man lese die Schilderung des Vaterhauses, wo der alte Schmied so stramm über die Familie herrschte wie Schillers Vater in Marbach: ehrbar, aufbrausend, unermüdlich, zu Tränen gerührt als der Junge erste Preise aus der Schule heimbrachte, fuchsteufelswild als er nur zu bald seine eigenen Wege ging und im Dunkel von Paris untertauchte, ehe er mit 36 Jahren plötzlich in den Brennpunkt des öffentlichen Interesses rückte, wegen Freigeisterei ein paar Monate auf die Festung kam und bald darauf in die Preußische Akademie. Bis zu seinem Tod im Jahre 1784 stellte er eine Macht dar, mit der Frankreich und Europa zu rechnen hatten. Versöhnt und voll heimlichen Stolzes ist der Alte gestorben, Diderot aber hat ihn und seinesgleichen im ›Ehrbaren Hausvater‹ auf die Bühne gebracht und damit dem Theater eine entscheidende Wende gegeben: der Bürger trat an die Stelle der antiken Götter und Helden.
Der Impuls war von England ausgegangen, wo das Bürgertum zum Riesen erwacht, die Industrie aus dem Boden gestampft und auch die Literatur an sich gerissen hatte – das Vorbild wirkte bis nach Venedig hinunter, wo Goldoni seine prall realistischen Komödien dem Volk ablauschte. Diderot ist der wichtigere Anreger geworden, weil er seine längst vergessenen bürgerlichen Rührstücke mit einer geistblitzenden Ästhetik untermauerte, die damals so bahnbrechend wirkte wie heute Brechts Dramaturgie. Einer seiner großartigsten Essays, ein Paradestück aller Anthologien, das ›Paradox über den Schauspieler‹, kreist schon um das Phänomen der romantischen Ironie und nimmt das der Verfremdung vorweg.

Lessing, der Übersetzer und Schüler Diderots, hat ihn als Meister im Drama bald überflügelt. ›Minna von Barnhelm‹ besitzt die unbestechliche Pinselführung und nüchterne Grazie eines Chardin, wo Diderot empfindsame Rhetorik im Stil von Greuzes Genremalerei einsetzt. Nicht auf der Bühne hat sich sein dialektisches Genie Ausdruck verschafft, sondern in einer ganz besonderen, halb erzählenden, halb reflektierenden Prosa.
Der ›Versuch über bildende Kunst‹, den Goethe übersetzt hat, und die ›Salons de peinture‹ haben der Kunstkritik literarischen Rang verliehen: Baudelaire und die Goncourts, Apollinaire und Malraux sind hierin Diderots Erben. Zu den Malern, die Diderot bewunderte und für die er stritt, gehörte Hubert Robert (1733 bis 1808).[3] Seine italienischen Landschaften, zügig hingemalt, gezeichnet oder gerötelt, sind bis heute lebendig geblieben durch die geistvolle spontane Verquickung dreier Stilelemente: Barockperspektiven der großen römischen Architekturen; sensibles Rokoko mit einem besonderen Hang für Ruinen; scharf beobachtender Realismus, der in verfallenen Tempeln und Palästen das Volk unbekümmert hausen oder werkeln läßt. Wäscherinnen an einem Aquädukt; Ochsentreiber unter einem Riesengewölbe, in dem ihre Herde Unterkunft gefunden hat und dessen Düsterkeit an Piranesi erinnert; dann wieder friedlich am Abhang ein Hirt mit seinen Schafen, die zwischen überwachsenen Säulenstümpfen grasen. Man denkt an Goethes elegischen Wanderer, der über die junge römische Bäuerin sinniert, während sie mit antiker Ruhe vor der Hütte am längstvergessenen Säulenschaft das Kind stillt. Allerdings fehlt Hubert Robert durchaus der Winckelmannsche Zug edler Einfalt und stiller Größe; sein Strich ist nervös, sein Geist beweglich modern. Er bleibe zu sehr am Äußeren haften, wirft Diderot dem Freund in einer Kritik aus dem Jahre 1767 vor; die Staffage müsse geopfert werden, damit die Landschaft unmittelbar in ihrer Einsamkeit und Ruinentrauer zu uns spreche. Caspar David Friedrich scheint an solchen Stellen vorausgeahnt; zugleich wirkte der mächtige Eindruck Shakespeares und Ossians nach.
Macphersons ›Ossianische Gesänge‹ waren 1760 gleich nach

ihrem Erscheinen von Turgot ins Französische übersetzt worden. Daß der damals 33jährige Wirtschafts- und Finanzreformer für Sturm und Heide, Gräber im Mondlicht und Geister in Nebelschwaden empfänglich sein konnte, lockert einmal mehr das starre Bild vom ›rationalistischen‹ achtzehnten Jahrhundert. Diderot seinerseits fühlte sich so hingerissen, daß er, der seine Freude immer teilen und seinen Enthusiasmus mitteilen wollte, Sophie Volland aus dem Stegreif ein paar eigene Übersetzungsproben zukommen ließ.

Ossian hat damals die ganze französische Literatur befruchtet und damit dem kommenden Werther-Enthusiasmus vorgearbeitet. Auch für den jungen Bonaparte gehörten Ossian und Werthers Weltschmerz zusammen. Erst der Kaiser hat dann die Ossian-Verehrung auf den Kult der sterbenden, in Walhall glorreich empfangenen Helden reduziert und zu einer Art staatlichen Institution zu verhärten versucht: die erzwungene Allegorie versank mit ihm selber. Die Walhall-Bilder im Schloß Malmaison blieben tote Curiosa, und unter den Gymnasiasten, die Macpherson pflichtgemäß zu lesen hatten, waren ›Ossians Gesänge‹ durch Chateaubriands ›René‹ längst abgelöst. Der Bretone hatte sich die heroisch-elegischen Visionen des Schotten genuin anverwandelt und durch einen umwälzend neuen Stil der französischen Prosa ganz neue Perspektiven eröffnet, die Diderot nur ahnen konnte.

Er bleibt ein Mittelsmann zwischen den Zeiten. Selbst Walhalla fehlt nicht in seiner ›Enzyklopädie‹. Der Genfer Mallet, ein Landsmann und jüngerer Zeitgenosse Rousseaus, hatte in Kopenhagen die erste großangelegte Arbeit über dänische Geschichte und skandinavische Vorgeschichte verfaßt (1756 bis 1763), indem er Montesquieus Kulturkrisenlehre auch auf den bisher verschlossenen ›barbarischen‹ Norden anwandte und die alten Sagen aus seinem besonderen Klima und den Lebensverhältnissen zu verstehen versuchte. Nicht ohne ironische Zwischenbemerkungen, die auch Rousseaus Dogma vom ›guten Wilden‹ treffen sollten, aber dennoch voll warmer Sympathie für die Vorzeit, hatte das flüssig geschriebene französische Werk die umständlichen lateinischen Werke der einheimischen

Vorgänger in den Schatten gestellt und die ›Edda‹ mit einem Schlag in ganz Europa bekanntgemacht. Zur gleichen Zeit, als Klopstock am dänischen Hof unter Mallets Einfluß die Namen der griechischen Götter durch germanische zu ersetzen begann, unterrichtete Diderot auf 6 oder 7 Kolonnen seiner Enzyklopädie zum erstenmal das französische Publikum über Island, Niflheim, Odin, Thor und das übrige Personal der kommenden Opern Richard Wagners. ›Vorromantisch‹ ist doch wohl kein leeres Wort für einen solchen Geist, dessen Empfindungskraft von den Runen wie von den Ruinen gleichermaßen in dichterische Erregung versetzt wurde.[4]

Die deutsche Übersetzung von Diderots ersten Erzählungen erschien 1772 in Zürich zusammen mit Geßners ›Idyllen‹: Geßner war damals ein Rilke an europäischer Berühmtheit und wurde auch von Diderot maßlos verehrt.
Die Schweiz und das ganze literarische Deutschland eiferten sich für die ›Unterhaltungen eines Vaters mit seinen Kindern‹, in deren Mittelpunkt wiederum der alte Schmied aus Langres steht. Nach dem Tod eines fast hundertjährigen Dorfpfarrers war er mit der Regelung des Nachlasses betraut worden, eine Riesensumme ist auszuzahlen, im Vorraum drängt sich schon die bettelarme, verhärmte Verwandtschaft, da entdeckt der Treuhänder unter alten Papieren einen vergilbten Zettel, ein vermutlich vergessenes und entwertetes Testament, worin das gesamte Vermögen einer ebenso reichen wie habgierigen Pariser Buchhändlerfamilie zugesprochen wird, die den Verstorbenen in der Jugend als Hauslehrer beschäftigt hatte. In seiner Gewissensnot befragt der Schmied einen Priester, übergibt auf Weisung des berühmten Kasuisten die ganze Habe den Pariser Erben, die ungerührt vom Elend ringsum die Summe einstreichen. Noch auf dem Totenbett quält den alten Mann die Frage, ob er das zufällig und wohl wider den Willen des Erblassers erhaltene Dokument nicht hätte vernichten und damit an Stelle des formalen Gesetzes wahre Gerechtigkeit setzen sollen. Erregt greifen die beiden Söhne in die Diskussion ein: Diderot verteidigt das Anrecht der Verwandten; sein Bruder, ein stock-

konservativer Domherr, deckt den Ratgeber; Vater und Schwester schwanken in ihrer Meinung. Wiederum ein Familiengemälde mit dem typischen Stoff von Testamentstreitigkeiten, Geiz, Habgier, der von Molière über Balzac bis Mauriac als Wesensmerkmal bestimmter französischer Gesellschaftsschichten immer wieder auftaucht. Welche Prägnanz der Darstellung, welch geraffter funkelnder Stil, welches vibrato menschlicher Teilnahme! Hier ist der Nährboden von Schillers ›Geisterseher‹ und von Stendhals ›Le rouge et le noir‹ gewesen. Was bei Diderot und Schiller noch an moralisierendem Pathos des XVIII. Jahrhunderts zurückbleibt, wird bei Stendhal als dem Schöpfer der modernen analytischen Prosa bewußt ausgespart und endgültig geschmeidigt.
Geist der Wälder atmete Herder hingerissen in der Geschichte von den ›Zwei Freunden aus Bourbonne‹, die im düsteren Grenzgebiet zwischen der Champagne und Lothringen spielt. Vor den ›Räubern‹ und dem ›Kohlhaas‹ werden hier zwei elementare Naturmenschen mit ungebrochenem Rechtsempfinden zu Rächern an einer Gesellschaft, die das Unrecht verklausuliert hat. Alles ist rauh, phantastisch, in fliegender Eile erzählt und dabei an Höhepunkten von einer fast antiken Erhabenheit. Olivier hat erfahren, daß sein Freund als Schmuggler verhaftet und vor den Richter geführt worden ist. »In der Nacht steht Olivier heimlich auf und begibt sich nach Reims, ohne seine Frau zu wecken. Er gelangt bis zum Richter Coleau, wirft sich vor ihm nieder und erbittet die Gnade, Felix sehen und umarmen zu dürfen. Coleau betrachtet ihn, schweigt einen Augenblick und gibt ihm ein Zeichen, sich hinzusetzen. Olivier setzt sich. Nach einer halben Stunde zieht Coleau seine Uhr heraus und sagt zu Olivier: ›Wenn du deinen Freund sehen und umarmen willst, beeile dich, er ist auf dem Weg: geht meine Uhr recht, wird er in zehn Minuten gehängt sein.‹ Außer sich vor Wut, springt Olivier auf, versetzt Coleau einen fürchterlichen Stockschlag auf den Nacken und läßt ihn halbtot zurück, eilt nach dem Platz, erscheint und schreit los, stürzt auf den Henker, stürzt auf die Gerichtsdiener, reißt die Menge mit sich, die längst gegen diese Exekution empört war. Steine fliegen, Felix

wird befreit und entflieht; Olivier denkt jetzt selber an Flucht; aber ein Soldat hat ihm ein Bajonett in die Flanke gestoßen, ohne daß er es merkte. Er kommt bis ans Tor der Stadt, weiter geht es nicht. Mitleidige Fuhrleute luden ihn auf ihren Wagen und setzten ihn vor seinem Hause ab, kurz bevor er verschied; er konnte noch gerade zu seiner Frau sagen: ›Frau, komm her und umarme mich; ich sterbe, aber der Narbige ist gerettet.‹« Der Erzähler schließt mit einer Szene aus dem Volksleben, wie die Brüder Le Nain sie unter Ludwig XIII. gemalt haben und später unter dem Versailler Kunstdiktat Ludwigs XIV. dafür verachtet wurden, obwohl antike Größe und Erhabenheit bei ihnen und nicht auf den pompös antikisierenden Gemälden der Hofmaler in neuer Form weiterleben: »Eines Abends während unserer üblichen Promenade sahen wir vor einer Hütte eine Frau stehen, vier kleine Kinder zu ihren Füßen; ihre schwermütige und entschlossene Haltung machte uns betroffen, und wir betrachteten sie stillschweigend. Nach einer längeren Pause sagte sie: ›Das sind vier kleine Kinder, ich bin ihre Mutter und habe keinen Gatten mehr.‹ Diese noble Art, ein Almosen zu verlangen, ging uns zu Herzen. Mit Anstand nahm sie unsere Gabe, und wir erfuhren die Geschichte von Olivier und Felix.«[5] Nicht umsonst hat Diderot jahrelang mit einem radikalen Verkünder der freien Natur, Rousseau, zusammengelebt, bis es fast zwangsläufig zum Bruch zwischen dem abrupten Einzelgänger und dem Genie der Geselligkeit kam. Auch als Erzähler bringt Diderot nicht die Unerbittlichkeit auf, mit der Kleist im ›Kohlhaas‹ die Tragik bis in die letzten Stollen vortreibt. Am Ende schießt er mit einem Purzelbaum wieder selber herein, kommentiert die Erzählung, gibt dem Leser die Möglichkeit von drei Schlüssen in die Hand. Die formale Einheit ist damit zerstört, zugleich aber werden auf einer neuen Ebene der Diskussion Ausblicke geschaffen, die nichts von ihrer Aktualität verloren haben. Aus Diderots ästhetischen Zwischenbemerkungen will die sowjetrussische Kritik die Forderung nach sozialistischem Realismus ablesen, während der ›Antiroman‹, wie ihn Nathalie Sarraute in ›Les Fruits d'or‹ auffaßt, einen unmittelbaren Vorläufer in ›Jacques le Fataliste‹ hat, der anderseits Brecht zu seinen ›Flüchtlingsgesprächen‹ angeregt hat. Kein italienisches Konzert Bachs oder Vivaldis führt mit mehr Grazie und Sicherheit Stimmen und Gegenstimmen in ständigem Wechsel zu- und gegeneinander, als es der Sechzigjährige hier im Vollbesitz seiner Kräfte getan hat. Welchen Weg der Entwicklung er durchlaufen, zeigt ein Blick auf den Erstlingsroman ›Les bijoux indiscrets‹, 1748, dessen deutsche Übersetzung den anzüglichen und treffenden Titel ›Die geschwätzigen Muscheln‹ trägt.[6] Diderot bezeichnet damit das weibliche Organ der Lust, das, mit Sprache begabt, eine ganz andere Sprache hören läßt als der Mund und den Konflikt zwischen Trieb und Sitte, die Lüge der Konvention in immer neuen komischen Paradoxien zum Ausdruck bringt. Wieland hat hier viel gelernt, aber auch Lessing, Herder und nicht zuletzt Hamann, der Mystiker mit dem Faunsohr, waren von dem Werk angetan, das der Verfasser später als Jugendtorheit abgelehnt hat und in dem in unsern Tagen K. A. Horst merkwürdig surrealistische Blicke ins Chaos der Zeit und die Abgründe der Epoche entdeckt: Traum von einer hundsköpfigen Geliebten, Vision des Inselvolkes der Monomanen.[7]

Von ganz anderem künstlerischen und menschlichen Rang ist der Klosterroman ›Die Nonne‹, den Schiller in den ›Horen‹ in einer Übersetzung von Herder oder Goethe zu bringen hoffte – ein Verleger kam ihm zuvor. Trotz aller antiklerikalen Pointen ein durchaus ernstes Buch, das einen für die Zeit typischen Sachverhalt untersucht: die Leiden eines Bürgermädchens, das wider Willen ins Kloster gepreßt wird wie Rekruten in Grenadierregimenter. Wenn Diderot neben einer verstehenden, zart schonenden, von echter Mystik erfüllten Äbtissin eine sadistisch harte und eine lesbisch weiche schildert, so sind das nicht Phantasmen, die ein Erotiker ins Kloster projiziert, sondern Mißstände in den Klöstern selbst, gegen welche die Kirche immer wieder einschreiten mußte und wie sie ähnlich in unsern Tagen bei verfehlten oder erzwungenen Priesterberufungen der Jesuitenpater Paul Jury in ›Le prêtre‹ aufzeigt, einem Werk, das bezeichnenderweise bis jetzt keinen deutschen Verleger gefunden hat.[8] Die Kunst, mit der Diderot die verwunderte und ver-

störte Nonne schrittweise aus dem unverständlichen Verhalten der Oberin das Bild einer Lesbierin zusammensetzen läßt, nimmt schon die Technik vorweg, mit der Prousts junger Held die seltsamen Handlungen des Barons Charlus zuletzt als Wesenszüge eines Päderasten summieren lernt. Tieferes Verständnis für mystische Versenkung und Askese darf man bei einer so stark nach außen gewandten Natur wie Diderot nicht erwarten; er steht gegen Pascal zu Montaigne. Seine Affektbetontheit kann sich andererseits nicht mit dem trockenen Witz eines Voltaire, Helvetius, Fontenelle begnügen.
»Sensibilität ist eine universale Eigenschaft der Materie«, heißt eines seiner Hauptaxiome, das Lenin ausführlich kommentiert hat; Hilfsbereitschaft bildet einen Grundzug seines Wesens; um eine philosophische Fundierung des Altruismus, eine Definition der sozialen Moral ist dieser Agnostiker immer wieder bemüht. Er gehört zu den emotionalen Naturalisten, deren lange Reihe von Villon und Rabelais bis Zola reicht. Als rabelaisischen Schmaus feiert Goethe 1780 ›Jacques le Fataliste‹, den er »von 6 Uhr bis $1/2$ 12 Uhr mit unbeschreiblicher Wollust verschlungen.«[9] Schiller seinerseits schnitt sich selbstherrlich zur Übersetzung eine Episode aus dem Werk heraus, die als ›Merkwürdiges Beispiel einer weiblichen Rache‹ in die Ausgabe seiner Schriften übergegangen ist.

Zu Lebzeiten Diderots sind weder die ›Nonne‹ noch ›Jakob der Fatalist‹ im französischen Buchhandel erschienen. Beide wurden durch ein vertrauliches Korrespondenzblatt verbreitet, mit dem der rührige Baron Grimm, ein französisierter Regensburger und enger Freund Diderots, die aufgeklärten Fürstenhöfe des Auslandes versorgte, darunter Gotha, Bayreuth, Darmstadt, Stockholm, St. Petersburg. Im grundlegenden Werk des belgischen Literarhistorikers Roland Mortier ›Diderot en Allemagne‹ kann man nachlesen, welch enge Beziehungen Prinz August von Sachsen-Gotha, ein Haupt des Illuminatenordens, zu Goethe, Herder, Wieland unterhielt, denen das Korrespondenzblatt regelmäßig ausgeliehen wurde. Hier ist eines der Vorbilder jener ›geheimen Gesellschaften‹ zu suchen, die im

klassischen Roman eine so große Rolle spielen und die noch die Voraussetzung von Schillers ›Aesthetischer Erziehung‹ bilden, worin Kultur zunächst Angelegenheit einer Elite fortschrittlich gesinnter Fürsten und Bürgersöhne ist und von hier aus weiterwirkt.
Diderot selbst stand zwanzig Jahre lang in enger Beziehung zu Katharina II. Für das Gehalt, das sie ihm seit 1765 als ›Bibliothekar‹ ausgesetzt hatte, beriet er sie bei ihren Bücher- und Bilderankäufen, verschaffte ihrem unterentwickelten Land Wirtschaftsexperten so gut wie bildende Künstler – darunter Falconet, den Schöpfer des Reiterdenkmals Peters des Großen – und reiste schließlich selber im Winter 1773/74 nach Rußland. Inwieweit er auf ihre potemkinschen Dörfer hereingefallen ist, als die beiden Zarin und Zimmermann spielten, bleibt eine offene Frage. Bei aller Dankbarkeit der geistvoll schlagfertigen Gönnerin gegenüber besaß er einen scharfen Blick und ein loses Mundwerk: sein berühmtes ›Projekt für eine russische Universität‹ enthält genug Winke mit dem Zaunpfahl. Eine ›Klage über den Verlust meines alten Hausrocks‹ hatte er schon früher geschrieben, als eine andere Dame des Adels ihm komfortablere Anzüge und Möbel aufnötigte: zu bequem, um abzulehnen, war er zu unabhängig, um nicht wenigstens in Worten den Sohn des Volkes herauszukehren, der die Einfachheit dem Luxus vorziehe. Das Jean-Paulsche Thema des Schlafrocks wird mit Rührung und zugleich mit gallischem Witz behandelt, der es an politischen Seitenblicken nicht fehlen läßt: Jean Paul selbst hat immer wieder gern in Diderot gelesen. Bibliothek und Manuskripte des Dichters kamen nach seinem Tod in die Petersburger Eremitage. Dort hat sie der Sohn einer Frankfurter Wäscherin und Jugendfreund Goethes, Maximilian Klinger, eingesehen, der vom Dichter zum russischen General, Staatsrat und Vertrauten des Erbprinzen aufgerückt war. Als erster liest er den ›Neveu de Rameau‹, ist begeistert und zugleich fest entschlossen, unter der Hand Kapital aus dem unveröffentlichten Werk zu schlagen – sei es auch nur die hundertbändige Prachtausgabe von Buffons ›Histoire naturelle‹ –, indem er den Text einem deutschen Verleger zuschusterte.

Mittelsmann wurde Schillers Schwager, Ernst von Wolzogen, der als Abgesandter des Weimarer Hofes in Petersburg weilte. Der bereits todkranke Schiller fängt Feuer und Flamme und läßt Goethe keine Ruhe, bis er die Verdeutschung übernimmt. Goethe seinerseits begeistert sich derart für die Aufgabe, daß er dem Werk dieselbe Ehre zuteil werden läßt wie später dem ›Westöstlichen Diwan‹, indem er ihn 1805 mit einer Einführung und einem ganzen Apparat von zeitgeschichtlichen Kommentaren herausgibt. Der alte Zelter in Berlin jubelte, Wilhelm von Humboldt schrieb maßvoll enthusiastisch aus Rom, Friedrich Schlegel sprach mit der ihm eigenen Feierlichkeit dem Werk romantischen Witz zu. Arndt ließ es als kernigen Ausdruck eines Deutschfranzosen gelten, da Diderot ja aus Burgund stamme und mithin wie Buffon, Rousseau, Lamartine ein Germane, kein Welscher sei... Bei aller völkischen Verschrobenheit hat der demokratische Charakterkopf aus dem Norden in Diderot den Sohn des Volkes gespürt und ihm noch 1847 eine eigene Biographie gewidmet. Die Tageskritik fiel über Goethe her, die Kurt Ziesel der Epoche begeiferten das gesinnungslos überfremdete, zersetzende Kunstprodukt.
Die Situation war in der Tat ungewöhnlich. Die Führer der Weimarer Klassik, die Jean Paul, Bürger, Hölderlin den Rücken gedreht hatten, lassen Diderot nicht etwa ein, nachdem sie ihn gnädigst mit dem Entreebillet ›faustischer Natur‹ versehen hätten: sie setzen sich bewundernd zu ihm ins Kaffeehaus, lauschen ihm wie einem älteren Bruder und Meister, fühlen sich ›wunderbar gestärkt durch seine Gegenwart‹. Der Weimarer Minister und der Hofrat sind einen Augenblick der strengen Etikette ihrer selbstverordneten Klassik entronnen, zurückversetzt in die Zeit der Kraft- und Saftgenies, mitgerissen von der allbeseelenden Dynamik dieses Ruhelosen, der zynisch wie Mephisto den Heuchlern die Larve abreißt und ekstatisch wie Faust von der Urmacht der Gefühle schwärmt, dem ewigen Strom des Lebens sich anvertraut, den Stachel des nie ermüdenden Strebens preist. Was wäre aus dem deutschen Sturm und Drang geworden, schreibt Goethe nachträglich, hätte er einen solchen Mann zur rechten Zeit in seiner vollen Größe er-

kannt! Da ist Energie, Leidenschaft, Zündstoff in jeder Form, und da ist zugleich das Wissen von der Notwendigkeit scharfen Denkens und bewußter Form, tiefe Kenntnis der alten Wissenschaft und universale Vertrautheit mit der modernen, Allüren des Weltmanns und die zudringlich kühne Sprache des Volkes. Etwas zu kurzatmig, gewiß, für Sophismen anfällig, dem Schlüpfrigen nicht abgeneigt, den letzten Geheimnissen gegenüber nicht ehrfürchtig genug – aber »Diderot ist Diderot, ein einzig Individuum, wer an ihm oder seinen Sachen mäkelt ist ein Philister«, schreibt Goethe und nennt ›Rameaus Neffe‹ »ein Meisterwerk, das man immer mehr bewundert, je mehr man damit bekannt wird«.[10]

Es geht um mehr als nur ein Kaffeehausgespräch zwischen Diderot und einem verkommenen Musiker, einem Ausbund pockennarbiger Häßlichkeit, einem Genie der Gestik, Pantomime und Invektive. Unter den Schachspielern und Causeurs des Café de la Régence, einem Treffpunkt Pariser Eleganz, wirkt er wie eine elementare Macht aus dem Untergrund, der Rache dafür nimmt, daß Natur wie Gesellschaft sich gleichermaßen an ihm versündigt haben. Statt Genie wie sein berühmter Onkel, der Komponist Rameau, besitzt er ein bescheidenes Talent, und auch dieses darf er nur entfalten, wenn er sich der Mode und den Launen der Mächtigen anpaßt. Als Schmeichler, Zwischenträger, Kuppler auf jedem Gebiet schmarotzt er sich durchs Leben, bis plötzlich der Ekel hochsteigt, der Speichellecker den andern in die Suppe spuckt und frenetisch die angestaute Leidenschaft aus sich herausgeigt, ein früher Bruder Kreislers. Der Anfall geht vorüber, Rameau durchschaut die eigene Nichtigkeit so gut wie die der andern. Es bleibt ihm der geheime Triumph des illusionslosen Blicks, der Mut zur Verworfenheit. Er ist mit andern Worten ein Franz-Moor-Typ, das heißt eine Schlüsselfigur Schillers, die zu eben der Zeit, als der Dichter das Werk las, Ausdruck in der Gestalt des Johannes Parricida fand, diesem verzerrten Spiegelbild Tells, mit dem er ins reine kommen muß, wie der Moralist Diderot mit dem Amoralisten Rameau als beunruhigender Karikatur seiner selbst.

Goethe anderseits sah in der Gestalt aus der Tiefe ein Produkt der Fäulnis, die die ganze vorrevolutionäre Gesellschaft ergriffen hatte; Mitschuldige saßen überall – seine Frankfurter und Straßburger Jugenderlebnisse schon hatten ihn entsetzt darauf gestoßen, die Revolution andere erschütternde Beispiele nachgeliefert. Sollte Rameaus mephistophelische Demaskierung der Welt der Weisheit letzter Schluß sein? Daß es hier hart auf hart um letzte Entscheidungen über die wahre Natur des Menschen ging, hat die beiden Dichter an der französischen Erzählung fasziniert. Kurt Wais schreibt mit Recht, daß dieses scharfe, sozialkritische Pamphlet und ästhetische Streitgespräch, worin die klassische hohe Oper gegenüber der volkstümlichen Opera buffa den kürzeren zieht, zugleich eine »Dichtung vom Leiden am Schlechten, vom Leiden an der Schlechtigkeit unter den Menschen« ist.[11] Die schamlose Offenheit, mit der Rameau die Verdorbenheit unter dem schönen Schein bloßlegt, macht seine Zuhörer für die Abgründe im eigenen Innern sehend. Aber Diderot identifiziert sich nicht mit Rameau. Was ihm, dem Freund der Menschen, zu vollziehen bleibt, ist eine iphigenische Rettung des Bildes vom Guten und Schönen. Auch für ihn wird Shaftesbury zum Nothelfer wie einst für Goethe. Rameau entpuppt sich als Typ des Scheinkünstlers, seine Moral ist die Scheinmoral eines Sophisten. Unangetastet leuchtet der Genius über die Abgründe einer pervertierten Gesellschaft in eine menschenwürdigere Zukunft hinein, für die er sich mitverantwortlich fühlt.

E. T. A. Hoffmanns erste Erzählung, ›Ritter Gluck‹, schließt sich im Tonfall und zum Teil in der Thematik unmittelbar an ›Rameaus Neffe‹ an. Auch bei Hoffmann triumphiert immer wieder über die innere Zerrissenheit der Glaube an die Meister: an Gluck und an Pergolesi, an Beethoven und an jenen Mozart, der in Knecht- und Zwergengestalt durchs Leben ging und zuletzt wie ein Riese über alle hinauswuchs, die seine Kunst in ihrem Dienst herabwürdigen wollten, den Salzburger Erzbischof so gut wie vorher die Pariser Cliquen, die nirgendwo unerbittlicher entlarvt werden als in Diderots Erzählung. Den Gegenpol zu dieser Musikergeschichte bildet Grillparzers ›Armer Spielmann‹: hier menschenscheue Verinnerlichung, dort provokante Weltläufigkeit. Grillparzers Welt ist darum nicht ›heiler‹, nihilistische Neurasthenie schimmert als geheime Folie hindurch: bedroht ist der Mensch in beiden Werken und wird in beiden gerettet durch die Kraft zum Glauben an seine höhere Bestimmung.

Auch in ›Jacques le Fataliste‹ siegt zuletzt nicht der starre Determinismus, wie ihn Diderots Freunde und Mitstreiter – der steinreiche, joviale Helvetius und der genießerische Rheinpfälzer d'Holbach – in ihren aufsehenerregenden, öffentlich verbrannten Werken formuliert hatten. Diderot gelingt ungewollt der geniale Sprung vom mechanischen zum dialektischen Materialismus: das bescheinigen ihm die marxistischen Interpreten, an der Spitze Karl Marx selber, dem in der Verehrung des Dichters sein Lehrmeister Hegel vorangegangen war. Wiederum eine paradoxe Situation! Hegel, der vierschrötige Schwabe und Stiftler, ergötzt sich über alle Maßen am feinen Gespinst des ›Rameau‹ und des ›Fatalisten‹, die kühn und frei hingetupft sind wie die venezianischen Ansichten Guardis, mit jenem ganz neuen Fingerspitzengefühl, das der raffinierten Epoche der galvanischen Ströme und des mesmerischen Fluidums gemäß war.

Der Diener Jakob wird im Bericht seiner Liebesabenteuer, auf den sein Herr brennt, durch immer neue Zwischenfälle unterbrochen, die Anlaß zu ebensoviel eingeschachtelten Geschichten ergeben, aus denen wiederum Diskussionen über Zufall und Willensfreiheit erwachsen. Die Szene, wo die Wirtin am Herd mit den Töpfen hantiert, den Gästen Rede und Antwort steht, dem Hausknecht über die Schulter hinweg Weisungen erteilt und zugleich Jakob und seinem Herrn die Geschichte von Madame de la Pommeraye erzählt, ist ein Glanzstück dramatischen Stils in der Novellistik. Die eigentümliche Technik des halben Enthüllens und raschen Wiederverhüllens hat Diderot von Sterne übernommen, zugleich aber die unterschwellige Erotik des seltsamen englischen Pfarrers mit drallen Handgreiflichkeiten erfüllt, von denen Hegels schwäbische Massivität so angetan war.

Was das Werk über den landläufigen Abenteuer- und Schelmenroman erhebt und es wenn nicht unmittelbar neben den Don Quixote rückt (dazu fehlt ihm das Letzte, die tragische Aura), so doch in seinen näheren Umkreis, ist die ständige Auseinandersetzung mit den großen Problemen der Zeit, philosophischen wie sozialen – vor allem mit jener Beziehung zwischen Herr und Knecht, die in den Jahren vor der Revolution einem grundlegenden Wandel dadurch entgegenging, daß der Knecht zum Bewußtsein der wahren Kräfteverhältnisse und Machtverteilung durchgedrungen war. Der Bürgersohn Hegel, der im heimatlichen Schwaben die Knechtung durch die herzogliche Willkür so gut wie durch die Oligarchie der Altstände und die eiserne Herrschaft der Staatskirche aus der Nähe kannte, hat bis in sein Alter den Ausbruch der Französischen Revolution, Sturm auf die Bastille und Proklamation der Menschenrechte als ein großes Datum in der Menschheitsgeschichte gewürdigt und in Diderot einen redlichen Vorkämpfer der neuen Zeit bewundert. »Man sehe Diderot's ›Jacques et son maître‹, der Herr tut nichts als Prisen Taback nehmen und nach der Uhr sehen, und läßt den Bedienten in allem übrigen gewähren. Der vornehme Mann weiß, daß der Bediente nicht nur Bedienter ist, sondern auch die Stadtneuigkeiten, die Mädchen kennt, gute Anschläge im Kopfe hat; er fragt ihn darüber, und der Bediente darf sagen, was er über das weiß, worüber der Prinzipal fragt. Beim französischen Herrn darf der Bediente nicht nur dies, sondern auch die Materie aufs Tapet bringen, seine Meinung haben und behaupten, und wenn der Herr etwas will, so geht es nicht mit Befehl, sondern er muß dem Bedienten zuerst seine Meinung einraisonnieren und ihm ein gutes Wort darum geben, daß seine Meinung die Oberhand behält.«[12]

Zum Schluß muß nochmals auf Diderots Lebenswerk verwiesen werden: die Enzyklopädie. Wie der Baumeister einer Kathedrale hat Diderot von 1746 bis 1765 die Mitarbeiter der dreißig Bände zusammengehalten und angespornt, ausscheidende durch neue ersetzt und selber mehr als tausend Beiträge zu dem ungeheuren Unternehmen beigesteuert, dem Inventar eines ganzen Zeitalters, seinen Erfindungen und Geisteswer-

ken, seiner kritischen Betrachtung der Vergangenheit und seinen positiven Plänen für eine bessere Zukunft. Von den Feudalherren, den Jesuiten und den Jansenisten gleichermaßen angegriffen, ausspioniert und immer wieder verfolgt, durfte er nicht mit offenem Visier kämpfen und hat dadurch seiner dialektischen Gabe ein unvergleichliches Training auferlegt, ihr die stupende Wendigkeit und gestählte Brillanz gegeben.
Die Enzyklopädie hat in Deutschland wenig Eingang gefunden. Man hielt sich immer noch an das ›Dictionnaire‹ von Pierre Bayle, dem französischen Exilprotestanten in Holland, der an die Kirche, aber nicht an die Religion rührte und ebensowenig an die Monarchie. Seit 1732 kam Zedlers rein informatives Konversationslexikon hinzu, ein Brockhaus jener Zeit. Diderots Enzyklopädie war von einem dynamisch prospektiven Willen getragen, der über die unvollkommene Gegenwart hinausstrebte zu einer Neuordnung der Gesellschaft auf Grund einer schärferen Durchleuchtung der Gesamtgrundlagen der Kultur. Das Bündigste darüber hat Hans Mayer in seinem großen Diderot-Essay geschrieben, wo die Enzyklopädie als gemeinsame Plattform erscheint, von der aus alle vorwärtsdrängenden Kräfte der Nation – aristokratische Grundbesitzer und industrielle Bourgeoisie so gut wie kleine Handwerker und Gewerbetreibende – die Rückständigkeiten des monarchischen Absolutismus und die Hemmnisse der Adels- und Geistlichenprivilegien siegreich bekämpfen konnten: sie ist die Lehrmeisterin für alle Arten der modernen Wirtschaftstechnik geworden, das wichtigste Instrument im Umwandlungsprozeß, der aus dem Agrarland Frankreich einen führenden Industriestaat machte.[13]
Enzyklopädien veralten; auch die von Diderot wird nur noch in historischen Seminaren herangezogen. Ihr Geist lebt in den Institutionen weiter und mehr noch in einem bestimmten Grundverhalten der Intelligenz, das jeder Bedrückung gegenüber den Primat der Menschenrechte verteidigt. Ganz unmittelbar aber und mit jugendlichem Feuer spricht Diderot zu uns in seinen freien dichterischen Schöpfungen, die ihm selber nur Nebenwerke, Divertimenti zu sein schienen und die doch als

zweckbefreites Spiel im Sinne Schillers zugleich das Leben in seinen Widersprüchen spiegeln und sich nach durchstandenem Kampf lachend darüber erheben.

1 Die Diderot-Forschung hat in den letzten 15 Jahren einen neuen Aufschwung erlebt. *Kritische Ausgabe* eines Teils der Werke bei Gallimard (›La Pléîade‹, hg. A. Billy u. a.) und bei Garnier (H. Bénac, P. Vernière, Jean Fabre). *Studien* von Y. Belaval, 1950, Y. Benot, 1954 sq., Ch. Guyot, 1953, R. Kempf, 1964, H. Lefebvre, 1949, Pierre Mesnard, 1952 (Charakterologische Interpretation des ›Cholerikers‹ Diderot), Jacques Proust, 1962 u. a. Neuerdings als Vertreter der jungen Literatur Michel Butor: *Diderot le fataliste et ses maîtres* (in der Zeitschrift ›Critique‹, Nr. 228 und 229, 1966). – In Amerika und Deutschland die grundlegenden Forschungen von H. Dieckmann, Fritz Schalk und ihren Schülern. – Colloquium in der Humboldt-Universität, Berlin, Okt. 1963, mit zahlreichen Hinweisen auf die Forschung in der DDR und den kommunistischen Ländern. – Dankbar hingewiesen sei auf das reichhaltige und solid fundierte Werk des belgischen Komparatisten Roland Mortier: *Diderot en Allemagne*, 1954 (dt. Ausg. 1967), das oft herangezogen wurde, wie auf die gedrängte, aber wertvolle Übersicht des französischen Germanisten Albert Fuchs im neuen *Goethe-Handbuch*, hg. A. Zachau, Stuttgart, 1961 sq., Bd. I (Artikel *Diderot*, Spalte 1842-1853). – Eine *neue Diderot-Ausgabe* in Vorbereitung beim Insel Verlag unter Leitung von Herbert Dieckmann. Als Vorboten dazu: *Nachtrag zu ›Bougainvilles Reise‹* übers. v. Th. Lücke, Vorwort Herbert Dieckmann (sammlung insel 1965). *Die Nonne*, in der von U. Lehr revidierten 1. dt. Übersetzg. von 1797. Nachwort von R. Mauzi, in der Übersetzg. von Mylius, 1792. Nachwort von F. Schalk, 1966. – ›*Mystifikation oder Die Porträtgeschichte*‹, übers. H. Riedt, Nachwort H. Dieckmann (Insel-Bücherei 1966). – Im Progress-Verlag: *Die Nonne*, 1967. Der Propyläen-Verlag, Berlin, gibt seinerseits eine illustr. Luxusausgabe des *Erzählerischen Gesamtwerks* Diderots heraus, 1966 sq. – Faksimile-Neudruck der Original-Ausgabe (Paris 1751-1780) der ›*Encyclopédie*‹ in 35 Bänden im F. Frommann Verlag.
2 *Lettres à Sophie Volland*, neue Ausgabe A. Babelon, Paris, 1938, 3 Bde. – Eine unvollständige ältere Übersetzung von W. Wyjodzinsky, Leipzig, 1904. – Es ist nicht ausgeschlossen, daß C. F. Meyer, der in der französischen Literatur sehr bewandert war, den Text von Diderot gekannt hat, als er sein Gedicht ›Der römische Brunnen‹ schrieb, obwohl die Meyer-Forschung diese Quelle bisher anscheinend nicht beachtet hat.
3 Zahlreiche Studien über Hubert Robert bei Diderot: ›*Les Salons*‹ 1759, 1765, 1767 etc. – Krit. Ausg. der Ausstellungsberichte durch Jean Seznec u. Jean Adhémar, Oxford, Clarendon Press: Oxford University Press, 4 Bde., 1957 sq. Unter den neueren Arbeiten über H. Robert die Monographie von Paul-Sentenac, 1929. – T. Leclère: *Hubert Robert et les paysagistes français du XVIIIe siècle*, 1913. – Loukomski: *La Rome d'Hubert Robert*, 1930.
4 Über Ossian cf. das Quellenwerk des französischen Komparatisten P. van

Tieghem: *Ossian en France,* 2 Bde., 1917. – Auch R. Benz hebt in seinem Werk *Deutsches Barock,* 1949, die Bedeutung Mallets hervor. – Über den Einfluß Chateaubriands auf die Jugend in der napoleonischen Kaiserzeit wichtige Einzelheiten im Monumentalwerk von André Monglond: *La France révolutionnaire et impériale, Bibliographie méthodique* (cf. besonders die Bände VIII, IX, X, 1958-1964). – In ›*Le préromantisme français*‹ von A. Monglond, 1931, Bd. 1, S. 159 sq. ein schönes Kapitel über die frz. Ruinenromantik im 18. Jahrh. Neuauflage 1965.

5 *Les deux Amis de Bourbonne,* neue französische Ausgabe von Henri Bénac, in: Diderot: *Œuvres romanesques,* ed. Garnier, Paris, 1962.

6 Neue Übersetzung unter dem Titel *Die indiskreten Kleinode,* 1965, von J.-U. Fechner. Vorwort von Herbert Dieckmann. – Andere Neuausgabe im Propyläen-Verlag, 1966 (übers. von G. Meister, hg. H. Hinterhäuser).

7 Die Reue über die Autorschaft der *Kleinode* scheint weitgehend eine Fiktion zu sein. Auch die *Nonne* ist zu Lebzeiten Diderots nicht erschienen, andernfalls wäre er wohl ohne weiteres in die Bastille gekommen. Hat doch selbst das gaullistische Frankreich es trotz des Widerspruchs des Ministers der schönen Künste, André Malraux, fertiggebracht, den hervorragenden Film von J. Rivette über das Werk zu verbieten. Die Insel Tahiti wird mit den Segnungen der Atomversuche bedacht und die *Nonne* sistiert: ein Stoff für Diderot selbst. Vom Obersten Gerichtshof wurde im Juni 1967 das Verbot als unbegründet rückgängig gemacht. Als Reaktion gegen die Zensur hatte inzwischen ein Sturm auf das Werk selber eingesetzt – in Frankreich so gut wie in Deutschland, wo nicht weniger als vier Verlage (Progress, Taschenbuch Heyne, Propyläen, Insel) den plötzlich wieder aktuell gewordenen Roman aus dem Halbschlummer weckten und sich dabei mit gutem Recht auf Goethe, Herder, Schiller berufen konnten.

8 Paul Jury: *Le prêtre,* Paris, éd. Gallimard, 1954. – Der nachfolgende Passus über Lenins Interesse am *Dialogue entre d'Alembert et Diderot* bezieht sich auf eine Stelle in seinem *Materialismus und Empiriokritizismus,* Berlin, 1949, S. 25 sq.

9 Goethe: *Tagebuch,* 3. April 1780 und *Brief an Merck,* 7. April 1780. Cf. auch den Briefwechsel mit Schiller, darunter den großen Brief Schillers vom 7. 8. 1797 (»mich in der belebenden Gesellschaft dieses Geistes wieder gestärkt«).

10 Goethe an Zelter, März 1831.

11 Kurt Wais: ›*Rameaus Neffe*‹ von Diderot und die Verworfenheit des Menschen (in: *Französische Marksteine,* 1958, S. 55-69).

12 Hegel: *Wer denkt abstrakt?* (in: *Vermischte Schriften aus der Berliner Zeit,* Neudruck bei H. Glockner, Stl. W., XVII). Cf. auch: *Phänomenologie des Geistes,* Stl. Werke, Jubil.ausg. II, S. 153 sq. und 401 sq.

13 Hans Mayer: *Diderot und sein Roman* ›*Jacques le Fataliste*‹ (*Deutsche Literatur und Weltliteratur,* 1957, S. 317-349) mit vielen bibliogr. Hinweisen.

Jean Paul oder die Verlassenheit des Genius

Jean Paul steht seit langem nur als fernes Wetterleuchten am Rande des deutschen Bewußtseins.
Leicht hat er es dem Leser nie gemacht. Lianen, mannshohe Schlingpflanzen, tropische Wucherung – es verschlägt den Atem. Feinhörigere lassen sich hinreißen auf die wildverwachsenen Pfade. Mit einem Schlag eine andere Landschaft. Erstarrt, versteinert. Der Dichter der strömenden Fülle ist auch ein grandioser Gestalter des Grauens der Vernichtung. Gethsemane als Folie aller seiner Werke, Golgatha hinter Blumenbühl.
Dazwischen aber immer wieder öde Strecken von Schottergeröll, der Fuß strauchelt, der Autor selber scheint zu taumeln und zu schwanken, versteift sich mit gußeiserner Pedanterie auf den Sand- und Dornenweg der herbeigeschleppten Exzerpte, Kommentare zu Kommentaren, Metaphernkolonien, die unlösbare Kreuzworträtsel auslaichen – bis der Bann plötzlich gebrochen ist und die Kantilene wieder frei dahinströmt: »Die Alpen standen wie verbrüderte Riesen der Vorwelt fern in der Vergangenheit und hielten hoch der Sonne die glänzenden Schilde der Eisberge entgegen – die Riesen trugen blaue Gürtel aus Wäldern – und zu ihren Füßen lagen Hügel und Weinberge – und zwischen den Gewölben aus Reben spielten die Morgenwinde mit Kaskaden wie mit wassertaftenen Bändern – und an den Bändern hing der überfüllte Wasserspiegel des Sees von den Bergen nieder, und sie flatterten in den Spiegel, und ein Laubwerk aus Kastanienwäldern faßte ihn ein... Albano drehte sich langsam im Kreise um und blickte in die Höhe, in die Tiefe, in die Sonne, in die Blüten; und auf allen Höhen brannten Lärmfeuer der gewaltigen Natur und in allen Tiefen ihr Widerschein – ein schöpferisches Erdbeben schlug wie ein Herz unter der Erde und trieb Gebirge und Meere hervor.«[1]
Die Linienführung ist hier ganz anders – kraus, üppig, barock – als in Hölderlins großlinigen Gestaltungen südlicher Natur:

beide Male sprechen dichterische Genien und verleihen der deutschen Südsehnsucht den großen Atem.

Die moderne Strukturanalyse – von Kommerell bis Höllerer und Rasch – hat viel verschüttete Zugänge zur musikalischen Prosa Jean Pauls freigelegt, der nicht ohne Grund ein genialer Improvisator auf dem Klavier gewesen ist. Und mit Recht verweist der urbanste Kenner des 18. Jahrhunderts, Richard Benz, darauf, daß das Publikum der ›Zauberflöte‹ und der neuen großen Tongemälde von Mozart, Haydn, Beethoven auch die hingerissene Leserschaft der Romane von Jean Paul gebildet hat. Seine raffinierte Technik der Zeitverschiebung und ihrer Verfremdungseffekte führt andererseits weit über Sternes ›Tristram Shandy‹ und Diderots ›Neveu de Rameau‹ hinaus, nimmt die vertrackten Gedankenspiele eines Jean Giraudoux, eines Thomas Mann ebensogut voraus wie die brutwarme Schichtengliederung der großen Romane von Proust und Faulkner.

Kommt dennoch der Augenblick – und er kommt unfehlbar –, wo Jean Pauls Manierismus, der offenkundig pathologische Zwangscharakter gewisser Stileigenheiten auch den Gutwilligsten abschreckt, so halte er sich ans Geheimrezept aller Literaturwissenschaft (wie sonst denn fräße sich unsereiner je durch den Bücherhirsebrei hindurch?) – das Darüberhinweglesenkönnen, nobler gesagt: die Geschwindigkeitsregelung. So rasch als möglich den Teufelskreis der wildgewordenen Lesefrüchte hinter sich bringen, bis der Satellit die Bahn gefunden hat und Luft von anderem Planeten weht. Dann aber ganz langsam diese hohe Prosa durchbuchstabieren, auskosten, einschlürfen – eine ähnlich substanzspeichernde und zugleich phantasiedurchquollene gibt es in dieser Form sonst nicht. Herder und Hegel, E. T. A. Hoffmann, Börne und Heine, Hebbel, Keller, Raabe und Stifter wußten es, Schumann und Brahms, Pfitzner und Gustav Mahler nicht zu vergessen.

Görres hatte schon 1811 geschrieben: »Wie in Breughels Paradies hat Jean Paul im Garten seiner Kunst alle Tiere des Feldes und die Vögel des Himmels und Bäume und Kraut, von der Zeder bis zum Ysop gesammelt, und er nennt alles mit Namen, und ordnet alles, und legt jedes an seinem Ort zurecht... In des Malers Hölle läßt er uns dann hinunterblicken... dann wieder schließt uns sein Humor etwa die aufgeräumte Offizin des Pharmaceuten auf, in hellen hohen Haufen liegen dort Mörser, Retorten, Gläser, Töpfe, Phiolen, Spatel, Öfen, Trichter, Mönch und Nonne, Kolben, Stößer, Kräuter und Pastillen, Schalen, Kannen, Stöpsel, ausgestopfte Schlangen, Drachen und Basilisken sterbend darüber ausgestreckt, aus den Haufen hervor Eidechsen mit klugem Auge blickend. Und er schlägt mit dem Stabe auf die Erde, und aus der Wand springt eine Gesellschaft Zigeuner hervor, und die schlagen ihre Zelte mitten in der Zerstörung auf, und braten die Basilisken im aufgefundenen Dachsfett, und kochen Kräutersuppen, und berauschen sich im Spiritus der Präparate, und schlagen im Rausche alles Gerät in Stücke, auch die Flasche mit dem kostbaren Alkahest, des Meisters alchymischem Arcanum, und es fließt der Julep umher, und löst die Scherbenberge, Tisch und Stuhl samt den Zigeunern und allem auf in eine klare Solution, und in dieser fällt bald ein goldener Schnee zu Boden, und es steigt aus der Golderde glänzend ein Dianenbaum herauf, der, nachdem alles Aufgelöste weggesogen, durch die Decke wächst, und außen die Universalarznei in vergoldeten Pillen trägt. Dergleichen hat nicht Homer gedichtet, und Odysseus hat es auf seinen Irrfahrten nicht gefunden...«[2]

Die Klassiker hielten Distanz. Goethe schwankte zwischen Bewunderung und Unmut über »das leise Klirren der Kette«, die Jean Paul nie los werde. Schärfer noch verwarf Schiller den »chinesischen Wust«. Die Gesetzestafeln der neuen formstrengen Klassik wurden Jean Paul entgegengehalten, als er 1796 in Weimar eintraf. Nach einer unglaublich harten, verdüsterten Jugend im Fichtelgebirge, wo Fuchs und Hase sich gute Nacht sagen und wo heute der Osten vom Westen sich scheidet, hatte der Dreißigjährige den Durchbruch zur Dichtung und den Weg zum Publikum gefunden – ein Liebling der Frauen, heiß umworben von Charlotte von Kalb, die einst Schiller gesellschaftsfähig gemacht und Hölderlin in ihr Haus genommen hatte und die nun wiederum die eiserne Stunde erleben mußte, wo auch Jean Paul von ihr schied.

›Alliebe‹ war eine Lebensnotwendigkeit für diesen ewig schwärmenden Platoniker wie für seine Helden, von einem femininen Fluidum ist sein ganzes Werk durchtränkt, vom mütterlichen Magma getragen. So tief aber war die narzißtische Verstrickung (›geistiges Selberstillen‹ nennt es Jean Paul – ein Wink für Freudianer), daß er, der aus der Ferne anbetete, die Nähe floh, statt der ›hohen Seelen‹ eine sanfte, kindergebärende Ehefrau nahm, sich mit ihr für die letzten zwanzig Jahre bis zum Tod 1825 ins weltverlorene Bayreuth zurückzog und dabei abgesondert von der Familie sein ureigenstes Privatwinkelnest in einem Gasthaus vor den Toren der Stadt, der Rollwenzelei, aufbaute. Dort hat der allmählich vom Bier aufgeschwemmte Mann mit dem immer noch unvergeßlich strahlenden Auge unter der Obhut einer mütterlich derben Wirtin Tag um Tag geträumt, getrunken, geschrieben – ein Kind und Kauz, Bindfadensammler, Mückenseiher, Schachtelfanatiker – und zwischendurch ein Riese, der aufsteht, Tisch umwirft, Welt entlarvt, Abgrund ausmißt, felsig, furchtlos, durchdringend auf den Kern der Dinge – bis die Schnörkel wieder aufranken, Zitate ins Kraut schießen, und die Kette leise klirrt.
Seit ›Titan‹, 1803: genialste Abrechnung mit der antikisierenden Klassik Goethes und Schillers so gut wie mit dem romantischen Ichprinzip der Schlegel und Fichtes. Darüber hinaus: Abrechnung mit sich selbst und dem Künstler schlechthin, dem Schauspieler des eigenen Lebens und Vampir fremder Seelen, dämonisch in seiner auswuchernden Innerlichkeit. Wäre dieser tiefe, deutsche Roman nicht auch einer der allerunbekanntesten, so hätte seine thematische und formale Parallele zum ›Doktor Faustus‹ von Anfang an überraschen müssen. Inwieweit Thomas Mann sich der Beziehung bewußt gewesen ist, sei dahingestellt. Hat doch selbst Alfred Döblin, der mit seinen Sprüngen, Rissen und der visionären Sprachgewalt Jean Paul ungleich viel wesensnäher steht, den deutschen Ahnherrn erst mit 77 Jahren in Paris entdeckt. Noch in seine Freiburger Klinik mußte ich ihm Jean-Paul-Bände und die ›Hesperus‹-Hefte der Bayreuther Jean-Paul-Gesellschaft nachsenden – so stark war

die Faszination, so tief auch der Jammer über die Verlassenheit eines solchen Genius.

Nicht einmal andeutungsweise kann hier von seinen großen Romanen die Rede sein: ›Die unsichtbare Loge‹, ›Hesperus‹, ›Titan‹, ›Die Flegeljahre‹, ›Armenadvokat Siebenkäs‹ und der von Flaubertscher Desillusion erfüllte, unvollendete ›Komet‹. Nicht von seinen philosophischen, religiösen, politisch-sozialen Schriften oder gar von der ›Vorschule der Ästhetik‹, einer gedankendurchblitzten, traumträchtigen, ungenutzten Honigwabe, und der Erziehungslehre ›Levana‹, wo die Goldkörner haufenweise zu Tage liegen. Nicht von seinen Satiren: ›Rektor Fälbel‹, ›Feldprediger Schmelzle‹, ›Doktor Katzenberger‹ – und kaum von seinen Idyllen, von denen ›Schulmeisterlein Wuz‹, 1790, die berühmteste und ›Das Leben Fibels‹, 1812, die tiefsinnigste ist.

Was Jean Pauls ›Idyllen‹ weit über das Winkelglück Spitzwegs und Ludwig Richters hinaushebt, ihnen die tiefen Schatten von Rembrandts Radierungen verleiht, in den Flötenton Geßners die Donner Klopstocks rollen läßt, ist die Todesprobe, die alle Helden Jean Pauls – Kinder sogar, kaum der Schulbank entronnen – bestehen müssen. »Wie war Dein Leben und Sterben so sanft und meerstille, du vergnügtes Schulmeisterlein Wuz!«[3] Souverän nimmt schon der erste Satz den Tod in die Idylle mit hinein, und ›meerstille‹ weitet genial mit sanftem Leuchten die krause Krümelwelt ins Ozeanische. Das Universum, wie Wuz es sich aus Traum und Buch lustvoll selbstherrlich aufgebaut hat, entpuppt sich zuletzt als beklemmend unwirkliches Vexierspiel. So hat in der Erzählung Kafkas ein Tier sein raffiniert ausgeklügeltes Versteck im Innern der Erde angelegt – und plötzlich klopft es an der Wand: der Feind sitzt dahinter, mitten im Bau. Mit Kinderkalender und pietätvoll bewahrtem Spielzeug tritt der Schulmeister gefaßt die pharaonische Todesfahrt an. »Der gelbe Vollmond hing tief und groß im Süden und bereifte mit seinem Totenlichte die Maiblümchen des Mannes und die stockende Wanduhr und die grüne Haube des Kindes. Der leise Kirschbaum vor dem Fenster malte auf dem Grund von Mondlicht aus Schatten einen bebenden Baumschlag in die

Stube. Am stillen Himmel wurde zuweilen eine flackernde Sternschnuppe niedergeworfen, und sie verging wie ein Mensch.«[4] Im ›Leben Fibels‹ rauschte noch einmal der Wald Dürers und Faustens, wächst in parzivalischer Unschuld der Sohn eines verstorbenen Vogelstellers bei der Mutter auf, in seiner Welteinsamkeit ganz der Magie des Wortes verfallen und zuletzt durch das Wort berühmt als Verfasser einer Musterfibel, mit der er sich völlig identifiziert, Fibel heißt, Fibel wird – bis der uralte Mann alles von sich abtut, träumend dem Tod entgegenschweigt: Thematik von Hofmannsthals ›Lord Chandos‹, dabei innig-stark über Abgründe hinmusiziert wie Bachsche Kantaten.

Das Werkchen ist 1862 französisch erschienen – im selben Jahr wie die ›Vorschule der Ästhetik‹ und zu eben der Zeit, als Mallarmé das sanfte Martyrium des Gymnasiallehrerberufs auf sich nahm und den Abstieg in die Klüfte des lyrischen Urwortes begann. Ein einziges Buch brachte auch ihm die bedingungslose Bewunderung von Verehrern, scharte eine Akademie um den Meister, rief Kommentatoren auf den Plan, hymnische und hämische – den Stein der Weisen hat er doch nicht gefunden, und auch er endet, wie Fibel und wie Jean Paul selber, im Zwielicht einer schmerzlichen Gelassenheit – der Würfel rollt, doch keiner weiß, wie wird er fallen. Im ›Fibel‹ ist freilich alles rustikaler und einfältiger dargestellt – die unverkennbare, so stark ans Herz greifende Jean Paulsche Mischung, erhaben und tief in der kümmerlichen Enge.

Am unmittelbarsten erschließt sich das Wesen des Dichters im Fragment der ›Kindheitsgeschichte‹ – 50 Seiten, Auszüge davon sollten in jedem Lesebuch stehen und stehen fast in keinem. Welch überquellende Fülle auch hier in der Dürftigkeit, welche Schlagkraft des liebenden Herzens, das noch aus dem Dumpfen das Lichte heraussaugt: »Seligkeit des Miteinanderhausens und Ineinanderwohnens«, »Seligkeit des Zusammenbuchstabierens in der Schwüle der vollen Schulstube«, wo man durch Zapfen an der Wand ab und zu »in den offenen Mund die herrlichsten Erfrischungen von Luft aus dem Froste draußen einnehmen durfte.«[5] Das Kosmische im Häuslichen – ein Archetyp deut-

scher Literatur, Sternelüfteschwall in Mörikes Stube. Bei Jean Paul tritt etwas anderes dazu: die massive Breite des sozialen Hintergrundes, der Raubvogelzugriff im Erfassen des Realen. Jean Paul als ätzender Satiriker, als Schüler Swifts und Blutsbruder Rousseaus, Naturenthusiast wie dieser und zugleich Rebell gegen die Knechtung des Menschen, flammender Ankläger der deutschen Misere seiner Zeit, Bedrückung und Dünkel oben, Elend und Servilität unten: das hat Stefan George bewußt übergangen, als er aus dem Werk nur die Träume herauslöste und die leicht erotisierenden Jünglingsgestalten. Georges eigener Imperialismus – herrisch formulierter Abglanz einer aggressionsgeladenen Ära – hat wenig genug zu tun mit dem Humanitätsdenken Jean Pauls, das in der großen europäischen Tradition des 18. Jahrhunderts wurzelt, Aufklärung mit Enthusiasmus verbindet, die Menschenrechte heilig hält, Mitleid als höchste Tugend achtet.
Die dunkle Milch der Frühe ist Jean Pauls früheste Erinnerung, »aus meinem zwölf-, höchstens vierzehnmonatlichen Alter«: »Ein armer Schüler, der mich sehr liebgehabt und auf den Armen getragen«, gab sie ihm in einer großen schwarzen Stube der Alumnen. Als ›Labetrunk für Bedürftige‹ hat der Dichter sein eigenes Werk verstanden. Seine ›Neujahrsnacht eines Unglücklichen‹ steht im Weltrepertorium der großen moralischen Geschichten neben Dickens und Tolstoj und ist noch bis tief ins 19. Jahrhundert von französischen Jugendzeitschriften abgedruckt worden. Albert Schweitzer brachte sie nach 1919 für seine deutschen Freunde im ›Elsässischen Kirchenboten‹ – zusammen mit Gefängnisbriefen Rosa Luxemburgs. Jean Paul hätte es nicht mißbilligt. Überall bei ihm neben der Hingabe die Bedrohung, der Sturz in die Tiefe, der entsetzte Blick auf eine Welt von Larven, Heuchlern, Menschenschindern. Und aus nächster Nähe miterlebt, der Prozeß der Erstarrung, Versteinerung des geliebten Vaters.
»Mein Vater war der Sohn des Schulrektors Johann Richter in Neustadt am Culm. Man weiß nichts von diesem, als daß er in höchstem Grade arm und fromm war. Alte Leute erzählen, wie gewissenhaft und streng sein Leben und sein Unterricht gewe-

sen, und doch, wie heiter! Noch zeigt man in Neustadt ein Bänkchen hinter der Orgel, wo er jeden Sonntag betend gekniet, und eine Höhle, die er sich selber in dem sogenannten kleinen Culm gemacht, um darin zu beten, und welche nach allen Fernen offenstand... Die Abenddämmerung war eine tägliche Herbstzeit für ihn, worin er, einige dunkle Stunden in der ärmlichen Schulstube auf- und abgehend, die Ernte des Tages und die Aussaat für den Morgen unter Gebeten überschlug. Sein Schulhaus war ein Gefängnis, zwar nicht bei Wasser und Brot, aber doch bei Bier und Brot; denn viel mehr als beide – und etwa frömmste Zufriedenheit dazu – warf ein Rektorat nicht ab... An dieser gewöhnlichen bayreuthischen Hungerquelle stand der Mann 35 Jahre lang und schöpfte.«[6]
Des Dichters Vater war sensibler, künstlerisch begabt und damit dem Leben gegenüber labil. »Aus Dürftigkeit ergab er sich wie ein Mönch dem Predigtamte und ließ sein Tongenie in einer Dorfkirche begraben.« Armut, Einsamkeit, übergroßer Amtseifer verbunden mit starrem Obrigkeitsglauben hatten den musikbegeisterten Menschenfreund zum Gespenst seiner selbst gemacht, zum harten ›Gesetzesprediger‹. Hebbels ›Meister Anton‹ in einer Hungerpfarre des Fichtelgebirges, »die Borsten von innen nach außen gekehrt«. Aus Standeshochmut wird der Knabe den geliebten Bauernmitschülern entrissen und der barbarischen Pädagogik des Vaters unterworfen. Hier sind die Ketten des Gefangenen geschmiedet worden: das aufgezwungene Auswendiglernen ganzer Enzyklopädien, ein Exzerpieren ohne Ende, tote Scholastik, die dennoch den ganz auf sich zurückverwiesenen Knaben faszinierte – und fürs Leben verstrickte. Zur Heilung der Gespensterfurcht war der unbewußte Sadismus des Erziehers auf ein anderes Mittel verfallen: den wehrlos Sensiblen nachts allein in die Kirche zu jagen, wenn eine Leiche dort aufgebahrt lag. Aus solchen Erlebnissen sind die Hieronymus-Bosch-Gestalten hervorgegangen, die immer wieder in Jean Pauls Werk um die Ecke lauern, unter den Steinen hervorkriechen. Eine beklemmende Lemurenwelt: sie hat primär nichts zu tun mit einem Glaubensverlust oder gar der vielberufenen ›religiösen Substanzentleerung des Abendlan-

des‹. Sie wurzelt ganz unmittelbar in der Neurose des Vaters und diese wiederum in der sozialen Knechtung und seelischen Auslöschung durch den erstarrten Feudalstaat. Von der baren nackten Existenz, nicht vom Existentiellen her müssen diese Grundlagen zunächst erhellt werden.

Die Last der Familie fiel auf den Sechzehnjährigen, als der Vater plötzlich gestorben war und eine längst verhärmte Witwe mit sieben Kindern im Elend zurückließ. Ein jüngerer Bruder ging ins Wasser, zwei nahe Freunde des Dichters (Bettelstudenten wie er in Leipzig) starben an Auszehrung, Jean Paul selber kam dem Wahnsinn nahe. Wenn er dennoch durchgehalten hat, so muß eine ganz besondere Widerstandskraft in ihm gewesen sein, das Bewußtsein der Berufung, das ihn schon ganz früh durchzuckt hatte: »An einem Vormittag stand ich als ein sehr junges Kind unter der Haustür und sah links nach der Holzlege, als auf einmal das innere Gesicht, ich bin ein Ich, wie ein Blitzstrahl vom Himmel vor mich fuhr, und seither leuchtend stehen blieb: da hatte mein Ich zum ersten Male sich selber gesehen und auf ewig.«[7] Eine ähnliche Erleuchtung in der schwersten Lebenskrise, November 1790: »Wichtigster Abend meines Lebens« – greifbare Todesnähe und Überwindung des Todes »durch stärkere Liebe zu den nichtigen Menschen, die alle dem Grabe zuwanken«.

Die pietistisch-religiöse Färbung der beiden Erlebnisse ist unverkennbar, und doch stellt Jean Paul sich bewußt außerhalb der kirchlichen und sektiererischen Bindungen. Er hat Teil an dem ungeheuren Schub, der sich in der zweiten Hälfte des 18. Jahrhunderts in Deutschland vollzieht: Triumph der Humanität und Toleranz, Wiedereinsetzung der Vernunft und der Schönheit in ihre Rechte nach jahrhundertelanger Bevormundung durch die Theologie. Geist des ›Heiligenstädter Testaments‹ und damit auch Geist Rousseaus, der aus dem tumben Wunsiedler Johann Paul Friedrich Richter den zur Welt erwachten Jean Paul gemacht hatte. Wie bei Herder aber, seinem engsten Vertrauten in Weimar, bleibt die religiöse Grundstimmung bei Jean Paul lebendiger, drangvoll erregter als bei Goethe, Schiller, Beethoven. Der freudig begrüßte Ausbruch der

Französischen Revolution und die politisch-ideologischen Machtkämpfe, die sich aus ihr entwickelten, haben die dialektische Spannung im Dichter oft bis ins Unerträgliche vorgetrieben. Walter Rehm hat zeigen können, welch zunehmende Radikalisierung eine seiner berühmtesten Visionen angesichts der Fehlschläge der Revolution zwischen 1789 und 1796 erfahren hat: die ›Rede des toten Christus vom Weltgebäude herunter, daß kein Gott sei‹.[8]
Die Faszination, die der grandiose Text in der Übersetzung der Madame de Staël auf die französischen Dichter von Nerval, Vigny, Musset bis Balzac, Baudelaire, Renan ausgeübt hat, beruht eben auf dieser Verbindung: vehement tiefe, nihilistische Erfahrung vom ›toten Gott‹ (Büchner, Heine, Nietzsche, Dostojewskij vorweggenommen) und wiedererstandener Glaube an die Macht der Liebe als göttlichem Allprinzip, wie Rousseau es im ›Vicaire savoyard‹ verkündet und Victor Hugo bis an die Schwelle unseres Jahrhunderts im selben Sinne weitergetragen hat. Nicht umsonst sind Nietzsches Urteile über Hugo wie über Jean Paul vernichtend böswillig.
Das Gefühl der Aushöhlung, des Abgestorbenseins, das Jean Paul im Alter immer stärker in die Novemberschauer der Jugend zurückversetzte, hat nicht nur metaphysische Gründe, sondern auch ganz weltlich reale. Die Gemeinschaft, von der der Jünger Rousseaus, der Verfasser der ›Friedenspredigt‹ und der ›Dämmerungen für Deutschland‹ geträumt hatte, war nach den Freiheitskriegen ferner denn je gerückt. Die Dichter verkamen in ihrer Einsamkeit; Eremiten überall; die Wirklichkeit sprachlos und kalt. So ist schon ›Rektor Fälbel‹ nicht nur die Karikatur des ›Aufklärers‹, dem der Verstand das Herz eingetrocknet hat: er ist auch der Typ des Untertans, wie ihn Wedekind und Heinrich Mann später dargestellt haben, kriecherisch und brutal. Die Stelle, wo er vor seinen Schülern salbadernd die Natur preist und ungerührt der Erschießung eines Unschuldigen beiwohnt, nimmt Entwicklungen voraus, die einmal massivste Wirklichkeit werden sollten. Auch ›Doktor Katzenberger‹ ist mehr als der grotesk fanatische Raritätensammler: in ihm steckt schon der Typ des Mediziners, der zynisch-jovial

Experimente mit ›Menschenmaterial‹ anstellt. Jean Pauls Gestalten nur geistesgeschichtlich sehen, heißt ihnen die Klauen und das Grauen der Wirklichkeit rauben. Die rüde Wirklichkeit läßt sich nicht wegmystifizieren bei diesem scharfen Gegner Fichtes, Schellings, Baaders und frühesten Bewunderer des jungen Schopenhauer. Auch sein ›Titan‹ ist weitgehend politischer Roman mit unheimlichen Schlaglichtern auf eine marionettenhaft groteske oder kriminell korrupte Hofgesellschaft, wie später bei E. T. A. Hoffmann. Die englischen und französischen Vorbilder des deutschen Dichters haben es freilich leichter gehabt und hart ansetzen können, wo Jean Paul immer wieder überdeckt, überspielt. Der Hypertrophie des Innenlebens hat er selbst nur sehr bedingt entgegengewirkt. Hier war und blieb aber auch eine der Wurzeln seiner Kraft.
Nicht viele werden durch das Zerklüftete, Verzwickte und Verklemmte, durch Ruinen und über Gerümpel in die Geheimkammern des gewaltigen Werkes vordringen. Und doch sind hier volle Truhen, ungehobene Schätze barrenweise. Aus Kellergewölben steigen ein paar der zynisch-kühnsten Figuren der deutschen Literatur, Siebenkäs und Leibgeber auf, und zugleich beugen sich über die Verfolgten und Bedrückten Lichtgestalten, wie William Blake sie nicht faszinierender geformt hat. Abrupt grimmiger Humor leuchtet das Elend an. Er löst sich im Rezitativ eines mit Menschenliebe vollgesogenen Herzens, dessen Sprachkraft durch die Jahrhunderte wirkt: »Die ganze Nacht stand die rückende Abendröte unten am Himmel, an welchem die untergehende Sonne allemal wie eine Rose glühend abgeblüht hatte. Um ein Uhr schlugen schon die Lerchen, und die Natur spielte und phantasierte die ganze Nacht auf der Nachtigallen-Harmonika. In seine Träume tönten die äußern Melodien hinein... Der tagende Traum rückte ihn sanft, wie die lispelnde Mutter das Kind, aus dem Schlaf ins Erwachen über, und er trat mit trinkender Brust in den Lärm der Natur hinaus, wo die Sonne die Erde von neuem erschuf und wo beide sich zu einem brausenden Wollust-Weltmeer ineinander ergossen.«

1 Jean Paul: *Titan*, Ausgew. Werke. Reimer, 1856, Bd. IX, S. 16. – Strukturanalysen bei M. Kommerell: *Jean Paul*, 1932. – W. Rasch: *Die Erzählweise Jean Pauls*, 1961. – W. Höllerer: *Nachworte* zur Jean-Paul-Ausgabe von N. Miller, 6 Bde., 1959 sq. – Richard Benz über Jean Paul: ›Die Zeit d. dt. Klassik‹, 1953. – Hans Mayer: *J. Pauls Nachruhm (zur dt. Klassik u. Romantik*, 1963)
2 J. Goerres: *Ges. Schriften*, hg. L. Just, 1955, IV, S. 51–78.
3 *Leben des vergnügten Schulmeisterlein Maria Wuz in Auenthal. Eine Art Idylle*, in Ausg. Werke, s. o., Bd. II, S. 204.
4 ibid., S. 243.
5 *Aus Jean Pauls Leben*, Ausg. Werke, s. o., Bd. XVI, S. 16.
6 ibid., S. 5.
7 ibid., S. 26.
8 *Rede des toten Christus* im Roman *Siebenkäs*, Ausg. Werke, s. o., Bd. VII, S. 266. – W. Rehm: *Experimentum suae medietatis*, 1947 (Neue Ausgabe unter dem Titel: *Jean Paul – Dostojewskij* in Kleine Vandenhoeck-Reihe, Göttingen, 1962).

Hölderlin unter den Deutschen

Für Henri Jourdan

Hölderlin ist ein Deutscher in der unverkennbar schwäbischen Prägung des späten 18. Jahrhunderts. Der Vaterlose war hineingeboren in eine strenge Welt der Väter und der Arbeit, in ein vielschichtiges, vielkammeriges Land mit harten Wintern und sengenden Sommern – ein Land, wo Menschen wie Früchte unter Mühe und Zucht zu evangelischer Reife auskochen mußten, wie Oetinger einmal schreibt, und wo 1810 die Bauern ein neues Gesangbuch mit der Begründung ablehnten, es sei auf dem Sofa, nicht auf den Knien gemacht.[1]
Als lutherisches Bollwerk von den katholischen, zwinglianischen, calvinistischen Nachbarn abgeriegelt, einer nicht ungefährlichen Inzucht hingegeben, die allerdings immer wieder durch Zuströme von außen aufgelockert wurde (auch Hölderlins mütterliche Familie ist nicht schwäbischer Herkunft) – war der Geist Schwabens seit Renaissance und Reformation durch eine Reihe machtvoller Institutionen geprägt, deren Herzstück das Tübinger Stift ist. Wie Hegel und Schelling fühlte auch Hölderlin sich eingezwängt in einen gesellschaftlichen Ausleseprozeß, der die Besten des Landes durch ein raffiniert gestaffeltes System von Schulen hindurchtrieb, aus dem sie als patente Pfarrer, Lehrer, Verwalter, Staatsbeamte herauskommen sollten. Dagegen revoltierten sie, und diese Revolte stellt sie wiederum in die schwäbische Tradition: sie vollzog sich im Namen des wahren Vätererbes gegen die falschen Väter, die geistlichen, sozialen, politischen Bedrücker, die Usurpatoren der Macht. Johann Valentin Andreä, der Enkel Jakob Andreäs, des eisernen Verfassers der Konkordienformel, hat im 17. Jahrhundert die verhärtete Orthodoxie gelöst durch spiritualistische, calvinistische, ja römische Impulse. Bengel, der Urenkel des schwäbischen Reformators Brenz, hat im 18. Jahrhundert die Staatskirche, deren Prälaten im Parlament und in fetter Pfründe saßen, von unten, vom gedrückten Volk her, mit den

Säften der Mystik gespeist und erneuert; Johann Jakob Moser, der berühmte Staatsrechtler, ist zur selben Zeit für fünf Jahre mit Bibel und Gesangbuch in Festungshaft auf den Hohentwiel gegangen, weil er – lange vor Uhland und den Männern des 20. Juli – der Fürstenwillkür die verbrieften Rechte der Bürger entgegenhielt. Und wenn 1792 Hölderlin, Hegel, Schelling von der Wurmlinger Kapelle aus dem verhaßten Pfaffen- und Schreiberstaat Altwirttemberg die revolutionäre Parole hinschleuderten: »Vernunft, Freiheit und die unsichtbare Kirche«, so taucht in Gedanken ein anderer schwäbischer Hügel auf, der Asperg, in dessen Gefängnis Schubart zehn Jahre früher Schiller gesegnet und in ein besseres Land der Freiheit hatte ziehen heißen – ein Land, wohin Schiller als guter Schwabe alsbald andere Schwaben nach sich zog, darunter Hölderlin.[2]
Immer wieder mußte durch die Generationen der lebendige Geist der Liebe gegen die erstarrte Gesetzlichkeit sich durchkämpfen. Aber die Fraternitas der güldenen Zeit, für die sie stritten, war nicht als Erlösung für ein paar wenige gedacht, sondern als Reich Gottes für alle, verleiblicht und offenbart mit den vollen Attributen seiner Kraft und Herrlichkeit. »Der Hauptartikel unserer Religion ist: das Wort ward Fleisch«, hatte Brenz, der schwäbische Luther, geschrieben, und was anders wollte Hölderlin als Realpräsenz des unbekannten Gottes und der geheimen Wahrheit im ausgeteilten Wort?
Das ist das enorme Aggressionspotential in dem sanften Träumer, das Heroische am jungen Tobias auf den Neckarwiesen. Als Adler hat er sich gefühlt, als Lerche hat ihn das 19. Jahrhundert ins Nest der Idylle gesteckt. Diese lange Phase der Verdunkelung im Leben und Nachleben des Dichters kann hier ganz knapp umrissen werden, geht es doch nicht um eine Geschichte der Hölderlinforschung, sondern um Hölderlin als Deutschen unter Deutschen. Jedermann weiß, daß Goethe und Schiller ihm nicht mehr Kredit einräumten als Siegfried Schmid, einem reimenden Freund Hölderlins, der fast zur selben Zeit wie Hölderlin ins Irrenhaus gesperrt wurde, geheilt herauskam und als Husarenoffizier hinten in Ungarn sein Leben verspielte, verschlief und vergaß. Mörike, der Peregrina verstoßen hatte,

verwarf ebenso angstvoll die angeblichen Wahnsinnsprodukte Hölderlins. Sein unglücklicher, verleugneter, immer noch verkannter Jugendfreund Waiblinger wurde stärker vom Atem des Genius angerührt. Auch ein anderer Schwabe, Herwegh, war begeistert, und gar Brentano wurde hingerissen von Hölderlins Nachtgesängen, diesen schönsten Gedichten deutscher Sprache, wie er einem Freund gegenüber sie nannte – öffentlich hat der egozentrisch in sich Versunkene, Verliebte oder sich selbst Kasteiende nie einen Finger für den Dichter gerührt. August Wilhem Schlegel schwieg – er, der als ständiger Begleiter und Berater der Madame de Staël Hölderlin in ihr Deutschlandbuch von 1810/15 hätte einführen können: welche Wende wäre es gewesen, welch europäische Resonanz hätte Hölderlin schon damals zuteil werden können! Voraussetzung dazu wäre freilich der Druck der großen, in Zeitschriften zerstreuten Hymnen durch Cotta um 1801 gewesen – am Nichtzustandekommen des Plans trägt auch Hölderlin einen Teil Schuld; andere Projekte und die Reisen lenkten ihn ab... Bettinas Wort und Arnims nobler Aufsatz über den ›Hyperion‹ drangen so wenig durch wie vorher die paar flammenden Seiten von Görres über den Roman und die Gedichte. Das Beste haben treuherzige Schwaben geleistet, indem sie wenigstens die ihnen verständlichen Texte gesammelt herausgaben – in 50 Jahren sind davon rund 5000 Exemplare ins Publikum abgetröpfelt.[3]

Ebenso abweisend die Literaturgeschichte, Hölderlin an den Rand geschoben, ›Hyperion‹ mit Ernst Schulzes ›Bezauberter Rose‹ in einen Topf geworfen oder höchstens als ›romantischer Seitentrieb‹ von Rudolf Haym gewertet. Geringschätzig äußert sich Schwabens führender Ästhetiker, F. Th. Vischer: seine Fehlurteile über Hölderlin wie über Goethes ›Faust‹ sind vergleichbar mit den Fehlurteilen, die Frankreichs größter Kritiker, Sainte-Beuve, fast zur selben Zeit über Baudelaire, Balzac, Flaubert fällte. Selbst Wilhelm Dilthey brauchte Jahrzehnte, bis er von seinem ersten, noch sehr zurückhaltenden Essay zu jener tieferen Deutung gelangte, die um die Jahrhundertwende die Hölderlin-Renaissance auf den Universitäten mitentschieden hat.

Am erstaunlichsten bleibt neben der systematisierenden Studie von Alexander Jung, 1848, ein enthusiastischer Text aus dem Jahr 1867, worin Hölderlin nicht nur gleichberechtigt neben Goethe, Schiller und die Romantiker tritt, sondern als einer der größten Dichter der Weltliteratur schlechthin gefeiert wird. Der Verfasser, Challemel-Lacour, ein glühender Republikaner, ging unter Napoleon III. zwanzig Jahre lang in die Emigration und wurde nach dem Sturz des Kaisers Mitbegründer, Botschafter und zeitweise Außenminister der 3. Republik – ein Staatsmann und Liebhaber der Literatur, ein Repräsentant also jener innigen Durchdringung von künstlerischem, staatsbürgerlichem und menschlichem Interesse, die den romanischen Ländern eigentümlich ist und deren Fehlen in Deutschland Hölderlin frieren machte wie einst Dürer, wie Goethe bei ihrer Rückkehr aus dem Süden. Ein ähnlicher Menschentyp war dem Dichter in jenem französischen Aristokraten begegnet, dessen ungemein lebendiges Buch über eine Griechenlandreise ihn mit zum ›Hyperion‹ angeregt hat: der Graf Choiseul-Gouffier.[4]
Das Dunkel in Deutschland lichtet sich für den fast verschollenen Hölderlin erst mit dem Auftreten zweier souverän unbeamtenhafter Kenner der Weltliteratur und Geistesgeschichte: Nietzsche nach 1870, Stefan George nach 1890.
Dieselben Jahre 1908-1914, die als Keimzelle der ganzen modernen Kunst bis heute noch nicht ausgeschöpft sind, brachten auch den definitiven Wandel im Bild der Literatur. Hölderlin, Büchner, Kleist werden in ihrer Radikalität sichtbar und lösen für eine aufbrechende Jugend die distanzierten Weimaraner ab, wie das wilhelminische Bürgertum sie sich zurechtfrisiert hatte. Der Umsturz der Gesellschaft im verwüsteten Europa sanktionierte die neuen Vorbilder auch für die breitere Masse. In Frankreich haben zur gleichen Zeit und aus gleichen Gründen Baudelaire, Verlaine, Mallarmé, Rimbaud die großen Rhetoren der Romantik entthront. Ein Unterschied bleibt: daß schon im ersten Weltkrieg Hölderlin auch politisch annektiert wurde als Symbol des sterbenden Kriegers im Dienst eines germanischen Großreichs, und daß der Höhepunkt seines staatlich geförderten Ruhmes zuletzt mit der Herrschaft von Mördern zu-

sammenfiel, die den Reinsten der Reinen als Blutzeugen und Künder der arischen Seele hinstellten, eifrigst bedient von einer pervertierten Germanistik – ein Paradox, das um so mehr zu denken gibt, als es bisher so gut wie unbeachtet geblieben, vertuscht oder bagatellisiert worden ist.

Vorher aber müssen wir noch dem Knaben und Jüngling in die Mönchsknechtschaft nach Denkendorf und Maulbronn folgen. Ora et labora vom Morgengrauen bis in die Nacht hinein; die Tore am Sonntag nach außen zu verriegelt, Natur ferngehalten, die Novizen auf Andacht und Studium zurückgeworfen. Im Studium fanden sie aber auch die Waffen ihrer Befreiung.
Wenn Hölderlin so ganz selbstverständlich die Gäulandschaft in die Heiterkeit des griechischen Lichts transponiert, wenn er im Spätwerk fulgurante Visionen des archaischen Griechenlands dem Dunkel entreißt, so geschieht es nicht, weil er als Nachkomme alemannischer Sippenverbände dem Erdgeheimnis und als germanischer Seher den Müttern näher gewesen wäre als die Franzosen mit ihrem angeblichen Afterklassizismus, sondern weil auf den schwäbischen Theologieschulen seit Generationen Latein, Griechisch, Hebräisch systematisch einexerziert und neben dem Buchstaben auch der Geist der Bibel und der Antike durchdrungen worden war.
Heinrich Bebel, der Frühhumanist und harte Bauernsproß der Alb, hatte nicht umsonst Sindelfinger und Böblinger Bauernschwänke ins Lateinische übertragen und seine lateinische Grammatik für alle Zeiten den Bauernschädeln der Stiftler eingebleut; Melanchthon nicht umsonst das Griechische gefördert und sein Oheim Reuchlin die orientalischen Sprachen derart propagiert, daß die Geheimsprüche der Kabbala auf dem Umweg über spiritualistische Stiftler immer wieder ins Landvolk eindrangen und bis heute die Sinnierer unter diesen Realisten befruchtet haben: eine Art kollektiver Durchtränkung mit hellenisch-orientalischen Elementen, zentral gesteuert vom Stift, genial weiterentwickelt und gestaltet von Einzelnen wie Hölderlin, Hegel, Schelling. Gewiß hatte Klopstock bereits in Schulpforta unter ähnlichen Bedingungen das deutsche Spra-

chinstrument durch die genaueste Kenntnis des Griechischen erneuert, geschmeidigt, durchglüht und es über Goethe an Hölderlin weitergereicht; Nietzsche hat hundert Jahre später aus der gleichen Schulung, den gleichen Mönchsleiden und den gleichen griechischen Aufschwüngen her Hölderlin als erster im Geist brüderlich umarmt – aber ein ganzes Land ist von Schulpforta nicht geprägt worden wie das kraftvoll in sich ruhende Schwaben vom Stift. Der Anschluß an die Antike und den dahinterstehenden Orient war hier wiedergefunden zu einer Zeit, wo in den romanischen Ländern die Jesuiten dem Latein das Monopol gesichert und damit auch gerade Frankreichs gloriosen Renaissancegräzismus und Hebraismus weithin unterbunden hatten. Kirche und absolutes Königtum mißtrauten dem Griechischen. Als Sturmwetter der geistigen und republikanischen Freiheit war das hellenische Pneuma aufgebraust beim Spanier Michel Servet, den Calvin in Genf verbrennen ließ; beim Italiener Flaminio mit seinem hölderlinischen Sonnen- und Ätherkult; bei Biandrata, bei Fausto Sozzini, der abgehetzt in einem polnischen Winkel starb, dessen häretisches Wort aber als heimliche Saat immer wieder in ganz Europa aufschoß; bei den englischen Gräzisten schließlich, deren dynamische Gottesauffassung und Idealvision kleiner freier Gemeinschaften Friedrich Heer mit Recht neben den inbrünstig schweifenden, joachimitischen und republikanischen Griechenglauben stellt, womit Hölderlin der altlutherischen Dogmatik so hart aufsaß.[5]
Kulturhistorische Perspektiven öffnen sich so und müssen geöffnet werden, um Hölderlin der sektiererischen Abkapselung durch Heidegger zu entreißen, der ihn als einsamen deutschen Seher Gipfelgespräche mit den archaischen Griechen führen läßt hinweg über Jahrhunderte hohlen Geschwätzes, totgeborener Metaphysik, radikaler Seinsfinsternis. Eine imperatorische Auslöschung der Geschichte, der in der deutschen Hölderlin-Forschung eine zeitlich begrenztere, aber nicht weniger verhängnisvolle Ausklammerung vorausgegangen ist; die der Französischen Revolution.
Gewiß ist Hölderlin kein politischer Kopf im eminenten Sinne

Schillers gewesen. Die feminine Komponente in seinem Wesen war nie durch eine Vateridentifikation kompensiert worden, wie sie sich dem härteren Schiller im Doppelvorbild des geliebten und gehaßten eigenen Vaters und des herzoglichen Ziehvaters Karl-Eugen von selber anbot. Und doch hat die Revolution – nach Hölderlins eigenen Worten – in die borniertsten Häuslichkeit des damaligen schwäbischen und deutschen Feudalstaates hereingeleuchtet »wie ein unaufhörlich Wetter« und das Tor zu Welten aufgestoßen, wo die antike Republik im Geist des achtzehnten Jahrhunderts neu zu erstehen schien, getragen vom Genius einer hingerissenen Jugend.

Mit Flammenschrift hatte die neue Zeit sich schon in die Stammbücher der Freunde eingeschrieben: Es lebe die Freiheit, es lebe die Revolution, es lebe Saint-Just. Direkte Verbindungen führten in die revolutionären Zentren: nach Mömpelgard-Montbéliard, der württembergischen Enklave in Frankreich; nach Straßburg und bis nach Bordeaux hinunter, wo Reinhard, der einstige Stiftler und jetzige Hofmeister, als Freund der Girondisten seine triumphale politische Laufbahn begann und in beschwörenden Briefen Schiller selbst für die Sache der Revolution zu gewinnen versuchte.

Schiller, der als Robespierre der deutschen Literatur so viele Köpfe hat rollen lassen – Bürger wurde sein berühmtestes Opfer –, nahm die jungen schwäbischen Bewunderer zunächst freundwillig auf, plante sie weitschauend in sein System ein, diskutierte oder spielte Karten mit dem genialisch selbstbewußten Herrensohn Schelling, legte Hölderlin als verschüchterten Hofmeister in die mütterlichen Arme seiner Ex-Titanide Charlotte von Kalb – auch dies ein taktischer Schachzug des größten deutschen Dichters der Macht.

Der puritanische Rigorismus, mit dem der Griechenschwärmer Hölderlin den Knabensünden seines Zöglings entgegentrat, zeigt einmal mehr die explosive Diskrepanz in seinem Wesen. Mit ähnlich unproportionierter Vehemenz projizierte Hölderlin das stets gesuchte, nie gefundene Vaterbild in Schiller, geriet in größte Erregung, als ein fremder Gast das erste lange Gespräch störte; wie ein blinder Maulwurf sah, spürte, erkannte

er Goethe nicht, witterte mit keiner Faser den Halbgott im Zimmer – subjektivische Überspanntheit, mehr noch: biologische Anfälligkeit, die einmal alle Nervendämme überfluten sollte, die aber, mit Sprachgenialität gekoppelt, den Hymnen des Lyrikers die dramatische Intensität verliehen hat, und sie, von allem Akzidentellen befreit, dem Ziel unmittelbar zuschießen läßt. Ob die Enttäuschung über Schiller und die Angst vor Fichte, der mit jakobinischer Radikalität ein geistiges Todesurteil nach dem andern fällte, Hölderlin aus Jena und Weimar vertrieben haben oder ob eine zwielichtige Liebesaffäre, verbunden vielleicht mit der Geburt eines unehelichen Kindes, die angstvolle Rückkehr zur Mutter mitveranlaßte, sei dahingestellt. Eine grobkörnige Sinnlichkeit brach bisweilen in den Stiftlern durch: nicht umsonst waren die Tübinger Winzer, die »Gogen«, die Sancho Pansas dieser Don Quichotten und rumorten manchmal in ihnen.
Schellings Liebesaffären bildeten einen Skandal der Epoche; Hegels unehelicher Sohn wurde später Stadtgespräch in Jena. Verräterisch klingt für Hölderlin (neben anderen, positiveren Belegen) eine Äußerung aus der Wahnsinnszeit, wo er das Kind, das er vielleicht gehabt hat, aber dann nur auf der Stufe der Dienstmädchenliebe, Diotima selber andichtet: »Ach, meine Diotima! reden Sie mir nicht von meiner Diotima? Dreizehn Söhne hat sie mir geboren, der eine ist Papst, der andere ist Sultan, der dritte ist Kaiser von Rußland«, und hastig, in bäurischem Schwäbisch: »Und wisset Se, wie's no ganga ist? Närret ist se worde, närret, närret, närret!«[6] Mit alemannischer Schollenverbundenheit hat das wenig zu tun; wir finden dieselbe Verwurzelung in der Tradition eines alten Bauernlandes bei Paul Claudel und Charles Péguy, auch bei ihnen gepaart mit dem Zug zum Monumentalen und dem Sinn für große hierarchische Wesensformen.[7]
Spuren rustikaler Derbheit und Zähigkeit lassen sich bis zuletzt bei Hölderlin nachweisen. Sie treten aber immer zurück hinter dem Anstand, der Artigkeit und der inneren Grazie seines Wesens. Erziehung zu Lauterkeit, zu absoluter Wahrhaftigkeit im Sinn des Franckeschen Pietismus, waren die Grundregeln der

Mutter gewesen – einer sächsischen Pastorentochter, zu der es den Dichter bei jeder Krise zurücktrieb und von der er sich doch jedesmal grausamer entfremdet fühlte. Nach dem frühen Tod der beiden Gatten hatte sich ihre Lichtgestalt zusehends verdüstert, pietistisch verengt, verschattet und den Sohn in die Verschattung hineingerissen, ihn kastriert: Schönheit wurde als Luxus, Kunst als Sünde verworfen; Sparen, Pfarrer werden, Heiraten als Lebensziel hingestellt. Vergebens schrieb Charlotte von Kalb einen großartig beschwörenden, eindringlichen Brief: »Halten Sie alle kleinlichen Sorgen von Ihrem Sohne fern«, – die Mutter war nur noch kleinliche Sorge und Hölderlin, bei ihr geborgen, nur ein hohler Hafen, ein Scherben.[8]

Plötzlich zerreißt der Vorhang. Aus der drangvollen Enge, wo Großmutter, Mutter und Kind in dumpfer Stube beisammen sind, treten wir ins Frankfurter Patrizierhaus mit den weiten Räumen, hohen Spiegeln, Silbergeschirr, Karossen, die ins Theater oder in Gesellschaft rollen, Blick über den Garten auf den Taunus, das Landhaus mit Pappeln in der Ferne.
Tizianteint der Hausherrin, die Heinse und der alte Wieland umschwärmen – aber auch Distanz der gebürtigen Hamburgerin, wie Fontane und Thomas Mann sie ihren Hamburgerinnen mitgeben sollten und wie die hugenottische Erziehung sie hier noch verstärkt hatte. Die Mischung von Glut und Kälte entsprach der innersten Art Hölderlins; er fühlte sich verstanden und bewundert, nicht mehr bevormundet wie von der Mutter oder der willensmächtigen Charlotte von Kalb. Das virile, phallische Element in ihm konnte sich endlich entfalten. Er hatte die geistige Führung übernommen und wurde zugleich liebend geschmeidigt.
Susette Gontard tritt in eine Reihe mit den sensiblen und sozial höher gestellten Frauen, die deutsche Dichter herangebildet und damit eine bestimmte Art von Klassik überhaupt erst ermöglicht haben. Wieland ist in diesem Sinne durch Sophie Laroche erzogen worden; Goethe durch Charlotte von Stein; Schiller durch Charlotte von Kalb, und Hölderlin durch Susette Gontard.

Griechin war sie nicht mehr als die Französinnen und Engländerinnen auf dem Hintergrund ihrer weißen Villen im antiken Stil des ausgehenden 18. Jahrhunderts und im Faltenwurf des antikisierenden Kostüms. Der geistverwurzelte, philologisch vergrübelte Gräzismus des Stifts, hier war er offenbarte Herrlichkeit geworden; Schönheit keine Sünde mehr, sondern Lebensatem. »Là tout n'est qu'ordre et beauté, luxe, calme et volupté«, schreibt Baudelaire im berühmten Gedicht, »Mon enfant, ma sœur, / songe à la douceur / d'aller là-bas / vivre ensemble«.

Diotima am Klavier, die junge schöne Gesellschafterin mit der Laute, Hölderlin mit der Flöte: eine typische Salonszene – nicht im frivol abwertenden Sinn, sondern im Sinn der hölderlinschen Seelengeschwisterschaft, die auch das Thema von Balzacs ›Lilie im Tal‹ bildet, wo der junge Felix de Vandenesse mit der Schloßherrin eine ideale, vom Tod besiegelte Liebesbindung eingeht. Hinter Balzacs mystischem Roman der noch zartere, religionsgeschwängerte von Sainte-Beuve, ›Volupté‹; und hinter beiden einer der größten, ganz verinnerlicht musizierenden französischen Seelenromane des 19. Jahrhunderts: ›Oberman‹ von Senancour aus dem Jahr 1804 – nicht ohne Grund ein Lieblingsbuch Chopins und Liszts mit seinen erregend neuen chromatischen Modulationen des Empfindungslebens. Zugleich ein nachthermidorianischer Roman – den Begriff hat, lange vor Georg Lukács, Challemel-Lacour in seinem enthusiastischen Hölderlin-Essay gebraucht, wo er als gemeinsame Wurzel von ›Oberman‹ und ›Hyperion‹ doppelte Enttäuschung über die unmögliche Liebe und über die unmögliche Revolution nennt.[9]

Nur ist verglichen mit ›Oberman‹ die Vaterwelt im ›Hyperion‹ ganz anders am Werk; das heroische Element überwiegt das elegische; es geht weniger um Liebesglück und Entsagen als um das Wesen einer neuen fraternitas im Sinn von Johann Valentin Andreäs ersten rosenkreuzerischen Schriften oder auch im antisentimentalen Sinn Oetingers, wenn er schreibt: »Beten heißt nicht Worte vor Gott ausschütten, Beten heißt die Macht üben, um mit Gott zu wirken.« Wirken, mit Gott wirken, mit Gott auf die Gemeinschaft wirken – das war der religiöse und politische Sinn des ›Hyperion‹ wie des ›Empedokles‹. Hinter beiden steht als politisches Vorbild die Republik der Griechen und ihre moderne Nachgeburt, die Französische Revolution.

Aber schon war – seit 1795 – der Republik das Rückgrat gebrochen: nicht durch die Guillotine, sondern durch das neue Besitzbürgertum, das den Machtapparat des zusammengebrochenen Feudalstaats unter Ausschluß des Volks in die Hand bekommen hatte und den Aufstieg Bonapartes zum neuen römischen Imperator vorbereitete.

Hölderlin, einen Augenblick in Frankfurt zum Festmahl zugelassen, wird vom Bankier Gontard zu den Lakaien verstoßen wie Mozart in Salzburg vom Bischof.

Herr und Knecht: um dieses Thema hatte die Reflexion der Freunde seit dem Stift gekreist. Religiöser Modellfall war das Verhältnis Jehova – Abraham – Isaak gewesen; politischer Modellfall das Verhältnis Landesherr – Landstände – Volk in Schwaben und das Verhältnis Feudalwelt – revolutionäre Führung – Volk in Frankreich seit 1789.

Hegels Haß auf die heimische Oligarchie, die das Volk vertreten sollte und es so oft mit den Fürsten betrog, sog immer neue Nahrung aus der dauernden, durchdringenden Reflexion über die dramatischen Vorgänge jenseits des Rheins und die erbarmenlose Beobachtung der Berner und der Frankfurter Oligarchie vom Standpunkt des Hauslehrers und Hofmeisters aus: seine ätzenden Bloßstellungen der herrschenden Kaste fanden ihr Echo beim ebenso gedemütigten Freund Hölderlin und nehmen in ihrer Schärfe die Kritik Julien Sorels voraus, Stendhals Hauslehrer im Frankreich der Restauration.

Wie Stendhal hat es letzten Endes auch Hegel, den massiven Nachkommen schwäbischer Kanzleibeamten, zum Imperator gezogen. Ein verborgener Chronist des Weltgeistes, hat er ihn später noch bewundernd als Weltseele durch Jena reiten sehen. Goethe tauschte zur gleichen Zeit mit dem Kaiser die geheimen Zeichen der Auguren aus. Hölderlin ist in strikterem, wenn auch idealischem Sinn »Jakobiner« geblieben, bald den Adlerflug des damals noch republikanischen Generals und Sohns der

Revolution besingend, bald den verrauschten Festen der revolutionären Gemeinschaft nachtrauernd, die so unmittelbar aus Stil und Pathos der Antike erwachsen waren. Sinclair schürte das politische Interesse immer erneut an – Sinclair, der den Freund nach dem Frankfurter Eklat zu sich herübergeholt hatte, einen neuen Prinzen von Homburg.
Homburg bildet einen Höhepunkt im Schaffen Hölderlins. Nicht er arbeitet mehr an den Weimarer Zeitschriften mit: bescheiden, aber bestimmt lädt er Goethe und Schiller zu Mitarbeit an seinem eigenen Organ ein, dem geplanten Sammelpunkt der zerstreuten Energien. Keine Flucht zur Mutter; im Gegenteil: Offenbarung seiner geheimsten Projekte. Einen Pfarrer glaubte sie geboren zu haben, Stifter einer besseren Gemeinschaft wollte er sein. Brot und Wein, die seine Väter als Klosterverwalter real ausgeteilt hatten, wollte er in geistigem Sinn unter die Menschen bringen, die frohe Botschaft des neuen Bundes verkünden.
In neuer Form lebte hier die Föderaltheologie des Coccejus weiter, die durch Jägers Kompendium und Kommentare seit 1700 in ganz Württemberg infiltriert war: fortschreitende Heilsoffenbarung durch einander überhöhende Bundesbeschlüsse, Aufstieg vom Reich der Natur übers Reich der Werke zum Reich der Gnade. Die Größenordnung war freilich eine andere; die ausgeklammerte Natur wie schon bei Oetinger voll mithereinbezogen; die alten Götter einbeschlossen. Nicht umsonst hatten sie seit Generationen ans Stift geklopft: Dionysos trat zum jüngeren syrischen Bruder Jesus.
Eine Utopie, an der Hölderlin zerbrechen sollte: eine Blasphemie in den Augen der Frommen, verhüllt durchs Dunkel der dichterischen Verheißung. Tief christlich aber bleibt bei Hölderlin dieses: der neue Bund hatte keinen Sinn und Wert, wenn der alte nicht in ihm inbegriffen war; ohne die Mutter, die Schwester, den Bruder war die versprochene Geistesgemeinschaft keine Gemeinschaft mehr. Das ist jener oft verkannte ethische Grundzug in Hölderlin, die Feinheit seines Empfindens, die Rechtlichkeit seines Denkens, der evangelische Sinn für die Letzten, die die Ersten sein sollen. Hölderlin ist nicht der

Wortmagier, der nornenverschworen Merseburger Zaubersprüche vor sich hinraunt. Das Strömende in seinem Werk strömt aus einer Menschlichkeit, die allen Qualen offenstand – den seelischen und geistigen, aber auch den ganz realen Qualen der Entrechteten, der Beleidigten und Erniedrigten, wie Bettina sie einmal nennt. Und wenn der schwäbische Bauerndichter Christian Wagner aus Warmbronn 1894 sein eigenes Lebensideal definiert, so umreißt er damit zugleich, ohne es zu wollen und inniger als viele andere, Grundzüge von Hölderlins Wesen: »Natursinn, Rechtssinn, Billigkeitssinn, Schönheitssinn und das Erbarmen.«[10]

Die Rolle Sinclairs, dieses barmherzigen Samariters unter den Freunden Hölderlins, muß genauer betrachtet werden. Sinclair ist so geheimnisvoller Abkunft wie die Prinzen aus den Romanen Jean Pauls. Der Sohn eines schottischen Adligen stand in erstaunlich enger, längst nicht ganz geklärter Gunst beim Landgrafen von Hessen-Homburg, dessen Vertrauensmann er bis zum plötzlichen Tod auf dem Kongreß von Wien geblieben ist trotz aller offen demokratischen Betätigung. Im Beisein Hölderlins hat Sinclair auf dem Rastatter Kongreß von 1798 mit Vertretern der schwäbischen Stände den Franzosen das Projekt einer schwäbischen Republik unterbreitet, die auch Teile der Schweiz umfaßt hätte. Zum erstenmal seit Generationen waren die Dinge wieder im Fluß, und Hölderlin hat aus nächster Nähe die Möglichkeit einer radikalen Neugestaltung im Sinn der republikanischen Konstitution aus dem Jahr III der Französischen Revolution miterlebt.[11] Aber die Würfel in Paris waren längst gefallen, das Direktorium und Talleyrand steuerten einem neuen Cäsaro-Monarchismus zu und damit auch dem Königtum Württemberg. Sinclair kam für vier Monate als Hochverräter auf die Solitude, sein schwäbischer Freund Baz auf den Asperg; die Gunst des Landgrafen blieb ihm aber auch weiterhin gewahrt, er avancierte zum Geheimrat, wurde 1802 auf den Regensburger Kongreß delegiert und nahm wiederum Hölderlin mit: selten ist ein deutscher Dichter so unmittelbar von der politischen Aktualität, von ständigem politischem Fluidum umgeben gewesen wie Hölderlin – und das hat die For-

schung übersehen, wenn sie es nicht als Durchbruch des Dichters zu germanischer Sippenverbundenheit travestierte.
Reinhard, der ältere Stiftler und einstige Hauslehrer in Bordeaux, hatte inzwischen als Chef der französischen Zivilverwaltung die Toskana regiert, in glücklicher Ehe mit einer Hamburgerin, während Hölderlin und Susette wie die zwei Königskinder untergingen, dafür aber am Firmament unseres Gedächtnisses als Sternbild der Liebenden aufleuchten: Geheimnis der dichterischen Mutation. Man lese den Brief, worin Reinhards Gattin ihre Residenz, den Palazzo Panciatichi in Florenz, beschreibt: »Einen großen Garten voll Orangenbäumen und eine Aussicht über Feld, Gärten, Landhäuser, Weinberge in der üppigsten Fülle, von den Apenninen umkränzt...« Das ist vom Kern des Konkreten her erlebt; im ›Hyperion‹ ist der Süden erträumt und gestaltet: er allein lebt weiter. Die Linien des Lebens sind verschieden.
Im Sommer 1799 stieg der Schwabe für drei Monate zum Außenminister Frankreichs auf, wurde von Talleyrand abgelöst und blieb dann fast 40 Jahre bis zu seinem Tod 1837 dessen rechte Hand, die graue Eminenz des Auswärtigen Amtes. Auch den protestantischen Ex-Theologen hat wie den katholischen Ex-Priester kein Regierungswechsel zu Fall gebracht, sondern jeder eine Stufe höher: Baron unter Napoleon I., Graf unter Ludwig XVIII., Großkreuz der Ehrenlegion unter Karl X., Pair de France unter Ludwig-Philipp, dazu Mitglied der Akademie und Präsident der lutherischen Kirche: eine mustergültige Verpflanzung ehrbaren, leicht schlitzohrigen Schwabentums nach Frankreich. Der Comte de Reinhard war ein Fels des Fleißes, des Phlegmas und der Verläßlichkeit in den Wirren einer unverläßlichen Zeit, ein treuer und geliebter Korrespondent Goethes, der Hölderlin seinerzeit kaum eines Blickes gewürdigt – wie töricht und genial erscheint Hölderlins Jugend und sein freiheitlicher Geist gegenüber diesen arrivierten, wenn auch sehr hintergründigen Exzellenzen! Das gerade hat den Dichter vor dem ersten Weltkrieg der Jugend und Jugendbewegung so unmittelbar nahegebracht in einem allerdings gefährlich mythisierenden Sinn, der vom wahren politischen Denken Hölderlins

überhaupt nichts mehr wußte, weil Politik für diese Generation etwas so Inexistentes war wie für die Stiftler von 1790 eine Lebensnotwendigkeit und ein Fundament des Denkens.[12]
Unter dem Verdacht des Jakobinismus ist Hölderlin noch 1801 beim Überschreiten des Rheins 14 Tage lang von der Straßburger Polizei sistiert worden, wie Pierre Bertaux nachgewiesen hat, von dem noch ganz andere Enthüllungen zu erwarten sind. Über die Auvergne, nicht über Paris durfte der suspekte Fremde schließlich nach Bordeaux weiterreisen. Daß unersetzliche Dokumente über den dortigen Aufenthalt – wie über die spätere Tübinger Zeit – verschleudert oder entfernt wurden, weiß man allmählich.[13]
Skrupulös hatte Hölderlin sich schon in der Schweiz an Schillers Rat gehalten: »Bleiben Sie der Sinnenwelt näher, so werden Sie weniger in Gefahr sein, die Nüchternheit in der Begeisterung zu verlieren« – eine alte Parole der Schwabenväter durch die Jahrhunderte, »über dem süßen Genuß der mystischen Zentralschau nicht die Nüchternheit zu verlieren.«[14]

Zwei Elementarphänomene wurden vom Dichter in den letzten Jahren hereingeholt: die Alpen und der Ozean. Beide waren der französischen Prosa schon durch Rousseau und Chateaubriand einverleibt worden und hatten die Prosa des 18. Jahrhunderts eruptiv gesprengt. Hölderlins Hymnen sprengen die klassische Prosodie. Das Hin und Her zwischen Auflehnung gegen eine Zeit, deren Bleilast sich nach jener Morgenröte der Freiheit dem Dichter immer schrecklicher offenbarte, und Flucht in die Stille des Wortes jenseits aller unmittelbaren Kommunikation gibt dem Spätwerk – dem Werk eines Dreißigjährigen! – die ungeheure Spannung und verschiebt, um mit Adorno zu reden, das ganze dichterische Gefüge von der klassischen Synthesis zur abrupten Parataxe.[15]
Hölderlins eigene Kommentare zu den letzten Dichtungen erhellen und verdunkeln sie zugleich. Unbeachtet bleibt meist der warme Bronzeton, der die Briefe aus dem Süden durchglüht. Hölderlin war hier nicht nur *einer* griechischen Gestalt in stilisiertem antiken Dekor begegnet wie Diotima in Frankfurt. Er

hatte ein ganzes Volk kennengelernt in seinem Leben unter dem Feuer des Himmels, aber auch in seiner Stille, er hatte das Athletische der südlichen Menschen bewundert in den Ruinen des antiken Geistes. Winckelmann, Goethe, Heinse haben in Italien und Sizilien die gleiche Begegnung mit der Antike erlebt und vor ihnen Claude Lorrain, der junge, stille, kraftvoll-sensible Bauernsohn von den Moselwiesen, dessen gewaltige und zugleich zauberhaft lichtdurchflossene Gemäldekompositionen später Goethe durch die Thüringer Nebel anschimmerten und aufrichteten. Das harte Licht des Südens hat Hölderlin viel stärker im Sinne Cézannes empfunden, der das Sommerglück eines Monet, eines Renoir hingab, um in gesetzlichem Kalkül festere Fundamente zu legen – und bisweilen im apokalyptisch lodernden Sinn van Goghs, schwarze Sonne über verbrannter Erde.[16]

Hölderlins Erfahrung ist aber auch hier vom Politischen mitbestimmt. Er sieht die Freiheitskämpfer, das Wilde, Männliche, Kriegerische an ihnen, ihre patriotischen Zweifel in der Vendée, ihren Tod, den Hunger der Frauen und Kinder, die geschwärzten Hütten. Die politischen Hinweise sind in ihrer Kargheit so präzis verläßlich wie die landschaftlichen auf die Ufer der Garonne, die Wiesen der Charente. Freilich genügen jetzt Hölderlin im Gegensatz zu den frühen Elegien ganz wenig äußere Elemente: der Adler schwingt sich von ihnen auf zu raumüberfliegender Gesamtschau, bringt in fabulöser Geographie Hesperien und Kolonien, Indien, Kaukasus, Orient und Okzident zusammen. Die Spuren verwirren sich für uns, der Flug selber ermattet, sinkt ab – doch von ›vaterländischer Kehre und Bekehrung‹ gerade in jener Zeit zu sprechen, wo Hölderlins Weltfahrt beginnt, überträgt modernes nationalistisches Denken auf einen Dichter, der wie alle europäischen Dichter des 18. Jahrhunderts der Heimat ganz selbstverständlich zugehörte und ebenso selbstverständlich Kosmopolit war; den es aus der Enge immer wieder in die Weite zog und der, kaum draußen, zurückstrebte in die vertraute Nähe, wie es ihn im Geist nach Griechenland und dem Orient trieb und weiter heim ins Vaterland. Die drohende Vergewaltigung des Vaterlands durch den neuen Cäsar tat ein Übriges, ohne daß Hölderlin nun für immer das ›heilig Herz der Völker‹ sakralisiert hätte – sein Blick für den barbarischen Untergrund im Menschen und im Deutschen hat sich im Gegenteil noch geschärft: diese elementare Dialektik übersehen zu wollen, heißt ihn von vornherein verfälschen.[17]

Für die Germanisten der Hohenzollernzeit war die Französische Revolution Massenhysterie, die in ebenso blutiger Militärdiktatur endete. Ein äußerst komplexes Gebilde wurde auf die simpelste Formel gebracht, die reale Einheit zerstört, auseinandergerissen die Dioskurenpaare rechts und links vom Rhein: enthusiastische Männer der Tat auf der einen Seite, Dichterdenker auf der andern; beide derselben Wurzel entsprungen, der ungeheuren gedanklichen Vorarbeit des ganzen 18. Jahrhunderts. Die Parole Vernunft, Freiheit, Reich Gottes deckt sich mit den Proklamationen der Menschenrechte, dem bürgerlichen Gesetzbuch und der messianischen Erwartung der Revolutionäre in den großen Gestalten des Anfangs. Daß sie Opfer wurden – Opfer ihrer Feinde und ihrer selbst, verbissen in gegenseitigen Kampf um die Realisierung der großen Utopie –, hat auch Hölderlin mit zum Opfer gemacht. Nicht länger konnte er das Heil vom Weimarer Klassizismus erwarten, noch von jenem deutschen Idealismus schlechthin, den die späteren Forscher so dreist-naiv als positive Aufbauarbeit des Geistes gegenüber der revolutionären Destruktion in den Himmel erhoben und von der Kuppel des Bismarckreiches gottesfürchtig überwölben ließen.

Das Reich Bismarcks ist genauso schnell ein Trümmerfeld geworden wie das Reich der Revolution und Napoleons I. Was den deutschen Idealismus betrifft, so haben sich seine Väter und Söhne, Brüder und Vettern mit der gleichen Erbitterung verfeindet, verleumdet, bis aufs Blut bekämpft wie die sich selbst verzehrenden Giganten der Französischen Revolution: ein geistiges Waterloo, die Truppen der Klassik wie der Romantik verfemt und versprengt. Hölderlin im Turm, mit grausamer Unmenschlichkeit von den Erzfreunden Hegel und Schelling längst aufgegeben, als noch gar nichts aufzugeben war; Hegel und Schelling ihrerseits in Fehden verstrickt, die übers Grab des einen hinausreichen, als Schelling, der 1842 die Berliner Universität vom Pestodem der Hegelschen Philosophie reinigen wollte, mit dem Hegelverehrer Paulus, einem anderen achtzigjährigen Stiftler, in einen wüsten Ringkampf geriet, der an das keuchende Ringen der beiden alten Bauern auf der Brücke in Kellers Romeo und Julia erinnert. Dahin war es gekommen mit der Fraternitas von 1792. »Unter wilde Tiere bin ich geraten, in ein Hetztheater bin ich eingeschlossen«, hatte schon Valentin Andreä, der Verfasser der ersten großen schwäbischen Fraternitas, am Schluß seines Lebens als Hofprediger in Stuttgart gejammert.

Hölderlin war unter den Tritt der braunen Marschkolonnen geraten. Hanns Johst rezitierte ekstatisch dem sogenannten Führer am 50. Geburtstag Teile aus dem ›Hyperion‹.

Ein großer, bedächtiger Gelehrter – H. A. Korff – widmete noch 1940 den dritten Band seiner ›Goethezeit‹ den ›Helden unseres Freiheitskampfes am Tag der Einnahme von Paris 14. Juni 1940‹ mit dem anschließenden Hölderlin-Zitat: »Die Schlacht ist unser; / nun freuest, mein Vaterland, / Der stolzen Jugend dich denn / Herrlich hubst du sie an.«[18]

In einem verstiegen simplifizierenden Sinn hatte schon die Jugendbewegung Hölderlin als deutschen Parsifal und Gegenstück zum Bamberger Reiter hingestellt und nach 1914 als Bruder von Rilkes Cornet. Der Soldatentod Norbert von Hellingraths – eines genialen George-Schülers wie Gundolf – und die zahllosen andern heroischen Opfer auf dem Schlachtfeld erklären die affektgeladene Vehemenz der Identifikation mit dem Kämpfer für Deutschland. Stefan George selbst hat nach 1918 sein Hölderlinbild im Sinn vaterländischer Erneuerung durch Blut, Opfertod und elitäres Führertum weitergestaltet bis zu einer gefährlichen Grenzscheide hin, die nach 1933 massiv und skrupellos von andern überschritten wurde. Am Ende des Teufelskreises stand 1943 der Klumpfüßige als Schirmherr der Hölderlin-Gesellschaft.

Und wenn der Dichter »ungezählten Ungenannten oder auch Bekannten« ein Helfer gegen die Zeit wurde und dem George-Schüler Graf Stauffenberg zuletzt die Waffe in die Hand gab – wie viele sahen nichts, hörten nichts, ließen Bücher verbrennen, Juden verbrennen, die ganze Kultur abbauen und schwelgten in Hölderlin.

Ein führender Philosoph war vorangegangen mit wiederholten, ausführlichen, rückhaltlosen Bekenntnissen zum Führer, die nicht nur politisches, sondern geistiges und sprachliches Engagement sind. Derselbe Mann, dessen Philosophie wie keine andere vom Wort her lebt, hat nie das geringste Wort an seinen Auslassungen auch nur zu erklären für nötig erachtet, wohl aber aus früher Enttäuschung über die Politik sich in philosophierende Poetik geflüchtet und dabei das gleiche autokratische Denkschema auf Hölderlin übertragen. Wo 1933/34 »der Führer selbst und allein als die heutige und künftige deutsche Wirklichkeit und ihr Gesetz« gegolten hatte, wo nicht länger – predigte Heidegger den Studenten und verführte sie damit – »Lehrsätze und Ideen die Regel des politischen Seins bleiben durften, sondern schicksalhafte Hingabe an den Führer«, war seit 1936 Hölderlin zum alleinigen deutschen, ja abendländischen Geistesführer aufgewachsen, der aus der Seinsentfremdung durch die Vernunft zu den Ursprüngen zurückführe und »dessen Denken anfänglicher und deshalb zukünftiger (sei) als das blasse Weltbürgertum Goethes«.[19]

Die eigene Fehlleistung der vaterländischen Kehre wurde in den Dichter projiziert, das ›Einfache‹ scheinbar zeitlos gemacht und dabei oft genug in zeitgebundenem Sinn mystisch umrankt, in einer aufdringlichen und dumpfen, Wortschollen zusammenkläubelnden Sprache verschwarzwäldert, wie einst im Manifest über Schlageter. Verschwunden die Sonne, der Äther, das lautere himmlische Licht rinnend vom offenen Himmel, »Suevien, ... der Schwester Lombarda drüben gleich, von hundert Bächen durchflossen«.

Selbst wenn wir an den Philosophen höchste Maßstäbe anlegen wollten – wir tun es nicht –, bliebe die Erkenntnis: Hölderlin, von Fichte interpretiert, wäre vergewaltigter Hölderlin.

Der Feind der Priester war in die Hände der Hohepriester gefallen. Innerhalb eines halben Jahrhunderts ist Hölderlin sa-

kralisiert und zugleich Ware geworden, kämpferisch untermalt zur Zeit von ›Mein Kampf‹, schicksalhaft auswattiert seither. Literaturgeschichten für Schule und Bürgerhaus haben den Kriegsschmuck stillschweigend abgelegt, walten als Raumpflegerinnen – Hölderlin, Rilke, Trakl ihre Lieblingsobjekte, Schopenhauer, Heine müßten in diese Salbadereien vernichtend dazwischenfahren. Aber was kennt der Schüler von Schopenhauer, was kennt er gar von Heine, dem ersten großen Dichter des Industriezeitalters, dem Meister des ›Romanzero‹, dem Verfasser des ersten grandiosen Kulturgemäldes der Goethezeit, verspielt heiter und prophetisch Abgründe der kommenden Barbarei anleuchtend; seinen Namen zu nennen, profaniert schon das Heiligtum, als ob nicht Aristophanes auch zur griechischen Literatur gehörte wie Voltaire, Swift zur französischen und englischen. Sie bleiben das Gegengift gegen die Opiate einer mißbrauchten Innerlichkeit – wie Heinrich Mann und wie Alfred Döblin, der schon auf dem Berliner Gymnasium den ›Hyperion‹ in zerlesenen Reclambändchen mit sich herumtrug, in der Pariser Emigration als erstes Elegien Hölderlins vorlas und dessen immer noch verkannte hymnische Romane ohne Hölderlin überhaupt nicht zu denken sind. Daß schließlich gewisse Aspekte des ›Hyperion‹ und des ›Empedokles‹ von der scharfsinnigen Marxschen Studie über den ›Achtzehnten Brumaire des Louis Bonaparte‹ her besser zu verstehen sind als von rein schöngeistigen Erörterungen oder gar von Wagners Mythologien, weiß heute auch die Hölderlin-Forschung.
Sie reduzierte sich nie auf die Auswucherungen. Selbst zur Zeit der Richter und Henker lief daneben immer eine ganz andere Art der Betrachtung weiter, deren Faktizität schon Wohltat, deren ruhiges Abwägen Protest war. Nach dem Krieg haben die Studien und Meditationen sich gehäuft und auf die Welt übergegriffen. Endlose Streitgespräche haben sich zuweilen erhoben, bei denen viel Spreu flog, aber auch fundamentale Erkenntnisse über die Besonderheit des dichterischen Wortes zutage traten.
Aus dem Zusammenspiel zwischen einer Hölderlin-Kritik, die die Texte gesichtet, ergründet und in große Zusammenhänge

gebettet hat, und Hölderlin-Lesern von hohem Anspruch ist das Bild des Dichters zur Entfaltung gekommen. Deutschland hat mit ihm den Weg zu langverschütteter eigener Tradition gefunden und den Pionieren der gesamten neueren Lyrik – Baudelaire, Mallarmé, Rimbaud – einen Ahnherrn gegeben. Begeisterung, bohrende Treue, kritischer Verstand haben das Wiedersehen in Falun zustande gebracht. Was reif in diesen Zeilen stand, speist heut Zehntausende in der Welt.

1 Der Essay ist die leicht veränderte Fassung des Festvortrags, der am 8. Juni 1965 vor der Hölderlin-Gesellschaft in Tübingen gehalten wurde. Zweck der Anmerkungen kann nicht sein, ausführliche bibliographische Hinweise zu geben. In gedrängter Form findet der Leser sie bei Lawrence Ryan: *F. Hölderlin* (Realienbücher für Germanisten, Stuttgart 1962). Für Lebens- und Werkgeschichte unentbehrlich die Anmerkungen der *Großen Stuttgarter Hölderlin-Ausgabe* und die Beiträge in den *Schriften der Hölderlin-Gesellschaft* (seit 1944). Die Spezialforschungen von F. Beißner, A. Beck, W. Binder u. a. haben die Biographie des Dichters zum Teil in neuem Licht erscheinen lassen. Ein Meister dieser Forschungsweise bleibt Ernst Müller (u. a.: *Hölderlin, Studien zur Geschichte seines Geistes*, 1944).

2 Allgemeine Einführung in die religiösen Probleme Württembergs: H. Hermelink: *Geschichte der evangelischen Kirche in Württemberg von der Reformation bis zur Gegenwart*. Stuttgart, 1949, 528 S. Das reichhaltige Werk verzichtet meist auf genauere Quellenangaben und muß durch eine Reihe von Einzeluntersuchungen ergänzt werden. Eine Fundgrube auch für die Hölderlin-Zeit bleiben die *Stiftsköpfe* von Ernst Müller, 1938, leider ebenfalls ohne kritischen Apparat. Die später erwähnten Zusammenhänge von Hölderlins, Schellings und Hegels Denken mit dem schwäbischen Pietismus sind von R. Schneider: *Schellings und Hegels theologische Geistesahnen*, 1938, flüchtig skizziert und seither immer genauer untersucht worden, ohne daß bisher eine zusammenfassende Arbeit vorläge. Cf. dazu meine Studien: ›Herrlichkeit‹ chez Hegel ou le monde des pères souabes (in: *Etudes germaniques*, VI, 1951, No. 3-4) und *Schiller et les pères souabes* (ibid. X, 1955, No. 2). – Ernst Benz: *Schellings theol. Geistesahnen*, 1955.

3 Über das Nachleben Hölderlins: W. Bartscher: *Hölderlin und die deutsche Nation einer Wirkungsgeschichte*, 1942. – Titel und Datum des Buches schon lassen die nazistische Optik erkennen. Großangelegt die italienische Arbeit von A. Pellegrini: *Hölderlin. Storia della critica*, 1956. Erweiterte deutsche Ausgabe Berlin 1965.

4 Ed. Krakowski: *La naissance de la 3. République: Challemel-Lacour, le philosophe et l'homme d'Etat*, Paris, 1932. – Challemel-Lacour hatte längere Zeit Zuflucht in Zürich gefunden. Anderseits war er mit Herwegh befreundet, der schon 1839 in einer deutschen Emigrantenzeitschrift der Schweiz einen seltsamerweise auch von Pellegrini nicht zitierten hymnischen Aufsatz über Hölderlin

als Freiheitsdichter verfaßt hat (Wiederabdruck bei Hans Mayer, *Meisterwerke deutscher Literaturkritik*, 1956). – Die *Nouvelle Revue germanique* hatte schon im Okt. 1832 Auszüge aus dem *Hyperion* samt einer kurzen Einleitung gebracht, ohne den Übersetzer zu nennen. In der gleichen Zeitschrift, Dez. 1836, berichtet Philarète Chasles, der Jean-Paul-Übersetzer und spätere Professor am Collège de France, über einen Besuch beim kranken Hölderlin in Tübingen und schließt mit einer Reihe von Bemerkungen über den Verfasser des *Hyperion* als politischen und von der Politik enttäuschten Dichter. Veränderte Fassung des Artikels im Essayband: *Etudes sur l'Allemagne au XIXème siècle*, 1861. Das Datum des Tübinger Besuchs wird dort von 1815 auf 1840 verlegt. Über die problematischen Hintergründe des Berichts, cf. die genauen Hinweise bei C. Pichois: *Philarète Chasles et la vie littéraire au temps du romantisme*, Paris, 1965, 2 Bde; I, 353-356. Dem Spürsinn Chasles', der auch Melville für Frankreich mitentdeckt hat, fällt jedenfalls das Verdienst zu, auf H. zu einer Zeit hingewiesen zu haben, wo der Dichter auch in Deutschland weitgehend verschollen war.

5 Friedrich Heer: *Die dritte Kraft (Der europäische Humanismus zwischen den Fronten des konfessionellen Zeitalters)*. Frankfurt, 1959, S. 442 sq., S. 485 sq.

6 Neben ähnlichen, von Besuchern überlieferten Aussprüchen vgl. auch Gedichte aus der Spätzeit wie etwa das von der über dem Strickstrumpf einschlafenden jungen Frau mit seinem merkwürdig bäuerischen Akzent (*Auf falbem Laube*).

7 A. Beck, der im *Hölderlin-Jahrbuch* von 1957, S. 46-66 als erster auf das Verhältnis von Hölderlin zu Wilhelmine-Marianne Kirms und die Geburt eines Kindes im Juli 1795 aufmerksam gemacht hat, bleibt selber in seinen Schlußfolgerungen vorsichtig. Die Basis der Hypothese scheint bis auf weiteres zu schmal. Jean Laplanche nimmt sie vielleicht voreilig als gesichert an in seinem Werk über *Hölderlin et la question du père*, Paris 1961, das psychoanalytische und phänomenologische Untersuchungsweisen verbindet.

8 Charlotte von Kalb, Brief an Hölderlins Mutter. In: Wilhelm Michel, *Das Leben Friedrich Hölderlins*, 1940, S. 123.

9 Senancour: *Oberman*, 1804. Kritische Ausgabe in 2 Bänden von A. Monglond, 1947. Dazu ein hervorragender Kommentarband. – 1965 auch Taschenbuchausgabe des Romans.

10 Christian Wagner: *Neuer Glaube*, 1894.

11 W. Kirchner: *Der Hochverratsprozeß gegen Sinclair*, Marburg 1949 (mit Bibliographie; dazu seine weiteren Studien über den Homburger Kreis im *Hölderlin-Jahrbuch*, 1951, 1954). Viele andere Hinweise bei M. Delorme: *Hölderlin et la révolution française*, 1959 (aus dem Nachlaß des jungverstorbenen Autors). Vieles bedarf einer weiteren Klärung, so auch auf poetologisch-philosophischem Gebiet die Analyse von Sinclairs dreibändigem Werk: *Wahrheit und Gewißheit*, 1813. Für wertvolle Hinweise bin ich Frau Dr. M. Roddewig dankbar.

12 Ausführliche ältere Biographie von W. Lang: *Graf Reinhard, ein deutschfranzösisches Lebensbild, 1761-1837*. Bamberg, 1896, 614 S. – Neue Quellen erschlossen durch das Cotta-Archiv in Marbach. Cf. die Gedenkschrift zum 200. Geburtstag, hg. Else R. Groß: *K. F. Reinhard, ein Leben für Frankreich und Deutschland*, Stuttgart, 1961. – Die Briefstelle über den Palazzo Panciatichi in Florenz bei Lang, S. 187. – Neue kritische Ausgabe des *Briefwechsels zwischen Goethe und Reinhard*, Insel Verlag, 1957, mit Nachwort von O. Heuschele und Zeittafel.

13 Pierre Bertaux: *Hölderlin, Essai de biographie intérieure*, 1936. In Vorberei-

tung eine völlig revidierte Fassung der Arbeit, die besonders auch die bisher stark vernachlässigten oder willkürlich interpretierten politischen Aspekte von H.'s Werk auf Grund neuer Quellenstudien umfassend darzustellen beabsichtigt. Einige dieser Thesen sind skizziert in *Du nouveau sur Hölderlin (Etudes germaniques,* XX, 2, 1965, S. 172-177).

14 Brief Schillers an Hölderlin vom 24. 11. 1796. In: *Friedrich Schiller Briefe.* Ausgewählt und herausgegeben von R. Buchwald. Leipzig: Insel Verlag o. J., S. 538 ff.

15 Th. W. Adorno: *Parataxis. Zur philosophischen Interpretation der späten Lyrik Hölderlins* (Neue Rundschau, 1964, I).

16 Über Claude Lorrain als lothringischen Bauernsohn in Italien, cf. den schönen Text von Maurice Barrès in *Le Mystère en pleine lumière,* 1926.

17 Gegen die These von der ›Vaterländischen Umkehr‹ cf. neben Adorno, W. Broecker, W. Hof, L. Ryan u. a. auch P. Szondi, *Hölderlin-Studien,* 1967, S. 91 sq.

18 H. A. Korff: *Geist der Goethezeit,* Bd. 3, 1940, Vorspruch und Widmung.

19 H. J. Schrimpf: *Hölderlin, Heidegger und die Literaturwissenschaft* (in: *Euphorion,* 51, 1957, S. 308-323). Sehr kritische Haltung. – Vorwiegend positiv hingegen Alessandro Pellegrini: *Friedrich Hölderlin* (o. c., deutsche Ausgabe 1965, S. 205-228; S. 543-547), wo am Schluß Heideggers Hölderlin geradezu als der Gipfel der gesamten Hölderlin-Forschung gefeiert wird. – Die von der deutschen Hölderlin-Gesellschaft 1953 veröffentlichte *Hölderlin-Bibliographie 1938-1953* bietet zahlreiche Belege für die Nazifizierung des Dichters als ›Künders der völkischen Erneuerung‹. Die Stimmlage dieser Texte gibt Hermann Pongs an in seinem Aufsatz: ›*Einwirkungen Hölderlins auf die deutsche Dichtung seit der Jahrhundertwende*‹ (*Iduna,* 1944): »Das Reine als bestimmende Gegenkraft zum Sog des Abgrunds« (S. 127). Das Reine wurde dabei zugleich mit Hölderlin und Hitler identifiziert. – Daneben aber läßt sich ebenso eindeutig schon an den Titeln ein paar anderer Hölderlin-Arbeiten aus jener Zeit der versteckte Widerstand ablesen.

Jean Paul in Frankreich.

Für Eduard Berend

Literaturgeschichte ist ohne Mikroanalysen undenkbar. Man wird immer wieder den Schubkarren laden, Kärrner spielen und Sklave der Fakten werden müssen, ehe man sich über sie erheben und ein Panorama ins Auge fassen kann.[1]
›Jean Paul in Frankreich‹ setzt eine solche Fronarbeit voraus. Claude Pichois hat sie bei uns geleistet und dann mit bewundernswerter Umsicht die großen Linien aufgezeichnet. Ihm sei an erster Stelle gedankt.[2]
Dichter dürften am Thema mehr interessiert sein, als es zunächst scheinen möchte. Wie wirken sie eigentlich, wie steht es mit ihrem oft berufenen ›Stiften‹?

Der Einfluß, den Kafka auf Frankreich gehabt hat, läßt sich in groben Zügen schon aus dem ›Théâtre de l'absurde‹ ablesen, von andern literarischen Manifestationen ganz abgesehen. Der Einfluß von Rilke und Thomas Mann ist bereits schwieriger zu spezifizieren, und erst recht der von Goethe und Schiller. Ihre Namen kennt jeder Gebildete; ihre Werke haben zahllose Schriftsteller praktiziert und seit bald zwei Jahrhunderten von ihnen gelernt. Wie kann man solche Beziehungen quantitativ messen und wie sie qualitativ auswerten? Lohnt sich die Sisyphusarbeit einer weitgehend problematischen Untersuchung? Verwandelt sich nicht jeder originale Geist nur an, was schon in ihm lag?
Wer den Brennstoff zum Zünden gebracht, wer den Funken hineingeschleudert hat, bleibt trotzdem der entscheidende Mann, selbst wenn er später von der Bildfläche abtritt, vergessen oder verdrängt wird. Jean Paul ist für ein paar große französische Dichter des vorigen Jahrhunderts und eine ganze Reihe von minores ein solcher Mann gewesen.
Er gehört dabei nicht wie E. T. A. Hoffmann, Heine, Nietzsche zu den Autoren, mit deren Namen sich eine mehr oder weniger

genaue Kenntnis des Werkes verbindet. Er ist aber auch kein total Unbekannter wie Mörike, Stifter, Raabe, von denen gelegentlich eine Übersetzung auftaucht und alsbald verschwindet. Aus ähnlichem Dunkel sind in den letzten zwanzig Jahren Hölderlin, Kleist, Büchner jäh emporgestiegen und Gegenstand einer intensiven Auseinandersetzung geworden, wie Jean Paul sie zur Zeit nicht kennt. Er hat sie aber gekannt. Dabei wurde er immer nur in homöopathischen Dosen verabreicht. Gerade in dieser Wirkung aus kleinen, ja kleinsten Zellen heraus besitzt sein Fall exemplarische Bedeutung für die vergleichende Literaturwissenschaft – ganz abgesehen vom Genuß und inneren Gewinn, den jede Beschäftigung mit seinem Werke bringt, diesem Geheimschatz europäischen Geistes deutscher Prägung.

Jean Pauls Name taucht erstmalig 1797 als der eines deutschen ›Modeautors‹ im ›Magasin encyclopédique‹ auf. Es blieb bei der bloßen Nennung und einem flüchtigen Kommentar. Fünfzehn weitere Jahre waren nötig, bis in den ›Annales de l'éducation‹ die ersten Texte erschienen: ›Die Neujahrsnacht eines Unglücklichen‹ und ›Der doppelte Schwur‹. Als Übersetzer zeichnete der damalige Historiker an der Sorbonne, Guizot, der spätere berühmte Politiker und führende Minister des Bürgerkönigtums. Pfarrhaus, Innerlichkeit, weltanschauliche Dichtung waren dem Abkömmling hugenottischer Südfranzosen nichts Fremdes. In Genf, wo er nach der Hinrichtung seines Vaters unter Robespierre neun Jahre lang Zuflucht gefunden hatte, führte ihn Madame de Staël selber in die deutsche Literatur ein. Die Rolle der protestantischen Minorität im französischen Geistesleben wird an ihrem Beispiel noch deutlicher.
In Paris geboren und erzogen, mit allen Fasern ihres Wesens in Paris verwurzelt – auch während des langen Exils unter Napoleon I. – war Madame de Staël, die Tochter des früheren Finanzministers Necker, reformierte Schweizerin der Herkunft nach; die Mutter stammte aus einem waadtländischen Pfarrhaus. Als aufsässige Republikanerin in die Schweiz verbannt, machte sie aus ihrem Landgut Coppet bei Genf, was Voltaire aus dem benachbarten Ferney gemacht hatte: eine Freistatt der

aggressiven liberalen Opposition. Romane Jean Pauls hat sie um 1803 zu lesen begonnen. Zehn Jahre später wurde der deutsche Verehrer Rousseaus, Jean Paul Friedrich Richter, durch die französische Rousseau-Enthusiastin mit einem Schlag auf ein halbes Jahrhundert hinaus ein berühmter Mann in Frankreich.[3]
Den entscheidenden Auftakt in der französischen Jean-Paul-Kenntnis bilden die Seiten, die ihm Madame de Staël in ihrem Deutschland-Buch (1810) gewidmet hat. Unter dem bewußt verharmlosenden Titel ›Le Songe‹ zitiert sie darin einen langen Auszug aus der ›Rede des toten Christus von dem Weltgebäude herunter, daß kein Gott sei‹.
Mit den Hammerschlägen dieses Textes klopfte der Dichter ans Tor der französischen Literatur, und es wurde ihm aufgetan, wie das Tor der französischen Musik in derselben Generation für Beethovens ›Eroica‹.
»Ich lag einmal an einem Sommerabende vor der Sonne auf einem Berge und entschlief. Da träumte mir, ich erwachte auf dem Gottesacker. Die abrollenden Räder der Turmuhr, die elf Uhr schlug, hatten mich erweckt. Ich suchte im ausgeleerten Nachthimmel die Sonne, weil ich glaubte, eine Sonnenfinsternis verhülle sie mit dem Mond. Alle Gräber waren aufgetan, und die eisernen Türen des Gebeinhauses gingen unter unsichtbaren Händen auf und zu. An den Mauern flogen Schatten, die niemand warf, und andere Schatten gingen aufrecht in der bloßen Luft. In den offenen Särgen schlief nichts mehr als die Kinder. Am Himmel hing in großen Falten bloß ein grauer, schwüler Nebel, den ein Riesenschatten wie ein Netz immer näher, enger und heißer herein zog. Über mir hört' ich den fernen Fall der Lawinen, unter mir den ersten Tritt eines unermeßlichen Erdbebens... Jetzo sank eine hohe edle Gestalt mit einem unvergänglichen Schmerz aus der Höhe auf den Altar hernieder, und alle Toten riefen: ›Christus! ist kein Gott?‹
Er antwortete: ›Es ist keiner.‹
Der ganze Schatten jedes Toten erbebte, nicht bloß die Brust allein, und einer um den andern wurde durch das Zittern zertrennt.

Christus fuhr fort: ›Ich ging durch die Welten, ich stieg in die Sonnen und flog mit den Milchstraßen durch die Wüsten des Himmels; aber es ist kein Gott. Ich stieg herab, soweit das Sein seine Schatten wirft, und schauete in den Abgrund und rief: ›Vater, wo bist du?‹ aber ich hörte nur den ewigen Sturm, den niemand regiert, und der schimmernde Regenbogen aus Wesen stand ohne eine Sonne, die ihn schuf, über dem Abgrunde und tropfte hinunter. Und als ich aufblickte zur unermeßlichen Welt nach dem göttlichen Auge, starrte sie mich mit einer leeren bodenlosen Augenhöhle an; und die Ewigkeit lag auf dem Chaos und zernagte es und wiederkäuete sich. – Schreiet fort, Mißtöne, zerschreiet die Schatten; denn Er ist nicht!‹«
So der Beginn des berühmten Traums.
Als mögliche Quelle hat eine amerikanische Forscherin, Helen T. Patterson, einen französischen Text aus dem 18. Jahrhundert aufgespürt: Sébastien Merciers ›Songes et visions‹, 1768. Mercier ist jener wendige und präzise Sittenschilderer von Paris, der zugleich eine überraschende Witterung für die subterranen Elemente der Stadt besaß und in seinem Buch der ›Träume und Visionen‹ geradezu surrealistische Metaphern- und Bilderketten entwickelt, die bei Jean Paul wiederkehren: die leeren Augenhöhlen, das gähnende Nichts, blutiger Regen und schwarze Sonnen. Auch Victor Hugo las in der Verbannung gleichzeitig Jean Paul und Mercier, dem er mehr verdankt, als er zugeben will: verherrlicht wird von ihm nur der deutsche Dichter als ›furchtloser und schreckenerregender Negierer‹, als ›rüder Holzhauer aus dem Wald, unter dessen Axthieben das Universum erzittert‹.[4]
Es ist durchaus möglich, daß Jean Paul das französische Werk in der Ausgabe von 1789 oder in der deutschen Übersetzung von 1791 gelesen hat. Seine Originalität bleibt trotzdem bestehen. Ihm stand zu Gebot, was Mercier fehlte: die Modulationskraft der Sprache und die geistige Erlebnistiefe. Anregungen von außen wurden durch das sprachliche und visionäre Genie zu einem Ganzen verschmolzen und um ein Zentralbild gruppiert, das beim Vorgänger fehlt und dem ›Traum‹ erst die Durchschlagskraft gibt: das Bild Christi, der den Toten den Tod

Gottes verkündet. Vielleicht konnte damals nur ein protestantischer Pfarrersohn den Mut zur Gestaltung einer solchen Vision aufbringen und dabei nicht in Blasphemie fallen. Die Rede vom toten Gott war zunächst dem toten Shakespeare in den Mund gelegt, später einem Engel und erst zuletzt Christus. Das Gefühl der Verlassenheit, das ein Grundgefühl Jean Pauls sein ganzes Leben hindurch geblieben ist, findet in diesem und ähnlichen Traumgebilden seinen Ausdruck. Zugleich aber spricht aus ihnen etwas anderes als die private Not, mehr auch als die Bedrückung und Verlassenheit eines jungen deutschen Dichters. Im Jahr 1789, dem für Jean Paul glorreichen Jahr des Ausbruchs der Französischen Revolution, ist die erste Skizze entstanden; im Jahr 1796, dem Jahr des endgültigen Scheiterns der Revolution, ist die Rede vollendet worden. Sie spiegelt damit das Erleben der ganzen jungen Generation in Europa wider: den Zusammenbruch der Hoffnung auf eine bessere und gerechtere Welt.

Das Fazit wurde jenseits des Rheins auch von Madame de Staël verstanden und noch früher von einem Emigranten der Revolutionszeit, der in Göttingen Zuflucht gefunden hatte und der die Emigrantin der napoleonischen Epoche auf Jean Paul aufmerksam machte: Charles de Villers. Der sensible und weltoffene Aristokrat, der mit dem deutschen Dichter in Verbindung stand, hat Madame de Staël eine ziemlich wortgetreue Übersetzung des Traums zukommen lassen. Der Text wurde von ihr mehrmals umgeschrieben und teilweise reduziert. Ganz weg fiel der kurze versöhnliche Schluß: »Ich erwachte. Meine Seele weinte vor Freude, daß sie Gott wieder anbeten konnte – und die Freude und das Weinen und der Glaube an ihn waren das Gebet. Und als ich aufstand, glimmte die Sonne tief hinter den vollen purpurnen Kornähren und warf friedlich den Widerschein ihres Abendrotes dem kleinen Monde zu, der ohne Aurora im Morgen aufstieg; und zwischen dem Himmel und der Erde streckte eine frohe vergängliche Welt ihre kurzen Flügel aus und lebte, wie ich, vor dem unendlichen Vater; und vor der ganzen Natur um mich flossen friedliche Töne aus, wie von fernen Abendglocken.«

Jean Paul, der das literarische Schaffen der berühmten Französin seit langem verfolgte und schätzte, legte in einer Rezension ihres ›Deutschlandbuchs‹ diskret Verwahrung gegen ihr Vorgehen ein – das aber vielleicht doch erst dem Ganzen die Wucht der Geschlossenheit gibt. Einige der großen französischen Gedichte des 19. Jahrhunderts sind unmittelbar aus der Erschütterung über Jean Pauls Prosagedicht erwachsen: ›Le Christ aux Oliviers‹ von Gérard de Nerval; ›Le Mont des Oliviers‹ von Alfred de Vigny; ›La Recherche de Dieu‹ von Leconte de Lisle. Nicht weniger sicher ist die produktive Nachwirkung auf Victor Hugo, Nodier, Balzac, Michelet, Quinet; auf Musset und Théophile Gautier; auf Baudelaire, Flaubert, Renan – also auf führende Schriftsteller aus drei Generationen; von ihren kleineren Zeitgenossen wird noch die Rede sein. Hat nicht sogar Dostojewskij, dessen ›Großinquisitor‹ eine der grandiosesten Weiterführungen des Jean Paulschen Textes darstellt, diesen vielleicht zunächst in der Staëlschen Fassung kennengelernt, wie in England Carlyle, der spätere Jean-Paul-Enthusiast.[5] So dürftig auch die Auslassungen von Madame de Staël über das Gesamtschaffen des Dichters gewesen sein mögen, eines wenigstens war erreicht. Von Anfang an erschien Jean Paul in den richtigen Dimensionen: nicht als versponnener Idylliker in der Sparte ›Herddämmerglück‹, sondern als Dichter-Denker mit ›existentiellem Anliegen‹, wie es zugkräftig heute heißen würde. Man stelle sich vor, Hölderlin hätte in Deutschland zur selben Zeit eine ähnliche hohe Einschätzung erfahren, statt ein Jahrhundert lang zum Elegiker verharmlost zu werden, um den Wert dieser Einfahrt Jean Pauls durchs große Tor der Nachbarliteratur ganz zu ermessen.

Eine zweite Phase beginnt mit der ›Anthologie‹, die 1829 anonym und 1836 in erweiterter Auflage erschien, diesmal unter dem Namen des Verfassers, des Marquis Edouard de la Grange, der einige Jahre in Karlsruhe und in Wien als Diplomat tätig gewesen war: ›Pensées de Jean Paul, extraites de tous ses ouvrages‹.
Das Buch – ein eleganter Band von zunächst 198, dann 341

Seiten – sollte auf ein halbes Jahrhundert hinaus die wesentliche Quelle der Jean-Paul-Kenntnis in Frankreich bleiben. Dabei hat sich der Dichter selbst abfällig über die deutsche Anthologie geäußert, von welcher die französische nur ein Extrakt in ziemlich genauer Übersetzung ist: ›Jean Pauls Geist‹ (1801), als deren Verfasser Pölitz vermutet wird. De la Grange hatte sich der 4. Auflage (1821) bedient, die aus 6 schmalen, engbedruckten Bänden bestand. So rudimentär sein Auswahlprinzip auch scheinen mag, so sehr hat es zur Breitenwirkung des Dichters beigetragen: die »Bevorzugung der kurzen und markantesten Stellen, die sich leicht dem Gedächtnis einprägen«.

Der beste Kenner der Materie, Claude Pichois, schreibt dazu: »Der in kleinen und kleinsten Stücken vorgesetzte Jean Paul wurde zu einer Fundgrube von Maximen, Metaphern, Gedankenblitzen jeder Art. In Form von Zitaten oder auch Mottos tauchte er immer wieder bei den Schriftstellern jener Zeit auf. Keiner von ihnen hat den Text im Original gelesen. Alle aber kennen den Zitatenschatz von de la Grange. Auf ihn beruft sich Emile Deschamps, einer der Bannerträger der Romantik, so gut wie Champfleury, der in der folgenden Generation den Realismus mit heraufführen half. Die Anthologie gehörte sogar zum eisernen Bestand des ›Magasin pittoresque‹, einer weitverbreiteten Zeitschrift für die reifere Jugend...«

Lamartine, Fromentin, Sainte-Beuve lasen das Werk. Alfred de Vigny, ein persönlicher Freund de la Granges, faßt eine zarte freundschaftliche Zuneigung zum ›moraliste-poète Jean Paul‹. Musset würdigt das Buch einer langen Besprechung im ›Temps‹ (Mai/Juni 1831). Tiefer greift die Studie von Pierre Leroux, die am 29. März 1829 im ›Globe‹, einer führenden Zeitschrift der Romantik, erschien und worin der Verfasser im Anschluß an Jean Paul den ›style symbolique‹ definierte und damit die Neuorientierung der französischen Lyrik durch Nerval und Baudelaire vorbereiten half. Da Claude Pichois heute einer der besten Baudelaire-Kenner ist, der die grundlegende Ausgabe von Crépet zum Abschluß gebracht hat, besitzen seine Hinweise gerade auf diesem Gebiet volles Gewicht.[6]

Reizvoll verzweigen sich die Untersuchungen des jungen Literarhistorikers in Nebenarme. So spürt er dem Ausdruck ›amour allemand‹, ›deutsche Liebe‹, nach, womit erstmalig Stendhal in seinem berühmten Werk ›De l'amour‹ (1822) eine Art keuscher Leidenschaft bezeichnet hat.[7] Jean Paul, den auch er später durch de la Grange schätzen lernte, war ihm damals noch unbekannt. ›Werther‹, Schillers und Kotzebues (!) Dramen, dazu die eigenen Liebeserlebnisse in Deutschland boten ihm genügend Anhaltspunkte für seine Auffassung des ›amour allemand‹. Balzac und Baudelaire hingegen haben den Ausdruck zwar von Stendhal übernommen, aber mit einem tieferen Gehalt erfüllt, den sie nicht nur de la Granges Anthologie, sondern mehr noch dem ›Titan‹ verdanken.[8]

Der Übersetzer des ›Titan‹ (1834/35), Philarète Chasles, der spätere Inhaber des neugegründeten Lehrstuhls für germanische Sprach- und Literaturgeschichte am Collège de France (1841 bis 1873), gehört zu den aufgeschlossensten Vermittlern ausländischer Literatur in Frankreich. Als einer der ersten hat er auf Hölderlin hingewiesen so gut wie auf Herman Melville, auf rumänische Dichtung, auf skandinavische Volksliteratur, auf das elisabethanische Theater. Seinem Jean-Paul-Studium kam Carlyles berühmter Aufsatz aus dem Jahr 1827 zugute, worin der Dichter als ›intellektueller Koloß‹ neben Shakespeare, Cervantes und Sterne gestellt wird. Carlyle selbst war durch Madame de Staël auf Jean Paul aufmerksam geworden: so laufen die Fäden hin und her. Der französische ›Titan‹ von Ph. Chasles bleibt freilich ein Musterbeispiel unbekümmerten Drauflosübersetzens. Schwierige Stellen werden umschrieben, zusammengezogen, öfter noch unterschlagen. Der ebenso tiefsinnige wie schwierige und obendrein verballhornte Roman blieb ohne den erwarteten Widerhall. Daß er aber nur zehn oder zwanzig Abnehmer gefunden habe, ist eine Legende, die vom Übersetzer selbst mit romantisch ausschweifender Bitterkeit in Umlauf gebracht wurde. Nachträglich läßt sich ein gutes Dutzend illustrer Leser identifizieren: Balzac, Sainte-Beuve, Nerval, Baudelaire, Gobineau sind darunter. Es wäre das einzige Mal in der Weltliteratur, daß ein Werk nur Genies als Publikum gehabt hätte.

Noch andere Argumente sprechen für eine gewisse Verbreitung des Romans. So die Beachtung, die ihm ein bekannter Romanführer jener Zeit widmet, der ›Recueil d'analyses raisonnées des productions des plus célèbres romanciers français et étrangers‹ von Girault de Saint-Fargeau (Paris, 1839). Modeschriftsteller spielen darin eine weitaus bedeutendere Rolle als die großen Dichter; Wieland wird in ein paar Zeilen abgetan, Zschokke und Caroline Pichler sind ganze Seiten gewidmet. Wenn der ›Titan‹ fünf Jahre nach seinem Erscheinen Aufnahme fand, so mußte er schon einiges Aufsehen erregt haben. Kataloge von Leihbibliotheken bestätigen sein Vorhandensein. Warum wäre auch sonst gleich ein belgischer Raubdruck (1834/35) herausgekommen? Die Freibeuter ließen sich nur durch kommerzielle Erwägungen leiten. Warum schließlich hätte sich 1878 eine zweite Auflage der Pariser Originalübersetzung als nötig erwiesen?
Die kühn auf dem Titelblatt verkündete ›Übersetzung der Werke‹ blieb freilich ein frommer Wunsch. Philarète Chasles hat nur Teile des ›Siebenkäs‹, des ›Schmelzle‹ und diesen oder jenen ›Traum‹ übertragen. Diese Bruchstücke sind noch vor dem ›Titan‹ in der ›Revue de Paris‹ erschienen.

Das Jahrzehnt 1820-1830 ist die hohe Zeit in der französischen Jean-Paul-Rezeption.
Fast keine der führenden Zeitschriften läßt damals seinen Namen vermissen. Die von E. Berend erstmalig aufgestellte Liste[9] konnte C. Pichois um ein beträchtliches vermehren. Fast immer handelt es sich um Übersetzungen von Bruchstücken visionären Charakters: Jean Paul als Geisterseher. Nerval gehört zu den Übersetzern. Er ging soweit, ein Fragment aus eigener Feder – ›Le bonheur dans la maison‹, einen Vorklang zu einer berühmten Erzählung ›Sylvie‹ – als angeblichen Text Jean Pauls zu veröffentlichen: ein Beweis für die lang vorhaltende Unsicherheit des jungen bescheidenen Dichters und zugleich ein Beweis für die Popularität seines Modells.[10]
Claude Pichois, dem auch dieser Fund zu verdanken ist, kann ganze Tabellen über die Verbreitung von Jean Pauls kleineren

Prosastücken in den dreißiger Jahren aufstellen. Neben die Chronologie tritt die Motivgeschichte. Der Verfasser des elegisch hinströmenden ›Tod eines Engels‹ und der ›Neujahrsnacht eines Unglücklichen‹ ist einer der großen Inspiratoren des Angelismus und der Selenographie in der damaligen französischen Literatur geworden.[11]

Der Zustrom zahlreicher deutscher Emigranten der Metternichzeit nach Paris war dem Ruhm eines Dichters förderlich, den Ludwig Börne in seiner hinreißenden Denkrede mit Recht als Demokraten gerühmt hatte. Heine verwies auf ihn als Typ des deutschen Dichters und Philosophen – tief bei aller Formlosigkeit, bizarr und durchdringend, ein Schulmeister und ein ewiges Kind. Einen Beweis für die Aktivität dieser Kreise bildet das Erscheinen der ›Sämtlichen Werke‹ Jean Pauls bei Tétot frères (Paris, 1836/37). Es handelt sich um vier stattliche, doppelspaltig bedruckte Bände. Als (unberechtigten) Herausgeber dieser chronologisch geordneten, beinahe vollzähligen ›Werke‹ nimmt schon E. Berend den damals in Paris lebenden Neffen des Dichters R. O. Spazier an. Die Restauflage erschien in neuer Gewandung bei Baudry 1843.

Auf Spaziers Biographie aus dem Jahr 1833 fußt auch die erste seriöse Gesamtdarstellung, die der Dichter in Frankreich gefunden hat: der 50 Seiten umfassende Essay von Henri Blaze de Bury, den die ›Revue des Deux-Mondes‹ 1844 publizierte und den der Verfasser dreimal in verschiedene Sammlungen seiner Artikel übernommen hat (1846, 1851, 1868). Der liebevoll empfundene, solid untermauerte Essay verdient diese Ehre. Einmal mehr erweist sich der frühere Diplomat H. Blaze de Bury, der einige Jahre in Deutschland zugebracht hatte und später in Paris mit den schöngeistigen Zirkeln in lebhaftem Verkehr stand, als anregender und gediegener Interpret der deutschen Dichtung. Hat er nicht schon 1851 Mörike als einen der größten Lyriker seines Landes gepriesen?[12] Kürzere Aufsätze und Übersetzungen aus andern Federn fallen wenig ins Gewicht. Die Ausbeute ist gering. Auf den Wellenberg war das Wellental der beiden Jahrzehnte 1840 und 1850 gefolgt. Eine bescheidene Jean-Paul-Renaissance setzt gegen 1860 ein. Sie bleibt mit dem Namen Alexander Büchner (1827-1904) verknüpft.

Alexander Büchner, der jüngere Bruder Georgs, hatte nach der Revolution von 1848 seine Stellung als Jurist in Darmstadt aufgeben müssen und war 1855 aus Zürich nach Valenciennes in Nordfrankreich gekommen. C. Pichois kann an Hand der erstmalig von ihm verwerteten Dokumente den einzelnen Etappen dieses wenn nicht genialen, so doch originellen und produktiven Mannes nachgehen: ein Beitrag zur Kenntnis einer weitverzweigten und immer irgendwie schöpferischen Familie. Hier seien nur die nötigsten Daten festgehalten. Alexander Büchner, der perfekt deutsch, französisch und englisch sprach und schrieb, wurde 1857 zum Professor am Collège communal von Valenciennes ernannt, 1862 am Lyzeum von Caen in der Normandie. 1867 wechselte er zur Universität hinüber und hat dann während dreißig Jahren moderne ausländische Literatur in Caen doziert; zugleich nahm er eifrig an den Sitzungen der dortigen Akademie teil: er war einer der ersten Komparatisten seiner Zeit geworden. Die französische Staatsangehörigkeit nahm er während des Krieges von 1870 an; hochbetagt ist er auf seiner Reise nach Deutschland gestorben. Seine bedeutend jüngere Frau, eine geborene Bahlsen aus Hannover, hat ihn bis 1949 in Nizza überlebt. Ludwig Büchner verehrte er ungemein, über Georg Büchner hat er nie ein Kolleg gehalten noch irgend etwas publiziert. Im Erinnerungsbuch ›Das tolle Jahr‹ – ein bezeichnender Titel – wird der Dichter-Bruder in zwei Sätzen abgetan. Seine Bedeutung ist dem immerhin bedeutenden Literaturhistoriker verschlossen geblieben.
Welches Echo hätte dabei eine Übertragung des ›Lenz‹ in der Zeit Baudelaires und Flauberts auslösen können – einer Zeit, wo nach dem Scheitern der Revolution von 48 und im fahlen Goldglanz des zweiten Kaiserreichs tiefer Pessimismus, ja Nihilismus so viele Geister ergriffen und zu kritischer Sezierarbeit veranlaßt hatte! Der Anschluß an die ›Rede des toten Christus‹ wäre mit dem ›Lenz‹ gefunden gewesen. Es fehlte der Vermittler. Er fehlte nicht nur in Frankreich! Auch die Literaturge-

schichte ist auf weite Strecken hin eine Geschichte der verfehlten Möglichkeiten.

Selbst für Jean Paul, den er glühend liebte, ist Alexander Büchner nur in bedingter Weise zum Vermittler geworden. ›Jean Paul in Frankreich‹ hieß der Aufsatz, den er zum 100. Geburtstag des Dichters im ›Morgenblatt‹ von 1863 erscheinen ließ. Die Studie schließt mit der Feststellung, Jean Paul gehöre zu den am wenigsten bekannten deutschen Schriftstellern. Um ihm die gebührende Resonanz zu verschaffen, hatte Alexander Büchner ein Jahr früher die ›Vorschule der Ästhetik‹ zusammen mit einem jüngeren Freund, dem Philosophen Léon Dumont, übersetzt. Das Werk erschien in zwei Bänden mit Anmerkungen und Kommentaren; die Einleitung ›La poétique de Jean Paul‹ umfaßt 100 Seiten. Eine gediegene, zum Teil tiefgreifende Arbeit. Erfolg war ihr nicht beschieden. Dabei hätten gerade die theoretischen Schriften in der anbrechenden Zeit des Symbolismus ein Arsenal für die Dichter der Avant-garde werden und der Jean-Paul-Kenntnis neuen Impuls geben können.[13]

Der Name behielt allerdings seinen guten Klang. Treue Anhänger Jean Pauls, wie Lefèvre-Deumier, Charles Guillemot, die Baronne de Carlowitz, die Mitarbeiter der ›Revue germanique‹ (1858-65) und anderer Zeitschriften, hielten die Erinnerung an ihn wach. Der rührige Literat Champfleury, der eine so wesentliche Rolle in der ›realistischen Schule‹ gespielt hat, stellt 1860 den Dichter in eine Reihe mit Nerval, Puschkin, Poe, Stendhal. Es gibt anfechtbarere Aufzählungen! Daß Jean Paul aber nicht nur in einer Oberschicht (wozu u. a. Barbey d'Aurevilly und Villiers de l'Isle-Adam gehören) seine Freunde hatte, sondern auch dem Durchschnittsleser noch irgendwie vertraut war, geht unzweifelhaft aus einer Stelle der berühmten, heute noch gespielten Sittenkomödie von E. Pailleron ›Le Monde où l'on s'ennuie‹ (1881) hervor. Ein hoher, auf sein Vorwärtskommen bedachter Verwaltungsbeamter gibt darin seiner Frau Anweisungen, wie sie den Schöngeistern eines Provinzsalons imponieren könne: »Ab und zu ein Zitat, aber kein zu langes, dafür ein tiefsinniges – Hegel in der Philosophie, Jean Paul in der Literatur« (Akt I, Sz. 2). An einer anderen Stelle werden

Schopenhauer und das Sanskrit herangeholt. Jean Paul gehört damit zu den unverständlichen, ›langweiligen‹ Autoren – wenigstens brüstete man sich noch mit ihm. Eine Generation später wäre kein Lustspieldichter mehr auf die Idee verfallen, ihn als Kronzeugen für hohe literarische Bildung anzuführen. Niemand im Publikum hätte die Anspielung verstanden, geschweige denn genossen. 1822 hatte Scribe, der Meister der leichten Komödie, Szenen aus dem ›Hesperus‹ für eines seiner Werke verwendet.[14]

Paillerons zweideutige Reverenz ist der Abschied des Publikums von Jean Paul. Fünfzig Jahre lang war die elegante ›Anthologie‹ von de la Grange in so manchen Boudoirs zu finden gewesen, hatte schwärmerische Seelen zur Entzückung hingerissen, den Einsamen getröstet, den Weltmann aufhorchen lassen. Ihre Stunde war abgelaufen. Eine neue Anthologie: ›Œuvres diverses‹ von Emile Rousse, 1855, die den ›Mond‹, den ›Fixlein‹ und eine Reihe kleinerer Auszüge enthielt, blieb zum Schattendasein verurteilt.

Merkwürdig früh und schroff ertönt die Absage der Dichter an Jean Paul bei Lautréamont, der mit 24 Jahren völlig unbekannt in Paris an der Schwindsucht starb und den erst die Generation der Surrealisten als genialen Vorläufer auf den Schild erheben sollte. Mit der verbissenen Wut, die ihm eigen ist, wirft er den Dichter des ›Songe‹ zum alten Eisen (›Poésies‹, 1870). Jean Paul wird dabei unter die »dämonischen, im Schlamm wühlenden und entnervenden Dichter« gerechnet – zusammen mit Baudelaire, Poe und anderen Satanisten –, eine Aufassung, die Baudelaire vertraulich des öfteren nennt, »unser guter Jean Paul schauderte vor dem unmenschlichen Lachen zurück, er, der bei allem Spott doch so engelgleich blieb…«.[15]

Im Gegensatz zu Baudelaire wie zu Th. Gautier, zu Leconte de Lisle und manchen andern scheinen Verlaine und Rimbaud den Dichter nicht mehr gekannt zu haben. Auch Mallarmé nicht, dessen berühmte Formel: »Die Welt ist da, um in einem Buch zu enden« im ›Fibel‹ auf die anschaulichste Weise vorweggenommen ist. Eine Übersetzung der Idylle durch den schon erwähnten Charles Guillemot war in der ›Revue germanique‹ 1862 erschienen – zu eben der Zeit also, als Mallarmé, wie Fibel vom Wort fasziniert, die Suche nach dem Urwort begann, Hegelsche Gedanken dabei mit verarbeitete und stärker noch von Richard Wagner und seinem Kampf um die neue Form eines synthetischen Kunstwerkes beeinflußt wurde. Wie Hugo für Baudelaire, wurde Wagner für Mallarmé der gigantische Rivale, dem es nachzueifern und den es zu überwinden galt.[16] Wahnfried, nicht die Rollwenzelei wurde für die französischen Symbolisten schlechthin das Ziel der Bayreuther Fahrten.

Die Zeit war verflossen, wo Constanze Mozart, die 1839 in hohem Alter zu Mozart-Aufführungen nach München gereist war, Jean Pauls Tochter zu sehen begehrte und sie begeistert umarmte. Das unscheinbare Faktum wirft neues Licht auf die viel geschmähte Gattin Mozarts, verklärt sie als Jean-Paul-Schwärmerin.[17]

Neben Wagner trat Nietzsche. Die Parole ›Gott ist tot‹ kannte die Jugend nur mehr durch ihn, bestenfalls durch seinen Vorgänger Heine. Daß sie zuerst in der ›Rede des toten Christus‹ erklungen war, blieb nur den wenigsten bewußt.

Ganz entschwand Jean Paul allerdings nie aus dem Gedächtnis. Es müssen schon einige passionierte Leser vorhanden gewesen sein, damit der Pariser Verleger des ›Titan‹ 1878 eine Neuauflage des Romans in der Übersetzung von Philarète Chasles riskierte. Durch André Gides ›Tagebuch‹ (Eintragung aus dem Jahr 1894) wissen wir, daß Henri de Régnier, einer der führenden Symbolisten, den Stefan George bewunderte, zu diesem Leserkreis gehört hat. Auch Elémir Bourges, dessen düstergroßartiger Roman ›Le Crépuscule des Dieux‹ (1884) in seiner Schilderung eines deutschen Duodezfürstentums vielfach an den ›Titan‹ erinnert. Durch Elémir Bourges ist noch der Vater des Surrealismus, Guillaume Apollinaire, verschiedentlich auf Jean Pauls ›Aesthetik‹ als auf ein grundlegendes Werk hingewiesen worden – ohne im übrigen den Rat befolgt zu haben. Gobineau, ein Leser der ersten Ausgabe des ›Titan‹, lehnt sich in seiner Darstellung des Lago Maggiore an die italienischen

Landschaftsszenen des unerschöpflichen Werkes an (›Les Pléiades‹). Und Victor Hugo notiert im April 1875: »Den ›Titan‹ gelesen.«

Das Jahr 1886 lenkt unsern Blick auf einen bisher nur nebenbei erwähnten Kreis: die Fachwissenschaft der Germanistik. Die zwei oder drei frühen Jean-Paul-Studien von Philarète Chasles zählen nicht voll dazu. Sie bleiben an der Oberfläche. Das gleiche gilt von Aufsätzen anderer Autoren, die zum Teil in der ›Revue germanique‹ (1858–65) erschienen waren. Die wissenschaftliche Forschung beginnt erst mit Firmerys Monographie: ›Etude sur la vie et l'œuvre de Jean Paul Friedrich Richter‹.

Das 400seitige Werk, mit dem Joseph Firmery 1886 den Doktortitel der Sorbonne erwarb und seine Laufbahn als Literaturprofessor in Rennes antrat, besitzt Sachlichkeit und Wärme. Im biographischen Teil ist es längst überholt. Der geistesgeschichtliche Hintergrund wird nur schwach umrissen. Unbestritten bleibt die psychologische Einfühlungsgabe des Verfassers, und wertvolle Dienste leisten gerade für Jean Paul die sauberen Werkanalysen. Die ungewöhnlich lange, 40 Seiten umfassende Besprechung, die Paul Stapfer in der ›Revue des Deux-Mondes‹ dem Werk zugut kommen ließ, vervollständigt das Bild, das man sich gegen Jahrhundertende von Jean Paul machte. Der Ruhm des Dichters schien neu aufzuleben. Er blieb auf Fachkreise beschränkt. Neben die schon erwähnte gediegene ›Anthologie‹ von E. Rousse trat – ebenfalls 1886 – eine Teilübersetzung der ›Levana‹ durch Madame Jules Favre-Velten. Das Interesse der Pädagogen regte sich wieder. Einer der führenden Männer auf diesem Gebiet, F. Buisson, hat noch 1911 in sein großes ›Dictionnaire pédagogique‹ einen Beitrag über Jean Paul einrücken lassen. Er stammt von A. Bossert, der wie A. Chuquet, H. Lichtenberger u. a. in Fachblättern über Neuerscheinungen auf dem Felde der Jean-Paul-Forschung berichtete. Die Auslese war spärlich genug. Auf lange hinaus ragten die französische Monographie von Firmery, 1886, und die deutsche von Paul Nerrlich, 1889, einsam empor.[18]

Freilich sind Jean-Paul-Texte auch während dieser Interimszeit periodisch an den französischen Universitäten vorgenommen worden. Die straffe Zentralisierung der ›agrégation‹, einer Art ›Staatsexamen‹, bringt es von selbst mit sich, daß Vorlesungen über den Dichter pflichtmäßig angesetzt werden, sobald er auf dem ›Nationalprogramm‹ steht, was alle 8-10 Jahre vorkommen dürfte.

Unter die Germanisten, die 1903-07 die Sorbonne besuchten, gehört ein Autor, dessen Name mehr als jeder andere mit dem Jean Pauls verknüpft wird: Jean Giraudoux. Daß er ihn gekannt und im Originaltext gelesen hat, steht fest. Wie weit seine Kenntnis ging, bleibt unklar. Bis jetzt liegen so gut wie keine Briefe, Tagebücher oder andere Selbstzeugnisse von Giraudoux vor – eine Diskretion, die den Dichter ehrt, den Fachmann bekümmert. Ein hervorragender Germanist ist Giraudoux jedenfalls nicht gewesen. Sein Mißerfolg im Staatsexamen hat ihn mit dazu bestimmt, die diplomatische Laufbahn einzuschlagen. Den Kontakt mit seinen einstigen Lehrern, darunter Charles Andler an der Sorbonne, erhielt er aber aufrecht.

Besser als von ›Einfluß‹ spricht man von einer ›Geistesverwandtschaft‹. Keiner der beiden Dichter hat es sich je versagen können, aus seinem enormen und präzis arbeitenden Gedächtnis die entlegensten Daten und Fakten zu Metaphern zusammenzutreiben, die teils durch Tiefe und Leuchtkraft fesseln oder bestechen, teils aber befremden, ermüden, ohne Anmerkungen unverständlich bleiben und der Dichtung Hand- und Fußschellen anlegen.

Kann man sich vorstellen, daß Jean Paul zugkräftige Theaterstücke wie Giraudoux geschrieben hätte, die bei aller schweifenden Phantasie doch bühnensicher gebaut sind? Damit ist der Unterschied gezeigt. Giraudoux wirkt dünner, rationeller, straffer; sein Schritt ist federnd; er erstickt nicht im eigenen Fett. Es fehlt ihm dafür das urtümlich Wuchernde, das zuletzt doch wohl mehr Segen als Fluch war und dem Bilde Jean Pauls die gewaltigen Dimensionen gibt. An Giraudoux wird man immer wieder den glitzernden Mechanismus studieren, bei Jean Paul aus vollen Eimern schöpfen.

Spielen wir nicht voreilig deutsche Tiefe gegen französische

Vernunft aus! Gerade der französische Roman weist im 20. Jahrhundert einen Schriftsteller von Weltformat auf, dessen Werk an tropischem Ausmaß und zeugungskräftiger Brutschwüle den Vergleich mit Jean Paul herausfordert: Marcel Proust. Ein Kritiker vom Rang Léon Daudets hat darauf aufmerksam gemacht. Aber Proust selbst scheint den Dichter nie gelesen zu haben, wie es zur Zeit Balzacs wohl der Fall gewesen wäre. Nur im Geist können wir Zitate aus de la Granges Jean-Paul-Anthologie als Modulationen in das riesige französische Romanwerk hineinklingen lassen.

Eine neue Jean-Paul-Blüte bricht erst in den 20er Jahren an – in Deutschland wie in Frankreich. Die Zeit war für den Dichter wieder empfänglich geworden. Vorhänge wurden zurückgezogen, und Aspekte seines Denkens traten zutage, an denen eine stabile, gesättigte Gesellschaft achtlos vorbeigegangen war. Nun war alles wieder im Fluß wie zu seiner Zeit: alle Werte erschüttert; der Boden voller Sprünge und Klüfte; Hunger und Tod die Meister. Die Doppelseitigkeit seines Erlebens enthüllte ihre Tiefe und ihre Wahrheit: die stets tödliche Gefahr der Umklammerung, Erstarrung, Vernichtung und die Möglichkeit eines allerletzten Impetus. Wenige in der Weltliteratur haben wie er dies Hell und dies Dunkel mit solch bohrendem Tiefsinn und solch glanzüberrieselten Aufschwüngen gekannt und gestaltet. In jenen Jahren, wo sich in Deutschland nach dreißigjährigem Schweigen die Bücher über Jean Paul plötzlich häuften und E. Berend nach mustergültigen Vorarbeiten an die große kritische Ausgabe herantrat, vollzog sich auch in Frankreich ein neuer Vorstoß. Die Bewegung wurde nicht von Germanisten, sondern von Schriftstellern ausgelöst, die sich – wie einst die deutschen Frühromantiker – auf dem Grenzgebiet zwischen Dichtung und kritischer Literaturbetrachtung bewegten. Edmond Jaloux und Jean Cassou sind in erster Linie zu nennen.
Edmond Jaloux (1878-1949), der kosmopolitische Literaturkenner aus Aix-Marseille, in dessen grazilen Romanen der Schimmer und die Zypressen der Provence eingefangen sind, allerdings gedämpft und getönt, nicht für die Ewigkeit eingerif-

felt wie bei seinem Landsmann Cézanne, wirkte auch als Kritiker behutsam vermittelnd. Die vielen kenntnisreichen Studien dieses Mitglieds der ›Académie française‹ waren von vornherein für einen größeren Leserkreis bestimmt: Feuilletonismus im besten Sinne.

Beziehungen zur surrealistischen Literatur hat der Dichter und Kritiker Jean Cassou vermittelt, der heute das ›Musée d'art moderne‹ in Paris leitet und zugleich einer der profunden Kenner spanischen Wesens und spanischer Literatur ist (er selbst, 1897 geboren, hat baskische und spanisch-mexikanische Vorfahren). Der Grandezza und barocken Überfülle Jean Pauls ebenso zugänglich wie seinen Abstürzen in Zweifel, Grauen und eiskaltes Nichts, preist er letztlich doch am Dichter die humane Seite, die Tugenden des Mitleids und der Liebe: durch sie rückt Jean Paul von einem Balthasar Gracian ab, erweist sich »als Bruder Rousseaus und Beethovens«.[19]

Wie stark das Bild des deutschen Dichters bis heute in Frankreich nachwirkt, zeigen ganz unerwartet Werke so gegensätzlicher Dichter wie Daniel-Rops, Mitglied der Akademie, mit seinen ›Contes de Cristal‹, 1966, und der Avantgardist Pieyre de Mandiargues mit ›La motocyclette‹, 1965. Wichtiger noch der letzte Roman von Louis Aragon ›La mise à mort‹, 1964, wo in echt jean-paulischem Vexierspiel ein Pariser Klavierabend Sviatoslav Richters, des russischen Pianisten, heraufbeschworen wird, in dessen Verlauf die Jean-Paul-Gestalten aus Schumanns ›Papillons‹ und ›Carneval‹ sich unentwirrbar mit dem Bild Jean Paul Richters aus Bayreuth selbst vermischen, bis zuletzt hinter allem Erdentreiben in erschreckender Größe der Weltenrichter auftaucht – ein letzter Nachhall jener Rede des toten Christus, die Madame de Staël vor 150 Jahren Frankreich vermittelt hatte.

Der Vermittler zwischen Jean Paul und den Dichtern des 20. Jahrhunderts ist ein junger Welschschweizer gewesen: Albert Béguin (1901–1957). Er selbst erzählt, wie er als Buchhändlergehilfe in Paris um 1925 einmal einen Band hervorzog, auf dem der Name Jean Paul prangte – jener geheimnisvoll unwahrscheinliche Name, der durch ein Zitat bei Balzac in seinem

Gedächtnis haften geblieben war. Sein Erstaunen wuchs, als er in dem verstaubten deutschen Buch die Themen der jüngsten französischen Dichtung voll angeschlagen fand: Traum und Spiel, Wahn und Chaos, Tausch, Hoffnung, Sehnsucht.[20]
Die weitausholende, zweibändige Studie ›L'âme romantique et le rêve‹, mit der Béguin 1937 in Genf promovierte, ist aus diesem Keim hervorgegangen. Ähnlich wie das dichterisch beseelte Romantik-Buch der Ricarda Huch (nur mit einer viel intensiveren Betonung des mystischen Elements, die den Übertritt des Verfassers zum Katholizismus vorausahnen läßt) hat das Werk von Béguin gerade auch in Schriftstellerkreisen gewirkt und für zwei oder mehr Generationen *das* Bild der deutschen Romantik gestaltet. Jean Paul nimmt eine breite Stelle darin ein. Auch als Übersetzer hat Béguin eine neue Ära eingeleitet. Hundert Jahre nach dem so flüchtig-flott übersetzten ›Titan‹ des Ph. Chasles war endlich ein zweiter Roman zugänglich: ›Hesperus‹ (2 Bde, 1930). Streichungen sind mit Umsicht vorgenommen und im Anhang gekennzeichnet. Die Übertragung ist so textnahe als möglich, in der Melodie und Satzführung nicht unbeeinflußt von Proust, von Giraudoux: eine reizvolle organische Angleichung. Der ›Jubelsenior‹ (›Le Jubilé‹, 1930) und eine Auswahl von Jean Paulschen Visionen (›Choix de rêves‹, 1931) bildeten den Abschluß der Bemühungen Béguins. 1937 auf den Basler Lehrstuhl für französische Literatur berufen, hatte er sich vorwiegend Dichtern wie Balzac und Nerval, Péguy, Bloy, Bernanos zugewandt und seit der Rückkehr nach Paris, 1946, bis zu seinem frühen Tod 1957 einen ebenso mutigen wie aufreibenden kulturkritischen Kampf im Rahmen der Zeitschrift ›Esprit‹ unternommen. War dieses Wirken für menschenwürdigere Zustände aber nicht auch im Sinne Jean Pauls und seines Meisters Rousseau?
In die dreißiger Jahre fallen so gut wie alle neueren Jean-Paul-Übersetzungen. Die Konstanz des Geschmacks ist unverkennbar. Wie 1830 ziehen auch 1930 die Träume und Idyllen die Übersetzer an. Größere Werke machen die Verleger kopfscheu. Die 2750 Exemplare des ›Hesperus‹ von Béguins waren mit Mühe abgesetzt und bald verschleudert worden.

Zum 100. Todestag des Dichters hatten A. Hella und O. Bournac den ›Fixlein‹ (1925) vorgelegt, den schon E. Rousse 1885 übertragen hatte und der abermals 1943 von P. Velut übersetzt wurde. Kleinere Aufsätze des Dichters gaben Hella und Bournac unter dem Titel ›Sermons de Carême‹ 1932 heraus. Auch ›Wuz‹ erwies seine alte Anziehungskraft. Dreimal war er in Zeitschriften erschienen: 1832 in der ›Revue germanique‹, als Nachdruck im gleichen Jahr in der belgischen ›Revue universelle‹; 1837 im ›Magasin pittoresque‹. In Buchform 1895 durch M. Dreyfus (Le Havre), 1930 durch Geneviève Bianquis, diesmal zusammen mit dem ›Fälbel‹. Die Übersetzung der Germanistin von Dijon ist ausgezeichnet, und die Vorrede bildet eine ebenso bündige wie nuancierte Einführung in das Schaffen des Dichters.

Eine Neuauflage wurde 1954 nötig: der Dichter stand wieder einmal als Examensautor auf dem Programm der ›agrégation‹. Mit jean-paulschem Geist wäre eine teils satirische, teils gerührte Betrachtung darüber anzustellen, wie in jenem Winter 1954/55 etwa 16 Universitätsprofessoren und 20- oder 30mal soviel Studenten sich durch das Urwalddickicht dieser Prosa zu ihren Lichtungen durcharbeiten mußten. Aber der Geist weht, wo er will, selbst in Hörsälen.

Den ersten Niederschlag meiner Vorlesungen über Jean Paul bildet die kleine Studie ›Jean Paul et le problème de l'existence‹, die von der Schweizer Zeitschrift ›Deucalion‹ (Lausanne, Nov. 1955) veröffentlicht wurde. Ein paar Richtlinien der künftigen Jean-Paul-Forschung in Frankreich sind darin vorgezeichnet. Zunächst einmal die Notwendigkeit, die Methoden der Tiefenpsychologie zur systematischen Ergründung des Jean Paulschen ›Narzißmus‹ heranzuziehen. Grundgedanken der Psychoanalyse wie der Charakterologie treten bei ihm als Adern offen zutage. Eine positive Auseinandersetzung ist längst fällig geworden. Der ›bizarre‹ Jean Paul, der die Franzosen von jeher als eine Art E. T. A. Hoffmann-Figur von breiterem, derberem, erdhaftem Format fasziniert hat, trägt auch als Schriftsteller das Stigma eines von Natur aus gefährdeten, durch die Umwelt zum

Teil unheilbar verkrüppelten Temperaments. Bis in die Wendungen seines Stils und den Zwangsmechanismus seiner Metaphern hinein tritt die Verwandtschaft mit psychopathischen Typen und ihren gesetzmäßigen Reaktionen zutage. Der Vater, selbst ein schwerer Hypochonder, hat dem Knaben von ganz früh an die eigene Neurose übertragen, ja eingedrillt, eingebleut. Aber diese Neurose hat keineswegs nur private, konstitutionsmäßige Gründe, sondern war zu einem guten Teil Resultat der sozialen Lage, in welche dieser Hungerpastor hineingeboren wurde. Indem Armut seine Gaben verschüttete und Zwang ihn zum harten Erzieher erstarren ließ, ward auch die Kindheit des Sohnes für immer verschattet.

Es ist einseitig, den nihilistischen Zug bei Jean Paul nur als eine Art Infizierung durch den immer stärker um sich greifenden Atheismus des 18. Jahrhunderts deuten zu wollen, dessen weitere Manifestationen die Französische Revolution so gut wie die Hegelsche Philosophie, Nietzsche und Marx, das bolschewistische Rußland und die amerikanische Technokratie seien. In neuer Form wird so der alte Kampf gegen die Aufklärung weitergeführt: aus dem ›siècle des lumières‹ ist ein ›siècle des ténèbres‹ geworden – eine sehr problematische Auffassung. Bei Jean Paul sowohl wie bei Moritz und den meisten ihrer Zeitgenossen läßt sich eindeutig nachweisen, daß die Vernunft wie eine Fackel in das Düster der religiösen Zwangserziehung – sei es orthodoxer oder pietistischer Art – hineingeleuchtet und Kräfte frei gemacht hat, die ohne die vielberufene ›Säkularisierung‹ zugrunde gegangen wären. Den Schattenseiten der Aufklärung hat sich Jean Paul nicht verschlossen, aber nicht weniger eindringlich hat er vor den Schattenseiten der Mystik gewarnt, gerade auch am Ende seines Lebens. Als Neugeburt hatte der junge, enttäuschte und verstörte Schwärmer die Berührung mit Rousseau empfunden. Johann Paul Friedrich Richter verschwand hinter Jean Paul (ein Vexierspiel, über das bis heute alle Indexbenützer stöhnen: nie weiß man, wird er als Richter, Jean oder Paul geführt; er entgleitet wie die Personen seiner Romane).

Die deutsche Germanistik hat seit langem kein Organ mehr für die Wirkung, die Rousseau nicht nur als Naturenthusiast, sondern als Verkünder der bürgerlichen und menschlichen Freiheit ausgeübt hat. In diesem Punkt wird die französische Forschung manches zu berichten haben.

Unter dem Titel: »Subjektivität und Dämonie im ›Titan‹ und im ›Doktor Faustus‹« hat Stéphane Mosès 1954 als Manuskript eine Arbeit an der Sorbonne vorgelegt, die den Rang einer deutschen Doktordissertation besitzt. Als Habilitationsschriften von je rund 400 Seiten sind die angekündigten Arbeiten zweier anderer junger Forscher konzipiert: ›La jeunesse de Jean Paul‹ von Pierre Jalabert (Universität Aix) und ›Les romans de la maturité de Jean Paul‹ von Claude Girault (Universität Caen). Die erste Arbeit reißt vorwiegend geistesgeschichtliche Perspektiven auf; die zweite gibt sich stärker mit stil- und formgeschichtlichen Problemen ab.[21]

Auf eine dritte Arbeit braucht nicht erneut hingewiesen zu werden, denn sie ist im Verlauf der Untersuchungen immer wieder herangezogen worden: ›L'image de Jean Paul dans les lettres françaises‹ von Claude Pichois, dem derzeitigen Professor für französische Literatur in Basel.

Teilweise unter meiner Leitung entstanden, vor allem aber in stetem Kontakt mit Eduard Berend, dem bewundernswert informierten, besten Kenner Jean Pauls, stützt sich die Studie zugleich auf eine stupende Kenntnis der französischen Literatur seit 1800 bis in ihre feinsten Verästelungen. Eine besondere Erwähnung verdient der Verleger des Buches, José Corti, der nicht nur zahlreiche Surrealisten ediert hat, sondern 1937 auch die fundamentale Studie von Albert Béguin über ›L'âme romantique et le rêve‹ – ein Buch, aus dem die Surrealisten ihre Hauptkenntnisse der deutschen Romantik bezogen haben. Zu den Autoren von José Corti gehört schließlich ein anderer Bewunderer Jean Pauls: Gaston Bachelard. Immer wieder zitiert er ihn in seinen Schriften über Ästhetik, die unter souveräner Verwendung psychoanalytischer Gedankengänge und in kongenialer Erfassung des Schaffensprozesses das Wirken der vier Grundelemente Feuer, Wasser, Luft, Erde in den dichterischen Werken sichtbar macht. Der französische Ästhetiker holt seine

Beispiele bei Jean Paul, um das Gewiegt- und Geschaukeltwerden dichterisch zu belegen: »Er war oft im Mai auf einen säulendicken Apfelbaum, der ein ganzes hängendes grünes Kabinett erhob, bei heftigem Wind gestiegen und hatte sich in die Arme seines Gezweigs gelegt. Dann zog seine Phantasie den Baum riesenhaft empor, er wuchs allein im Universum, und Albano ruhte in seinem unendlichen Gipfel, und ein Sturm bog den Gipfel aus dem Tag in die Nacht und aus der Nacht in den Tag.«[22]

Im Anschluß an die Studie von C. Pichois hat Corti die ›Unsichtbare Loge‹ in der Übersetzung von Geneviève Bianquis, 1965, herausgebracht. Gleichzeitig erschien bei Aubier ›Siebenkäs‹ in der Übersetzung von Pierre Jalabert, während die Taschenbuchreihe für 1967 das ›Leben Fibels‹ in der Übersetzung von Claude Pichois und Robert Kopp vorlegte.

Eine wahre Jean-Paul-Offensive. Auf welches Publikum kann sie zählen? Neben Studenten, und Lehrern eine Handvoll Dichter und die happy fews, die Stendhal für sich wünschte. In Deutschland sieht es kaum viel anders aus. Symptomatisch, daß Bayern den Antrag der Jean-Paul-Gesellschaft, den Dichter zu seinem 200sten Geburtstag durch die Einweihung einer Büste in der ›Walhalla‹ zu ehren, mit der Begründung zurückstellte, die Reihe sei vorerst an Pettenkofer. Der verdienstvolle Hygieniker schien weniger suspekt als der Verfasser der ›Rede des toten Christus‹.[23]

Ernst Jünger erzählt einmal, wie er in einem Militärlazarett zufällig an Sternes ›Tristram Shandy‹ geraten sei und seither dem geheimen Orden der über die Welt zerstreuten Tristram-Shandy-Leser angehöre. Der Orden der Jean-Paul-Leser, -Genießer und -Bewunderer ist noch geheimer und geschlossener. Aber auch er besteht und wird immer bestehen. Eine eigentümlich erregende Kraft geht vom Dichter aus, seinen Visionen, seinem Tonfall.

Gewiß wird Jean Paul nie die weltbeherrschende normative Klassizität eines Johann Sebastian Bach besitzen, der im vollen Sinn des Wortes ein Erbe gewesen ist, aufgewachsen in der hundertjährigen Tradition einer Musikerfamilie, seit der Jugend vertraut mit der Überlieferung der nordischen Orgelmeister so gut wie mit den neuesten Errungenschaften des italienischen, französischen, englischen Musikstils. Ihm gegenüber mußte der Dichter sich wie ein Maulwurf aus Dunkel und Gruft zum Licht emporarbeiten; er war und blieb der Autodidakt, der Einzelgänger, der Verwaiste und Unterdrückte, der skurrile Außenseiter. Daß er trotzdem bis nach Frankreich gewirkt hat und die Gestalt des entlaufenen, unglücklichen und seligen Schulmeisterleins immer noch produktive Geister fasziniert und ihnen ein bestimmtes Bild von Deutschland übermittelt, bleibt eines jener Wunder des Wortes, über die der Verfasser des ›Hesperus‹ und des ›Titan‹ mehr als eine grandiose Hymne geschrieben hat. Man schlage bei ihm nach. Der Funke springt wie je.

---

1 Veränderte und erweiterte Fassung meines Beitrags zur *Festschrift für Ed. Berend*, 1959.

2 Claude Pichois: *L'image de Jean Paul Richter dans les lettres françaises*, 526 S., Paris, 1963; S. 17-63. – Für einzelne Titel cf. auch die ältere *Jean-Paul-Bibliographie* von Ed. Berend, 1925.

3 Über Guizot und Mme. de Staël, cf. Pichois, o. c. S. 62 u. 64 sq. – Robert Minder: *Quelques remarques sur Madame de Staël et la circulation des thèmes littéraires* (in der Zeitschrift: ›La nouvelle Clio‹, Bruxelles, 1960, Bd. X, 3, S. 99-117).

4 Die *Rede des toten Christus* im Roman *Siebenkäs*, Ausg. Werke, Verl. Reimer, 2. Ausg., 1856, VII, S. 266. – H. T. Patterson: *Petites Clefs de grands mystères – Victor Hugo, Jean-Paul Richter et Sébastien Mercier* (in: ›Revue de Littérature comparée‹, janvier-mars 1951, p. 85-100).

5 W. Rehm über Jean Pauls Traum in: *Jean Paul – Dostojewskij*, Kl. Vandenhoeck-Reihe Göttingen, 1962.

6 Über E. de la Grange, cf. Berend, o. c., No. 404, 413. Über Pölitz: No. 297. Vor allem, Pichois, o. c.

7 Pichois, o. c., p. 233.

8 ibid., p. 101-127. Über Ph. Chasles, cf. auch die Monographie von C. Pichois: *Ph. Chasles et la vie littéraire au temps du romantisme*, 2 Bde, Paris, 1965, eine Fundgrube von Hinweisen auf das Pariser Leben jener Epoche.

9 Der *Recueil d'analyses* war anonym erschienen.

10 Pichois, o. c., S. 198-203.

11 ibid., S. 165.

12 H. Blaze: *Ecrivains et poètes de l'Allemagne*, 1851, S. 237-251. Der ausgesprochen konservative Autor nimmt hier schon alle Argumente vorweg, die den ›gefühlsechten‹ Mörike gegen den ›frivolen‹ Heine ausspielen.

13 G. Büchner: Pichois, S. 309-348.
14 Pailleron und Scribe: ibid., S. 100 und 63.
15 Ibid., S. 290.
16 Über Mallarmé und Hegel einige Hinweise in: *L'univers poétique de Mallarmé* von J. P. Richard, Paris, 1963. – Ein paar weitere Angaben über Mallarmé und Wagner bei: L. Guichard: *La musique et les lettres françaises au temps du wagnérisme*, 1963. – M. Beaufils: *Musique du son, musique du verbe*, 1954.
17 Über die Begegnung berichtet der anonyme Verfasser von *Souvenirs d'artiste* in *L'Entr'acte* vom 3. 1. 1839, Paris. Cf. dazu Pichois, o. c., S. 240.
18 Firmery, zit. bei E. Berend: *Jean-Paul-Bibliographie*, 1925, No. 655. – Anthologie v. Rousse, ibid., No. 433; Favre, No. 434; Buisson, No. 731.
19 J. Cassou: *Pour la poésie*, 1935, S. 102-109. – E. Jaloux: *Du rêve à la réalité*, 1932, S. 103-142. – *D'Eschyle à Giraudoux*, 1946. – *Essences*, 1952. – Weitere Einflüsse Jean Pauls: auf Jean Mistler (*Châteaux en Bavière*); auf rancis de Miomandre, auf Alexandre Arnoux, Apollinaire, Breton etc.: cf. Pichois. Als Nachtrag zu erwähnen der Essay über Jean Paul von Marcel Brion (in: *L'Allemagne romantique*, 1963, Bd. II, p. 199-304). – Ferner der Roman von Louis Aragon: *La mise à mort*, Paris, 1965. – André Pieyre de Mandiargues: *Das Motorrad*, dt. Übersetzung 1965. – Daniel-Rops: *Contes pour le cristal*, Paris, 1966.
20 Cf. dazu den Sammelband: *Hommage à A. Béguin*, Paris, 1958.
21 Weitere Arbeiten aufgezählt bei R. Minder: *Französische Jean-Paul-Forschung* (in: *Hesperus, Jean-Paul-Blätter*, No. XII, 1956).
22 Cf. besonders G. Bachelard: *L'air et les songes*, 1943, und *La Terre et les rêveries*, 2 Bde., 1948. Zitat aus *Titan*, I, 4.
23 Einzelheiten in: *Streiflichter zur Walhalla-Frage* (*Hesperus, Blätter der Jean-Paul-Gesellschaft*, No. 24, 1962).
24 Ernst Jünger: Das abenteuerliche Herz, 2. Fassung, 1938 (jetzt in: Werke, VII, S. 188/189).

Johann Peter Hebel
und die französische Heimatliteratur

Eine Rede

Ein Gefühl des Dankes, der Freude und der doppelten Vertrautheit empfinde ich bei der Verleihung des Hebelpreises. Einmal wegen Hebels selber. Seit der Kindheit bin ich immer wieder durch die Stuben und Kammern seines Werkes gegangen, habe von ihnen auf die Welt geblickt und die Welt ist mir heller, das Leben in seinem verborgenen Tiefsinn offenbarer geworden. Das Herz hatte höher geschlagen bei der Geschichte vom Schultheißen im elsässischen Wasselnheim: Großvater und Urgroßvater waren ja dort Bürgermeister gewesen – sollte Hebel einen von ihnen gekannt und gemeint haben? Der Chronologie ließ sich trotz aller Bemühungen nichts abzwingen; eine besondere Art von Beziehung, ja Vertraulichkeit blieb aber bestehen.[1]

Vertraut fühle ich mich anderseits, weil unter den früheren Preisträgern mein Lehrer Albert Schweitzer ist, durch den mir unmittelbar Zugang zu einer ausgesprochenen Hebelschen Natur, Lebensweise, Weltanschauung gegeben war, als ich im Herbst 1919 die altmodische Klingel an seiner damaligen Wohnung in Straßburg zog, als Musikschüler angenommen wurde und seither immer wieder Wochen und Monate mit ihm verbrachte. Albert Schweitzer war nach dem ersten Weltkrieg im Elsaß unbeachtet und vergessen »wie ein Groschen, der unter die Kommode gerollt ist«. So steht's in seinen Lebenserinnerungen: es könnte ebensogut in einer Erzählung des Hausfreundes stehen, und wie für den ›treuen Hebel‹ ist Treue zu den Freunden immer ein oberstes Gebot für ihn gewesen. Still brannten ein paar Kerzen in der nächtigen Kirche von St. Nicolaus, wenn er dort zum letztenmal Orgel für ausgewiesene deutsche Freunde spielte. An anderen Tagen wurde vom tätigen Menschenfreund das Rad bestiegen, ein paar Lebensmittel über die Grenze gebracht und mit ebensoviel Geduld wie

schlagfertigem Mutterwitz die Zollplackerei mit in Kauf genommen. Wie ein »Merk' es« aus dem Schatzkästlein klingt, was Schweitzer bei der Zeppelinweltfahrt von 1929 nachdenklich sagte: »Jetzt kann man zwar im Luftschiff um die ganze Welt fahren, aber eines kann man nicht mehr: ungefragt über die Brücke von Straßburg nach Kehl gehen.« Daß die bündige Formel immer noch ihre Geltung hat, wurde mir eindringlich im vorjährigen Sommer demonstriert, als man von der Terrasse eines kleinen Hauses in Südfrankreich zwischen Oliven und Zypressen am Sternenhimmel eine Minute lang zwei Lichter blinken sah wie den fernen Schein von zwei Autobussen, wenn sie in der Nacht eine Schwarzwaldkehre hinauffahren: es waren aber zwei russische Astronauten, die da oben reisten, unten jedoch steckt Europa immer noch in den Kinderschuhen, man muß schon dankbar sein, wenn ein Freundschaftskomitee Nizza-Stuttgart unter dem Vorsitz des schwäbischen Kultusministers Gerhard Storz sich gebildet hat oder wenn wie heute Nachbarn am Rhein sich begegnen. Ungefragt darf aber immer noch keiner über die Brücke bei Kehl oder Breisach.
Gemeinsam ist Hebel und Schweitzer die Redlichkeit des Denkens, die Sorge um den anderen und der Respekt vor dem anderen, das moralische Augenmaß, der Herzenstakt. Mit Sprache hat das primär nichts zu tun – es ist eine Verhaltensweise, man kann es auch Ethik nennen oder ganz einfach: Gewissen. Die Römer hatten einen Ausdruck dafür: ›aequitas‹, zu deutsch ›Redlichkeit‹ – aber aequitas ruht doch wohl majestätischer auf den Quadern seiner drei Vokale, klassisch gedrungen und gut proportioniert wie die Bauten, mit denen Hebels Freund Weinbrenner um 1820 Karlsruhe geschmückt hat. Unser Blick gleitet damit wie von selbst die uralte Straße hinunter, die nach dem Süden führt und die oberrheinische Tiefebene mit der lombardischen verbindet und darüber hinaus mit Rom. Adolf von Grolman, ein profunder Kenner der Weltliteratur, hat das in seinem Buch ›Wort und Wesen am Oberrhein‹ ebenso genau herausgearbeitet wie er in einer seiner ›Karlsruher Novellen‹ unvergleichlich zart Hebel und Jung-Stilling kurz vor dem Tod ein Gespräch über die letzten Dinge führen läßt.[2]

Hebel selbst ist erfüllt gewesen von antikem Wissen. Seine Sprache ist deutsch, die engere Heimat spiegelt sich in seinen Geschichten und ihr Dialekt ertönt in seinen Gedichten – aber so ist es doch nicht gewesen, daß nur die Vöglein im Wald sie ihm zugezwitschert hätten oder die Sonne auf einer Schwarzwaldwiese sie ihm ins Herz geschienen. Lehrmeister sind auch für ihn die Alten gewesen, wie für Hölderlin und Mörike. Strenge, geliebte, heiß bewunderte Vorbilder wie Theokrit und Catull, Horaz, Vergil und Homer haben seinen Formsinn entwickelt und verfeinert und ihn gelehrt, jede Silbe auf die Goldwaage eines hohen Kunstverstandes zu legen, bis das rechte Gewicht gefunden war.

Wer Dichtung in europäischem Zusammenhang zu sehen gewohnt ist, den überrascht gerade bei diesem Entstehungsvorgang die Ähnlichkeit mit französischen Dichtern. Gewiß ist die Sprache eines Lafontaine viel urbaner, seine Haltung weltmännischer – das entspricht der französischen Kultur- und Sprachentwicklung schon unter Ludwig XIV. Wenn aber bis heute Lafontaines Fabeln das Entzücken aller Kinder und Kenner bilden, so liegt der tiefere Grund wohl darin, daß die strenge Klassik hier meisterhaft diskret aufgelockert ist und ungewohnt herzliche Töne erklingen, die aus dem Mund des Volkes erlauscht sind. Die Landschaft der Champagne lebt darin weiter mit ihren Äckern und Reben, ihren Hasen, Füchsen und Wieseln, ihren bedächtigen und gewitzten Bauern und Weingärtnern und den Anglern am Fluß unter den Weiden. Das läßt sich in jener Zeit des klassischen Versailles nur mit den Komödien von Molière und den Märchen von Charles Perrault vergleichen, der 120 Jahre vor den Brüdern Grimm den französischen Kindern Rotkäppchen und Aschenbrödel, den Däumling, Schneewittchen und den gestiefelten Kater erzählt hat und dessen Prosa so lauter, so redlich-einfach, so heiter und tief wie die des ›Schatzkästleins‹ von Hebel ist.

Es gibt aber noch viel direktere Bezüge Hebels zur französischen Literatur. Sie sollen hier zur Sprache kommen.

Ein Schweizer Germanist, Rudolf Zellweger, hat in seiner grundlegenden französischen Doktorarbeit ›Les débuts du roman rustique en Suisse, en Allemagne et en France‹ die Entwicklung der Dorfgeschichte verfolgt, zu deren Vätern Hebel zählt.³ Das Buch, im düsteren Winter 1940/41 in Paris erschienen, geleitete den Leser von damals in ein unwahrscheinlich stilles Gehäuse der Gelehrsamkeit. Die Ruhe wirkte anstekkend, die scheinbar weltfremde Betrachtung führte ins Zentrum der Welt: durchs Zusammenspiel der Kräfte hat sie seit jeher bestanden und wird sie weiterbestehen, die Fäden bleiben in der Tiefe geknüpft, die Menschheit ist solidarisch. Das Beispiel der Dorfgeschichte, in vorbildlich genauer Weise auf ihre Zusammenhänge und das gemeinsame Wachstum hin untersucht, wurde ein schlagendes Gegenargument gegen den barbarischen Blut- und Bodenwahn.

Gotthelf steht mit seinem ›Bauernspiegel‹, 1836, am Anfang der Schweizer Dorfgeschichte im 19. Jahrhundert. Wuchtiger und zugleich zelotischer als Pestalozzi und Hebel, diese Söhne der Aufklärung, wettert er nicht nur gegen feudale Bedrückung, sondern viel heftiger noch gegen den um sich greifenden bürgerlichen Liberalismus, wie vor ihm Justus Möser in einem anderen, uralten Bauernland: Westfalen, das seine klassische Gestaltung im ›Hofschulzen‹ Immermanns, 1838, und in Annette von Droste-Hülshoffs ›Judenbuche‹, 1842, findet.

Balzac hatte schon 1829 in ›Les Chouans‹ die Bretagne und ihre fanatischen Verfechter angestammter Bauernrechte in Erscheinung treten lassen. Brizeux schrieb zwischen 1831/36 das in zarten Farben gehaltene bretonische Bauernepos ›Marie‹, eine blassere Schwester von Lamartines ›Jocelyn‹, der im Alpengebiet von Grenoble spielt, und Mistrals ›Mireille‹, der die Provence zum Schauplatz hat. Unübersehbaren Einfluß haben bis heute die bretonischen Kindheits- und Jugenderinnerungen Chateaubriands behalten, deren Niederschrift 1809 begann. Was fünfzig Jahre früher Rousseaus Sprachkunst für Genfer See und Savoyer Alpen geleistet hatte, leistete der Schöpfer der neueren französischen Prosa für die Bretagne: durch ihn ist sie unverlierbares Bild im Kollektivbewußtsein geworden. Ernest Renan und Pierre Loti konnten später Nuancen hinzufügen. Die Grundzüge blieben unangetastet.

Mit ›Les Paysans‹, 1841, führt Balzac die Tradition von Restif de la Bretonnes ›Vie de mon père‹, 1778, und ›Monsieur Nicolas‹, 1793, weiter und nimmt zugleich Zolas ›La Terre‹, 1887, vorweg durch seine realistisch harte Schilderung besitzgieriger Burgunder Bauern. Aus Protest gegen die einseitige Schärfe ihres Freundes Balzac und seine mangelnde Kenntnis des Landlebens, wendet sich George Sand seit 1844 der liebevollen Schilderung ihrer Heimatprovinz Berry in Mittelfrankreich zu, wohin sie immer häufiger aus Paris zurückkehrte, um gegen 1850 ganz nach Nohant zu übersiedeln. Höhepunkt ihres dortigen Schaffens ist – neben den herberen ›Maîtres-Sonneurs‹ von 1853 – die Romantriologie ›La Mare au Diable‹, ›François le Champi‹, ›La petite Fadette‹, 1846/49.

Von Auerbach wußte sie damals, wie Zellweger nachweist, kaum etwas: ihre Lehrmeister hießen Rousseau, Bernardin de Saint-Pierre, Chateaubriand; dazu regionale Schriftsteller und Sagensammler. Hebels Werk hat sie erst seit 1853 gekannt und bewundert. Aber etwas von Hebelscher Innigkeit ruht auf ihren Gestalten des Findlings, des Bettelmädchens und des naiven aufrechten Bauernjungen, die seit über hundert Jahren dem französischen Kind so lieb und vertraut sind wie dem deutschen der Kannitverstan und andere Figuren aus dem ›Schatzkästlein‹. Auch die Sprache George Sands hat sich durch den ständigen Rückgriff auf die Volkssprache erneuert und Herzlichkeit an Stelle romantischer Exaltation und Rhetorik gesetzt, obwohl die Dichterin ihrer ganzen Anlage nach selbst in der Naivität sentimentalisch bleibt.

Die beiden Vorreden zur ›Petite Fadette‹ – November 1848 und Dezember 1851 – könnten von Hebel unterzeichnet sein. Erschüttert über Auswüchse und Mißlingen der Februarrevolution, deren Anhängerin sie bis zu den blutigen Junitagen gewesen war, will George Sand durch ihre rustikalen Romane den Blick des Lesers auf die Grundwerte der Redlichkeit, Treue, verständigen Menschenliebe und des Ausgleichs lenken, wie Hebel zur Zeit der Napoleonischen Kriege. Beide Male ist christliche Grundempfindung im Bund mit dem Humanitätsdenken des 18. Jahrhunderts am Werk und eint so unerwartet auf der Altersstufe den Junggesellen und badischen Staatsrat und die emanzipierte Verfasserin der ›Lélia‹ und ›Mauprat‹ die in Nohant den Weg zur verlorenen Kindheit gefunden hatte. Ihrem Werk fehlt die klassische Stetigkeit; in seiner widerspruchsvollen und zerklüfteten Vielfalt ist es darum nicht weniger echter Ausdruck einer einzigartigen Persönlichkeit. Nietzsches abfälliges Urteil hat George Sand bis heute in Deutschland geschadet. (Auch den gewaltigen Jean Paul, zu dem Hebel viel lieber als zu Goethe griff, hat der Philosoph mit Kirchenvaterrang mundtot gemacht. Einer Dutzendschriftstellerin wie Gyp – Comtesse de Martel – hingegen sprach er psychologische Tiefe zu. Jules Lemaître lächelte nachsichtig: »Er mußte eben mit dem vorliebnehmen, was in der Bahnhofsbibliothek von Sils Maria an französischen Büchern zu finden war.«[4]) Ein so genauer und tiefer Kenner der Literatur wie Alain zählt mit mehr Recht George Sands musikdurchtränkten ›Consuelo‹ zu den reifsten Leistungen des französischen Romans im 19. Jahrhundert.[5] Im Kristall der ›Fadette‹ ist unausgesprochen ihre Liebes- und Leiderfahrung mit dem genialen, kranken Chopin aufgehoben, wie im ›Bergwerk von Falun‹ Hebels scheue Liebe zu Gustave Fecht über Jahrzehnte hin. Der Kenner spürt die Zusammenhänge. Den Leser ergreift und entzückt die schwebende Mischung von dunkler Wehmut und Grazie. Victor Hugo hat aus der Fadette die Gestalt eines anderen Archetyps des Kindes in der französischen Literatur erwachsen lassen: die kleine Cosette aus den ›Misérables‹. Auch Victor Hugo wird sich noch als Bewunderer Hebels erweisen. Vorerst verdient der längst vergessene Verfasser einer der ersten deutschen ›Dorfgeschichten‹ Erwähnung: Alexander Weill, dessen ›Selmel‹ 1838, in seinem elsässischen Geburtsort Schirrhofen bei Sesenheim spielt.[6] Auerbachs ›Tolpatsch‹ folgte 1842.

Der junge, aufgeweckte Viehhüter Alexander Weill war in die Rabbinerschule nach Frankfurt gekommen, hatte sich dort vom orthodoxen Judentum ab- und Schopenhauer zugewandt, für den er dann als einer der ersten in Frankreich werben sollte. Seine Heimaterinnerungen waren ihm während einer schweren

Krankheit nachts auf dem Spitalbett zugeflossen. Kein Geringerer als Heine schrieb 1847 das – allerdings leicht ironische – Vorwort zur französischen Ausgabe der ›Histoires de village‹. Alexander Weill hatte sich inzwischen ganz in Paris niedergelassen, wo der untersetzte, schlagfertige, ewig betriebsame Mann mit Dichtern wie Balzac, Dumas, Nerval, Baudelaire familiär umsprang, kuriose Porträts von ihnen in seinen ›Erinnerungen‹ entwarf und zuletzt in den Salons von Paris und Brüssel aufgeblasene und windige esoterische Doktrinen verkündigte. Seine frühen ländlichen Erzählungen waren ganz ins Hintertreffen geraten, nicht aber sein Anspruch, der Schöpfer der Gattung zu sein. Er ist aber nur ein ganz kleiner Vorläufer, den die Literaturgeschichte auf dem Grund ihres Gewebes erblickt. Erst seine elsässischen Nachfolger Erckmann und Chatrian sollten zu Millionen von Lesern sprechen. Bevor sie auftraten, hatten die Dorfgeschichten von Weills deutschem Rivalen Berthold Auerbach nachhaltig in Frankreich gewirkt.
Eine erste Übersetzung davon erschien schon 1844. In reaktionären Kreisen galt der Schwarzwälder Liberale bald als Revolutionär. Dabei ist im Vergleich zu Hebels kosmopolitischem Denken Auerbachs Weltschau von vorneherein verengt. An die Stelle innerer Ausgewogenheit tritt zusehends sentimentalisches Schwärmen und nach den drei siegreichen Kriegen von 1864, 1866, 1870 verdrängt strammer Patriotismus den reinen Humanitätsgedanken. Dennoch zeigt seine Hebel-Gedenkrede, wie stark er anfangs vom Geist des Wiesentälers berührt war. Seine erste Dorfgeschichte schreibt auch er in Frankfurt unmittelbar nach dem Tod seines Vaters, mit dem er die Heimat zu verlieren schien. Frische Anschaulichkeit, innere Wahrheit haben diese ersten Erzählungen bis heute bewahrt. Das Schwarzwälder Volksleben ist durch sie der deutschen Literatur erschlossen worden, wie später durch Karl Emil Franzos, Joseph Roth und andere jüdische Schriftsteller die Dorfgemeinschaften des Ostens, die ein Chagall mit noch genialerem Mittel ins Blickfeld der europäischen Malerei gerückt hat, während zur gleichen Zeit weltberühmte Geiger die Träume und Nöte ihrer verachteten jüdischen Dorfkindheit in alle Herzen hineinmusi-

zierten und in Wien ein Freud, ein Alfred Adler die tiefe Menschenkenntnis ihrer Vorfahren in ein epochemachendes psychologisches System kleideten. Hebel, der in seinen Kalendergeschichten den jüdischen Handelsmann öfters mit gutmütigem Spott bedenkt, wäre der einzigartigen Größe und schauerlichen Tragik dieser Entwicklung nicht verschlossen geblieben.

›Hebel et Auerbach, scènes villageoises de la Forêt-Noire‹, hieß der Titel einer Übersetzung von Gedichten Hebels und Auerbachs die Max Buchon 1853 gleichzeitig in Paris und in Bern erscheinen ließ. Im selben Jahr brachte er separat ›Poésies complètes de J.-P. Hebel‹ mit einem Anhang eigener ›Scènes champêtres‹ heraus. 1846 schon hatte er Stücke aus den ›Alemannischen Gedichten‹ zusammen mit Gedichten von Körner, Uhland und Heine veröffentlicht. Wer ist dieser wichtigste Mittelsmann zwischen Hebel und Frankreich gewesen?[7]
1818 im Jurastädtchen Salins geboren, gehört Max Buchon zu der Generation, die unter dem Einfluß von Madame de Staëls enthusiastischem ›Deutschlandbuch‹ (1810) herangewachsen, eine Auffrischung der französischen Lyrik durch den Anschluß an die von Herder, dem jungen Goethe und der Romantik erneuerten Volkslieder und -balladen erstrebten. ›Ballades et chansons allemandes‹ von Sébastien Albin, 1841, eine der bekanntesten Anthologien jener Zeit, zählte zu seinen Lieblingswerken. Wenn Buchon zuletzt sein Ränzel schnürt wie die Handwerksburschen Schwinds oder Ludwig Richters und aus lauter Begeisterung für Hebel 1843 ins Wiesental pilgert, so spielt nicht nur die innere Verwandtschaft zwischen diesem Gebirgler aus dem welschen Jura und dem Schwarzwälder mit, sondern die Bekanntschaft mit dem badischen Tischler Scheibel, der in Salins seßhaft geworden war und dort dem jungen Buchon immer wieder Hebels Heimatgedichte rezitiert hatte. Uhrenverkäufer aus dem Schwarzwald machten damals regelmäßig ihre Frankreichtour; Kunsttischler und Drechsler waren schon früher in Paris sehr begehrt und bildeten eine kleine Kolonie im Faubourg Saint-Antoine, einem der Herde der Revolution von 1789. Die Rückwirkung auf die badische Demokra-

tie läßt sich bis in das 48er Jahr deutlich verfolgen. Enge Beziehungen blieben auch weiter bestehen, selbst als Hecker mit dem Fidel-Castro-Bart und seine Anhänger hatten flüchten müssen, der Kartätschenprinz der Schwiegervater des Großherzogs geworden war und die Ära Luise von Preußen die Ära Stéphanie de Beauharnais ablöste. Baden-Baden wurde unter Napoleon III. eine Art Vorort von Paris, ein Treffpunkt von Dichtern, Komponisten, Malern, die in romantischer Begeisterung den Rhein, den Schwarzwald und seine Bewohner entdeckten. Die neuen Zugverbindungen hatten hier im eigentlichen Sinn des Wortes bahnbrechend gewirkt. Erst der Krieg von 1870/71 schuf eine Entfremdung, obwohl das Hin und Her nie ganz aussetzt. So stammt Marcel Bouteron, der kürzlich verstorbene Generaldirektor der französischen Bibliotheken und führende Balzac-Kenner, von einem Schwarzwälder Uhrenhändler ab, der sich um 1860 in Frankreich niedergelassen hatte, wie ein halbes Jahrhundert zuvor ein direkter Vorfahre des Staatspräsidenten de Gaulle, der ehemalige badische Sergeant Kolb. Es war ein großes Zugeständnis an Deutschland, daß der General – anscheinend von der Woge der Begeisterung, die seine Reise jenseits des Rheins auslöste, selber mitgerissen – den bisher unbekannten deutschen Vorfahren aus der Versenkung hervorholte, in der er bei abflauender Stimmung wieder verschwunden ist.
1844 hatte Buchon schon 600 Verse Hebels übersetzt, die zum Teil in seiner Sammlung deutscher Gedichte von 1846 erschienen. Auf Hebel, Auerbach und andere Volksdichter als Schutzpatrone berief sich seine Kampfschrift aus demselben Jahr: ›Le réalisme‹ – ein Begriff, der damals in Paris ebensoviel Furore machte wie heute der ›nouveau roman‹ und auf seine Weise die Abwendung von allem romantisierenden und symbolisierenden Idealismus forderte.
Buchons bescheidenes Talent tritt hinter dem seiner Freunde und Mitstreiter zurück. ›Chiencaillou‹, 1847, des Nordfranzosen Champfleury und ›Le malheur d'Henriette Gérard‹ des Pariser Duranty gehören heute noch zu den solidesten Provinzromanen des vorigen Jahrhunderts, ohne freilich die stilistischen

Qualitäten Flauberts und der Goncourts zu besitzen, denen die ›Realisten‹ ihrerseits vorwarfen, als Bourgeois und Aristokraten mit sicheren Renten nur für die Elite zu schreiben, nicht fürs Volk, wie es einst Restif de la Bretonne getan und 1849 Henry Murger mit seinen unverwüstlichen ›Scènes de la vie de Bohème‹. Das Pariser Hauptquartier der Gruppe war das Bierhaus Andler in der rue d'Hautefeuille, wo das Bier in Humpen getrunken wurde, Schinken und geräucherte Würste von der Decke herunterhingen und statt Spiegeln und Sofas ostentativ Holzstühle und Holzbänke vor der holzvertäfelten Wand standen. Courbet, dessen Atelier in der gleichen Straße lag, fühlte sich hier wie zu Hause.

Courbet bleibt der große Repräsentant der Gruppe. Keiner der Dichter kommt an diesen Maler heran, dessen Pariser Ausstellung von 1855 ein revolutionäres Datum in der europäischen Kunstgeschichte bedeutet, die Begeisterung der Jugend und die scharf zupackende Kritik der Regierung, der Kirche, der Akademie auslöste. Der Prozeß gegen Baudelaires ›Blumen des Bösen‹ und Flauberts ›Madame Bovary‹ fallen in die gleiche Zeit (1857) und haben die gleichen ideologischen Motive. Napoleon, der unersättliche Frauenfreund, wollte diesen harten Realismus ebensowenig dulden wie dreißig Jahre später Wilhelm II. den ›zersetzenden Naturalismus‹ von Hauptmanns ›Webern‹. Man kann in der schönen Courbet-Biographie von Marie Luise Kaschnitz, Badens größter Dichterin, nachlesen, welch genialer und politisch radikaler Kopf der Schöpfer der ›Steinklopfer‹, der ›Kornsieberinnen‹, der ›Bauern von Flagey‹, des ›Bauernbegräbnisses in Ornans‹ gewesen ist. Seine Beteiligung am Aufstand der Kommune trug ihm die Verbannung auf Lebenszeit ein. Er ist 1877 bei Vevey am Genfer See gestorben, wo auch Lenin gelebt hat, bevor er über Zürich nach Rußland zurückkam.[8] Auch Buchon ist verschiedentlich ins Exil gegangen. Zusammen mit dem Jugendfreund Courbet hatte er das Priesterseminar in Ornans absolviert, ehe sie beide der Kirche den Rücken drehten und im Sinne ihrer Landsleute Victor Considérant (1808 in Salins, dem Heimatort Buchons, geboren) und Proudhon (1809, Besançon) sich dem Frühsozialismus zuwandten. Von Victor Considérant, dem Schüler Fouriers, stammt eine Formel, die das 20. Jahrhundert unter die Grundrechte des Menschen einschreiben sollte: ›Das Recht auf Arbeit‹. Proudhon, der Gegner von Fourier, Saint-Simon und Marx, hat seinerseits eine ausgesprochene anti-etatistische und in gewissem Sinn bodenständige Gesellschaftslehre geschaffen, die die Rechte des Individuums mit denen eines weitgehend dezentralisierten Staatswesens zu verbinden versucht.

Das Wort ›bodenständig‹ ist hier mit Absicht gebraucht. Heimatverbundenheit bildet geradezu das Kennzeichen jenes sehr aktiven Teils der Realistengruppe, die aus den Bergen und Wäldern der Franche-Comté stammt, und verleiht auch den Erzählungen von Buchon (›Le Val d'Héry‹, ›En province‹) eine gewisse Ursprünglichkeit. Genial gestaltet ist die Heimat in den Waldinterieurs von Courbet mit ihren Quellen im Moos, ihren horchenden Rehen, ihrer tiefen satten Ruhe – sie sind bis in Einzelheiten das Gegenstück zu Mörikes großartigen Waldliedern, wo die Wasser aus urbemoosten Zellen der Matten grünes Gold durchspielen.

Das Beispiel Courbets zusammen mit dem Millets, des Bauernmalers aus der Normandie, hat einem badischen Bauernjungen auf den rechten Weg verholfen, ihn von der Schablone der Düsseldorfer Historienmalerei befreit, ihn zu dem gemacht, was zu sein er bestimmt war: ein Maler des Schwarzwalds – Hans Thoma. Leibl, der andere Courbet-Bewunderer, bewies die größere Geschlossenheit, eine rheinländische pralle Sinnennähe. Unter dem Einfluß des Bayreuther Kreises ist der Schwarzwälder Grübler später nur allzuoft in eine deutschtümelnde Allegorie zurückverfallen, die Hebels Wesen völlig fremd ist. Wenn der gute Alte im Gobineaurausch seine Verwandtschaft zu Millet aus dessen normannisch-arischem Blut herleitet, so kann man die Blöße nur stillschweigend mit dem Mantel Noahs bedecken.[9]

Es wäre genauso abwegig, die Herkunft von Courbet, Proudhon, Buchon aus der Franche-Comté auf germanische Wurzeln zurückzuführen. Stärker muß in Betracht gezogen werden, daß die Franche-Comté, die unter der Revolution in die drei Dé-

partements Doubs, Haute-Saône, Jura aufgeteilt wurde, als Freigrafschaft Hochburgund eine eigene Physiognomie besessen und auch später mit Zähigkeit an den herangebildeten eigenen Traditionen festgehalten hat. Diese Traditionen reichen aber weit über die ehemalige politische Zusammengehörigkeit hinaus und haben ihren Halt in der Lebensart und Arbeitsweise von Gebirgsvölkern, die zum Teil seit alters miteinander kommunizierten. So hatten die Eltern von Buchon es ganz selbstverständlich gefunden, den Jungen für drei Jahre in die streng katholische Schule St. Michel im schweizerischen Gruyères (Greyerz) zu stecken, mit dem durch die Käsewirtschaft alte kommerzielle Bande nach dem französischen Jura und seiner hervorragenden Viehzucht bestanden.
Von der Literatur her erkennen wir einen ähnlichen Konnex im 19. Jahrhundert, auf den vor kurzem wieder Pierre Moreau hingewiesen hat.[10] Die Fäden laufen hin und her zwischen dem französischen Jura, dem Alpental von Gruyères in der welschen Schweiz, Gotthelfs Emmental an der Saane im Berner Oberland, den Vogesen, dem Schwarzwald, dem schwäbischen Jura. Reihentief gestaffelt sind hier ›Realisten‹ einer besonderen Art am Werk. Buchon hat die Kenntnis einiger unter ihnen an Frankreich vermittelt: Hebel und Auerbach gehören dazu so gut wie Gotthelf, Pestalozzi, der Wahlschweizer Zschokke, Gotthelf und Pierre Sciobéret, Buchons Jugendfreund, ein tüchtiger Schilderer des Volkslebens im Kanton Gruyères, dessen mittelalterliche Burg oben auf dem Stadthügel um 1850 von der Genfer Künstlerfamilie Baud-Bovy gekauft und zu einem Treffpunkt von Dichtern und Malern – darunter Courbet und Corot – gestaltet wurde. Die Namen vieler dieser Regionalschriftsteller sind längst vergessen. Und doch muß eine literarische Bewegung durch solch feinste Äderchen zirkulieren, ehe sie im Genie aufblüht, das zusammenrafft, was die anderen verzettelten.
Charles Toubin, Francis Wey, Xavier Marmier und Désiré Monnier gehören zu den Halbverschollenen des Franche-Comté. Wie lebendig sind dabei doch die Bücher des glühenden Autodidakten Désiré Monnier geblieben, der den keltischen Spuren

in seinem Land nachging, über den ›Kult der Felsen und Geister bei den Druiden‹, 1858, schrieb und vom Fabeltier der Gegend, der ›vouivre‹, der geflügelten Schlange mit einem Karfunkelstein auf dem Haupt, eine hinreißende Schilderung gab, während sein Freund Xavier Marmier (1809 in Pontarlier geboren) als großer Reisender dem Publikum rheinische Legenden mitteilte, Volksmärchen aus allen Gegenden sammelte, bis nach Nord- und Südamerika und Afrika vordrang, dann wieder dem hohen Norden – Schweden, Finnland, Island – sich zuwandte und zwischendurch gute, besinnliche Heimatromane schrieb: ›Maître Pierre et le savant du village‹, 1834, ›Hélène et Suzanne‹, 1860, ›Les mémoires d'un orphelin‹, 1864. Auch die schottischen Highlands hat er nicht aus dem Auge verloren, zu denen die Dichter der Franche-Comté nicht erst seit Walter Scott eine Art von Wahlverwandtschaft fühlten. Der größte unter ihnen, Charles Nodier aus Besançon – ein Zeitgenosse des Halblothringers Victor Hugo – hat mit ›Trilby‹, dem schottischen Heimchen am Herd, ›La fée aux miettes‹, ›Le chien de Brisquet‹ ein paar der sprachlich lautersten Kunstmärchen der französischen Romantik geschaffen, während sein Jugendroman ›Thérèse Aubert‹, 1819, Eindrücke aus den Vogesen und dem revolutionären Straßburg von 1793 mit den Eindrücken und Erlebnissen aus dem heimatlichen Jura zusammensieht. Hebel scheint er auch später, als sein Pariser Salon der Treffpunkt der jungen Romantik um 1825 geworden war, nicht näher gekannt zu haben.[11]

Hebels hohe Zeit datiert aus dem Jahrzehnt 1850/60. Sein Name und ein Teil seines Werkes – beide heute ganz vergessen – waren damals führenden Schriftstellern geläufig – von Victor Hugo, George Sand, Sainte-Beuve, dem größten Kritiker der Zeit, bis Baudelaire, der sich zeitweilig für den Realismus von Courbet, Champfleury, Buchon einsetzte, und Lamartine, der sich 1850/51 mit ›Geneviève, histoire d'une paysanne‹ und ›Le Tailleur de pierres de Saint-Point‹ bewußt rustikalen Erzählungen zuwandte. Halb bewundernd, halb erbittert spricht Baudelaire vom Erfolg, den selbst und gerade in den bürgerlichen Salons die ländlichen Gedichte aus Pierre Duponts Sammlung

›Chants et Chansons‹, 1852, fanden: Dupont kannte die Hebelübersetzung Buchons aus dem Jahr 1846. Er selber stammte aus dem Kreis der Handwerker und Seidenfabrikarbeiter in Lyon, einem gefürchteten Zentrum revolutionärer Unruhen, stieg verschiedene Male auf die Barrikaden, wurde 1851 zu sieben Jahren Deportation verurteilt und später begnadigt. Gedichte wie ›J'ai deux beaux bœufs dans mon étable‹ gehörten bis vor kurzem zum eisernen Bestand der Lesebücher und waren Zeugnisse jenes republikanischen Frankreichs, dessen Bauern und Bürger für eine bessere Gesellschaftsordnung kämpften. Schon die Titel seiner bekanntesten Gedichte zeigen eine Verbindung von Bukolik und Engagement, die für die Gruppe der Realisten bezeichnend ist: ›Meine Rebe‹, ›Gesang vom Korn‹, ›Der Tannenbaum‹, ›Weihnachten des Bauern‹, ›Lied des Verbannten‹, ›Anklage des Arbeiters‹.
Der Unterschied dieser Volksdichter und -schriftsteller zu Hebel besteht in der viel größeren Aktivierung des politischen Interesses. Die enge Verbundenheit mit der Französischen Revolution und der Einblick in den Gesellschaftsmechanismus des eben angebrochenen Industriezeitalters hat sie daran gehindert, jener irrationalen Schollenideologie zu verfallen, die Hebel als aufgeklärter Sohn des 18. Jahrhunderts und Bewunderer der Revolution in ihrer gemäßigt liberalen Form fremd war, die aber so viele seiner deutschen Nachfolger auffällig markiert.

Das Aufblühen der französischen Dorfgedichte und -geschichten ist so wenig wie das deutsche nur Ausdruck eines ästhetischen Geschmackswandels, sondern muß in engem Zusammenhang mit den politischen, sozialen, ökonomischen Verhältnissen und der technischen Entwicklung betrachtet werden. Wir verfolgen hier den französischen Aspekt des Problems.
Die katastrophalen Mißernten der Jahre 1845/47 hatten das öffentliche Interesse auf die Lage der Bauern gelenkt; Eisenbahn und allgemeine Wehrpflicht brachten Stadt und Land einander näher; rationellere Bewirtschaftungsmethoden setzten sich durch. Napoleon III. stand dahinter. Er stand auf seine

Weise auch hinter der Renaissance des Volksliedes. Hier setzt eine merkwürdige Wende ein.

Der kaiserliche Abenteurer, dem es an genialischen Zügen nicht fehlte, der Sohn der exilierten Königin Hortense von Holland, die selber mit Erfolg populäre und militärische Romanzen dichtete und komponierte, hatte schon auf dem Augsburger Gymnasium deutsche Literatur kennengelernt und schrieb während seiner Gefangenschaft nach dem mißglückten Staatsstreich von 1840 neben einer sozialisierenden Schrift ›Über die Auslöschung der Armut‹ eine Reihe volksliedartiger Gedichte. Sie gingen zur Beurteilung an die Jugendfreundin Hortense Lacroix-Cornu ab, der Schwester von Napoleons Milchbruder Lacroix, die unter dem Decknamen Sébastien Albin 1841 die schon erwähnte Anthologie ›Ballades et chants populaires anciens et modernes de l'Allemagne‹ mit einem geschichtlichen Überblick herausgab. Hebels Gedichte nehmen unter den rund vierhundert ausgewählten Proben einen bedeutenden Platz ein.[12]

Um den revolutionären Tendenzen das Wasser abzugraben, förderte das neue Kaiserreich ostentativ die Bauern. Wo Flaubert die Schilderung eines Landwirtschaftsfestes in ›Madame Bovary‹ ätzend sachlich gestaltete, wo der Kreis um Courbet schon eine Art sozialistischen Realismus forderte, trieben andere der windstill behaglichen Idylle zu, deren deutscher Gestalter – Johann-Heinrich Voß – ein Lehrmeister Hebels gewesen war. Das ›Presbytère‹ von Nicolas Martin, 1856, schließt sich an Vossens ›Luise‹ an und nimmt zugleich Elemente der Pastorale des ausgehenden 18. Jahrhunderts wieder auf. Ohne Wirkbestandteile aus dem wahren Leben, versandete die Gattung rasch im fadenscheinigen, reaktionären Schäferspiel wie zur Zeit Marie-Antoinettes und der Pseudo-Rousseauisten im Stil Florians. Nicolas Martin war durch seine Mutter, eine Rheinländerin, mit Karl Simrock verwandt; die billige Rheinromantik Simrocks hat sich bis heute in ein paar Liedern behauptet, während sein französischer Nachkomme zu seiner Zeit ein tüchtiger Vermittler deutscher Literatur gewesen, als Dichter aber längst vergessen ist.

Auf Napoleons Befehl war durch ein ministerielles Dekret von 1852 mit der systematischen Sammlung von Volksliedern aus den verschiedenen Gegenden Frankreichs begonnen worden. 1859 lagen die Lieder aus der Bretagne, dem Poitou und Berry, der Normandie und Flandern, Lothringen, Angoumois und Bourges vor. 1863 publizierte Max Buchon in öffentlichem Auftrag seine ›Noëls et Chansons populaires de la Franche-Comté‹. Der Hebelfreund konnte den Auftrag als Krönung seines ganzen Wirkens betrachten: dem Dorf und der Heimat den gebührenden Platz in der Dichtung zu sichern.
In den Augen des Kaisers trug das Unternehmen einen anderen Charakter: es war ebenso restaurativer Art wie kurz zuvor die Unternehmungen Friedrich Wilhelms IV., des preußischen Romantikers im Gewand eines Feudalherren, das er dann zum Unglück Deutschlands völlig zerschlissen Wilhelm II. überliefert hat. Der Rückbezug auf die mittelalterlich-feudale Vergangenheit gibt auch den ungeheuren architektonischen Restaurierungsarbeiten des an sich hochbegabten Voillet le Duc die Signatur: das prunkvoll wiederhergestellte Schloß in Compiègne bei Paris entspricht auf seine Art dem restaurierten Hohenzollernschloß in Hechingen, das seinerseits unter Wilhelm II. 1907 das Vorbild für die wiedererstandene Hohkönigsburg im Elsaß abgab. Die Wirte rieben sich die Hände und witterten den Fremdenstrom; die Elsässer empfanden – wie die schwäbischen Demokraten vor ihnen – die kaiserlich-königliche Laune als steingewordene Proklamation eines überlebten Feudalismus. Heute verspürt hier die Masse der vom Tourismus herangelenkten Kleinbürger mit Hochgefühlen den Zauber poetischer Vergangenheit.
In Frankreich fehlte bei diesem Rückbezug auf verflossene heroische Zeiten das treibende Element, das für Deutschland durch die Romantik und besonders intensiv durch Wagner in Umlauf gekommen war: die germanischen Vorfahren als Urbilder abendländischen Heldentums und Weiser in die Zukunft zum Heil der Menschheit. Napoleon hatte zwar mit gutem Instinkt den keltischen Ahnherrn Vercingetorix aus beinahe totaler Vergessenheit aufgeweckt, aber ein neuer Barbarossa, Ar-

minius oder Siegfried ist er nicht geworden.[13] Sedan kam dazwischen; die Republik griff auf die altvertraute Rhetorik der Römer und Griechen zurück und ließ daneben nur Jeanne d'Arc hochkommen; Wagner tat den Rest, indem er sogar Parsifal aus dem bretonischen Sagenkreis des Königs Artus in eine Art germanischen Jüngling tumb und fromm verwandelte.

Aufschlußreich für das Weiterbestehen einer revolutionären Richtung in der französischen Heimatdichtung selbst und gerade unter Napoleon III. sind die elsässischen Volksromane, die Erckmann und Chatrian zwischen 1860 und 1870 gemeinsam geschrieben und damit einen ähnlichen, berechtigten Massenerfolg erzielten wie Eugène Sue und Alexandre Dumas mit ihren ebenfalls unverwüstlichen Pariser Romanen. Erckmann und Chatrian haben bei Hebel, Auerbach und anderen deutschen oder Schweizer Dichtern gelernt; zugleich aber besitzen ihre Romane aus der Zeit der Revolution und des ersten Kaiserreichs einen epischen Atem, eine realistische Fülle und eine visionäre Kraft, die manchmal an Balzac heranreicht und Erckmann-Chatrian als elsässische Balzacs en miniature erscheinen läßt. Das Thema, das sie behandeln, hat auch ganz Baden in der ersten Hälfte des vorigen Jahrhunderts gefesselt und seine politischen Kämpfe von Wessenberg bis zu Rotteck und Welcker beherrscht: die Französische Revolution, ihre Schrecken und ihr positiver Ertrag, die Kolossalfigur des ›großen‹ Napoleon, der gegen den ›kleinen‹ Usurpator ausgespielt, als Feldherrngenie und stärker noch als Gesetzgeber gepriesen, als Militärdiktator und Verleugner der Revolution zur Rechenschaft gezogen wurde. Hebel war letzten Endes trotz vieler Bedenken weitgehend ein Bewunderer des Korsen geblieben wie Goethe. Die Napoleon-Thematik seiner Erzählungen deckt sich mit der von Wilhelm Hauff im ›Bildnis des Kaisers‹ und zum Teil schon mit der Erckmann-Chatrians.[14] Aus dem ägyptischen Feldzug, aus dem Biwak bei Austerlitz, aus dem winterlichen Übergang über die Beresina ließ sich für Dichter mehr herausholen als aus dem Königgrätz und Fröschweiler Auerbachs. Erckmann und Chatrian teilten obendrein mit ihrem Straßburger Zeitgenossen

Gustav Doré, dem genialen Zeichner und Graveur eine phantastisch-romantische Ader, die Auerbach völlig abgeht. Ihre ›Contes du Rhin‹ sind von den Surrealisten begeistert wiederentdeckt worden und haben schon Guillaume Apollinaires ›Rhénanes‹ um 1902 beeinflußt.

Bevor Wirrköpfe wie Adolf Bartels, Fritz Lienhard und Gustav Frenssen überhaupt erst den Mund öffnen und ihr nationalistisches Credo von der alleinseligmachenden deutschen Heimatliteratur anstimmen konnten, haben in Frankreich Claude Tillier (1801 geboren), Emile Souvestre (1806), Ferdinand Fabre (1827), André Theuriet (1833), Léon Cladel (1835), Emile Pouvillon (1840), Paul Arène (1843) klassische Werke der Heimatliteratur mit konservativen oder frondierendem Charakter geschaffen, die neben die schon erwähnten treten und Generationen hindurch in allen Leihbibliotheken und Volksbüchereien zu finden waren. Unter ihnen hat der Bretone Souvestre auch Schwarzwaldgeschichten geschrieben und Hebel gekannt, wie vor ihm einer der Inspiratoren von George Sands Regionalromanen, Henri de Latouche.[15]

Buchons letzte Hebel-Ausgabe erschien im Jahre 1862. Er starb 1869; nach seinem Tod erschien eine Gotthelf-Übersetzung, zu der George Sand das Vorwort schrieb (1875), und eine letzte Auflage des Hebel 1877. Dann tritt der Name Hebels in den Schatten. Seine Zeit ist vorbei, und die Zeit Gotthelfs ist bis heute noch nicht gekommen. Auch Immermanns ›Oberhof‹, 1861 unter dem Titel ›La blonde Lisbeth‹ von Marie d'Asa übersetzt, 1869 als ›Les paysans de Westphalie‹ von Desfeuilles neu herausgegeben, hat sich so wenig durchgesetzt wie das Werk Gottfried Kellers, obwohl André Gide für den ›Grünen Heinrich‹ warb und ein Kapitel davon (natürlich eine zwielichtige Episode aus dem Schülerleben) für die ›Nouvelle Revue française‹ übersetzte.

Englische, russische und skandinavische Schilderer des Volks- und Bauernlebens, dazu ein Vlame wie Henry Consience, traten an die Stelle der Deutschen. Es fand sich kein Max Buchon, um den ehrlichen Makler zu spielen. Wie bescheiden auch eine

Rolle wie die seinige anmuten mag, sie ist unerläßlich für die Vermittlung fremder Literaturen. Die Universität erreicht wenig auf diesem Gebiet; sie schreibt in einer Fachsprache für Fachgelehrte, registriert sorgfältig und mit viel Hingabe das Nennenswerte in einem Kataster und verlangt von ihren Lehrlingen strikte Kenntnisse darüber; ans größere Publikum denkt sie kaum, ihre Übersetzungen dringen nicht durch, der Enthusiasmus ist ihr meist fremd, wenn nicht suspekt. Die ganze bürgerliche Meisterprosa des deutschen Sprachraums zwischen 1830/40 und 1880 bleibt so für unsere Tage zu entdecken oder wieder zu entdecken – von der Droste bis zu Stifter, von Gotthelf bis Keller, Meyer, Raabe und anderen Vertretern jenes sogenannten Realidealismus, der in einem Land ohne tyrannisch resorbierende Hauptstadt, ohne hochentwickelte Industrie und mit um so größerer regionaler Eigenständigkeit in klassischer Prägung das verwirklicht hat, was ›Realisten‹ wie Buchon und Champfleury nur anstrebten.[16]

In Deutschland anderseits wurde nach 1870 kaum noch Notiz von George Sand genommen, deren Provinzromane um die Jahrhundertmitte verschiedene Male übersetzt worden waren. Selbst Lamartine hatte damals eine gewisse Popularität genossen. Sie treten jetzt ganz in den Hintergrund.

In beiden Ländern leitete eine bestimmte Art von Regionalkunst Wasser auf die Mühlen eines Chauvinismus, der sich in zwei Weltkriegen entladen sollte.

Die Entwicklung läßt sich in Baden am Beispiel des weitverbreiteten ›Lahrer Hinkenden Boten‹ verfolgen, einem Kalender, der zunächst die liberal kosmopolitische Aufklärungsarbeit von Hebels ›Oberrheinischem Hausfreund‹ fortzusetzen schien, dann immer stärker zum Nationalliberalismus hinüberschwenkte und nach 1870 sich ebenso ostentativ vaterländisch gab wie die weiteren Schriften Berthold Auerbachs und in Frankreich die Romane von Erckmann und Chatrian. Ihr Bühnenstück ›L'Ami Fritz‹ lieferte dort einen unverwüstlichen elsässischen Beitrag zum patriotischen Panoptikum, das Frankreich aus seiner Geschichte zur Dauerverfügung steht. War das Elsaß in deutscher Sicht die wiedergefundene Braut, die man triumphierend ins Reich zurückführte und die schon der junge Goethe in Gestalt der Friederike Brion gewissermaßen zur germanischen Jungfrau wachgeküßt hatte, so war das gleiche Elsaß in französischer Sicht die Tochter, die ein Räuber der Mutterbrust entrissen hatte. Beiderseits ein Appell an elementare, viscerale Vorstellungen aus dem Familien- und Sippenbereich Die Kongo-Neger halten es heute nicht viel anders – Europa hat ihnen da vorexerziert und steht als Kollektivwesen noch weitgehend auf einer primitiv archaischen Stufe.

Die deutschen Vorkämpfer der ›Heimatkunst‹ hämmerten seit 1890 dem Publikum das Vorurteil ein, die Entdeckung der Provinzheimat sei ein ausgesprochen germanischer Vorgang, gottnaher Ausfluß des einzig tiefen Gemüts. Er war gesamteuropäische Erscheinung.

Auch die neuere italienische Prosa beginnt mit einem Bauernroman, Manzonis ›Verlobten‹ 1825. Goethe hat das Werk mit der gleichen Ergriffenheit gerühmt wie Hebels ›Alemannische Gedichte‹. Auf Manzonis Geschichtsauffassung hat der Franzose Claude Fauriel ebenso entscheidend gewirkt wie Madame de Staël auf seine Sprach- und Kunsttheorie. Eine ihrer Studien, in der sie für die Neuerer gegen die Nachahmer der Antike eintrat, war seit 1816 zu einer Art Manifest der Richtung geworden, die Realismus, Volksbeobachtung und -sprache mit Romantik verband. Daß die Deutschland-Enthusiastin und Freundin A. W. Schlegels die italienische Heimatliteratur – im nobelsten Sinn – mitangeregt hat, läßt erneut jene geheimen Querverbindungen zutage treten, durch die ein gemeinsamer Geist in der europäischen Literatur zirkuliert und sie befruchtet.[17]

Gewiß ist die französische Literatur ihrer ganzen Entwicklung zufolge, die von Paris als dem Sammelpunkt aller Bestrebungen bestimmt wird, von Anfang an viel urbaner, städtischer gewesen als die deutsche. Und doch hat die Unterschätzung der bäuerlichen Komponente im französischen Wesen nicht nur flagrante Fehlurteile über seine Literatur, sondern über seine politische Vitalität und militärische Befähigung nach sich gezogen.

Heimat und Bauern treten auch bei den führenden französischen Schriftstellern immer wieder ins Blickfeld, ob es sich um Balzacs und Flauberts, Zolas und Maupassants realistische Gestaltungsweise handelt oder um George Sands und Nervals, Lamartines und Victor Hugos bukolische oder pathetische. So wie Gerhart Hauptmann für Schlesien typisch ist, Hermann Hesse für Schwaben, René Schickele für das Elsaß, Barlach für Niederdeutschland, so Giono für die Provence, Colette für Burgund, Mauriac für die Gegend von Bordeaux. Und wenn bei Thomas Mann immer wieder Lübeck durchschimmert, bei Rilke Prag, bei Stefan George der Rheingau, so bei Proust die Ile de France und bei Péguy die Beauce, bei Giraudoux das Bourbonnais und bei Jules Romains die Auvergne, bei Alain die Normandie und bei Camus Algerien – von hervorragenden Provinzschilderern wie Charles-Louis Philippe, Maurice Genevoix, Henri Pourrat und dem 1915 gefallenen Louis Pergaud aus der Franche-Comté ganz abgesehen.

Durch sie wird der Zugang zur Bauern- und Volkssprache offengehalten, während gleichzeitig ein Céline, ein Queneau die Sprache der proletarisierten Großstadtmassen der Literatur zuführen. Bei Victor Hugo, dem gewaltigsten Sprachgenie französischer Zunge im verflossenen Jahrhundert, ist beides gleicherweise vertreten: Pariser Argot und Sprache der Bauern, Jäger, Schiffer. Ein großartiges und tiefsinniges Kapitel der ›Elenden‹ ist dichterisch gestaltete Phänomenologie der Sprache in den Pariser Unterschichten. Und ein Seeroman wie ›Les Travailleurs de la Mer‹ hat an realistischer Prägnanz und visionärer Gewalt kein Gegenstück in der deutschen Literatur. (Auch ›Nachsommer‹ und ›Grüner Heinrich‹ sind auf ihre Weise unvergleichbar. Die Abgezogenheit aufs Innere gibt solch typischen Werken eine besondere Qualität von Dichte und seelischer Erfülltheit.)

Die rassisch determinierte ›Heimatkunst‹, wie sie in Deutschland um die Jahrhundertwende aufzukommen begann, war keine Neuerung, sondern Regression. Das Landleben wurde künstlich isoliert, der Zeiger der Weltuhr mit Gewalt zurückgedreht, an den elementarsten Tatsachen und Grundbedingungen des modernen Lebens – auch auf dem Lande – stur vorübergegangen. Um ein Volksschriftsteller zu sein, genügt es nicht, dem Volk auf den Mund zu schauen: Man muß auch wie Hebel den Regierenden auf die Finger sehen können und ihre Taten an unverrückbaren Maßstäben des Rechts und Gewissens messen. Daß selbst ein – wenn auch querköpfiger – französischer Provinzschriftsteller wie Alphonse de Chateaubriand sich für die Verführungen der Nazis anfällig erweisen und auf der ›Alemannischen Tagung‹ von 1936 Hitler als Heiland hat preisen können, beruht auf den gleichen Voraussetzungen wie das Mitgehen seiner deutschen Gesinnungsgenossen: Engstirnigkeit, verbunden mit maßlosem Geltungstrieb. Man pries das einfache Leben und paradierte gleichzeitig als Massenautor mit Massenauflagen. Was bei der früheren Generation – einem Wilhelm von Polenz etwa und seinem französischen Gegenstück René Bazin – gediegen konservativ mit Agrarhorizont gewesen war, hatte sich zu einer grotesken, von außen soufflierten und tatkräftig geförderten Heilslehre gesteigert.[18]

Mit Hebels Geist und Wesen hat das nichts mehr zu tun, obwohl man sich immer wieder gerade auf ihn als einen Erzvater der völkischen Bewußtseinswerdung berief. Um wieviel verwandter ist seine Kunst derjenigen eines Franzosen: Frédéric Mistral. Der 1830 geborene Schöpfer der ›Mireille‹ gehört zur Generation, die Hebels Werk noch kannte. In seiner vergilischen Reinheit, dem Glanz und der Tiefe des dichterischen Wortes nimmt er es mit dem alemannischen Vorgänger auf. Auch ihm ist etwas ähnlich Unerwartetes geglückt wie Hebel: die Wiedererweckung eines vergessenen, abgesunkenen, mißachteten Dialekts, des Provençalischen. Wenn Tolstoj in Rußland ein Hebelenthusiast gewesen ist und ihm in einer Erzählung wie ›Herr und Knecht‹ ergreifend nahe kommt, so haben die Schweden sich für den Südländer Mistral begeistert und ihm 1904 einen der ersten Nobelpreise für Literatur zuerkannt. Als seine Mutter ihm daraufhin vorschlug, das bescheidene Heim neu tapezieren zu lassen, verwahrte sich Mistral: ›On ne touche pas à l'argent des poètes‹, ›Man rührt nicht ans Geld der Dichter‹. Mit hebelscher Lauterkeit und Pietät überwies er die

Summe der Akademie der ›Félibres‹, dem Sammelort der neuprovençalischen Dichter. Albert Schweitzer erzählte gern diese Geschichte.

Hebels Weiterwirken auf Deutschland soll hier nicht näher untersucht werden. Er hat sowohl im Norden Klaus Groths plattdeutsche Dichtung mit angeregt als auch am Oberrhein eine Wiedererweckung der katholischen Kalendergeschichten von Alban Stolz bis Heinrich Hansjakob. Andere Namen wären zu nennen: der frühverstorbene Emil Gött, der schon von der Unruhe der Jugendstil- und Richard-Dehmel-Zeit ergriffen war; Franz Schneller, der geistfunkelnde Markgräfler, dessen ›Brevier einer Landschaft‹ das wahre Brevier Badens ist und von der Heimat auf die Welt blickt, während ein noch so begabter Emil Strauß oder gar ein Hermann Burte und der Rheinländer Wilhelm Schäfer den umgekehrten Weg einschlugen und nach kräftigen Ansätzen bei gestelztem Deutsch und schiefem Blick anlangten.

Die Phalanx der Schweizer Volkserzähler müßte genannt werden. Aber was die Qualität der Sprache und der Weltsicht betrifft, steht ein Max Frisch Hebel näher als noch so viele Alfred Huggenberger; seine Tagebuchaufzeichnungen experimentieren sehr bewußt und sind zugleich stämmig, Bergluft ist um sie – hier versucht einer, das Ohr an die Welt zu legen, die nicht mehr die Welt von gestern ist, wie die Schweiz selber nicht mehr das Land der Bergbauern und Landsknechte, sondern ein kompliziertes modernes Gebilde, das seine Unabhängigkeit nur deswegen hat wahren können, weil es sich rechtzeitig seit Generationen in die Verflechtungen der Weltwirtschaft hineingewoben hat (ein Feld, auf dem freilich der Weizen der Schizophrenie blühen und C. G. Jung seine Ernte abhalten konnte).

Zieht man diese moderne Linie aus, so wird man an ihrem äußersten Ende die ›Spuren‹ von Ernst Bloch aus Ludwigshafen entdecken als komprimiertesten Denkextrakt mit unverwischbarer hebelscher Frische.[19]

›Kalendergeschichten‹ hat Brecht geschrieben, aber sie sind mit

Augsburger Scharfzüngigkeit versetzt und weisen über Hebel hinaus auf den rauheren Kalendermann des 17. Jahrhunderts, Grimmelshausen, zurück. Schwarzwaldbauernlist steckt auch in ihnen, und geheime Ausgänge hält der Autor sich überall frei. Bayrisch zupackend und drall die ›Kalendergeschichten‹, 1928, von Oskar Maria Graf: aber auch hier der sozialkritische Akzent. Graf ist vielleicht der einzige ›Volksdichter‹, der den nazistischen Volksschwindel sofort entlarvt und das Exil der Knechtung vorgezogen hat.
Hebels Geist weht bis nach Prag. Hašeks ›Soldat Schweijk‹ gleicht oft wie ein Bruder den lustigen Vaganten und Kumpanen, die Hebels Geschichten bevölkern und sich mit Mutterwitz durch die Kriegsläufte hindurchretten. Selbst Kafka in Prag ist ein Bewunderer und eifriger Leser des ›Schatzkästleins‹ gewesen. Der leise, genaue Tonfall seiner Parabeln, die so stark von biblischem Ethos erfüllt sind und das unbeirrbare strenge Leuchten des Gesetzes im geheimsten Kern kommen jedenfalls Hebels Geist näher als die dröhnende Ideologie, die später unter Berufung auf den Alemannen vom Volkstümlichen ins Völkische abgeglitten ist und den Weg in die Morastgründe des Gauleitertums angetreten hat.
Die hintersinnigen ›Traum-Aufzeichnungen‹ Hebels nehmen ihrerseits an ein paar denkwürdigen Stellen Kafka voraus: »Ich ward in Paris als Spion ertappt und verleugnete meine Herkunft. Man ersuchte alle deutschen Stämme, Volkszählung zu machen, wo ein Mann fehle. Er fehlte in Baden. Man fand in meiner Tasche ein Moos. Ein Botaniker, der geholt wurde, urteilte, daß dieses Moos bei Karlsruhe hinter Gottesaue wachse. Man ließ einen Schneider kommen, der in Karlsruhe gearbeitet hatte. Dieser erklärte meinen Rock als eine Arbeit des Leibschneiders Crecelius. Da gestand ich.«
An Mistral als französischen ›Volksdichter‹ haben sich ähnlich fatale Bewegungen geknüpft wie an Hebel – in diesem Fall vehement antideutsche, für die alles Heil nur aus dem Süden, aus Frankreich kam: Frankreich allein hatte die Antike gepachtet, dazu das Christentum und die Humanität; der Norden war die Barbarei, ein heiliger Kreuzzug gegen ihn wurde gepredigt, und

nicht einmal der Versailler Vertrag war Fanatikern vom Schlag eines Maurras und Léon Daudet ›durchgreifend‹ genug. Zur selben Zeit haben wir es erleben müssen, wie von der anderen Seite her ebenso fanatisch ›aufgenordet‹, das heißt kulturell abgeholzt wurde. Hebel trat als arischer Bauer an, ein Siegfried der Alemannen, der im Waldweben zu den Urquellen des Seins vorgedrungen sei und aus der Muttersprache und nur aus ihr sein Heil und seine Orakel gesogen habe.
Wagners Opernzauber hat hier viel verheerender gewirkt, als man es annehmen möchte. In wie vielen Köpfen spukte das Phantom einer Ursippe, auf die letzten Endes aller Saft, alle Kraft und Herrlichkeit zurückgingen. Aber weder Schiller noch Schelling, weder Hölderlin noch Mörike haben etwas davon gewußt, so wenig wie Hebel und Goethe. Die Gelehrten streiten noch heute darüber, wann eigentlich diese Sippen und Stämme aufgetaucht seien, in welchen Jahrhunderten sich ihre Sprache fixiert habe und was davon nachweisbar lebendig geblieben sei. Mit Willy Hellpach habe ich mehr als einmal über die Verwikkeltheit des Problems und die Unsicherheit der Lösungen gesprochen – das letztemal auf Bühler-Höhe bei Gerhard Stroomann, dem verehrten Freund, dessen Name bei dieser Hebelfeier nicht fehlen soll: sein ›Rotes Notizbuch‹ steht jetzt schon als klassisches Dokument neben den badischen Lebenserinnerungen des Klinikers Kußmaul und des Geographen Ratzel, und zugleich ist es ein Buch unserer Zeit, kühn in seinen Verkürzungen, voll tragischer Schlaglichter.[20] Der noble und tiefe Arzt, Menschenkenner und Kunstfreund war ein Mann der Bewahrung und Pietät und zugleich ein Mann des weiten Blicks. Tradition wie er sie verstand und unerschrocken aufrechterhielt, hatte nichts zu tun mit der Sippensakralisierung, dem vergötzten Brauchtum, dem Blutzauber einer Epoche, die im Sittlichen auf die Stufe primitivster Volksstämme zurückgesunken war.
Überblickt man mit Hebels unbestechlichem Blick das historische Geschehen am Oberrhein, so sieht man, wie die verschiedenen Völkerschaften sich da ebenso oft vertragen als miteinander hadern. »Das Wetter ließ zu wünschen übrig, und die

Franzosen waren, wie üblich, im Lande«, beginnt eine Erzählung Wilhelm Raabes. Die einen werden den Satz ohne weiteres unterschreiben, die anderen statt der Franzosen ›die Preußen‹ einsetzen – wobei nichts ungerechter wäre, als aus Preußen ein für allemal den Prügelknaben der Weltgeschichte zu machen. Was die Schweizer betrifft, so tönt durchs Mittelalter und darüber hinaus ihr Ruf: »Haut ihn, er ist ein Schwab!« Es hätte auch zu unserer Zeit noch böse Hiebe gesetzt, wäre nicht die Schweiz gegen das Großreich abgeschirmt gewesen durch ihre Berge, ihre Soldaten, ihren unbändigen Freiheitswillen und – vergessen wir es nicht – durch die Tresore ihrer Großbanken. Mit den Alemannen dürfte es also bei allen gemeinschaftlichen Zügen ähnlich bestellt sein wie mit der Arabischen Union. Preisend mit viel schönen Reden wird die Einheit gerühmt und gefordert, und doch sehen sich die einzelnen Glieder nur zu oft an wie Hund und Katze. Da wir nun einmal bei den Arabern sind und Hebel im ›Hausfreund‹ dem Exotischen immer gern ein Plätzchen einräumt, so bleiben auch wir einen Augenblick dabei, sprechen das Zauberwort ›Mutabor‹ aus Hauffs Märchen aus – schon sitzt uns der Turban auf dem Kopf wie einem Araberscheich. Was für Perspektiven tun sich uns da auf, welch überwältigend reiche Vergangenheit! Eine Hochblüte der Kultur im 9., 10., 11. und 12. Jahrhundert, in einer Zeit also, als das Abendland trostlos verroht und zerrüttet war. Pipin der Kurze schrumpft noch mehr zusammen, die Merowinger erscheinen als bluttriefende Räuberbande, auf Karl den Großen wollen wir zwar nichts kommen lassen, aber wie mühselig ächzend geht es nach seinem Tod aus dem Dunkel weiter aufwärts! Lieber als in den Rodungen unserer hypothetischen alemannischen Vorfahren hätte man da wohl am Hof jenes Kalifen von Cordoba im arabischen Spanien gelebt, wo noch die Abgesandten Ottos des Großen mit Staunen christliche Bischöfe, jüdische Gottesgelehrte, muselmännische Dichter und Denker ein- und ausgehen sahen, wo Mathematik, Architektur, Astronomie, Medizin, Mystik, Dichtkunst eine Vollendung erreicht hatten, an der das abgesunkene Europa sich mindestens ebenso sehr heranschulen mußte wie an Byzanz und an Rom, um überhaupt wieder auf die Beine zu kommen. Die Araber können sich in die Brust werfen, wenn sie an diese Vergangenheit denken, sie tun es auch, nur allzu ausgiebig, aber Hebel schaut ihnen auf die Finger, sein scharfer und gerechter Blick läßt nichts durchgehen: er wäre der erste gewesen, darauf hinzuweisen, daß viel Wasser seither den Rhein und den Nil hinabgeflossen ist, daß seit langem andere die Führung übernommen haben und Lehrmeister der Welt geworden sind und daß von ihnen lernen muß, wer nicht zurückbleiben will.

So tun denn auch wir etwas kleinlaut den Turban ab und stehen mitten in einer Welt, worin nicht nur die Waffen in konzentriert explosiver Form sich angehäuft haben, sondern auch jenes andere, moralische Explosiv: das Ressentiment, das nach jedem verlorenen Krieg so bedrohlich anschwillt – und wer in Europa hätte den Krieg nicht verloren und wer in Afrika, Asien und den anderen Kontinenten meldet nicht ungestüm seine Rechte an und will auf der Stelle mit Wucherzinsen zurückerstattet haben, was ihm durch die Jahrhunderte vorenthalten worden ist? Vielleicht werden unsere Kinder einmal am Rhein die Asiaten sehen, vielleicht sind wir schon vorher insgesamt ausgelöscht.

Hebel versagt auch hier den Zuspruch nicht. Denn was seine Weisheit, seine Moral, seine Merksätze von allem platten Nützlichkeitsdenken unterscheidet, ist eine sehr frühe und tiefe Erfahrung des Leides gewesen. Der Dreizehnjährige hat dem Tod ins Auge blicken müssen, als er die kranke Mutter auf dem Leiterwagen von Basel nach Hausen hinaufbegleitete und sie unterwegs starb. Diese Stunden des Entsetzens sind für immer in Hebels Geist eingegraben geblieben. Selbst wenn er dem tätigen Leben zugewandt bleibt, so weiß er, wie der geliebte Jean Paul, daß alle Kreatur dem Tod und seinem Geheimnis entgegenzuleben bestimmt ist. Das gibt seiner Dichtung den Klang aus der Tiefe, der uns in Stunden der Not so unmittelbar anrührt, wie Glocken beim Wetterumschlag besonders nah tönen.

Von dieser Wirkung Hebels sei zum Abschluß ein persönliches Beispiel gegeben.

Es spielt im Winter 1943/44 in Lyon, wohin ich aus Grenoble

hatte flüchten müssen. Lyon ist eine phantastische düstere Stadt, voll geheimer Gänge und Zwielicht-Mystik; Novembernebel klatschten über die großen Brücken der Rhone und der Saône; das Geläut der uralten Kathedrale tönte hindurch. Die Nacht brach herein, es begann heftig zu schneien, ich suchte in unbekannten Straßen nach dem mir bestimmten Quartier. Schon war die Polizeistunde überschritten, ein paar Schüsse fielen in der Ferne. Um jene Zeit sind Victor Basch, einer meiner Pariser Lehrer, ein großer Schiller- und Fichtekenner, und seine achtzigjährige Frau von der französischen Miliz in Zusammenarbeit mit der Gestapo niedergemetzelt worden: er war Jude und hatte gegen Versailles für einen wahren Frieden gekämpft. Endlich war ich am Ziel angelangt und griff erschöpft vor dem Einschlafen unter der schwachen Lampe nach einem kleinen Buch, das heute jeder kennt: ›Ein Vormittag beim Buchhändler‹ von Carl J. Burckhardt.[21] Man weiß, wie sich darin ein tiefes und klares Gespräch zwischen Rilke, Burckhardt und dem Pariser Bibliothekar Lucien Herr über Hebels ›Alemannische Gedichte‹ ergibt. Rilke kannte sie nicht und verstand sie auch kaum, aber Carl Burckhardt ging das Herz auf, als der Alte mit dem mächtigen kahlen Schädel unvermutet zu rezitieren begann:

»Der Vogel fliegt so tief un still
Er weiß nit, woner ane will...«

Auch mir ging das Herz auf, Schutzgeister waren plötzlich um mich versammelt, ein alemannisches Fähnlein der Aufrechten: Hebel, der Badener, Burckhardt, der Schweizer, und Lucien Herr, der Oberelsässer aus Altkirch, der einer meiner Mentoren in den Pariser Studienjahren auf der Ecole Normale Supérieure gewesen war – ein Mann von umfassendstem Wissen und zugleich ein unerschrockener Bürger. Er gehörte zu denen, die alles aufs Spiel gesetzt hatten, um dem unschuldig verurteilten Hauptmann Dreyfus zu seinem Recht zu verhelfen. Mit der gleichen Uneigennützigkeit stellte er 1900 Péguy sein Privatvermögen zur Verfügung, um die ›Cahiers de la Quinzaine‹ vor dem Konkurs zu retten (der abrupte Einzelgänger hat es ihm schlecht genug gedankt). Als intimer Freund des im Juli 1914 ermordeten Jaurès schritt der große Alte 1922 an der Spitze unseres stillen Zuges, der am Gefallenendenkmal der Ecole Normale Supérieure einen Kranz mit der Inschrift: ›Dem ersten Opfer des Weltkriegs, Jean Jaurès‹ niederlegte und es dem empörten Präsidenten der Republik überließ, bei der Einweihung die Toten für seine poincaristische Revanchepolitik zu usurpieren.²²

Wie Ludwig Uhland war Lucien Herr ein Mann von Granit, ein Mönch der Republik und zugleich ein zarter und behutsamer Vermittler, der größte Hegel-Kenner Frankreichs, ein erasmischer Geist, der nach dem Krieg Deutschland gleich wieder die Hand hinstreckte. Er schrieb französisch, aber er hatte das Alemannische nicht vergessen und immer sprach er die Sprache der Vernunft, des Gewissens, der tätigen Menschenfreundlichkeit, wie früher zu beiden Seiten des Rheins Oberlin, Pfeffel, Schöpflin und der größte, weil sprachmächtigste unter ihnen, Hebel. Lucien Herr war 1944 längst gestorben, auch René Schickele lebte nicht mehr – Schickele, in dessen Dichtung so zauberhaft subtil deutsches und französisches Wesen ineinanderspielt. Zum Schweigen verurteilt waren Reinhold Schneider, der unvergleichlich treffend Hebel als Badener gegenüber dem härteren Schwaben Uhland charakterisiert hat, und Wilhelm Hausenstein, dessen Kindheitserinnerungen ›Lux perpetua‹ mit Hebels Garn gesponnen sind und der in seiner weitausgreifenden kunsthistorischen Tätigkeit die gleiche bedächtige Treue bewahrt hat wie später im diplomatischen Amt. Andere Freunde waren zwangseingestuft oder physisch vernichtet. Aber ihr Geist konnte nicht ausgelöscht sein, und Hebel gab mir in jener Nacht der Verlassenheit und Bedrohung die Kraft, weiter daran zu glauben, daß das Humane gerade auch im Verborgenen wirke und daß in den Tagen des Schreckens dem einzelnen eine Verantwortung und bisweilen eine Macht ohnegleichen zufalle. So ist es tatsächlich bald darauf dem Ermessen eines deutschen Generals anheimgestellt gewesen, ob er mit einem einzigen Wink Paris in die Luft sprengen lasse oder nicht:

Hebel hätte ihm ein Denkmal im ›Hausfreund‹ errichtet wie einst den französischen Offizieren, die zu Napoleons Zeiten das Recht über die Gewalt setzten. Selbst der einfachste Mann hatte damals plötzlich über das Wohlergehen, ja über Tod und Leben des Nachbarn zu entscheiden. Später trug Frucht, was an Menschlichem in der unmenschlichen Zeit geschehen war.
Nicht immer freilich und nicht für jeden läßt sich mit Hebel der Welt begegnen.
Er selber ist manchmal zu behaglich und betulich, »zieht gar zu artig das Käpplein vor den Herren«, um seinen eigenen, bisweilen etwas kindlichen Stil zu gebrauchen. Unter plumpen Händen wird diese spontane herzliche Zutraulichkeit zu hemdsärmeligem Sich-Anbiedern. Das Wesentliche an Hebel ist damit verlorengegangen: der Sinn für Maß und Distanz. Kleists demaskierende Kunst wirkt befreiend gegenüber solchen Handlungsreisenden in schönen Gefühlen, die einem auf die Schulter klopfen und in die Tasche langen. Und nichts zeigt besser die Spannweite der deutschen Dichtung um 1810 als ein Vergleich zwischen der apollinischen, auf Vermittlung und Frieden bedachten Prosa Hebels und der dionysischen, von Kampf und Untergang gezeichneten Kleists.
»Ei, schau' Dir doch das Spinnlein an, wie's zarte Fäden spinnen kann«, ist ein reizendes Gedicht. Die Spinne treibt trotzdem ein grausames Spiel mit der Mücke, die sie ins Netz lockt, wie Napoleon Millionen in Krieg und Tod trieb, bis selbst »er war geschlagen mit Mann und Roß und Wagen«. Gestalter dieser Dämonie bleiben Schöpfer vom Schlage Kleists; sie arbeiten mit gewappneten, starren Geschichtsbildern, die unwiderruflich gegeneinanderprallen. Bei Hebel treten die Elemente der Zusammenarbeit und Versöhnungsbereitschaft in den Vordergrund. Er spricht für die Zahllosen, ohne die es nach einem Krieg überhaupt keine Friedensmöglichkeit gäbe.
Hebel ist ein Klassiker der Koexistenz.
Die gleiche Gesinnung lebt im fast verschollenen Werk eines alemannischen Bauerndichters, Christian Wagner aus Warmbronn, weiter, der 1918 mit bald achtzig Jahren gestorben ist. Ein Autodidakt, der kaum je aus seinem Dorf herauskam; ein

Sonntagsdichter, wie es Sonntagsmaler gibt, aber Sonntagsmaler vom Rang des Douanier Rousseau in Frankreich, der ›Grandma‹ Moses in Amerika. Die Kanonen donnerten noch von den Vogesen, als er zu Grabe getragen wurde – er, der lange vor Albert Schweitzer und ganz intuitiv aus der Reinheit des Gewissens heraus die Ehrfucht vor dem Leben, auch vor dem Leben der kleinsten Kreatur, als oberstes Gebot aufgestellt hatte. In zehn oder zwanzig unvergänglichen Gedichten bringt seine Lyrik diese universale Leidverbundenheit zu einem kindlich-innigen Ausdruck, und läßt dabei doch mysteriös und zauberzart Klänge aus dem 2. Faust hereinwehen, wie Erwin Akkerknecht einmal geschrieben hat, während Hermann Hesse bemerkt, niemand sei den indischen Denkern spontan so nahegekommen wie dieser ganz in sich versponnene und doch dem Weltgeheimnis des Schmerzes und der Freude nachspürende alemannische Dichter.[23] Man darf annehmen, der Lyriker Hebel hätte ein Gedicht wie ›Ostersamstag‹ geliebt. Hebelscher Geist spricht daraus, und vielleicht ist es auch im Sinne Hebels, wenn wir abschließend auf dem Umweg über ihn, den etablierten und reputierten Klassiker, einen weniger Begünstigten, einen Unbemittelten zu Worte kommen lassen und seinen Namen uns merken: Christian Wagner.

    Wie die Frauen
    Zions wohl dereinst beim matten Grauen
    Jenes Trauertags beisammen standen,
    Worte nicht mehr, nur noch Tränen fanden,

    So noch heute
    Stehen, als in ferne Zeit verstreute
    Bleiche Zionstöchter, Anemonen
    In des Nordens winterlichen Zonen.

    Vom Gewimmel
    Dichter Flocken ist ganz trüb der Himmel.
    Traurig stehen sie, die Köpfchen hängend
    Und in Gruppen sich zusammendrängend.

Also einsam,
Zehn und zwölfe hier so leidgemeinsam,
Da und dort verstreut auf grauer Öde,
Weiße Tüchlein aufgebunden jede.

Also trauernd,
Innerlich vor Frost zusammenschauernd,
Stehn alljährlich sie als Klagebildnis
In des winterlichen Waldes Wildnis.

---

1 Stark erweiterte Fassung der Rede, die am 10. Mai 1963 bei der Verleihung des Hebel-Preises des Landes Baden-Württemberg im Festsaal der Gemeinde Hausen (Baden) gehalten wurde. Der Originaltext ist bei C. F. Müller, Karlsruhe, 1963, erschienen.
2 Adolf von Grolmann: *Wesen und Wort am Oberrhein*, 1935. – *Karlsruher Novellen*, 1946.
3 Rudolf Zellweger: Les débuts du roman rustique en Suisse, en Allemagne et en France, Paris, 1944. – Wichtige Hinweise auch in dem ausgezeichnet dokumentierten Werk von Edmond Duméril: *Le lied allemand et ses traductions poétiques*, Paris, 1933. – Ein paar weitere Angaben in dem Standardwerk über deutsch-französische Beziehungen auf literarischem Gebiet: André Monchoux: *L'Allemagne devant les lettres françaises 1814-1835*. Paris, 1953. Aus dieser Frühzeit, in der Hebel kaum bekannt war, zitiert der Verfasser die ersten Erwähnungen in der ›Bibliothèque allemande‹ 1826; in der ›Revue encyclopédique‹ 1819–34 etc. – Cf. auch weiter unten (Nr. 15) das umfangreiche Werk von P. Vernois über den französischen Bauernroman und (Nr. 10) die Studie von Pierre Moreau.
4 Jean Cocteau zitiert das Wort von Lemaître über Nietzsche in ›Le secret professionnel‹ Taschenausgabe in éditions Stock, 1922. – Dazu Adorno: »Aber es gibt in Sils keine Bahn, keinen Bahnhof, keine Bahnhofsbuchhandlung« (*Ohne Leitbild*, 1967).
5 George Sand: *Consuelo*, 1842. Kommentierte Neuausgabe von L. Cellier und L. Guichard in den éditions Garnier, Paris, 1959.
– Über Consuelo cf. Alain: *Propos de littérature*, 1942; jetzt auch als Taschenbuch in der Reihe ›Médiations‹ 1964, S. 120–122. – F. Mauriac positiv über *Consuelo* in *Figaro litt.* 1. 9. 66.
6 Über Alexandre Weill cf. wichtige Angaben bei Georges Blin: *Baudelaire et Alexandre Weill* (›Revue d'histoire littéraire de la France‹, Jan. 1963, S. 28–45). Über die Beziehung zu Auerbach: Zellweger, o. c.
7 Über Max Buchon cf. Zellweger, o. c. – Dazu viele Hinweise bei Emile Bouvier: *La bataille réaliste (1844–1857)*, Paris, 1923 (S. 165–213). Andere Einzelheiten bei H. Perrochon: *M. Buchon* (in: Musée neuchâtelois, 1936, p. 214). –

Vom selben Autor eine Studie: *M. Buchon à Fribourg* (in: ›Annales fribourgeoises‹, 1936, I, p. 23). – Über seine Beziehungen zu Pierre Sciobéret, cf. Robert Loup: *Un conteur gruyérien, P. Sciobéret, 1830–1876,* Fribourg, 1929.

8 M. L. Kaschnitz: *Gustave Courbet,* 1949. – Eine sehr schöne Schilderung der Waldbilder bei P. J. Jouve: *Un tableau de Courbet* (in seinem Buch: ›Défense et illustration‹, Neuchâtel, 1943).

9 Ähnlich primitive Ideen über das Ariertum der frz. Normandie bei H. St. Chamberlain und H. Thode, die Hans Thoma propagiert und ihn selber beeinflußt haben.

10 Pierre Moreau: *Âmes et thèmes romantiques,* 1965, S. 191–210.

11 Über Nodier cf. Léonce Pingaud: *La jeunesse de Charles Nodier,* Paris, 1920. – Über die Beziehung der Franche-Comté zu Schottland cf. Margaret I. Bain: *Les voyageurs français en Ecosse, 1770–1830,* Paris, 1931. – Über Pierre Dupont zahlreiche Hinweise in *La bataille réaliste,* o. c. – Baudelaire über Dupont in: *Œuvres complètes,* éd. Le Dantec und C. Pichois, Bibl. de la Pléiade, 1963, S. 605–614 und S. 740–746. – Erwähnung der Namen Hebel und Buchon bei Baudelaire ibid., S. 635.

12 Über S. Albin (Madame Lacroix) und Napoleon III. Hinweise bei Duméril, o. c., S. 185 sq. – Ibid. über Nicolas Martin, S. 189 sq.

13 Über die Wiederentdeckung von Vercingetorix durch die Historiker der Romantik und die Ausgrabungen in Alésia sowie die Rolle Napoleons III. cf. das Vorwort von P. M. Duval zu Camille Jullian: *Vercingétorix,* Paris, 1963.

14 Erckmann-Chatrian, Neuausgabe ihrer Werke in 14 Bänden bei Pauvert, Paris, 1963. – Neueste Übersetzungen von *Waterloo* und *Ein Soldat von 1813* im Amadis Verlag, Karlsruhe, 1968.

15 Über die Entwicklung des Bauernromans in Frankreich cf. die reichhaltige Arbeit von Paul Vernois: *Le roman rustique de George Sand à Ramuz,* 1962. – Den Hinweis auf die französischen Übersetzungen des ›Oberhof‹ verdanke ich Professor Dr. Hans Schwerte, Aachen. – Unter dem Titel: *L'enfant qui accuse* hat André Gide ein paar Seiten aus den Kindheitskapiteln des *Grünen Heinrich* übersetzt und kurz kommentiert (in: ›La Nouvelle Revue Française‹ XIV, 168, Sept. 1927).

16 Eine stattliche Anzahl von Werken der sog. dt. ›Real-Idealisten‹ sind übersetzt – sei es in Verlagen der welschen Schweiz, sei es in der ausgezeichneten deutsch-französischen Studienausgabe des Verlags Aubier, Paris, mit Einführungen und gründlichen Kommentaren. Den Weg ins Publikum haben sie kaum je gefunden.

17 Über den Einfluß von Mme de Staël cf. einige Hinweise bei K. Ringer: *Barocke Spiegelungen in Manzonis Promessi sposi* (›Literaturblatt der Neuen Zürcher Zeitung‹, 2. 2. 1965).

18 Alphonse de Chateaubriand ekstatisch über Hitler im Sammelband *Alemannenland,* hg. F. Kerber, Freiburg, 1937.

19 Ernst Bloch: *Spuren,* 1930. – 2. Auflage, Suhrkamp, 1959.

20 A. Kussmaul: *Jugenderinnerungen eines alten Arztes,* 1889. – F. Ratzel: *Glücksinseln und Träume,* 1905 (2. Auflage, Kösel, 1966). – G. Stroomann: *Aus meinem roten Notizbuch,* 1960.

21 C. J. Burckhardt: *Ein Vormittag beim Buchhändler,* Basel, 1943.

22 Christian Wagner (1853–1918): *Dichtungen,* hg. W. Rutz, 2 Bde, 1927. – *Gedichte in Auswahl,* hg. E. Ackerknecht, Turmhahn-Bücherei, 1954. Über Ch. Wagner: W. Kraft: *Wort und Gedanke,* 1959, und A. Goes: *Freude am Gedicht,* 1952.

Über eine Randfigur bei Fontane[1]

Dem Andenken Eduard Sprangers

Beim Durchblättern des ›Stechlin‹ blieb der Blick an einer Stelle haften, die sich in ihrer Unscheinbarkeit bald als erstaunlich aufschlußreich erwies und in die Mitte einiger Probleme führen dürfte.
Hausbesitzer Schickedanz hat ein letztes Gespräch mit seiner Frau.
»Riekchen, sei ruhig, Jeder muß. Ein Testament hab ich nicht gemacht. Es gibt doch bloß immer Zank und Streit. Auf meinem Schreibtisch liegt ein Briefbogen, drauf hab ich alles Nötige geschrieben. Viel wichtiger ist mir das mit dem Haus. Du mußt es behalten, damit die Leute sagen können: ›Da wohnt Frau Schickedanz.‹ Hausname, Straßenname, das ist überhaupt das Beste. Straßenname dauert noch länger als Denkmal.«
»Gott, Schickedanz, sprich nicht soviel; es strengt dich an. Ich will es ja heilig halten, schon aus Liebe...«
»Das ist recht, Riekchen. Ja, du warst immer eine gute Frau, wenn wir auch keine Nachfolge gehabt haben. Aber darum bitte ich dich, vergiß nie, daß es meine Puppe war. Du darfst bloß vornehme Leute nehmen; reiche Leute, die bloß reich sind, nimm nicht; die quengeln bloß und schlagen große Haken in die Türfüllung und hängen eine Schaukel dran. Überhaupt, wenn es sein kann, keine Kinder. Hartwigen unten mußt du behalten; er ist eigentlich ein Klugschmus, aber die Frau ist gut. Und der kleine Rudolf, mein Patenkind, wenn er ein Jahr alt wird, soll er hundert Taler kriegen. Taler, nicht Mark. Und der Schullehrer in Kaputt soll auch hundert Taler kriegen. Der wird sich wundern. Aber darauf freu ich mich schon. Und auf dem Invalidenkirchhof will ich begraben sein, wenn es irgend geht. Invalide ist doch eigentlich jeder. Und Anno siebzig war ich doch auch mit Liebesgaben bis dicht an den Feind, trotzdem Luchterhand immer sagte: ›Nicht so nah' ran.‹ Sei freundlich gegen die Leute und nicht zu sparsam (du bist ein bißchen zu spar-

sam), und bewahre mir einen Platz in deinem Herzen. Denn treu warst du, das sagt mir eine innere Stimme.«[2]

Sterbeszenen fehlen bei Fontane nicht – die junge Effi Briest, der alte Stechlin und manch andre, darunter Selbstmörder wie Schach von Wuthenow. Kein Vergleich allerdings mit dem Totentanz der das Werk Thomas Manns diskret, ironisch und schonungslos durchzieht: man denkt an die gotischen Fresken und Tafelbilder Lübecks. Den Untergang haben diese Schiffsherren in ihren weitläufigen, schwankenden Beruf stets einkalkuliert.
Mit Fontane kehren wir von Thomas Buddenbrook zu Johann zurück. Es war mehr Pläsierliches in dieser Generation; etwas Unhastenderes. Man ließ sich Zeit. Die ›Buddenbrooks‹ wurden mit knapp fünfundzwanzig Jahren geschrieben; der ›Stechlin‹ mit bald achtzig. Herbstkräftig die gedämpfte Welt. Freilich raschelt es, die Schatten fallen herein, ›und ist nichts in Sicht geblieben, / als der letzte dunkle Punkt‹. Aber es fehlt das Ziehende, moorig Lauernde, das Todessüchtige der geheimen Wasser, das von Storm und Jens Peter Jacobsen bis zu Thomas Mann immer raffiniertere Formen annimmt.
Märkisch-preußischer Boden fest unter den Füßen. »Riekchen, sei ruhig, Jeder muß.« Ein ehernes, aber schlichtes Wort, ohne das aufwühlende Hin und Her von Beethovens Selbst-Dialog: »Muß es seyn? – Es muß seyn!« Zelter wiederholte sein »Jeder muß« dem Weimarer Freund in den schweren Krisen und Goethe schöpfte neue Kraft aus der phlegmatischen Bestimmtheit des Maurerlehrlings, der es zum Generalmusikdirektor gebracht hatte, wie der Ziegelstreichersohn Schickedanz aus dem Dorf Kaputt bei Potsdam zum Berliner Hausbesitzer.
Schickedanz aus Kaputt! Der schnurrige Name existiert, Fontane hat ihn des Effekts wegen leicht stilisiert: das Dorf heißt Caputh. Schickedanz quittiert die Witzeleien über den Geburtsort und betrachtet mit Behagen den Weg, den er zurückgelegt. Über das Omen des Nomen hat der Wille triumphiert und das Schicksal den Rest getan. Der einstige Hilfsschreiber einer Hagelversicherungsgesellschaft ist aus eigener Kraft zum

Versicherungssekretär aufgestiegen und bis zu seinem fünfzigjährigen Dienstjubiläum der Firma treu geblieben, obwohl er in den letzten sechs Jahren seines Lebens zweimal hintereinander das große Los gewonnen hatte und damit ein Unikum unter seinen Kollegen, eine Respektsperson, ein Hausbesitzer geworden war. Von der schmalgehaltenen, mit Titel abgespeisten Beamtenschaft hat er zum Besitzbürgertum hinübergewechselt. Unter seinen Mietern am Kronprinzenufer ist die gräfliche Familie Barby, deren Tochter Armgard den jungen Stechlin heiraten wird – die einzige ›Handlung‹ im ganzen Roman.
Wir stehen in den Gründerjahren; doch weht eine andere Luft als in Stindes ›Familie Buchholz‹ oder in Sudermanns ›Ehre‹. Der Sparschatz von Humanität war noch nicht aufgezehrt, auch nicht verniedlicht zur betriebsam schwirrenden Sentimentalität Leberecht Hühnchens, dessen einer Fuß mehr im mecklenburgischen Geburtsort Perlin steht als der andere in Berlin. ›Jeder muß‹: Kantischer Imperativ, das Sich-Fügen, der angeborene Sinn für Disziplin. Aber der Gegenklang ist auch da, er lockert fontanisch die Härte: ›Invalide ist doch eigentlich jeder.‹ Das Gebot der Haltung wird gemildert durch das Wissen um die Hinfälligkeit der Kreatur. In den Gesangbuchversen des Berliner Diakonus Paul Gerhardt steht es nicht anders.
Gutes und weniger Gutes mischt sich bei Schickedanz. Er hat bescheidene Anlagen zum Heros und eine entschiedene Neigung, die eigenen Meriten herauszustreichen; aber noch ohne den bierkehligen Stammtischpatriotismus der kommenden Zeiten. Alles mit Maß. Selbst der Unteroffizier oder Feldwebel mahnte im Siebziger Krieg: »Nicht so nah an den Feind ran mit Liebesgaben, Schickedanz!«
Auch die Tugend bleibt maßvoll. Dem Patenkind vermacht Schickedanz 100 Taler und schärft der Frau ein: Taler, nicht Mark. Doch findet Kinderliebe ihre naturgegebene Grenze beim Hausbesitzer: Ehepaare it Kindern werden, wenn es sein kann, freundlich, aber bestimmt zurückgewiesen. 100 andere Taler fallen an den alten Lehrer in Kaputt. Der Stolz, Mäzen zu spielen, posthum als großer Mann des Dorfes gefeiert zu werden, wird im voraus genossen, versüßt die bittere Pille des

Sterbens. Auf der anderen Seite bleibt zu buchen das Gefühl der Dankbarkeit, der Anhänglichkeit an den Mann, der den Jungen gefördert hatte; dazu der später verlorengegangene Respekt des ökonomischen Typus vor dem Wissen, auch wo es nichts einbringt. Es ist noch die Zeit, die den Schulmeister ehrte und ihm die Siege zwischen 60 und 70 gutschrieb.

Überall geht es um das Gediegene und Beständige, um jenes Solide, Massive, Reelle, das Hegel 50 Jahre zuvor als Kern seiner Philosophie ausbaute eben in der Stadt Franz Krügers und Karl Blechens, Schadows und Schinkels, der Stadt des Brandenburger Tors, des alten Museums, des Schauspielhauses. Der Klassizismus gab sich hier frugaler als im heimatlichen Schwaben; das Denken war ohne die bohrende Hintergründigkeit, die am Neckar auch beim Bauern zu finden ist, während der Beamte an der Spree leicht eintrocknet in der kategorischen Nüchternheit des Erzberliners Nicolai. Gemeinsam bleibt ihnen die Absage an alle Windbeutel und Klugschmuse.

Auf den Gegensatz zwischen Sein und Schein laufen die Romane Fontanes hinaus. Schickedanz weiß, daß »reiche Leute nicht ohne weiteres auch vornehme Leute« sind. Noch apodiktischer heißt es: »Hausname, Straßenname, das ist überhaupt das Beste. Straßenname dauert noch länger als Denkmal.« Das könnte von Glasbrenner sein, in Kalischs ›Gebildetem Husknecht‹ oder in Angelys ›Dachdecker‹ stehen; auch in Tiecks ›Phantasus‹, wo die romantischen Ausschweifungen immer wieder durch grundgescheite Berliner Einwände zur Räson gebracht werden. Aus Andersens ironisch gewürzten, dänischen Märchen klingt es verwandt herüber: ›Vergoldung vergeht, Schweinsleder besteht‹. ›Testament bringt bloß Zank und Streit‹ und ›Invalide ist doch eigentlich jeder‹, heißen die andern Kernsprüche. Sie ziehen das Fazit eines Lebens. Der Text ruht auf solcher Art von Quadern; sie verleihen ihm seine Statik. Nichts Säulenhaftes dabei, keine thronende Feierlichkeit, wie sie sich bei Ernst Jüngers Sentenzen leicht einstellt. Die Sprache ist gelöst und setzt sich ungezwungen in Handlung um. Eine der Aussagen haben wir eben verfälscht, indem wir sie zusammenrafften. Im Text heißt es: »Du darfst bloß vornehme

Leute nehmen; reiche Leute, die bloß reich sind, nimm nicht; die quengeln bloß und schlagen große Haken in die Türfüllung und hängen eine Schaukel dran.« Der Satz springt wie ein reifer Apfel vom Stamm und die Lehre fällt mit in den Schoß. Das neudeutsche Gehabe ist durch das eine Bild fixiert. Und die Frau horcht auf vor so drastischen Konsequenzen. Vergessen wir nicht, daß es sich um einen Dialog handelt, kein Selbstgespräch, Schickedanz hat freilich den Löwenanteil. Mit dem wogenden Busen der Aufregung kann die Frau nur lamentieren, nicht räsonieren. »Sei ruhig, Riekchen. Jeder muß.« Augenblickswallungen hingegeben, läßt sie sich vielleicht einmal zum Hausverkauf beschwatzen. Er appelliert an ihre Eitelkeit: »Da wohnt Frau Schickedanz«, soll man immer sagen können. Sie fällt erst ein, als er den Gedanken zur Maxime über Denkmal und Haus weiter ausspinnt. Maximen mögen ihr gegen den Strich gehen: »Gott, Schickedanz, sprich nicht so viel; es strengt dich an. Ich will ja alles heilig halten, schon aus Liebe.«
Sie wird Wort halten und nach seinem Tod die Trauer zum Kult steigern. »Die Vormittagsstunden jedes Tages gehörten dem hohen Palisanderschrank, drin die Jubiläumsgeschenke wohlgeordnet standen ... darunter ein Oreiller mit dem Eisernen Kreuz und einem angehefteten Gedicht, von einem Damenkomitee herrührend, in dessen Auftrag er, Schickedanz, die Liebesgaben bis vor Paris gebracht hatte.«[3] Der ehemaligen Weißzeugnäherin aus einer Dachstube erscheint das eigene Leben märchenhaft; seit Schickedanzens sozialem Aufstieg rangiert sie sich unter die Geld-, ja Geburtsgrößen und ist – eine andere Jenny Treibel – ehrlich empört, als ihm zum Dienstjubiläum kein Orden verliehen wird: »Gott, er hat doch immer so treu gewählt.«
Schickedanz schraubt den Aufwand der Gefühle kritisch herunter. Eine gute Frau, gewiß; Kinder hat sie ihm freilich nicht geboren (verschämter und großzügiger sagt er: »Wir haben keine Nachfolge gehabt«). Immer wieder die Gefahr, daß sie sich von Äußerlichkeiten verlocken läßt, auf den Schein hereinfällt, den Kern übersieht, am falschen Ort verschwendet oder knickerig wird. Zusammenfassend: »Sei freundlich gegen

die Leute und nicht zu sparsam (du bist ein bißchen zu sparsam) – und bewahre mir einen Platz in deinem Herzen.« Damit ist er nun selbst in eine hochtrabende Floskel verfallen – eine Replik auf ihre »heiligen Gefühle«, die zum erstaunlichen Abschluß führt: »Denn treu warst du, das sagt mir eine innere Stimme.« Läßt Treue sich beweisen? Die »innere Stimme« muß dafür sorgen – aber mit ihrer Anrufung rückt sich der Sprecher selbst in die Distanz einer leisen Komik: denn die »kleine, winzige Frau« als Herzensbrecherin sich vorzustellen, ist ebenso schnakisch wie der Dialog des nüchternen Berliner Immobilienbesitzers mit seiner »inneren Stimme«.

Der Schwebezustand zwischen Gefühlswallung und diskreter Ironie ist durchgehalten wie später beim Tod des alten Stechlin. Der Unterschied liegt im Duktus der Rede. Statt des anspielungsreich verschlungenen, oft weitausholenden, nuancierten Konversationstons des Landedelmannes werden hier kurze Sätze aneinandergereiht, knappe Redewendungen, in ihrer Drastik dem Volk abgehorcht. »Fontane gibt die Quintessenz der Alltagssprache, sie unmerklich stilisierend«, schrieb schon Spielhagen.[4]

Die Schickedanz-Szene mag auf den ersten Blick hin als Füllsel erscheinen. Aber gerade durch die Häufung solcher Episoden schafft Fontane den Eindruck einer zugleich geschlossenen und sehr vollständigen Welt, die prall bis an den Rand mit Wirklichkeit erfüllt ist.

Mit Wirklichkeit? Sagen wir vorerst: mit Fontanescher Wirklichkeit. Selbst Schickedanz trägt Züge des Dichters. Seine ganze Wesensart spiegelt schwach, aber unverkennbar diejenige seines Schöpfers wider. Die Übersiedlung aus der Provinz in die Großstadt; die karge Laufbahn und der Glücksfall des späten Aufstiegs zum Dichterruhm; das Angenehme der Ehrungen mit dem Blick für ihre Nichtigkeit; ein maßvoller Sinn für das Heroische bei stetem Dringen auf das Reelle, Solide; eheliche Verbundenheit, durchgehalten bei allem Wissen um die unbequemen Gegensätze; diskrete Zurechtweisung der Frau mit dem engeren Horizont und der etwas aufsässigen

Knauserigkeit; zum Schluß gerührtes Lob ihrer Treue, doch nicht ohne halb-ironische Zwischenbemerkungen.

Bis in Geringfügigkeiten geht die Angleichung an den Dichter: so ist die Versicherungsgesellschaft, der Schickedanz angehört, eine deutsch-englische, wie Fontane selbst der England-Korrespondent deutscher Blätter gewesen war. Und die Glanzzeit des Helden bricht mit 60 Jahren an, als er das große Los gewonnen hat, wie der Dichter, als ihm mit den Romanen endlich der Eintritt in die große Literatur gelungen war.

Schickedanz interessiert uns, weil sich geradezu exemplarisch an ihm verfolgen läßt, wie der Autor selbst seine Nebenpersonen sich anverwandelte und damit dasselbe tat, was er Gottfried Keller vorgeworfen hatte: die »ganze Gotteswelt seinem eigenen, besonderen Keller-Ton zu überliefern«. Thomas Mann schon hat darauf hingewiesen, daß erst ein solcher Ton – bei Keller wie bei Fontane – die Geschlossenheit des Kunstwerkes sichert.[5] »Der Künstler«, schreibt André Malraux, »wird als Gefangener eines Stils geboren, der ihm erlaubt, nicht mehr von dieser Welt zu sein.« Die Summierung der einzelnen Posten ergibt den Gesamteffekt. Die strukturelle Rechtfertigung Schikkedanzens besteht in seiner diskreten Doppelgängerrolle des alten Stechlin.

Ist eine so durchweg fontanesierte Gestalt aber noch typisch für den Berliner Kleinbürger, den sie darstellen soll? Mit dem gleichen Recht hat man fragen können: Sind preußische Leutnants je so anmutigen Geistes gewesen, wie Rex und Czako im ›Stechlin‹? Ist die bescheiden zurückhaltende, menschlich warme Unterhaltung des Leutnants Botho von Rienäcker mit den Gärtnersfrauen und Pförtnerinnen aus ›Irrungen Wirrungen‹, sind selbst die wohlgesetzten Reden des Kommerzienrats Treibels ›wirklichkeitsgetreu‹? Jedes Kunstwerk ist durch seinen besonderen Ton an eine bestimmte Stromstärke angeschlossen; schaltet man auf eine andere Stärke um, funktioniert der Apparat nicht mehr. Fontane hat ein ebenso optimistisches Bild des Berliners hingestellt wie Maupassant ein pessimistisches der Bauern und Bürger aus der Normandie. Die soziale Wirklichkeit nach diesen Idealtypen beurteilen zu wollen, fordert die präzise Einstellung ganz besonderer Meßgeräte. Mit dem Hinweis auf die Autonomie des ästhetischen Gebildes lehnen die Literaturhistoriker meist zu schroff die Frage nach dem Wirklichkeitsgehalt ab (die nazistische Vernebelung der Germanistik hing sehr eng mit ihrem kritiklos abstrahierten Idealbild Deutschlands zusammen). Die Soziologen ihrerseits machen ebenso einseitig aus dem möglichst genauen Zusammenfallen von zeitgeschichtlicher und dichterischer Wirklichkeit die Grundlage ihres Interesses an einem Kunstwerk. Fontane belehrt uns darüber, wie vielschichtig das Problem ist.

Die Auflehnung der Expressionisten gegen ihn bildet selber ein zeitbedingtes Phänomen. Statt der preußischen Siege von Düppel, Königgrätz und Vionville bestimmten Krieg und Niederlage von 1914/18 den Horizont dieser Generation. In der aufgewühlten und auch technisch aus den Fugen gehobenen Zeit konnte der junge Gottfried Benn einem Richard Dehmel längere literarische Wirksamkeit prophezeien als Fontane, »den man bald nur noch aus historischen und städtekundlichen Gründen lesen« werde.[6]

Alfred Döblin, ein anderer Berliner der neuen Generation, ließ sich ebenso kritisch vernehmen. »Nichts gegen Fontanes Darstellung; aber sie fließt bei ihm in das Urteil herüber wie guter Käse, saftig und ohne Teilstrich. In seinen Büchern steht wie in wenig andern die Urteilsfärbung voran; er erfüllt die Breite seiner Romane mit dem behaglichen Überlegenheitsgefühl, der Delikatesse, dem Spaß am Berlinischen. Wie er die Großstadt nicht gesehen hat und sie verplaudert, hat er die starken, ja gefährlichen Erscheinungen der märkischen Rasse nicht gesehen und sie verplaudert.«[7]

›Berlin-Alexanderplatz‹ hat die schonungslos hämmernde Realität hereingeholt, wo Fontane noch mit diskreter Humboldt-Humanität übergoldete. Doch keinen Bruch in der Entwicklung bedeutet Döblins Roman und noch weniger eine Schutthalde, eine »satanische Auflehnung«, wie es nach 1933 hieß, sondern ein Zurück zu einer tiefer wühlenden Tradition, ein Zurück zu Kleist, zu seinem Einkrallen in das harte Sein und dessen visionärer Überhöhung. Und doch wäre der ›Alexan-

derplatz‹ kein Berliner Roman, wenn nicht auch in ihm Fontanesche Elemente durchschimmerten.
»Wach sein, wach sein, es geht was vor in der Welt«, heißt es im letzten Kapitel, wo der Held, der Transportarbeiter Franz Biberkopf, wie zu Beginn wieder am Alex steht, »sehr verändert, ramponiert, aber doch zurechtgebogen... Die Welt ist nicht aus Zucker gemacht. Wenn ich marschieren soll, muß ich das nachher mit dem Kopf bezahlen, was andere sich ausgedacht haben. Dem Menschen ist gegeben die Vernunft. Darum rechne ich erst alles nach, und wenn es soweit ist und mir paßt, werde ich mich danach richten.« Schickedanz hätte aus dem Jenseits zugestimmt.
Maß, Vernunft, Recht stellen die gestörte Ordnung wieder her. Auch bei Gottfried Benn, als er erst einmal die Berliner Lyrik durch den harmlosen Tunnel hin zu Baudelaire und Rimbaud vorgetrieben, dann durch den Expressionismus geschleust hatte, bleibt als Grundakkord: Zucht und Form.
Ein bestimmter Berliner Plauderton hat in der Lyrik Benns die gleiche revolutionäre, desillusionierende Funktion wie in Heines Gedichten und Fontanes Gesellschaftsromanen.

»In meinem Elternhaus hingen keine Gainsboroughs
wurde auch kein Chopin gespielt,
ganz amusisches Gedankenleben
mein Vater einmal im Theater gewesen
Anfang des Jahrhunderts
Wildenbruchs ›Haubenlerche‹
davon zehrten wir
das war alles.«[8]

Das ist aus der gleichen Atmosphäre entstanden und gestaltet wie unzählige Prosaseiten Fontanes. Fontanesch schon der Titel: ›Teils – teils‹; fontanesch im Rhythmus und in der resignierenden Lebensweisheit ein anderes Gedicht Benns, ›Reisen‹, mit der berühmten Anfangsstrophe:

»Meinen Sie Zürich zum Beispiel
sei eine tiefere Stadt
wo man Wunder und Weihen
immer als Inhalt hat?«

und dem Schluß:
>»Ach, vergeblich das Fahren!
Spät erst erfahren Sie sich:
bleiben und stille bewahren
das sich umgrenzende Ich.«[9]

Wie Verwandtschaftszüge im Alter plötzlich auch physiognomisch hervortreten, so eine innere Verwandtschaft des gealterten Benn mit dem alten Fontane. Benns letzte Lyrik ist auf den gleichen Ton abgestimmt wie die seines Vorgängers.
Fontane:
>»Halte dich still, halte dich stumm,
Nur nicht fragen warum, warum?«

Benn:
>»Wisse das alles, und trage die Stunde«
... »Bis sich die Reime schließen,
die sich der Vers erfand,
und Stein und Graben fließen
in das weite, graue Land.«[10]

Fontane: *Ausgang*
>»Immer enger, leise, leise,
Ziehen sich die Lebenskreise...
Und ist nichts in Sicht geblieben
Als der letzte dunkle Punkt.«

Benn: *Der Dunkle*
>»... Und nun beginnt der enggezogene Kreis,
Der trächtige, der tragische, der schnelle,
Der von der großen Wiederholung weiß –
Und nur der Dunkle harrt auf seiner Stelle.«[11]

Der ›Ptolemäer‹, der einstige scharfe Kritiker Fontanes, stellt sich zuletzt sogar blutmäßig in eine Reihe mit ihm: »In der Ehe meiner Eltern vereinigte sich das Germanische und das Romanische... die Mischung der Réfugiés: Fontane, Chamisso.«[12] Die Mutter, eine Welschschweizerin, hatte das Kind mit französischen Wiegenliedern eingesungen, und der Spruch auf einem französischen Grabstein den Dichter lebenslang bis in den ›Epilog‹ der ›Gesammelten Gedichte‹ hinein fasziniert:

»Ich habe ihn auch in dieses Buch versponnen,
er stand auf einem Grab ›Tu sais – du weißt‹.«[13]
Fontanes Gedicht ›Leben‹:
»Doch das Beste, was es sendet,
Ist das Wissen, das es sendet,
Ist der Ausgang, ist der Tod.«[14]
Der Herausforderung des Schicksals gegenüber bleibt als einzige Haltung das stoische Sich-Fügen, die märkische Pflicht ohne Fragen, verstärkt durch die hugenottische Prädestination. Benn:
»... die ewige Frage: Wozu?
... Das ist eine Kinderfrage.
Dir wurde erst spät bewußt,
es gibt nur eines: Ertrage
– Ob Sinn, ob Sucht, ob Sage –
dein fernbestimmtes: Du mußt.«[15]
›Fernbestimmt‹ – Ausdruck der neuen naturwissenschaftlich geformten Generation, assoziationsgeladen, die Gen-Reihen heraufbeschwörend, bei Fontane undenkbar. Aber wie die Mücke im Bernstein, das Fontane-Schickedanzsche Schlußwort: ›Du mußt.‹
Bei aller inhaltlichen Tangierung frappiert der Unterschied im Niveau. Gegenüber der gespeicherten Energie von Benns Lyrik wirken die Verse Fontanes etwas simpel und fahrig:
»Nur nicht bittere Fragen tauschen,
Antwort ist doch nur wie Meeresrauschen« –
das ist schwacher Nachklang Heines.
»Immer enger wollt ihr mich umziehn
mit Opium, Morphium, Kokain,
... Und doch ob Brom, ob Jod, ob Od,
Der Schmerz ist ewig wie der Tod« –[16]
– dünner Vorklang zu Benn.
Fontanes Domäne ist die Prosa. »Wie löst sich das Rätsel? Nie...« – über dieses Thema sinnieren vor ihrem Tod Schach von Wuthenow und der alte Stechlin in einer Sprache voller Abschattungen und Zwischentönen, in einem wunderbar gedämpften Ton, der mit den abrupten Ballungen von Benns

Prosa schon in temperamentmäßigem Gegensatz steht und seinen Behorcher, Beklopfer und Nachfolger in Benns Antipoden, Thomas Mann, gefunden hat.

»Fontane wurde beruhigt durch die Geschichte, und die Geschichte beruhigte in seinen Augen alles.«[17] Das Fehlurteil Benns reiht sich an andere und wäre später vielleicht von ihm selber richtiggestellt worden. Auch hier hat die neue Epoche die früheren Generationen einander näher gerückt. Züge der Unruhe an Fontane sind uns heute bekannt geworden und haben der sozialen Spannweite seines Denkens und Schaffens eine neue Dimension gegeben.

Der Germanistik des Hohenzollernreichs war es platterdings unmöglich, im Verfasser der ›Märkischen Wanderungen‹ etwas anderes zu sehen als einen königs- und adelstreuen Verfechter der bestehenden Gesellschaftsordnung. Die Ausgabe seiner Korrespondenz, vor allem der Briefe an Friedländer, 1953, hat dem pessimistischen Kulturkritiker nachträglich zum Wort verholfen und damit auch sein Gesamtbild leise und stetig verändert. Wieder frappiert die Nähe zum desillusionierten, alten Benn, der sehr bald über das zunächst rauschhaft zelebrierte Dritte Reich schrieb als einem Schmierentheater, das dauernd ›Faust‹ ankündige, aber die Besetzung lange nur für ›Husarenfieber‹ (an Ina Seidel, 1934).

»Hinter dem Berg wohnen noch andere Leute, ganz andere Leute«, heißt es im ›Stechlin‹. Und bei aller pläsierlichen Enge hat der Dichter das weite Feld des Hintergründigen nie aus dem Auge verloren. Der Brief an Friedländer vom 5. April 1897 bleibt eine der erstaunlichsten Prophezeiungen über den Todeskeim in der Gloria-Viktoria-Epoche, die mit Saus und Braus dem Untergang entgegensegelte. Was dem fast Achtzigjährigen am jungen Kaiser gefällt, ist der Bruch mit dem Alten, »mit der Ruppigkeit, der Popelichkeit, der spießbürgerlichen Sechsdreierwirtschaft der 1813er Epoche« – auch Figuren wie Schikkedanz sind hier visiert. Was ihn stört und verstört ist, »daß das Neue mit ganz Altem besorgt werden soll, daß Modernes mit Rumpelkammerwaffen zusammengebracht wird...« Der Kaiser »will, wenn nicht das Unmögliche, so doch das Höchstgefährliche mit falscher Ausrüstung, mit unausreichenden Mitteln... was er vorhat, ist mit Waffen überhaupt nicht zu leisten. Die Rüstung muß fort und ganz andere Kräfte müssen an die Stelle treten: Geld, Klugheit, Begeisterung... Preußen – und mittelbar ganz Deutschland – krankt an unseren Ost-Elbiern. Über unseren Adel muß hinweggegangen werden; man kann ihn besuchen wie das ägyptische Museum und sich vor Ramses und Amenophis verneigen, aber das Land *ihm* zu Liebe regieren, in dem Wahn: dieser Adel sei das Land, das ist unser Unglück...«[18]

Wäre der Dichter in Fontane stark genug gewesen, diese Perspektive ins Werk zu übernehmen, statt sie vertraulich nebenher zu äußern – die Bismarckzeit hätte neben Wagner und Nietzsche ihren Epiker von Weltformat gehabt. Seinem Tonus und der Anlage nach war er aber so wenig wie Keller, Storm, Raabe und selbst C. F. Meyer zur dramatisch-visionären Gestaltung seiner Epoche im Sinn von Balzac, Dickens, Tolstoj oder gar Dostojewskij und Zola geschaffen.

Begnügen wir uns damit, im ›Stechlin‹, der so oft als altersschwach sich verzettelndes Werk beiseite geschoben wurde, einen großen und verschwiegenen politischen Roman zu erkennen. Die Vorstufe dazu bilden die ebensolang verkannten ›Poggenpuhls‹. Ihre Handlungslosigkeit erfüllt ein ästhetisches Gebot, sie entspricht der Zukunftslosigkeit einer Adelsfamilie, über die die Zeit bereits hinweggegangen ist wie über ihren ganzen Stand. »Was als kompositorisches Unvermögen bedauert wurde, entsprang visionären Einsichten«, bemerkt ein jüngerer Kritiker marxistischer Observanz, H. H. Reuter. Erst das Wagnis der Konfliktlosigkeit ermöglichte Fontane die analytische Klarheit und Reinheit im Herausarbeiten der sozialen Verhängnissituation: »der geschichtliche Prozeß wurde zur eigentlichen Handlung.«[19] Tschechovs ›Kirschgarten‹ stellt den untergehenden russischen Adel mit derselben atmosphärischen Eindringlichkeit auf die Bühne. Ist seine künstlerische Kraft größer gewesen, oder hat das Theater mit seiner verstärkten Resonanzmöglichkeit ihm zum Weltruhm verholfen, der Fontane bis heute versagt blieb? Die Frage sei wenigstens gestellt.

»In seinem ganzen Wesen war Fontane ein Kind jenes Mischreiches zwischen zwei Nationen, das nie auf der Karte, sondern nur ab und zu in einzelnen Gehirnen bestanden hat und dessen größter Vertreter Chamisso ist«, schrieb einmal – mit ungewohnter Feinheit – Bruno Wille.[20]

Im Gegensatz zu Chamisso, der als gebürtiger Franzose erst mit 9 Jahren nach Deutschland kam, ist es bei Fontane wie bei Gottfried Benn und vor ihnen bei den Brüdern Humboldt, La Motte-Fouqué, Alexis, Luise von Francois, E. Spranger und andern Nachkommen von Réfugiés unmöglich, den jeweiligen Anteil des ›Bluterbes‹ genau zu bestimmen. Unbestreitbar bleibt, daß diese hugenottischen ›Mischlinge‹ zum Salz der Literatur gehört haben. Ihre Vorfahren, die zeitweise 1/4 oder 1/5 der Berliner Bevölkerung bildeten, waren nicht als Fremdarbeiter zu Handlangerdiensten nach Preußen herbeigeströmt, sondern von zielbewußten Fürsten als Leiter der Industrie, des Handels, des Kriegswesens und der Kunst in ein technisch unterentwickeltes Land hereingeholt worden. Trotz des üblichen Connubiums untereinander und des noch zäheren Festhaltens an bestimmten Umgangsformen und Lebensregeln, war doch durch allmähliche Einheirat und den ständigen Kontakt mit der neuen Umwelt diese Minderheit sehr bald stark berolinisiert worden.[21] Daß sich die Anleitung in ganz wenigen Generationen hat vollziehen können, weist auf eine Verwandtschaft der Anlagen hin, die auch Fontane betont:

»*Land*-Fremde waren wir, nicht *Herzens*-Fremde ...
Wohl pflegten wir das Eigne, der Gemeinde
Gedeihn und Wachstum blieb Herzenssache,
Doch nie vergaßen wir der Pflicht und Sorge,
Daß, was nur *Teil* war, auch dem Ganzen diene.«
(›Zur Feier des 200jährigen Bestehens der französischen Kolonie in Brandenburg‹, 1885.)[22]

Die Züge der Besonnenheit, Tüchtigkeit, Ausdauer, ein gesunder Menschenverstand, der beim idealen Berliner mit Mutterwitz und Toleranz Hand in Hand geht und der selbst einen kleinen Mann wie Schickedanz in höherem Licht erscheinen läßt, bilden auch die Substanz der französischen Klassik bei Molière wie bei La Fontaine und La Bruyère: wiederum ein paar Namen auf hundert andere. Ohne das Pathos der europäischen Idee zu bemühen und jenseits aller hypothetischen Ahnenspekulation, treten hier gern übersehene innere Zusammenhänge hervor, die in dieser oder jener Mischung ihre Bewährungsprobe im Leben der verschiedenen Völker abgelegt haben.

Ist der erstaunliche Wiederaufbau Deutschlands – vom verschlungenen Kräftespiel der Fadenzieher abgesehen – nicht auch auf die Summierung zahlloser kleiner Schickedanzscher Qualitäten zurückzuführen? Damit hätten wir unsern Helden zuletzt doch noch auf ein Postament gestellt. Besser ein Denkmal als gar kein Haus. Und auf dem Denkmal der Wahlspruch: »Reiche Leute sind noch keine vornehmen Leute, sie quengeln bloß und schlagen große Haken in die Türfüllung und hängen eine Schaukel dran.«

Ein Fontanescher Verweis an die Adresse jener, die in den überquellenden Komfort des Wirtschaftswunders hineinschaukeln und der Großmannssucht der Gründerjahre zu verfallen drohen, vor denen der Dichter als Prophet gewarnt hat.

---

1 Umgearbeitete und stark erweiterte Fassung des Beitrags *Schein und Sein bei Theodor Fontane* (in: *Erziehung zur Menschlichkeit*, Festschrift für Eduard Spranger, 1957, S. 421–426).
2 Zitiert nach der Ausgabe bei S. Fischer, 1920, Kapitel XII, S. 141.
3 *Der Stechlin*, ibid., S. 143.
4 Zitiert in der fundierten und aufhellenden Studie von Peter Demetz: *Formen des Realismus: Theodor Fontane*, 1964, S. 133.
5 Thomas Mann: *Rede und Antwort*, 1922, mit drei großen Studien über Theodor Fontane.
6 G. Benn: *Ausdruckswelt*, 1949, S. 81.
7 Linke Poot (Pseudonym für A. Döblin): *Der Deutsche Maskenball*, 1921, S. 94.
8 G. Benn: *Gesammelte Gedichte*, 1956, S. 355.
9 ibid., S. 343.
10 G. Benn: ibid., S. 350 und S. 360. Fontane: *Gedichte*, hg. von W. Keitel, Hanser Verlag, München, 1964, S. 393.
11 Fontane: o. c., S. 351. – Benn: o. c., S. 270. Vielleicht schwang bei Benn unter anderem auch der Rhythmus des berühmten Stormschen Gedichtes nach: *Beginn*

des Endes: »Ein Punkt nur ist es, kaum ein Schmerz, / Nur ein Gefühl, empfunden eben...« Benn war für die Kantilene dieser Lyrik nicht unempfänglich (cf. über die Elisabethgedichte in *Immensee:* »Weich gespielt, aber immer noch hörbar«, *Prosa und Szenen,* S. 264). Der unterirdische Zusammenhang seiner Lyrik mit der bürgerlich-romantischen Tradition wird an solchen Stellen sichtbar.

12 Benn: *Doppelleben,* S. 17. Benn stammte durch seine Mutter nicht von Hugenotten im eigentlichen Sinne ab, sondern aus dem welschen Schweizer Jura. Thilo Koch zitiert in seinem Essay *Gottfried Benn,* 1957, Ausführungen des Zürcher Professors Woodtli über die ›jurassischen Eigenschaften‹ des Dichters – recht problematische Darlegungen wie alles, was das ›Bluterbe‹ betrifft.

13 Benn: *Gedichte,* o. c., S. 361.

14 Fontane: o. c., S. 392. Über das zweimalige ›sendet‹ cf. die aufschlußreiche Diskussion zwischen Th. Mann: *Rede und Antwort,* S. 113–117, und O. Pniower, der eine andere Fassung (»ist das Wissen, *daß es endet*«) vorschlug. Belege hierzu in der Ausgabe der *Gedichte* durch W. Keitel, o. c., S. 993.

15 Benn: o. c., S. 358.

16 Fontane: o. c., S. 393 und S. 392 (›Dolor tyrannus‹).

17 Benn: *Ausdruckswelt,* 1949, S. 81. – *Briefe,* hg. Max Rychner, 1957.

18 Th. Fontane: *Briefe an G. Friedländer,* hg. von Kurt Schreinert, 1953.

19 H. H. Reuter: *Die Poggenpuhls, zu Gehalt und Struktur des Gesellschaftsromanes bei Th. Fontane* (in der Zeitschrift: *Etudes germaniques,* Paris, 1965, S. 346–359).

20 B. Wille: *Das Gefängnis zum preußischen Adler,* 1914.

21 Über das Problem der Angleichung cf. W. Hellpach: *Der deutsche Charakter,* 1954, S. 47 sq. – Eine der am besten dokumentierten Studien bleibt die weit zurückliegende Arbeit von P. Amann: *Fontane und sein französisches Erbe (Euphorion,* XXI). Fontane selbst führte seine musischen Züge auf die südfranzösische Abstammung zurück, obwohl weder väterlicher- noch mütterlicherseits dieses Erbteil unvermischt geblieben war. Amann bemerkt hierzu: »Die Familie Scherenberg bewies ihm, daß schon zwei Heiraten mit Damen der Kolonie genügten, um in eine nüchtern norddeutsche Kaufmannsfamilie bei der ganzen Deszendenz starke und mannigfaltige Künstlerneigungen hineinzutragen.« – E. Spranger: *Berliner Geist,* 1965.

22 Fontane: *Gedichte,* o. c., S. 535.

Alfred Döblin zwischen Osten und Westen[1]

Das Mächtige lockt und trägt. Räume tauchen auf, riesig gewölbt und mit flatternden Schatten erfüllt, aus denen es ab und zu emporblitzt. Aber tiefer unten, da ist ein ruhiges sicheres Ziehen, Fluten, Strömen. Getrost vertraut sich Döblin dieser Strömung an, gleitet durch die wallenden Massen, die fliehenden Schatten, verweilt hier, dort wird er weitergetrieben, ein wenig fröstelnd und doch ohne Bangen im weltweiten, geheimnisvollen, ringsum wogenden Raum.
Der Bogen wölbt sich über Kontinente. China, das Riesenreich, im Hintergrund Tibet, die Höhen des Himalaya. Der Amazonenstrom, Urgewalt im unerschlossenen Erdteil. Das Prag des Dreißigjährigen Kriegs, das Groß-Berlin der Maschinenzeit. Die Millionenstädte Europas, auf ahasverischer Fahrt von einem gestürzten Gott erlebt. Und über die Jahrtausende hinausgreifend Zukunftsvisionen, Umschichtung ganzer Erdteile durch die Technik.
Innerhalb dieser Räume aufgewühlte Menschenmassen. Weitgewölbt der Bogen auch hier. Auf der einen Seite die Herren der Welt, Kaiser und Papst, Fürsten, Feldherren, Magnaten der Industrie. Auf der anderen Seite, ebenso bunt durcheinandergewürfelt, der Abschaum der Gesellschaft. Menschen, herrlich die Natur bezwingend und wiederum bestialisch von Natur verschlungen. Festessen, bei denen überquellend die Tafel bricht, und Niedermetzelungen, wo Hirne verspritzen. Und immer geht es um das Höchste. Ein chinesischer Fischer stiftet eine neue Religion, ein christlicher Kaiser sucht seinen Staat zu retten, Jesuiten einen anderen zu begründen, und Menschen von morgen stoßen bis ins Weltall vor. Chaotische Zeiten, die zum Licht streben, vom Dunkel verschluckt werden, wieder nach oben gären.
Langsamer gleitet der Strom, auf begrenzterem Raum treten jetzt rund und klar die Gestalten hervor. Wie bewegen sie sich – und was bewegt sie? Das Mächtige, das bisher in tausend Wandlungen lockte und sich entzog, wird einmal scharf ins

Auge gefaßt. Wieder wandelt es sich. Es wird ein ungeheurer wuchtiger Block. Es strömt nicht mehr, es lastet, erdrückt. Mit gespannter Aufmerksamkeit wendet sich Döblin dem zu, was da erdrückt wird, dem Unscheinbaren, Winzigen. Wie erscheint es ihm?

Ein bißchen wehleidig, ein bißchen frech, ein bißchen dumm. Dabei voll guten, voll des besten Willens. Geradezu naiv in seiner Lernfreudigkeit, und doch so verzweifelt unbelehrbar in seiner Trägheit, seinem Verzagen. Es bewundert das Mächtige, schmiegt sich ihm an. Eine Art Liebesspiel entsteht, feminine Hingabe des Schmächtigen an das Mächtige, Mißbrauch dieser Hingabe. Das Mächtige lebt sich aus auf Kosten des anderen, das geduckt alle Schläge hinnimmt.

Aber etwas Erstaunliches zeigt sich nun. Je mehr das Mächtige breitspurig erdrückend einherwandelt, desto mehr höhlt es sich von innen her aus. Ungeheuer schwillt ihm der Kamm, und dabei steht es nur noch auf tönernen Füßen. Ein Hauch, ein Wort zuletzt, und der Golem zerfällt. Alle Gewalttätigen enden bei Döblin so.

Der Weg war also paradox: vom Mächtigen sind wir ausgegangen, verherrlichten seine Macht, und gezeigt wurde schließlich die Machtauflösung. Das ursprünglich Mächtige war langsam ein Ohnmächtiges geworden – eben in seinem Machtmißbrauch. Eine Herausforderung, ein Auswuchs, ein Widersinn. Nicht mehr Natur, sondern Unnatur. Immer schwächer strömte es in ihm. Unter dem eigenen toten Gewicht bricht es zusammen. Und nun das Gegenstück, das Unscheinbare, sein Machtaufstieg: David gegen Goliath. Doch nicht sofort erhebt es sich aus seiner schweren Trägheit. In freudig loderndem Überschwang glaubte es schon, am Ziel zu sein, dem Mächtigen, dem hemmungslos bewunderten, gleich. Es hatte sich in einen Götzen vergafft und wird nur um so tiefer zurückgeschleudert. Von Anbeginn, Schritt um Schritt, muß es lernen, was echte Macht ist, und wie es immer leise in ihr strömen muß. Nacht der Verzweiflung, Morgenröte der Wiedergeburt. Sie besiegelt alle großen Werke Döblins.

Der so gewaltige Welten zusammenbraut, ist selber klein, zier-

lich gebaut, kurzsichtig. Die Kurzsichtigkeit verstärkt gewisse Eigenheiten der Technik, ähnlich wie bei der Droste: weite verschwimmende Räume, und dann das mikroskopisch scharfe Heranrücken an die Dinge. In einem ›Lebensabriß‹ (1928) gibt Döblin präzise physio-psychologische Angaben über sich – Körpermaße, Muskulatur, Atmung, Blutdruck, alle möglichen Reflexbefunde.[2] Eine medizinische Bestandaufnahme, sachlich, straff, aber ohne das hart Berechnende in der Knappheit wie bei Gottfried Benn, dem anderen Mediziner, ohne die Spur eines waldgebirgigen Heidegger-Tons. Da spricht ein Arzt aus Berlin O, der die Kunden seiner Kassenpraxis kennt auf Herz und Nieren, sich lockert, wie sie im Mutterwitz oder in Schnoddrigkeit schlendert, bis er wieder scharf zupackt: »Grüßen Sie mir Ihre Waschfrau.« Näher beim Eckensteher Nante, der Familie Buchholz, der Mutter Wolffen als bei Fontane, seinen Gärten und dem kleinen dahinwerkelnden Volk. Umgetrieben in den Bataillonen und Regimentern der grauen Wohnblöcke Schulter an Schulter, der Hoch- und Untergrundbahnen, Bürofluchten, Fabrikballungen. Ein Schwimmer im rastlos sich verströmenden, wieder neu emporquellenden Urwillen, der hier hervorbrach, einen Korallenstock für das Kollektivwesen Mensch schuf: das Berlin des zwanzigsten Jahrhunderts.[3]
Sich selbst nimmt Döblin im ›Lebensabriß‹ scharf vor, unterzieht sich in dreimaliger Runde einer psychoanalytischen Ausbürstung. Der Mensch des Industriezeitalters wird zu Zahlen verflüchtigt, in ein Netz von Beziehungen aufgeteilt. So sehr hat sich Döblin der Übermacht der Fakten unterworfen, mit einer hemmungslosen vegetativen Fähigkeit des Aufnehmens aller Reize, des In-sich-Einströmenlassens der riesenhaften Umwelt. Das Ich scheint ausgelöscht. Bis es plötzlich aufbegehrt, bockt, sich aufrichtet. Eine Grenze ist überschritten, ein Durchbruch erfolgt: der Schwimmer tritt hervor, des Namenlosen Gesicht erstrahlt in seiner Einmaligkeit, seiner vollen inneren Autonomie. Das Individuum über dem Kollektiv, das Ich über der Natur. Ein Sieg, dem stets das Untertauchen in neue, noch tiefere Nächte folgt, aber stets auch in erneutes Aufstehen, Hervortreten, Bekennen zum Einzigen.

Machtvoll wölbt sich der Bogen auch hier. Eine ost-westliche Schöpfung: so ließe sich letztlich Döblins Werk benennen. Eine Schöpfung mit Brüchen, Einrissen, Versackungen, aber die große Linie ist unverkennbar, wie dem Betrachter der Zug des Limes, auch wo er überwachsen oder zugeschüttet ist. Die Rolle Berlins erscheint erst jetzt in vollem Licht: Nicht nur Millionenstadt des deutschen Industriereiches, sondern Drehscheibe zwischen Osten und Westen, Schnittpunkt von Kontinenten, deren Kräfte sich hier erregend stauen, gefährlich verknoten, aber auch ineinanderströmen. Dieses Berlin, in seiner Dimension heute von jedem erkannt, bildet von Anfang an den Nährboden von Döblins Schaffen.

Wie die meisten Berliner stammt er von draußen. Geboren zu Stettin im achten Jahre des Hohenzollernreiches. Die Familie kam vom Osten her, war aufgebrochen zur großen Westwanderung. Der Großvater mütterlicherseits, besser jiddisch als deutsch sprechend, ein Kleinkrämer in Samter, Provinz Posen. Oheime in Breslau, als Holzhändler. Der Vater, Zuschneideatelier in Stettin. Keine hanseatische Tradition wie bei R. A. Schröder in Bremen, bei der Familie Mann in Lübeck, auch keine Spur von Herddämmerglück. Es fehlt die bürgerliche Sicherung der meisten deutschen Schriftsteller, die sich selbst im Stromern und Knulpen noch als Erben fühlen, als Vaganten von Gottes Gnaden: ein Liliencron, ein Dehmel. Döblin ist von vornherein sehr viel härter und schärfer in den Wirtschaftsprozeß eingespannt, wird es immer bleiben, trotz zeitweiligen Hochkommens.

Ein Grunderlebnis: Der Vater ging unter, verkam. Floh als Vierzigjähriger mit einem jungen Mädchen übers Meer nach Amerika, tauchte zuletzt wieder in Hamburg auf, am Rande des Proletariertums, Strandgut. Die Mutter mit den fünf Kindern war nach Berlin gezogen – eine liebende, fordernde Frau, voll des verzweifelten Willens, sich und die Familie zu halten, zu heben, oft knapp vor dem Überspültwerden. Der Zehnjährige war hineingestellt ins Tosen der Großstadt, die Nüstern und alle Poren offen. Natur raunte nur noch von fern, die Technik brauste als das Blut dieser Epoche: hier schwamm er mit, auf dem

breiten, riesigen Strom, verzaubert vom Wunder der Maschinen. Dann wieder hinein in den Tunnel der Nacht und Fron, eingezwängt ins enge dunkle Heim und die strenge Schule: Schicksal des Großstädters, von Kindesnerven an durchlebt und ausgelotet, wie sonst kaum zuvor in der deutschen Literatur. »Es blieb in mir, daß wir, daß ich zu den Armen gehörte. Das hat meine ganze Art bestimmt. Zu diesem Volk, zu dieser Nation gehörte ich: zu den Armen.«
Die Forderung der Mutter stützte unerbittlich diejenige der Lehrer: leisten, gerüstet sein für den Lebenskampf. Mosaisches Gesetz und preußischer Imperativ trafen sich in ihrer Verdüsterung, Erstarrung zum puren Leistungsschema – so war es schon beim ›Soldatenkönig‹ gewesen, der nicht umsonst in den Schulen als Idealbild des guten, weil besonders harten Vaters hingestellt wurde und der wie ein Hebbelscher ›Meister Anton‹ von Riesenwuchs die deutsche Erziehung überschattete. Noch die Männer des 20. Juli schwärmten von ihm!
Die eigentümliche Größe des Preußentums hat Döblin immer anerkannt. »Preußische Strenge, Sachlichkeit, Nüchternheit, Fleiß ist mir auf dem Berliner Gymnasium anerzogen worden«, bekennt er stolz. Er ist immer mißtrauisch geblieben gegen süddeutsches Behagen und Sich-Gehenlassen. Bis ins Ethnologische hinein findet er in sich den »nordischen Anpassungstypus, erkenntlich an dem Langschädel, der graublauen Augenfarbe und der Farbe der Kopfhaare«. Im Geistigen seine Ablehnung gegen alle romantisierende Naturschwärmerei, seine Forderung an den Menschen nach »Wachheit, Umsicht, Strenge, Entschlossenheit.«[4]
Aber er ist Preuße nur bis zu einem gewissen Punkt und weiß: was darüber ist, wird Fratze und Entmenschtheit. Sadistische Jugendpeiniger steigen aus der Tiefe der Erinnerung in seinem Lebensbericht empor, treten in die Reihe jener anderen Angeklagten, welche die deutschen Dichter vor 1914 als Seelenschänder anprangern, von ›Frühlings Erwachen‹ bis zum letzten Buch der ›Buddenbrooks‹, von ›Unterm Rad‹ bis zu ›Professor Unrat‹, von ›Freund Hein‹ bis zur ›Räuberbande‹. Der Drill in Berlin, wie Döblin ihn ohnmächtig schweigend bis zu seinem

zwanzigsten Lebensjahr hinnehmen mußte, war nur grad-, nicht wesensmäßig verschieden von dem der Kadettenanstalten. Doch ein Grundunterschied besteht zwischen Döblin und einem Ernst von Salomon, der die Identifikation mit den gehaßt-bewunderten Züchtigern bis zur Mitbeteiligung an Fememorden durchführte und zuletzt sich zurückzog auf ein menschenverächterisch-saloppes Epikureertum, in der Pose der illusionslosen, tief angefressenen Aristokratie des ausgehenden achtzehnten Jahrhunderts. In Döblin lodert ein ganz anderes Ethos. In vielem steht er dem Schiller der Karlsschule nahe, der zwar die Selbstpreisgabe bis zur Denunziation seiner eigenen Kameraden treiben konnte (in den meist übergangenen oder unterschlagenen ›Charakteristiken meiner Mitschüler für den Herzog‹), dann aber in den Schrei ausbrach – Döblin stellte ihn einem seiner Werke voran – ›doch eine Grenze hat Tyrannenmacht‹, seine Tod- und Mordphantasien ausmünden ließ in Hymnen auf den Kosmos, und darüber hinaus die Polarität Zwang und Rausch als überwundene Strafe hinter sich lassend, die unermüdete Wanderung nach dem wahren, reinen Menschenbild hin antrat.

Die wahren Nothelfer von Döblins früher Jugend waren zwei Unbekannte, Unbehauste, die später im System der Diktatur zwangsangesiedelt wurden: Kleist und Hölderlin. Beide in starren Schulen ohne Vaterliebe herangewachsen, mutter- oder schwestergebunden, ihr Leben lang auf der Vatersuche, beide an Goethe zerschellt, der auch Döblin immer fremd geblieben ist. Bei Kleist faszinierte ihn das Zwielicht der Gefühle, die Haßliebe der Geschlechter, der halluzinatorische Realismus, der Blick hinter den Vorhang in den Abgrund hinein, die Entlarvung der Marionette, aber auch der Kampf ums Recht, die vehemente Sehnsucht nach Versöhnung in Freiheit. Und sein Hölderlin war nicht auf dem Melchior-Lechter-Hintergrund einer Großbürgerwohnung erschaut, mit der Maximin-Nische und den Kostümbällen, es war auch kein Oberlehrer-Ausgleich zwischen Gipsantike und Hofpredigerchristentum. Hölderlins ›Hyperion‹, ›Empedokles‹ und ›Gedichte‹ hatte der Primaner in halbzerschlissenen Ausgaben überall mit herumgetragen, später auf der Fahrt zu Patienten, in Kellerwohnungen oder auf Unfallstationen immer wieder gelesen. Statt des kleistischen Schlagwetters hier die Verzweigung ins All, das pflanzenhafte Wieder-kreatürlich-Werden: ein Grundmotiv bei Döblin, dessen Lebensbericht so schließt – und wieviele seiner Werke schließen nicht ähnlich? –: »Ich möchte mit Äpfeln voll hängen. Vögel sollen auf mir nisten. Immer wieder will ich im Schnee stehen, die Engerlinge zwischen meinen Wurzeln.«[5]

Gewiß, auch Nietzsche und Schopenhauer haben den Zwanzigjährigen befruchtet. Ibsen wirkte und Björnson, ein Niels-Lyhne-Ton weht herein, d'Annunzio bringt seine Farben, Dostojewskij und die Russen werden zeitweilig die eigentlichen Führer, und alles umrauscht unüberhörbar Wagners Musik, dazu ein Schuß Puccini.

Doch Kleist und Hölderlin sind der wahre Nährboden geblieben, und noch im Exil, in Frankreich, ließ der Dichter einen Vortrag über das eigene Werk die Lektüre des ›Schicksalliedes‹ als richtungweisend vorangehen.[6] Seine Sprachebene war gefunden, er hatte Fuß gefaßt, war eingedeutscht. Eine wesentliche Etappe auf der Ost-West-Wanderung war erreicht. Von diesem Standort aus sollte sich ihm später die Vater-Katastrophe in ihrem eigentlichen Lichte enthüllen – als ›Tragik des Umsiedlers‹.

Eine Reise nach Polen, 1924, gab Döblin den Schlüssel zur Lösung. In Polen, dem Vaterland, bei den frommen Juden, fand er jenen Glauben an das Wort, die Schrift, den Geist wieder, wovon des eigenen Vaters Liebe zur Musik und Dichtung nur ein ferner, letzter Abglanz gewesen war – ein Abglanz immerhin, wie er ähnlich bei »zahllosen unsicheren unglücklichen feinen Menschen« noch flackerte, bei anderen aber ganz verloschen war »im fetten Familiensinn der Händler, in der flinken Tüchtigkeit der Prostituierten des Geistes«.[7]

Der Zug nach Westen: ein Aufstieg also, erkauft mit seelischer Entleerung. 1933 hat man in Deutschland darin nur jüdisches Schicksal sehen wollen, Wurzellosigkeit eines gottverlassenen Volkes, ohne zu merken, daß die Deutschen selber in noch weit erschreckenderem Umfang dem gleichen Schicksal der Entwurzelung verfallen waren, daß die Umsiedlung aus dem Agrar- in den Industriestaat, aus dem Goethebezirk in den Spenglermythos innere Bedrohungen von gigantischem Ausmaß nach sich zog. Was damals als ›Dichter deutscher Art‹ gegen Döblin ins Feld geführt wurde und heute noch wird, waren im Gegenteil typische ›Zivilisationsliteraten‹, die das Universum nicht sahen wie es war und ist, sondern es verlogen anschönerten und ausbiederten, es zum ›total platten Lande‹ verbauerten und vermoorten, mit Sonne im Herzen, Vöglein im Walde und Kadavergehorsam, im Dunkeln blunckend und bloemend, mit straffer Wade und Gemütsräkelei, Hannsjohsterei, Jörnuhlentum. Unterdessen war Döblin schon längst zu den Grundschichten nicht nur des eigenen Wesens, sondern des ganzen Zeitalters aufgebrochen: eine Fahrt ins Totenreich, durch viele Verwandlungen hindurch, immer neue Krusten sprengend.

Die Dichtung überwintert zunächst. Studium der Naturwissenschaften und der Medizin. Darwin ist überwundene Stufe, wie Zola in der Literatur und bald auch die Dampfkraft in der Industrie. Von einer starr deterministisch orientierten Schulpsychiatrie hinweg frühes Herantasten an die Psychoanalyse (aber erst nach 1919 breit fundiertes Studium Freuds und Lehranalyse bei Simmel). Zwischendurch Rückwendung zur Biologie, Laboratoriumsarbeiten, Drüsenforschung, in der Hoffnung auf strengste Gesetzlichkeit – sie wird enttäuscht, das Letzte bleibt verschlossen. Immer wieder die Grundfrage, auch seiner Werke: der Sinn des Seins. Die geisteswissenschaftliche Basis des Studenten war eine preußisch-gediegene, noch von der Humboldt-Tradition genährt. So hörte er Lasson über Hegel, Rickert über Kant; las im Urtext den Aristoteles, dessen herbe Architektonik er allem schweifenden Platonismus vorzog. Und in der Musik, mit der er sich ständig beschäftigte, sah er nicht nur den Einbruch des Jenseitigen, sondern auch seine Bändigung in der Form, so 1906 in ›Kalypso, Gespräche über die Musik‹, geschrieben in der Irrenanstalt zu Regensburg. Aus allem Anstaltsbetrieb dann heraus, zu den Menschen hin, als praktischer Arzt in Berlin: »Das kleine Leben wurde mein Lehrmeister.« Nichts vom ländlichen Hintergrund, auf dem bei Carossa selbst München noch sicher und schlicht umhegt im Goethe-Abendschimmer daliegt. Wir stehen hier im rast- und ratlos rinnenden Großstadtleben, aber: »es weht ein großer Sturm, mein Herr.« Aufgestanden ist er aus der Ebene und dem Meer und dem kosmischen Bezirk, hat aus den Ländern Europas das Häuflein der Künder der Zukunft nach Berlin zusammengetrieben: Expressionisten, Futuristen, Kubisten. Die ›Erklärung‹ im 1. Heft des ›Sturm‹ hat Döblin mitunterzeichnet, und er gehörte bis zum Krieg zu den engsten Mitarbeitern H. Waldens. Er selber war freilich 1912 durch die futuristische Ausstellung in Berlin, die Lektüre von Marinettis Manifest und Roman und die Begegnung mit ihm tief betroffen worden, wie A. Arnold es nachweist.[8] ›Es lebe der Döblinismus!« schrieben ihm 1913 begeistert auf der Rückreise nach Paris Apollinaire und Delaunay, die Führer der neuen Dichtung und Malerei in Frankreich. Das Werk? Schmal genug und fast nur Kurzform während des Jahrzehnts 1902 bis 1912. »Allem Singen geht Schweigen voraus. Wer singen will, muß die Schläge in Kauf nehmen: In mir schwieg es furchtbar lange.«[9] Vom hölderlinisch verdünnten ›Erwachen‹ über die ›Jagenden Rosse‹ (1900) zum kleistischen ›Schwarzen Vorhang‹ (1902, gedruckt 1919): Durchbrechen der rationalen Sicherungen, der Vorhang der Worte lodert auf, aus dem Dunkel quillt es höllisch empor. Ins Grelle gewendet, knallgelber Umschlag, psychiatrische Studie aus der Freiburger Zeit: ›Die Ermordung einer Butterblume‹ (1904, gedruckt 1913). Ein paar Jahre darauf Berlin im ›Kaplan‹ (abgedruckt in ›Die Lobensteiner reisen nach Böhmen‹, 1917). Wie der Kaplan aus der U-Bahn am Potsdamer Platz in den weichdünstenden Nebel eines Novemberabends emporsteigt: das ist gestaltet in der Perspektive der expressionistischen Maler, der Mitstreiter des ›Sturm‹: Es ist kein Zufall, daß E. L. Kirchner 1913 die Novelle ›Das Stiftsfräulein und der Tod‹ mit fünf Holzschnitten illustriert hat – eine der aufsehenerregenden Publikationen bei A. R. Meyer. Der Kaplan selbst: ein Zertretener, der sich fast hündisch der Zertretung hingibt – und plötzlich wild ausbricht, selber zertritt, in Blut watet, zuletzt seelischgläsern emporschwebt: Hölderlinische Enthebungsmystik, entschieden nach dem Osten rückgewendet, alles Christliche nur stammelnd und verzerrt. Damals kennt er nichts als eine dunkel brausende Mystik, abseits von jeder faßbaren Offenbarung. Seine Gestalten werden nur fertig gemacht für den »Rückstrom in die anorganische Welt, das Einswerden mit dem großen Anonymen«.

Ein Grundmotiv: das Meer, das hinreißt, vernichtet, neugebärt. Der seelenlähmende Elternkonflikt ist in diesem Bilde gestaltet und aufgehoben. Es versöhnt mit der Gestalt des bewundertverabscheuten Vaters, der als Raumeroberer kühn über das Wasser dringt, alle Fesseln sprengt, ausbricht; es versöhnt mit der Gestalt der Mutter, der liebend-verständnislosen, deren Ethos des Rechtes über das Pathos der Auflehnung siegt, die aber den Ertrinkenden im Ursymbol der mütterlichen Wasser endlich wieder umfängt, ihn zur Auferstehung emporträgt.

Dichterisch am vollkommensten geglückt ist diese Symbolik in der ›Segelfahrt‹, mit den scharfen knappen Konturen, einem Meisterwerk des Frühexpressionismus; in den ganz nordisch umwitterten Märchen vom ›Hinzel und dem wilden Lenchen‹ und vom ›Riesen Wenzel‹; in dem waldhaft-zottigen, Albrecht Altdorfer nahen ›Krokodil‹. Daneben schon in diesen Frühwerken die andere Form des Scheiterns: der alte, ausgeleerte Mann, schäbig-schimmlig am Rand der Existenz; um ihn das irre Kreisen der vermaßten Menschen, betrogene Betrüger, aus allen Ritzen und Winkeln hervorbrechend. Berliner Ratten, bei Fontane kaum geahnt, bei Hauptmann sichtbar geworden, bei Döblin wie bei Sternheim mit Zola-Härte voll belichtet – dann aber, fast immer, über jeden Realismus hinaus ins Visionäre erhoben, zerknackt vom Schicksal, hingewirbelt in den Einstrom der Urmacht.

›Die drei Sprünge des Wang-lun‹ (1912 bis 1913 geschrieben, 1915 gedruckt) bedeuten den Durchbruch durch den Engpaß der schmalen Erzählbände in die Weite der tausendblättrigen Romane, wo alle Schleusen sich öffnen, Katarakte in den Ozean donnern. Von Rußland, wo die Handlung zunächst am Lena-

fluß unter rebellischen und hingemordeten Goldwäschern spielen sollte, verlegte der Dichter die Handlung noch weiter nach Osten, drang über Tolstoj zu Konfuzius, Laotse, Liä-Dsi vor, stieß damit in das Zentrum der jahrhundertelangen Aufstände gegen die Mandschu-Kaiser. Sein eigenes Problem: Der Schwache, vom Schicksal geschleudert, wird als Problem jener und dieser Zeit, als Problem des Menschseins schlechthin, erschaut und die Lösung im wahrhaften Schwachsein gesucht, eine Wandlung der Welt durch dieses Selbstopfer erhofft. »In die Schläge des Schicksals sich finden, hieße der reine Weg. Angeschmiegt an die reinen Ereignisse, Wasser an Wasser, angeschmiegt an die Flüsse, das Land, die Luft, immer Bruder und Schwester, Liebe hieße der reine Weg.«[10]
1913 – das ist auch das Jahr, in dem Albert Schweitzer aus dem gleichen Antrieb heraus nach Afrika gegangen ist, und dann durch zwei Weltkriege hindurch seine ›Gemeinschaft der vom Schmerz Gezeichneten‹ durchgehalten und ohne Aufsehen immer großartiger ausgebaut hat, ein apollinischer Mensch, im Goetheschen Geiste aufgewachsen und in der christlichen Nachfolge eines Spener, eines Oberlin, an jenem Oberrhein, wo der Westen so stark und so dauernd herüberwirkt. Bei Döblin die andere, die dionysische Linie – vor der Goethe bei Kleist zurückschauerte. Wang-lun, der Führer des Wu-Wei, wird auf dem Weg zum wahrhaften Schwachsein in immer entsetzlichere Kohlhaas-Greuel hineingetrieben und rast als Berserker, bis er zum Schluß alles abbittet, vor Gott und den Menschen sich auslöscht. Ähnlich hierin nicht nur dem Kohlhaas, sondern auch dem Karl Moor – eine sehr deutsche Linie, die einen ihrer Ausgangspunkte gewiß in der Niederwerfung des Bauernkrieges und seiner erbarmenslosen Verdammung durch Luther hat. Hier zweigt sich die deutsche Entwicklung entschieden von der französisch-angelsächsischen ab. Erst durch den Kontakt mit dem Westen wird Döblin einen anderen, neuen Standpunkt finden. Die deutsche Masse als solche in ihrer realen Struktur zu gestalten, war ihm damals noch versagt. Trotz intensiver Studien am Tatsachenmaterial bei Siemens und Halske, 1913 bis 1914, wurde ›Wadzeks Kampf mit der Dampfturbine‹ (gedruckt

1918) nur die ins grotesk-phantastische spielende Geschichte eines Einzelnen – Paul Scheerbart nahe und (unbewußt) auch dem Apotheker Margraf aus Jean Pauls ›Komet‹ viel verwandter als einem Balzac, Stendhal, Victor Hugo, denen Generationen von Gesellschaftskritikern vorgearbeitet hatten. Die deutsche Realität ist hier nicht ›durchstoßen‹, sondern übergangen; die Machthaber nicht auf ihrem wahren, raffiniert gegliederten, überlegen beherrschten Wirkungsfeld gezeigt und entlarvt, sondern auf die Höhe der phantastischen Verzerrung entrückt, metaphysiert – und damit weiter unverwundbar gemacht.

Richtungslos irrende Massen, ohnmächtige Einzelne fluten, stürzen, stöhnen durch den ›Wallenstein‹, den Döblin 1916 bis 1918 als Arzt in den Seuchenlazaretten hinter der lothringischen Front begann und im Berlin des Revolutionswinters 1918 bis 1919 beendete. Prag, die Ostwolke über dem Reich, die Scharen von Vertriebenen: Den »Krieg als solchen« wollte er hier »fühlbar, sichtbar, erlebbar machen«. Seine zugleich fanatisch ins Detail sich einkrallende und die überlebensgroßen Symbole selbstherrlich heraushämmernde Phantasie erreicht dieses Ziel, getragen von einer barocken Sprachbesessenheit, die nie zum Kunstgewerbe erstarrt, sondern als dunkler Strom aus dem Innersten bricht und die wilde Signatur der Zeit trägt: aufgestanden ist er, welcher lange schlief. Keine Ricarda-Huch-Sachlichkeit, auch keine Florian-Geyer-Elegie, noch weniger gemütsdurchdumpfter Haus- und Winkelsinn oder das schlicht-fromme »Mütterchen aus dem Schwedenkrieg«: eine furchtbare, eine frauen- und liebeleere Welt. Das Liebesringen wird – geheim und verbissen – auf die zwei männlichen Partner übertragen, die als Schaum über der Masse glitzern, ehe sie wieder ins Dunkel strudeln: Wallenstein und der Kaiser Ferdinand. Wallenstein, »ein tellurischer Geselle, mit einem Ultra-Maximum an Kraft gefüllt«, strategisches Genie und zugleich Großspekulant, wüster Inflationsgewinnler, den die Habsburger nicht als Verräter, sondern als ihren Hauptgläubiger ermorden lassen. Über die spießbürgerlich verhockte Romantisierung der landläufigen historischen Romane hinaus ist hier in Deutschland der Durchbruch zur grausam sicheren, desillusionierten Entlarvungstechnik von Flauberts ›Salammbô‹ vollzogen. Doch wiederum jenseits von Realismus, Psychologie, Gesellschaftskritik: Der deutsche Endbezug auf die Mystik, der Einbruch des ganz Anderen in Gestalt des Kaisers Ferdinand einer neuen Verkörperung des Nicht-Widerstrebenden, dem aber auch hier kein anderer Weg bleibt als der des grimmelshausisch-hölderlinisch-kleistischen Abtuns der Welt. »Anfang 1919 wurde ich in Berlin von dem Anblick einiger schwarzer Baumstämme auf der Straße betroffen. Er muß dorthin, der Kaiser Ferdinand, dachte ich. Das war das bisher gesuchte Ende zum ›Wallenstein‹.«[11] In einsamen Wäldern, nach dem Besuch bei einem Einsiedler, wird Ferdinand von einem koboldartigen Waldwesen, einem Affen in Menschengestalt, umgebracht. Das große Anonyme hebt den Einzelnen wieder an seine Brust.

›Berge, Meere und Giganten‹ ist der dritte große Wurf Döblins aus jener Zeit, geschrieben 1921 bis 1923 (gedruckt 1924). Eine neue Fassung erschien 1931 unter dem Titel ›Giganten‹ – gerraffter, aber auch viel formelhafter: ohne das urtümlich Wuchernde, ozeanisch Breite. So wenig man Melvilles ›Moby Dick‹ als einen ›Seemannsroman‹ bezeichnen kann, so wenig ist Döblins Buch ein utopistischer Roman im üblichen Sinne. Bei allem Jules-Verneschen, auf Kenntnisse gestützten Scharfsinn im Herausspüren des Kommenden bricht immer wieder das Tellurische durch: es geht weniger um das Geheimnis der künftigen Jahrhunderte, als um das Geheimnis des Werdens schlechthin. Eine »Wanderung durch das unermeßliche Land der menschlichen Empfindungselemente« wird angetreten, es ertönt »ein furchtbarer Psalm auf die protoplasmischen Schicksale«. Als Motor der Machttrieb, der Motor aller Werke Döblins – der Motor des ganzen Zeitalters, diesmal in seiner Höchstform als Durchrationalisierung, Technisierung der Welt. Aber wie die Herstellung künstlicher Speisen (im ersten Buch) die Menschheit nicht sättigt und ausgleicht, sondern einen neuen, den ›uralischen‹ Krieg hervorruft, so wird in den letzten Büchern durch die Sprengung der Vulkane Islands und die damit eingeleitete Enteisung Grönlands kein Fortschritt erzielt. Zusammen mit den Früchten des Feldes und den Bäumen wachen die Saurier auf, die vorzeitlichen Ungeheuer. Ihnen treten – in beklemmend gesteigerten Visionen – künstlich gezüchtete ›Turmmenschen‹ entgegen, Riesen mit stierwilden Hirnen. Doch diese Halb- und Übermenschen sind nur stofflich aufgeschwollen, haben das Menschliche verloren, unterliegen der in ihnen wütenden Lebenskraft, zerfallen in mineralische Grundstoffe: der Golem stürzt ein. Und wieder im Sinken das tragende, tröstende Muttersymbol: Venaska, ein Wesen von zeitloser Süße, senkt ihre schmerzensreiche, sehnsüchtige Seele in die entsetzlichen, tobsüchtigen Giganten ein, »und sie sterben willig«. So hatte schon Elina den barbarischen Höchsttechniker Marduck, den Herren der märkischen Landschaft, »aufgebrochen, umgeschmolzen« – in jener Mittelpartie, wo sich mit kleistischer Penthesilea-Besessenheit der Machtkampf auf drei Gestalten konzentriert. Neben Elina und Marduck selber tritt der Freund-Feind Marducks, der ihm masochistisch verfallene, dann zu einem Antipoden aufwachsende feine aristokratische Jonathan.

»Die Natur bewegt sich nicht gegen die Menschen. Die Menschen zerschlagen sich an ihr. Die Technik ist der Usurpator, der gestürzt werden muß. Diejenigen, denen das Herz aufgegangen, die Augen geöffnet wurden, erleben ein reicheres Schicksal.« An ihrer Spitze steht Kylin, der einstige Großphysiker, der den wenigen überlebenden Siedlergruppen »in den uralten Landschaften des franko-kantabrischen Kulturkreises eine neue Gesittung gibt: wissend und demütig«.

Im Osten hatte der mythische Roman begonnen: »Stürme rissen die schweren Wolken hin und hinunter, von den östlichen Eishäuptern des Himalaya.« Er endet in der Provence der Troubadoure und des Marienkultes. »Mein Buch war nicht mehr der gigantische Kampf der Stadtschaften, sondern Bekenntnis, ein besänftigender und feiernder Gesang auf die großen Muttergewalten. Ich betete. Das war die große Verwandlung.«[12] Den Inhalt des Gebetes muß Döblin freilich noch lernen, auf tödlicher Fahrt zu neuer Prüfung in die Nacht getaucht, gerade im Südwesten Europas. Aber immun war er

schon damals gegen den Gigantismus, der ein paar Jahre später Deutschland um- und aufbrechen sollte, und dem 1933 selbst noch ein Gottfried Benn – ein Pastorensohn wie Nietzsche – hörig war, als er im Sinne Marducks schrieb »Gehirne muß man züchten, große Gehirne, die Deutschland verteidigen, Gehirne mit Eckzähnen, Gebiß mit Donnerkeil.«[13]
Die Wendung, die sich in ›Berge, Meere und Giganten‹ ankündigt, ist vollzogen im indischen Epos ›Manas‹, »das von metaphysischen Gewittern hallt und leuchtet« (Loerke), das aber noch viel unbekannter geblieben ist als die Epen von Mombert, Däubler und Pannwitz. Robert Musil, der damals, mit Döblin engverbunden, in Berlin lebte, hat vergebens dafür geworben, für ein Werk, das »so gewagt wie gelungen, so außerordentlich wie überraschend« ist.[14] Zum erstenmal tritt die Frau nicht als Erlöserin im Tod, sondern als Gebärerin zu neuem Leben auf. Es ist hier auf die entscheidende Rolle zu verweisen, die Yolla Niclas in Döblins Leben und Dichten gespielt hat, seit er die Neunzehnjährige auf einem Berliner Maskenball – dem ›Feuerreiter-Ball‹ – angetroffen hatte. Er selber datierte seine vita nuova von dieser Begegnung im Februar 1921. Der Versuch, sich um ihretwillen von der Familie loszureißen, wurde bald aufgegeben, obwohl die Ehe mit Erna Reiß, 1911 geschlossen, alles andere als glücklich war. Das stärkste Band bildeten die Kinder, vier Söhne – »wenn man mich fragt, zu welcher Nation ich gehöre«, schreibt einmal Döblin, »so werde ich sagen: weder zu den Deutschen noch zu den Juden, sondern zu den Kindern und den Irren«.[15] Die Flucht des eigenen Vaters vor Frau und Kindern, die sein Leben in der Wurzel getroffen hatte, wollte er nicht nachvollziehen: Vaterhaß und Mutterbindung schlossen von vornherein diesen Weg aus und drängten Döblin zu einem Leben auf zwei Ebenen als Ausdruck der innern Spaltung und unüberwindbaren Ambivalenz der Frau gegenüber: das materielle Leben mit der Gattin, das seelische mit der Geliebten. Von 1922 bis 1940 ist keines seiner Werke ohne intensive Beteiligung von Yolla Niclas geschrieben worden. Die zugleich enthusiastische und diskrete, intuitiv sensible Yolla – ›Schwesterseele‹ nannte Döblin sie – war ihm nach Paris gefolgt

und hatte sich als Kunstphotographin beim Place de l'Etoile am andern Ende der Stadt niedergelassen. Die räumliche Entfernung spielte so wenig eine Rolle wie in Berlin. Die Liebenden trafen sich immer wieder – oft in einer Art von übersinnlichem Ahnungsvermögen, wie beide mir später versichert haben.
Der mystische Charakter der Bindung forderte ein so gut wie totales Geheimnis andern gegenüber. Selbst nahe Freunde waren nicht eingeweiht. Die Flucht nach Amerika ließ die äußere Beziehung abreißen. Döblin lebte in Los Angeles unter der tyrannischen Kontrolle seiner Frau, die auch den Briefwechsel unterband. Yolla Niclas hatte sich kurz vor der Flucht nach Amerika verheiratet und lebte in New York. Bis zuletzt sprach Döblin von ihr als der ›idealen Inspiratorin seines Werks‹, der er sich mystisch verbunden fühlte. In ›Manas‹ entreißt diese für Döblin neue Gestalt der Frau ihren Gatten, den indischen Fürsten, der – in völliger Identifikation mit dem Schmerz des getöteten Feindes – selber aufs Totenfeld aufgebrochen war, den Dämonen, holt ihn zurück zum Kampf und Handeln in dieser Welt. Hier ist Döblins Umschwung mit Händen zu greifen: das bewußte volle Bekenntnis zu einer Norm des Maßes und dem Bild des kämpfend-tätigen Einzelnen.

›Berlin-Alexanderplatz‹ ist nur auf diesem Hintergrund zu verstehen, als religiöses Lehrgedicht, so wie Faulkners ›verruchte‹ Südromane nur als Illustrationen zur puritanischen Bibel erfaßt werden können. Das Bild vom ›Opfer Abrahams‹, das an entscheidenden Stellen des Buches leitmotivisch auftritt, ist nicht ein Schriftstellertrick, die ›Tarnung eines glaubenslosen Intellektuellen‹, wie es nach 1933 hieß, auch kein Zugeständnis an die Kierkegaard-Mode (den Döblin damals noch kaum kannte), sondern Symbol für des Dichters Grundproblematik ›Macht – Ohnmacht‹, ›Unterwerfung – Aufstand‹, die in dieser Zuspitzung zugleich eine sehr deutsche Erscheinung ist. Nur daß sich jetzt für Döblin eine sehr klare Einsicht ergibt, mit der er den meisten seiner Zeitgenossen wiederum vorausgeht: Unterwerfung unter Gottes Willen ist nicht identisch mit der bedenkenlosen Hinnahme der menschlichen Satzungen, und

Ruhe weder die erste Bürger- noch die erste Christenpflicht, im Gegenteil. So hatte er schon 1925 nach der Polenreise, von deren Bedeutung noch die Rede sein wird, geschrieben: »Daß man nicht im Anbeten erliegen darf, ist mir unendlich klar. Daß man verändern, neusetzen, zerreißen darf, zerreißen muß, ist mir klar. Der Geist und der Wille sind legitim, fruchtbar und stark. Es gibt eine gottgewollte Unabhängigkeit. Beim Einzelmenschen. Bei jedem Einzelnen. Den Kopf zwischen den Schultern trägt jeder für sich.«[16] Diese Unabhängigkeit muß Franz Biberkopf im ›Alexanderplatz‹ durch eine dreifache schreckliche Wandlung hindurch erlernen.

Die landläufige Literaturbetrachtung sah in dem Buch nur die eigenartige Technik und relativierte sie durch Rückführung auf die Filmtechnik der Synchronisation, die ihrerseits schon durch Joyce und Dos Passos auf die Literatur übertragen worden sei. Ein so feiner und tiefer Kritiker wie Walter Benjamin wies aber gleich beim Erscheinen des Buches darauf hin, daß der ›monologue intérieur‹ bei Joyce und seinen französischen Vorgängern eine ganz andere Zielsetzung habe (wofür das spätere Werk des Iren den gültigen Beleg bildet) und daß anderseits das Stilprinzip der Montage bei Dos Passos seine eigentlichen Wurzeln im Dadaismus habe, zu dessen ältesten und echtesten Vätern eben der Frühexpressionist Döblin gehöre. Für Döblin wie für die italienischen Futuristen und französischen Kubisten sowie später für die Dadaisten und Surrealisten bilden die Dokumente aus dem Alltag Kampfmittel gegen die offizielle Phraseologie, sie dienen zur Entlarvung der Götzen. Das Hereinfluten von Zeitungsinseraten, Schlagertexten, behördlichen Verordnungen, Statistiken in ›Berlin-Alexanderplatz‹ ist etwas anderes als literarische Attrappe: im Hegelschen Sinne bedeutet es Wiedergewinnung des konkret Objektiven, Wegschwemmen der falschen Subjektivität, und im Sinne Fr. Schlegels Sprengung des traditionellen Formprinzips, Vorstoß zu jenem universaleren epischen Wortkunstwerk, das nach Döblins Forderung »entschlossen lyrisch, dramatisch, ja reflexiv zu sein habe«.

Die systematisch gestufte Verwendung des Berliner Dialekts im ›Alexanderplatz‹, ihre Harmonisierung mit ganz anderen Sprachebenen im selben Werk, wirkt in ähnlichem Sinne lockernd und lösend auf die Starre des konventionellen Romans. »So hat die Gischt der wirklich gesprochenen Sprache den Leser noch nie bis auf die Knochen durchnäßt«, schrieb Benjamin.[17] Zugleich aber stößt Döblin über die Photographie der Wirklichkeit zur Vision durch: Der Naturalismus ist endlich mehrdimensional geworden, er hat den Bezug zur Metaphysik wiedergefunden, ist in das Fluten der Mystik gestellt. Bei Fallada wird Döblin später ausgepowert – Rückfall ins biedere Photo, mit Blümchen und Schnörkel des Photographen. Und bei Céline, dem Arzt aus den Pariser Elendsvierteln, findet sich zwar eine halluzinatorisch überhöhte Schau der Wirklichkeit, aber zum Geist wird nicht vorgedrungen, blindwütend rennt dieser Widersacher der Seele und Kultur gegen die Mauern des eigenen toten Materialismus, ein geborener Faschist und späterer Hitlerverehrer.

Den Unterschied zwischen Döblin und dem ihm rangähnlichen Dos Passos – gleichfalls einen ›Umsiedler‹ in der dritten Generation als Enkel portugiesischer Einwanderer – hat der Verfasser des ›Alexanderplatz‹ einmal selber im Gespräch so formuliert: Die Trilogie USA ist vorwiegend polyphon komponiert, ›Alexanderplatz‹ dagegen homophon.[18] Dies auch der Gegensatz zum ›Wallenstein‹, wo zehn, zwanzig Handlungen nebeneinander liefen. Jetzt, auf dem einmal beschrittenen Wege zum Menschenbild in seiner Einmaligkeit, wird eine Grundfigur heraus- und vorangestellt, in den Mittelpunkt gerückt; es ist die führende Stimme, die unzähligen anderen schließen sich akkordmäßig ihrer Bewegung an. Was für ein ›Held‹ ist dieser Franz Biberkopf? Ein naiver, einfacher, gutwilliger Mensch, ein Berliner Transportarbeiter, eben aus dem Gefängnis entlassen, wo er vier Jahre wegen tödlicher Körperverletzung aus Fahrlässigkeit abgesessen hat. Es ist sein fester Wille, nun ganz anständig zu leben. Genügt der Wunsch und Wille? Einsicht gehört mit dazu. Sie fehlt Biberkopf. Er ist gut, aber starr. Er ist vor allem der Macht verfallen, ohne es zu wissen. Der Mann muß klar über sich werden. Er wird es nach sehr vielen Umwegen.

»Magnetische Kräfte liegen in uns, sie fordern das Schicksal heraus«. Es meldet sich zunächst in Gestalt eines Betrügers: Biberkopf bleibt unbelehrt. Jetzt kommt der Vollverbrecher Reinhold, verleitet den ahnungslos Gutmütigen, und als der heraus will, ist es zu spät, Reinhold stößt ihn unter ein Auto. Eine dritte Bewährungschance wird ihm gegeben: Er hat nicht das Leben, sondern nur einen Arm verloren – und kehrt zu Reinhold zurück. So sehr will er noch immer an ihn glauben; so stark ist seine unbewußte Hörigkeit. Er spielt ihm – wiederum ahnungslos – das eigene Mädchen, Mieze, in die Hand, Reinhold erschlägt sie im Grunewald, ein unschuldiges Wesen, er wird schließlich verhaftet, und Biberkopf des ihm zugeschriebenen Mordes freigesprochen. Inzwischen ist die Wandlung in der Tiefe vor sich gegangen, während eines kataleptischen Stupors, der Biberkopfs Antwort auf so viel verdient-unverdiente Schicksalsschläge gewesen war. Den Aufenthalt im Irrenhaus schildert mit unheimlicher Intensität der Psychiater Döblin; aber hinter dem Arzt steht der Metaphysiker, hinter dem Naturalisten der Mystiker. Biberkopf geht auf seine Weise, auf seiner Ebene durch die gleiche ›dunkle Nacht der Seele‹ hindurch wie Johannes vom Kreuz, wie Kleistens Prinz von Homburg. Neugeschaffen wie sie tritt er aus ihr heraus, »demütig und wissend«, geheilt von seiner falschen Großmannssucht. Wie der Prinz nur mehr ein Offizier unter anderen, so will Biberkopf nur mehr ein Mensch unter und mit anderen sein, nicht mehr unter Einem; auf sich gestellt, auf die eigenen Füße, ›helle‹ und nicht mehr nachtwandlerisch-unsicher.

Biberkopf ist eine bisher kaum erkannte Verkörperung des ›deutschen Michels‹. Aber während bei den Sprechern des Regimes der deutsche Michel in seiner unmäßigen Gutmütigkeit nur von den ›äußeren‹ Feinden Deutschlands ausgenützt wird, stellt Döblin ganz entschieden die vielleicht noch größere innere Bedrohung dieses Typus heraus. Er bleibt dabei einer Linie treu, die gerade die deutschesten unter den deutschen Dichtern mit Ingrimm gezogen haben, Jean Paul im ›Rektor Fälbel‹, Hölderlin in den ›Knechten‹ des ›Hyperion‹ – Untertanen, anfällig für die Macht und den Mächtigen, auch wo die Macht sie selber als erste mißbraucht. »Der Deutsche: versklavt und führungsbedürftig; Gehorsam seine ernsteste Leidenschaft«, schrieb Döblin schon 1919 – ein überspitztes, gewissermaßen preußisch-scharfes Wort –, aber welcher Kern steckt darin, denkt man an 1933.[19]

Eine andere soziologische Erkenntnis ergibt sich aus dem ›Alexanderplatz‹: die erotische Wurzel einer solchen Machthörigkeit. Der Roman ist so wenig wie die übrigen Bücher Döblins ein homosexuelles Buch im hergebrachten Sinne des Wortes. Und doch sind es, von wenig Ausnahmen abgesehen, Bücher ohne Frauen. Im Mittelpunkt steht fast immer ein dem Dichter nicht unbewußtes, verbissen-heftiges Liebesringen zwischen zwei männlichen Partnern. Ein Liebesringen, das sich auf anderen Ebenen als auf der der reinen Sexualität abspielt, das Gesamtverhalten der Personen grundlegend beeinflußte und seine verborgenste Ursache in der übergroßen Vater-Autorität hat, wie sie ausländische Beobachter im deutschen Lebensstil seit Jahrhunderten frappiert. Bücher ohne Frauen im selben Sinn und aus denselben Gründen sind ja auch führende Werke aus der Nachkriegszeit, die gerade um die Grundproblematik des Deutschen kreisen, wie ›Doktor Faustus‹ und ›Glasperlenspiel‹, das Werk Jüngers und zum Teil Benns.

Wenn bei Döblins Gestalten die Lustquote der masochistischen Unterwerfung besonders kraß zutage tritt (ein Masochismus, dem immer auch der Umschlag in den Sadismus auf dem Fuße folgt), so handelt es sich keineswegs um die morbide Darstellung abwegiger Schicksale, sondern um soziologisch streng begründete Typen und Normen. So ist schon die schauerliche Darstellung des Tanzes, den der ›Kaplan‹ aus Döblins gleichnamiger Frühnovelle vor dem preußischen Leutnant und dessen kleiner Freundin im rosa Nachthemd der jungen Dame vollführt, nicht schauerlicher als die Tänze im Tütü einer Balletteuse, die Graf Eulenburg im Männerkreis vor Wilhelm II. aufzuführen pflegte, zum Gaudium eines Herrschers und seiner Clique, die über Leben und Tod von Millionen geboten. Ähnliches ließe sich vermerken zur homosexuellen Verwurzelung des Nazismus und – über alle offen-bewußte Erotik hinaus – zur erotischen Bindung der Masse an den sie vergewaltigenden ›Führer‹: ein anderer Reinhold, wie ja auch Biberkopf der typische Mitläufer ist.

Mit einem derartig unheimlichen Unterton kann Döblins Berliner Roman – der bislang einzige deutsche Großstadtroman internationalen Formats – nicht die Wärme, ja Behaglichkeit spenden wie die Pariser Romane Balzacs oder gar die Londoner Romane Dickens'. Dabei ist gerade im ›Alexanderplatz‹ das ›mittlere Register‹ stärker vertreten als in den anderen Werken Döblins: ›Sachte‹ im Berliner Sinne ist das Zeitmaß des Buches, jovial sind zahlreiche Seiten, gespeist von jenem Mutterwitz, der sich kein X für ein U vormachen läßt, und der von den französischen Réfugiés zwar nicht hereingebracht, wohl aber wesentlich gestärkt und vom friderizianischen Hof aus ins Volk verbreitet wurde, so daß sich in dieser Hinsicht, und zwar wiederum auf Grund ganz bestimmter Verhältnisse, Linien vom ›Alexanderplatz‹ zum Gavroche Victor Hugos, zum Crainquebille Anatole Frances ziehen lassen.

Ein ›Volksbuch‹ im Sinne von ›David Copperfield‹ oder ›Les Misérables‹ konnte und kann trotzdem ›Berlin-Alexanderplatz‹ nie werden. Das liegt zum Teil am Autor selber, zum anderen an den deutschen Gegebenheiten. War Berlin je nur annähernd so ›volkstümlich‹ in Deutschland selber, wie Paris in Frankreich, London in England? Ertönte nicht in der deutschen Literatur der Ruf ›Los von Berlin‹, als kaum die Stadt erblüht war – hell, mutig, kühn, modern, aber auch voll von düster schwelenden Spannungen? Diese Spannungen vermag auch Döblin in seinem Berliner Roman nur teilweise zu bewältigen, nämlich im Einzelmenschen, in Biberkopf, der zuletzt geheilt, wenn auch ›ramponiert‹ dasteht und als Hilfsportier in einer Fabrik sein neues Leben aufbaut. In Hugos ›Misérables‹, diesem grandiosen Pariser Roman-Epos, das seit Generationen auch in die russische wie die amerikanische Masse eingedrungen ist (und gar nicht in die deutsche – wiederum sehr aufschlußreich), kämpft Gavroche auf den Barrikaden gegen die Usurpatoren der Macht. Und fällt er auch – hinter ihm kämpft oder frondiert ein ganzes Volk weiter. Bei Döblin gibt es keine ähnliche Gemeinschaft, gibt es nur den Einzelnen – wie eben in Deutschland: schon Hölderlin wußte es im ›Hyperion‹. Und was dann als ›Gemeinschaft‹ aufkam und sich ausgab, schlug nicht jenen Weg ein, den der Dichter seinen Biberkopf begehen hieß, sondern den umgekehrten Weg – den vom Bürger zum Mitläufer, der einer verbrecherischen Macht verfällt. Der Prophet selber wurde in die Wüste verstoßen, sein scharfes und flammendes Wort blieb bestehen.

Döblin war zu einer höheren Entwicklungsstufe, zu seiner Erweckung als Gesellschaftswesen durch die Ereignisse von 1914 bis 1919 und durch eine anschließende staatsbürgerliche Selbsterziehung gekommen. ›Unpolitische Betrachtungen‹ waren letzten Endes auch die ›Sturm‹-Programme gewesen – so stark wirkte selbst auf diese die Literatur revolutionierende Avant-Garde des zwanzigsten Jahrhunderts die Lehre vom Vorrang des ›inneren Reiches‹ nach.
Berserkerhaft wild und voll schauerlicher politischer Unvernunft sind Döblins erste Kriegsbeiträge in der ›Neuen Rundschau‹. Deutschland erscheint darin als der ewig geduldige Friedensengel, das jahrhundertelang auf Gerechtigkeit gewartet, um Gerechtigkeit gebettelt und nun in voller Friedensliebe und Reinheit von satanischen Gegnern abgewürgt werden soll; der teuflischste unter ihnen ist England. »Wehe England«, schließt der Erguß, »deine Stunde bleibt nicht aus. Der Herr schenkt uns diese Gnade über dich. Wir können ohne diese Hoffnung nicht leben. Denn du hast den Fluch jedes Gerechten verdient.« Es brauchte zwei Jahre und mehr, bis Ernüchterung und Einsicht in die realen weltpolitischen Machtverhältnisse kamen. Die Briefe an Herwarth Walden spiegeln die Entwicklung wider, die Döblin zu einem emotional gefärbten Sozialismus führen sollten.[20]
Sein Gegensatz zu Gerhart Hauptmann und zu Thomas Mann zeichnet sich auch in ihrem Verhalten zur Weimarer Republik ab. Hauptmann, schlesisch-passiv, in die Wolke seiner undefinierbaren ›Weltfrömmigkeit‹ gehüllt, als Grandseigneur von Regime zu Regime getragen; Thomas Mann mit hanseatischer

Zähigkeit und Umsicht die Konkursmasse des wilhelminischen Erbes verwaltend, als ein Revisor der Buchführung, der die Posten Goethe, Novalis, ›Meistersinger‹ in die Republik neu einkalkulierte und Studenten und Honoratioren den ersten Rechenschaftsbericht in erlesenen Formen unterbreitete. Döblin diente als kleiner Mann von der Pike auf, gehörte bis zum Halleschen Parteitag 1921 der USPD an, später der SPD, ebenso aktiv-verantwortungsbewußt als illusionslos an den Kleinarbeiten des Parteilebens beteiligt, mit irgendwie ›preußischem‹ Pflichtgefühl. Aus Protest gegen die Annahme des ›Schund- und Schmutzgesetzes‹ durch die Sozialdemokratie verläßt er die Partei, veranstaltet zu Hause regelmäßig Diskussionsabende mit Gleichgesinnten und auch mit ehrlichen Gegnern, kann am Tage nach dem Reichstagsbrand illegal über die Schweizer Grenze entweichen.

»Die deutsche Revolution: eine kleinbürgerliche Veranstaltung in Riesenausmaß.«[21] Diese Feststellung aus den ersten Wochen der Republik hat Döblin in immer neuen Abwandlungen warnend, flehend, erbittert vorgetragen. Unter dem Pseudonym *Linke Poot* erschienen diese Meisterstücke der Polemik zunächst in der ›Neuen Rundschau‹, 1921 gesammelt im ›Deutschen Maskenball‹. Marx lag damals für Jahre obenan auf seinem Schreibtisch, mit Freunden und Gegnern diskutierte er ihn bis in die Einzelheiten durch. Formal imponierte ihm die überlegene Gliederung des mächtigen Systems, die »Musik der strengen und doch fließenden Gedankenlinie«, inhaltlich die »klare historische und ökonomische Durchdringung der Realität«. Von einem gewissen Punkt an aber schlägt der bewunderte »sachliche Realismus in die tote Metaphysik von einer stofflichen Welt um«, Marx ist, wie auch Darwin, Zola, Freud, dem neunzehnten Jahrhundert verhaftet, ohne Sinn für »die tiefste, überreale Wurzel der Welt«. Und bei den Marxisten des zwanzigsten Jahrhunderts erstarrt nach Döblin die Lehre zu »schroffem Zentralismus, Wirtschaftsgläubigkeit, Militarismus«, kulminiert im »menschlichen Mißwuchs der unerbittlich straffen Großstaaten« (›Wissen und Verändern‹, 1931). Lassalle stand ihm näher.

Die Preußische Akademie bot Döblin seit seiner Wahl 1928 neue Möglichkeiten zur Aussprache über die Rolle des Schriftstellers in der Gesellschaft. Sein Ziel: die Konsequenzen aus der verfrüht abgebrochenen naturalistischen Periode zu ziehen, den »neuen natürlichen gesellschaftlichen Menschen darzustellen« und zugleich ihn konkret entfalten zu helfen auf Grund des angeborenen Solidaritätssinnes, im Rahmen eines zu erkämpfenden wahren Staates. ›Ars militans‹. Zahllos, erregt, scharf im Ton und doch hell, nüchtern, den Kern der Sache treffend, prophetisch sind Döblins Anrufe, Zwischenbemerkungen, Abhandlungen, Reden, Manifeste auf diesem Gebiet. Nur ein verschwindend kleiner Teil davon ist gesammelt in den teils kulturkritischen, teils philosophischen Essay-Bänden: ›Das Ich über der Natur‹ (1927), ›Wissen und Verändern‹ (1931), ›Unser Dasein‹ (1933). Die politische Aktivierung läßt sich auch an den Dramen ablesen. ›Lydia und Mäxchen: Tiefe Verbeugung in Akt 1‹, 1906 in einer Matinee aufgeführt, war P. Scheerbart verpflichtet und nahm teils den Surrealismus, teils Pirandello vorweg. ›Lusitania‹ entspringt in seiner expressionistischen Ekstatik dem zeitgeschichtlichen Anlaß, während die ›Nonnen von Kemnade‹ kulturkritische Züge tragen und ›Die Ehe‹ Lehrstück im Sinne von Brecht wird, den Döblin im Kreis um Piscator gerade damals häufig sah. Aber das dramatische Schaffen blieb immer nur am Rande.

Noch im Frühjahr 1933 erwog er, von Zürich nach Berlin zurückzukehren, wie Zola zu sprechen, zu handeln – so sehr, so heftig glaubte er und wollte er an Deutschland glauben. Seit August 1933 in Paris ansässig, erhielt er mit seiner Frau und drei Söhnen 1936 das französische Bürgerrecht. Er hat es bis zuletzt beibehalten.

Zwei Werke aus jener Zeit: ›Pardon wird nicht gegeben‹ (1935) und ›Die babylonische Wanderung‹ (1934). Der erste Roman nimmt nochmals, in ungewohnt engem Rahmen, das Schicksal eines ›Umsiedlers‹ vor, das Schicksal des eigenen ältesten Bruders, der wesensfremde Mächte seine Natur umformen ließ und auf dem Gipfel des äußeren Erfolges, als die inneren ungelösten Spannungen ihm plötzlich sichtbar wurden, in den Tod floh.

Er schrieb mir darüber: »Das Werk ist 1934, in etwa sechs Monaten, in Maisons-Laffitte bei Paris geschrieben, es ist der einzige, bisher einzige Roman, den ich ohne Studien, Stoffsammlung ect. schrieb. Aus einem simplen Grunde: es ist und sollte ein persönliches Erlebnis bleiben. Das Buch sollte nicht in extensive Zeitdarstellung hineingeraten. Welches Erlebnis? Meiner Familie.«[22] Die ungewohnt klassische Komposition des Werks schien ihm selber direkter Widerschein seiner französischen Lektüre und Umgebung zu sein. Es blieb bei diesem Einzelfall, dem Beitrag zur Biographie des Dichters und der Illustration zu den psychiatrisch-soziologischen Studien, die Döblin früher über ähnliche Fälle geschrieben hatte, darunter die scharfsinnige, auch theoretisch fundierte Analyse ›Die beiden Freundinnen und ihr Giftmord‹, 1925.

Weitausholend die ›Babylonische Wanderung‹, die Geschichte eines orientalischen Gottes, der im modernen Europa aufwacht; zwischen Leopold Ziegler und Heine bis herunter zu Offenbach und gelegentlich Leo Jessel, dem Komponisten des ›Schwarzwaldmädels‹, einem Vetter des Dichters, dann wieder hinauf zu großartigen Jean-Paul-Phantasien. Der ramponierte, aber unbelehrbare Gott ist eine Art Gegenstück zu Biberkopf, rappelig, unverwüstlich, stur-vital. Doch die katzenbergerisch-humorige Linie ist nicht einheitlich durchgehalten, Liebesgeschichten gleiten ins Finstere ab, die Ereignisse von draußen überschatten das Riesencapriccio.

Eine Wanderung in ganz andere Tiefen mußte Döblin im Juni 1940 selber bestehen, sieben Jahre nach der Flucht aus Berlin die entsetzliche Flucht durch das Gastland antreten: von seiner Frau und den Söhnen getrennt, auf den Landstraßen irrend, zuletzt als verdächtig unter Lagerkontrolle gestellt – in Mende, einem alten Städtchen mit einer uralten Kathedrale, im Süden Frankreichs, der Gegend, wo Kylis aus den ›Giganten‹ hatte beten lernen, wo nun Döblin ›beten lernte‹.

In seinen Augen war es keine Schwäche, kein plötzliches Umfallen, sondern das Reifen einer langen Saat. Die Endstation auf der Westwanderung. Gerade im Osten, bei der ersten und einzigen, erregenden Berührung mit Polen, 1924, war Döblin

mit voller Wucht auf das Religiöse als geahntes, vergessenes Zentrum seines Wesens gestoßen worden. In Krakau können seine Gedanken wie besessen nur noch um die Marienkirche und den Christus von Veit Stoß kreisen. »Der mächtigen Realität habe ich mein Herz zugewandt, dem Hingerichteten. Und wie trage ich hier den Leviathan hinein, die weinenden Wasser über der untersten Erde.« Die Rabbiner erschüttern und befremden ihn. Er spürt das ›Vätererbe, die Vätererde‹ – aber er ist darüber hinaus, kann nicht mehr zurückkehren. »Von dem Gekreuzigten kann ich nicht lassen. Der Gerechte, der Zadik, die Säule, auf der die Welt ruht: das ist ja er, der Gehenkte, der Hingerichtete.«[23]
Sechzehn Jahre später wird das Kruzifix mit noch ganz anderer Intensität in den Mittelpunkt seines Fühlens und Denkens rücken – aber immer bleibt es vorab Christus der Leidende, der gerechte Rebell gegen die ungerechte Welt, den der eigene Vater am Kreuz verlassen hatte: eine Thematik, die erst Louis Huguet in seiner großen französischen Arbeit ins rechte Licht rückt.[24]
In den ersten Jahren des Pariser Exils tritt Döblin zwar nicht für den Zionismus ein, für den Palästina das allein in Frage kommende jüdische Land ist, wohl aber für den ›Territorialismus‹, der den Juden irgendwo in der Welt, in den Kolonien den bestmöglichen Sammelpunkt, die Grundlage für einen neuen Staat, eine neue Gesellschaft geben will. Nüchtern und zugleich heftig kämpft er in dieser Zeit – wenig verstanden – für dieses Ziel (›Jüdische Erneuerung‹, 1933, ›Flucht und Sammlung des Judenvolkes‹, 1935). Aber sein Herz ist anderswo, hat den rationalen Rahmen der irdischen Sicherungen gesprengt, kreist um das Urproblem des Schmerzes und des Übels in der Welt. Kierkegaard offenbart sich ihm in Paris; hinter Kierkegaard Tauler; hinter Tauler, in der alten südfranzösischen Kathedrale: Maria. Hölderlinisch naturhaft, als Überschattung durch einen sich in sie verzweigenden Baum, hatte Döblin in einer seltsam zarten Legende aus der Frühzeit ›Mariä Empfängnis‹ geschildert.
Dreißig Jahre später ist er dann durchs Ästhetische hindurch tiefer in den ›Kern des Mysteriums‹ gedrungen. Und hinter Sa-

witri, der indischen Halbgöttin und Erlöserin des Manas, ist die andere Himmelskönigin sichtbar geworden, hat Sawitri in ihre Glorie aufgenommen. So wenigstens schien es ihm später selbst. So folgerichtig war sein Weg, so lange vorausgebildet in ihm der Keim der Entwicklung.

Sie vollendet sich in Amerika, wohin er im Juli 1940 fliehen konnte. Die autobiographische ›Schicksalsreise‹ berichtet über die Etappen der Flucht seit dem Verlassen von Paris, über die äußeren und intensiver noch über die inneren Etappen. Entscheidend für die Konversion wurden hochgebildete Jesuitenpatres in Los Angeles, unter deren Leitung Döblin Thomas von Aquin und die Kirchenväter und immer wieder das Neue Testament las. Sie waren große Dialektiker, Florettfechter höchsten Ranges. Der geborene Polemiker staunte, focht und streckte die Waffen um so eher, als er noch ganz dem Jammer um den Tod seines Sohnes Wolfgang hingegeben war, der 1940 als Freiwilliger gegen die Nazitruppen ausgezogen war, die Tapferkeitsmedaille erhalten und am 21. Juni den Freitod der Gefangenschaft vorgezogen hatte – auch für die Mutter ein nie verwundener Schlag. Wolfgang Döblins Ruhm als junger Mathematiker von Genie ist bis heute nicht verblaßt.[25]

Die Jesuiten sind mit jener eigenartigen Witterung für das Kommende, die Alfred Döblin auszeichnete, in der Romantrilogie ›Das Land ohne Tod‹, ›Der blaue Tiger‹, ›Der neue Urwald‹ vorausgezeichnet (geschrieben 1935–37). Die Zauberhöhle, in der er seinen Trank zusammenbraute, war diesmal die Pariser Nationalbibliothek.

Wieviel Tage hat er hier verbracht mit dem Aufspüren und Exzerpieren von Werken, mit ihrem Ausspinnen und Weiterträumen. Stoffsammeln war nur eine Vorarbeit. Plötzlich kam die Erleuchtung. ›Amazonas‹ hieß der ursprüngliche und bessere Titel. Das Werk ist geboren aus dem Anblick alter farbiger Atlanten, wo der Strom faszinierend breit, tiefblau durch die endlos grüne Wildnis rollt. Am 28. 7. 38 schrieb er mir aus der Bretagne: »Für den Beginn des ersten Bandes, ja für den Trieb zu schreiben, hatte ich nur meine tiefe alte Bewunderung (schwaches Wort) fürs Wasser, jetzt des Stroms, meines Amazonas, und daß ich zufällig beim Blättern solchen Sagen wie der von der Mutter des Stromes Sukuruja begegnete, hat mich ganz fest an das alte Thema, eines meiner Leitmotive, gebunden.« Mit einer seelischen Intensität, die schon im raffiniert abgestuften Prosarhythmus den adäquaten Ausdruck findet, fabuliert der erste Band sich in die Vernichtung der Indianer durch die spanischen Eroberer hinein, der zweite in die Gründung einer Jesuitenrepublik am Parana in Paraguay – »ein großartiger Menschheitsversuch«, schreibt Döblin rückblickend. »Das Christentum steht im Kampf mit der Natur, und auch im Kampf mit den unzulänglichen Christen. Ich konnte dem Thema nicht ausweichen, es lief mir nach, es stellte mich ... und dennoch, ich wich ihm aus, ich entzog mich, so gut und glatt ich konnte. Von da kommt in den Band ›Der blaue Tiger‹ das Vibrieren und Schillern des Stils, von da auch die Heiterkeit, von da die Anbetung der natürlichen Urmächte. Aber mitten darin steht eine scheue und tiefe Ehrfurcht. Religion steht da und schweigt. Der Abgesang dieses Südamerikawerkes (›Der neue Urwald‹) kann nicht umhin, die furchtbare, trostlose, brütende Verlorenheit, die nachbleibt, zu zeichnen.«[26] Dieser dritte Band spielt im Großstadtdschungel unter kalten Machttypen, die zuletzt in die Sträflingskolonie Cayenne verschlagen und von der Wildnis verschlungen werden. Ungeheuer wie zu Beginn stehen Wald und Strom am Ende des Werks.

Um dieselbe Zeit ist Döblin auf der Nationalbibliothek anderen Spuren nachgegangen: seit 1936 hatte er sich in Kierkegaard, seit 1939 in Tauler hineingelesen. Es war erregend zu sehen, wie der Prediger Tauler zur geheimen Schlüsselfigur der neuen Trilogie ›November 1918‹ heranwuchs. Der Roman, eine Art dichterisch überhöhter Bilanz des deutschen Revolutionswinters, verwertet im 1. Band ›Bürger und Soldaten‹ Erlebnisse aus den Kriegsjahren, die Döblin 1917/18 im Seuchenlazarett von Hagenau bei Straßburg gemacht hatte und die eine gemeinsame Reise ins Elsaß im Mai 1938 wieder belebte. Die elsässische Atmosphäre ist dabei nirgendwo auch nur annähernd restituiert, dafür lastete das Norddeutsche viel zu stark auf dem Dichter, wie auch aus seinen Kriegsbriefen an Herwarth Walden frappant hervorgeht. Im Geist ist dieser erste Band der Trilogie von Berlin aus geschrieben, und Berlin selber wird zum Mittelpunkt in den zwei folgenden Bänden.

Zusammenbruch des Hohenzollernreichs, hoffnungslose Zersetztheit des neuen Staatswesens schon im Revolutionswinter 1918, das ist das Thema. Die Sozialdemokratie: verspießert im Kleinbürgertum, erstarrt in Bürokratie. Dahinter die Gewaltherren von gestern. Generäle und Großindustrielle, bereit zu neuer Machtübernahme. Ihnen gegenüber die Kommunisten, ohne Rückhalt im unrevolutionären Volk und selber in illusorischen Perspektiven befangen, voran Karl Liebknecht. Die Hauptgestalten des Werkes sind Rosa Luxemburg und ein früherer Oberlehrer und Reserveoffizier, der eben aus dem Feld nach Berlin zurückkehrt, Friedrich Becker. Beide klar und redlich – und beide unendlich einsam, in einer Zwangsgesellschaft auf sich selbst zurückgeworfen, von inneren Gesichten geschüttelt. Nur sind die Verzückungen Rosas – vom Dichter frei geschildert, unter Berufung auf ihre Anfälle von Hysterie – fast durchweg dämonischer Art, sie bieten keinen Ausweg. Die Erleuchtungen Beckers hingegen führen ihn, mit Tauler als Weggenossen, durch schauerliche Kämpfe mit Dämonen hindurch in den verborgensten süßen Kern des Christentums. Seinen Leichnam versenkt ein altes Weib nachts in einem Kohlensack im Hafen. Der Landstreicher als Gottsucher. »So sehr war und bin ich eingedeutscht«, äußerte sich Döblin im Gespräch zu diesem Schluß.

Die explosiv neue, in der Fülle schwelgende Technik des ›Alexanderplatz‹ fehlt: der Nährboden war dem Emigranten entzogen. Wie die zerbeulte und ernüchterte Nachkriegsgeneration war er zum Dokumentarstil gekommen mit freilich noch wenig differenzierten Mitteln. Unvergeßlich aber die Schilderung eines westfälischen Pfarrers am Krankenbett im Lazarett oder die Rebellion von Schülern und Kollegen gegen den als Pazifisten heimgekehrten ehemaligen Leutnant, der an seinem alten Berliner Gymnasium unterrichtet und die ›Antigone‹ unkonformistisch erläutert. Das ›Erzählwerk‹ – so lautet der Untertitel dieser Chronik – ist in Amerika beendet worden. Der erste

Band erschien noch im Kriegswinter 1939/40. Auf der Flucht aus Paris im Juni schleppte Döblin das Manuskript des zweiten Bandes mit sich, dazu die Briefe Rosa Luxemburgs und die Predigten Taulers, die er von der Sorbonne ausgeliehen hatte. Das war Döblin: Berliner Zungenfertigkeit, Berliner Mutterwitz und in der Tasche visionäre Utopie.

In mystischer Entrückung endet auch ›Hamlet oder die lange Nacht nimmt ein Ende‹. Das Thema des 1941–46 entstandenen letzten, stilistisch nicht immer ganz gleichwertigen Romans: die Sprengung der Ehe eines massiven englischen Großschriftstellers durch den heimkehrenden kriegsverletzten Sohn, dessen bohrendes Fragen die latenten Spannungen zwischen den Eltern zu wildem Ausbruch bringt.

Neu ist die Aufdeckungstechnik der Konflikte: umgeformte alte Legenden werden erzählt – eine virtuos gehandhabte freie Anwendung der Jungschen Lehre von den Archetypen im Gegensatz zur Psychoanalyse Freuds, der Döblin immer schärfer die rationalistischen Züge vorzuwerfen sich gedrängt fühlte – seine amerikanischen Erfahrungen hatten ihn hierin noch bekräftigt.[27]

Das Buch bezieht seinen metallisch dunklen Glanz aus der Erschütterung des Dichters über das Schicksal des genialen Sohnes Wolfgang und die in der amerikanischen Isolation ständig durchbrechenden Spannungen seiner Ehe – einer wahren Strindberg-Ehe von Anfang an, der zu entrinnen weder ihm noch seiner Frau möglich war. Drei Monate nach dem Tod Döblins im Juni 1957 folgte ihm Erna Döblin freiwillig. So finden sich auch im ›Hamlet‹ Mann und Frau nach schrecklichen Irrfahrten im Sterben wieder. So hatten sich schon fast fünfzig Jahre früher im neuromantischen Märchen ›Die Verwandlung‹, das der noch unverheirateten Erna Reiß gewidmet war, der Prinz und die Königin im Tod geeint:

»Kaum eine Welle warf der blitzende Ozean, als von der Insel heranschritten die blasse junge Königin und der stille Prinz. Die Wellen schaukelten; mit flachem Handteller strich der Wind über das glückliche Meer. Dicht schossen die Möwen über die kühl hauchende Fläche. Oben auf dem flinkernden Wasser schwammen nebeneinander ein runder Stab und eine goldene Königskrone«.[28]

In der ›Segelfahrt‹ zur gleichen Zeit: »Und wie sie zusammen die nassen Wellen berührten, wurde sein Gesicht jung; ihr Gesicht wurde jung und jugendlich. Ihre Münder ließen nicht voneinander; ihre Augen sahen sich unter verhängten Lidern an. Eine Wassermasse, stark wie Eisen, schickte das unermeßliche graugrüne Meer heran. Die trug sie, mit der Handbewegung eines Riesen, an die jagenden Wolken heran. Die purpurne Finsternis schlug über sie. Sie wirbelten hinunter in das tobende Meer.«[29]

In mein Exemplar der Neuauflage des ›Wang-lun‹ hatte Döblin am 30. Oktober 1947 die Worte geschrieben: »Da ist also wieder der ›Wang-lun‹, vor 35 Jahren geschrieben, ich blättere darin – wie man sich doch gleichbleibt, man ist ein Typus, und was ist man also für einer?«

Grundlage von Döblins Dichtertum bildet eine tief im Vegetativen verwurzelte Mitschwingungsfähigkeit, All-Sympathie von ungewöhnlicher Ausstrahlungs- und Umklammerungsbreite, eine fast medial arbeitende Gabe, die aber im hochentwickelten Formensinn, im impulsiven Drang zur Analyse und schließlich im Pflichtgefühl ihre Berichtigungen findet. Mit diesen Anlagen ist Döblin hineingeboren in eine der großen historischen Wenden. Sein erstes Bekenntnis ist Bekenntnis zur Epoche, Ausdruck der Lust, in einer Zeit zu leben, in der die alten Rahmen gesprengt werden, in der die Technik unsere Welt ins Planetarische weitet. In das neue, grenzenlos Offene strömt der Machttrieb von allen Seiten her ein, und nur um so wilder als er sich gleichzeitig in immer engere starre Formen eingezwängt, einkaserniert fühlt. Deutschland, der am weitesten vorangeschrittene Industriestaat im Herzen Europas mit zugleich archaischen feudalen Restbeständen – Sturm und Drang mit Bleigewicht am Fuß – läßt die Gegensätze noch härter als sonstwo aufeinanderprallen. So spiegelt auch Döblins Werk vor allem zunächst die gigantischen Machtkämpfe wider – die Kämpfe innerhalb der rapid und brutal verstädterten Gemein-

schaft wie auch innerhalb des einzelmenschlichen Lebens- und Liebesbezirkes. Hier erklingen ungewohnte Töne, sie sind erbarmungslos wirklichkeitsgetreu. Die Lust stöhnt, wird zur Wut und Qual, und Mensch zum Raubtier, die Natur zur Allgebärerin, Allverschlingerin. Döblins Liebesleben war stürmisch und seine Ehe blieb bis zuletzt schweren Spannungen ausgesetzt.
Des Dichters eigene Rebellion gegen die verbeulte, ins Leistungsschema gepreßte Jugend ließ ihn sich weit hineintasten in die aufatmend dahinstürmende große Rebellion der Zeit. Sein ›Wallenstein‹ ist nicht umsonst in denselben Jahren entstanden wie Spenglers ›Untergang des Abendlandes‹. Und doch lebt bereits etwas ganz anderes darin – und Döblin selber merkt entsetzt, wie weit er sich vom Kern des eigensten Wesens hat abtreiben lassen. Hinter dem Rebellen entdeckt er in sich den Urgrund des still Besinnlichen, nach innen Gekehrten, pflanzenhaft mit allen Fasern dem Mütterlichen Verbundenen. Auch in seinem äußeren Leben ist er etwas anderes als der Kaffeehausliterat: er ist Arzt, voll Mitleid für die Schwachen und den Kindern zugetan. Ihnen leiht er, selbst ein Schwacher, die Waffen gegen die lustvoll grausame Macht: Geist und Liebe.
Geist: die Besonnenheit, nüchterne Ruhe des Berliners kommt hier zum Ausdruck, und auch die Welterfahrung des Großstädters, der auf Attrappen nicht hereinfällt, kritisch geschult ist. Für den Provinzler mag Döblin oft um einen Grad zu scharf, zu grell sein. Döblin aber weiß: das Raubtier lauert, hart und mutig muß man es angehen. Theodor Heuss, der lange Jahre in Berlin mit dem Dichter im ›Schutzverband der Schriftsteller‹ zusammenarbeitete, liebte an ihm das temperamentvoll Kämpferische, frisch Unbekümmerte und spürte etwas Tieferes dahinter: die seelische Wärme, den liebenden Eifer, den Gulfstream, der immer auch, heimlich oder offen, sein Werk durchzieht, und als Gegenspieler zu den Mächtigen die Schwachen hat emporkommen lassen, die wahren Helden.
Sie erreichen wenig. Die Zeit ist schrecklich, die Macht erdrückt, zertritt. Und doch bleibt der Keim – nur muß er behütet, gekräftigt werden. In seiner ersten Periode, der expressionistischen, erhoffte Döblin die Erneuerung vom Ästhetischen her

– vom Ästhetischen im Sinne Schillers, als lodernder ethischer Vorstoß zum Wesen des Menschen gedacht, als Aufbruch zu seiner verschütteten Seele. Es genügt nicht. Und auch das Politische, dem er sich nach 1918 mit Kraft, Vehemenz und Geduld zuwandte, genügt nicht. Immer deutlicher glaubt er seit 1933 zu sehen: gegen die dämonischen Übermenschen hilft nur die göttliche Übermacht, helfen nur Christus und Maria. Und gerade für Deutschland mit seiner Überbewertung des Mannes und der Macht erscheint ihm das Bild der Himmelskönigin als eine Bedingung des Wandels. Eine ungewohnte menschliche Wärme geht von seinen religiösen Schriften aus, die besonders auch im Osten auf viele Einzelne gewirkt haben (›Der unsterbliche Mensch, ein Religionsgespräch‹, 1946, und ›Unsere Sorge, der Mensch‹, 1948). Andere religiöse Manuskripte wurden von den Verlegern als unkonformistisch abgelehnt; ihre theologische Substanz ist gering. Sie sind wichtig als innere Dokumente. Freunden gegenüber sprach Döblin in den letzten Jahren immer wieder von den ›schweren Kämpfen‹, die er mit der christkatholischen Lehre zu führen habe; der Klerikalismus blieb ihm besonders in seiner deutschen Form von Grund aus verhaßt. »Ich kämpfe nicht nur wegen Christus und Maria, sondern auch wegen des Einen Gottes – gibt es nicht doch viele Götter?« hieß einer seiner Aussprüche unter vier Augen. Sein Christentum ist von einer freien schweifenden Art geblieben, die ihn stets auch nach Asien zurückkehren ließ – nicht anders als Hölderlin, seinen Liebling bis zuletzt. Eine Auswahl aus den Reden des Konfuzius hatte er 1939/40 herausgegeben; nach den Reden Buddhas sah ich ihn in den letzten Jahren häufig greifen. Aber auch das Kruzifix blieb dauernd auf dem Schreibtisch. Und ein anderer Ausspruch heißt: »Was wäre nicht aus meinem Werk geworden, wenn es schon früher unter diesem Zeichen gestanden hätte.«
Pantheistisch durchströmt, von urweltlichem Grollen erfüllt sind die Diktate aus Paris und dem Schwarzwald 1955–57. Welche Sprachgewalt stand selbst dem 75jährigen noch zu Gebot: »Seitdem dieses Leiden mich gepackt hat und wie der Tiger ein Reh in das Düstere davonträgt, seitdem nun auch meine

Beine und meine Hände noch gerade lose an mir hängen, seitdem auch meine Stimme mehr und mehr versagt und sich in mir mehr und mehr Krater von Wunden öffnen – seitdem blicke ich wohl von Zeit zu Zeit aus dem Fenster, ich throne da in Paris an der eisernen Metroüberführung, aber meine Aufmerksamkeit gilt nicht der Straße. Sie gilt überhaupt – weh, weh, das weiß ich nicht. Wir sind tausend Fäden Irrsinn, meine Erinnerung wird schattenhaft, und ich denke oder es denkt in mir spielend, willkürlich – ich lasse es gehen.« Und nun beginnt jenes bohrende Suchen nach der Substanz, die das ganze Werk Döblins kennzeichnet, eine Auseinandersetzung mit Cartesius, später die Schilderung eines Kampfes zwischen dem Sturm und einer Riesenzypresse, einem mächtigen Baumgebilde, einem wahren Goliath von Baum, den er von seiner Schwarzwälder Klinik beobachten konnte – oder die halluzinatorische Schilderung der Musik, die er mit vollem Orchesterklang in sich hört: es sind Texte, die die elementare Frische der großen Prosaseiten des 30- und 40jährigen besitzen.

Erschienen sind diese Diktate in der kommunistischen Zeitschrift der DDR, ›Sinn und Form‹, und fast zur selben Zeit die christliche Legende von der ›Pilgerin Aetheria‹ in der Düsseldorfer katholischen Wochenzeitschrift ›Michael‹, ›Kain und Abel‹ im ›Hochland‹ – Döblin auf allen Gebieten zwischen Osten und Westen.[30]

Das Ich in und doch über der Natur; das Ich in und über der Gesellschaft; das Ich über und in der Kirche; immer wieder die uralt-neuen Spannungen, Gefahren, Prüfungen, denen der Mensch unterworfen wird. Döblins Denken und Suchen kreiste stets erneut um sie, seit er im November 1945 nach Deutschland zurückgekehrt war. Schon in ›Der Oberst und der Dichter‹, 1943 in Amerika geschrieben, wußte er: es wird schwer sein, aus dem Starren, Alten das Neue herauszulocken. Er unternahm, in seiner Baden-Badener Zeitschrift ›Das goldene Tor‹, später in der Mainzer Akademie der Wissenschaften und der Literatur Sammelpunkte für eine neue Gesellschaft zu bilden. Daß er nach dem Krieg trotz allen Abratens ein Experiment mit der französischen Kulturbehörde unternommen hat und als

›Kulturoffizier‹ mit Oberstenrang nach Baden-Baden, der ›Hauptstadt‹ der dortigen Zone, gegangen ist, erklärt sich zunächst aus seinem Hang zum Didaktischen, seinem preußischen Zutrauen zu Schulung und Erziehbarkeit: der Dichter sollte unmittelbar mithelfen an der Neugestaltung der Welt; darin traf er sich auch mit den ›poètes engagés‹. Ein anderes Element war seine Lust am Maskenspiel, am Allotria der Verkleidung: der allem Militärischen abgeneigte Zivilist im Glanz der fremden Uniform, eine surrealistische Figur.[31]
Seine heftige Absage an alle nationalsozialistischen Überbleibsel, sein scharfes Tempo im behaglicheren Süddeutschland, die Kritik des Konvertiten am Freidenkertum wie am Klerikalismus, sein Mißtrauen gegenüber der wiedererstarkenden Großindustrie, verbunden mit der heftigen Ablehnung der marxistischen Orthodoxie, machten ihn überall zum Außenseiter. Der französischen Verwaltungsbehörde selbst war der deutsche Dichter nicht ganz geheuer. Er blieb das fünfte Rad am Wagen ohne irgendwelche Machtbefugnisse. Seine Briefe aus Baden-Baden schildern mit satirischem Selbstspott den Kampf des Augenkranken um eine simple Bürolampe. Wo jeder Feldwebel den eigenen Wagen fuhr, reiste der Umerzieher Döblin Tag für Tag eingeklemmt in überfüllten Trambahnen von der kleinen feuchten Dienstwohnung in sein schmales Büro. Das preußische Pflichtgefühl saß ihm in den Knochen. Von seinen Zensurvorschlägen ist nur einer rigoros durchgeführt worden: das Druckverbot seines eigenen Romans ›Wallenstein‹, eines Glanzstücks des Expressionismus, dessen kriegerische Wildheit er als unzeitgemäß rügte. Den Schildbürgerstreich hat er später belacht und bereut. Das Buch ist seither nicht wieder gedruckt worden. Die französische Kulturbehörde tat ein übriges und verhinderte die Neuauflage von ›Bürger und Soldaten‹, dem ersten Band der Trilogie ›November 1918‹. Nur ein paar Stellen davon sind in den jetzigen ersten Band übernommen worden. Als Gesamterscheinung, im vielfach verschlungenen und doch wieder einheitlichen Ineinandergreifen seiner künstlerischen, politisch-sozialen, biologisch-naturwissenschaftlichen, philosophischen und religiösen Gedanken und Gestaltungen, ist Dö-

blin nicht erkannt. Es gibt bis heute keine Biographie von ihm. Die kritische Gesamtausgabe seiner Werke, die die Mainzer Akademie der Wissenschaften und der Literatur in vollem Einverständnis mit dem Dichter plante (die Nachricht war seine letzte große Freude gewesen), ist durch den Einspruch der Erben nicht zustande gekommen. Walter Muschg, der sich mit ihnen zusammentat, gab dafür ›Ausgewählte Werke‹ heraus. In die Schulbücher beginnen die Texte erst jetzt ein wenig einzudringen. Und wenn auch die Literaturhistorik in den letzten zehn Jahren Döblin endlich den gebührenden Rang anweist und in oft profunden Studien sein Werk ergründet, wenn Freunde wie Ludwig Marcuse, Hermann Kesten, Ernst Kreuder immer wieder auf ihn hinweisen und G. Grass ihn seinen wahren Meister heißt – das Publikum meidet den Unbequemen, den Einsamen.[32]

Seit 1933 war Döblin aus Berlin herausgebrochen – aber seit 1945 ist Berlin selber herausgebrochen aus Deutschland. Keinerlei prosperity überdeckt diese Tragik. Sie lebt in Döblins Werk mit unheimlicher Intensität weiter.

Herausgebrochen aus seinem Land, seinem Wunsch nach bestattet auf einem französischen Vogesenfriedhof neben dem Sohn, der dort gegen die Heere Hitlers gekämpft hatte und gestorben war, ist Döblin eingefügt in größere Zusammenhänge, Brücke zwischen Osten und Westen, der Welt verbunden und damit Vor- und Sinnbild der eigenen Heimat.

---

1 Stark erweiterte Fassung des Textes, der zuerst im Sammelband *Deutsche Literatur im XX. Jahrhundert*, Hg. H. Friedmann und O. Mann, Heidelberg, 1954, erschienen ist. – Eine Anzahl von Bemerkungen geht auf Gespräche mit Döblin zurück, mit dem der Verfasser seit der Emigration des Dichters nach Frankreich bis zu seinem Tod 1957 eng verbunden war und der ihm im Frühjahr 1955 eine Reihe von unbekannten oder kaum bekannten Erinnerungen diktierte, um etwaigen Vertuschungen oder Verfälschungen vorzubeugen. An die Problematik seiner Ehe soll hier nur kursorisch gerührt werden. Der Dichter-Arzt war sich selber über den Zusammenhang der Liebe-Haß-Bindung mit einem unausrottbaren Mutterkomplex im klaren. – Gelegentlich werden Zitate aus den rund

120 Briefen gebracht, die D. in diesen zwanzig Jahren mit mir gewechselt hat. Drei darunter – in französischer Sprache aus der Haft in Mende, Juni 1940, geschrieben – sind im Sammelband *Verbannung*, Briefe dt. Emigranten, Hamburg, 1964, erschienen. – Eine Reihe von Hinweisen in der Studie von R. Minder: *Döblin en France* (Zeitschrift ›Allemagne d'aujourd'hui‹, 1957, Nr. 3, S. 5–19). – Ferner R. Minder: *Begegnungen mit Döblin in Frankreich* (in: ›Text und Kritik‹, XIII/XIV, 1966).

2 Der Titel des Lebensabrisses heißt: *Im Buch – Zu Haus – Auf der Straße (Döblin 50 Jahre)*, vorgestellt von A. Döblin und O. Loerke, Berlin, 1928. – Andere Selbstcharakteristiken im Sammelband: *Döblin 70 Jahre*, Hg. Lüth, Wiesbaden, 1948. Darunter von Döblin: 1) *Arzt und Dichter, merkwürdiger Lebenslauf eines Autors* (zuerst in ›Literarische Welt‹, Jg. 3, Nr. 43, 1927). 2) *Epilog*, 1948. – Prägnante Schilderungen des Menschen Döblin bei H. Kesten: *Meine Freunde, die Poeten*, 1953. – Ernst Kreuder: *Alfred Döblin* (in: ›Jahrbuch der Akademie der Wissenschaften der Literatur‹, Mainz, 1957). – Ludwig Marcuse: *Berge, Meere... und ein Gigant*, FAZ, 1958, No. 158.

3 A. Döblin: *Großstadt und Großstädter* (im Sammelband: *Minotaurus, Dichtung unter den Hufen von Staat und Industrie*, Hg. A. Döblin, Wiesbaden, 1951). – Analoge Gedankengänge schon in: *Der Geist des naturalistischen Zeitalters* (›Neue Rundschau‹, Dezember, 1924).

4 A. Döblin: *Im Buch – Zu Haus...*, o. c.

5 Ibid. – Cf. eine ähnliche Stelle in A. Döblin: *Bemerkungen zu Berge, Meere und Giganten*. ›Neue Rundschau‹, VI. 1924, S. 602.

6 Der Pariser Vortrag Döblins unter dem Titel: *Literarische und politische Erinnerungen aus Berlin*, 12. XII. 37 in ›Revue de l'Enseignement des Langues vivantes‹, Paris, 55. année, S. 78.

7 A. Döblin: *Reise in Polen*, o. c.

8 Postkarten Apollinaires im Nachlaß Döblins. Der Einfluß des futuristischen Programmes auf D. seit 1912 ausführlich gewürdigt von A. Arnold: *Die Literatur des Expressionismus*, 1966.

9 A. Döblin: *Im Buch – Zu Haus...*, o. c.

10 *Die drei Sprünge des Wang-lun*, Ausgabe 1946, S. 503.

11 A. Döblin: *Bemerkungen zu Berge, Meere und Giganten* in ›Neue Rundschau‹, Juni 1924. – Über *Wallenstein* cf. auch A. Döblin: *Der Epiker, sein Stoff und seine Kritik* in ›Der neue Merkur‹, April 1921.

12 *Bemerkungen zu Berge, Meere und Giganten*, o. c., S. 608 und 605.

13 Gottfried Benn: *Züchtung I*, 1933 (jetzt in *Gesammelte Werke*, 1959, S. 220).

14 O. Loerke in ›Vossische Zeitung‹, 24. 5. 1927. – R. Musil in ›Berliner Abendzeitung‹, 10. VI. 1927 (jetzt auch in *Prosa, Dramen, späte Briefe*, 1957) – H. Hennecke: *Dichtung und Dasein*, 1950. Vor allem die Studie von H. Graber: *Manas*,

15 A. Döblin: *Epilog*, o. c., S. 133. – Privataufzeichnungen von Yolla Niclas, New York, liegen vor (1965). Die sämtlichen Briefe, die Döblin an sie gerichtet hat, sind außer zwei oder drei nach ihrer Flucht aus Paris zugrunde gegangen.

16 *Reise in Polen*, 1926, S. 367.

17 W. Benjamin: *Krisis des Romans* (in: ›Die Gesellschaft, Internationale Revue für Sozialismus und Politik‹, VII, 1930, S. 562 sq.). – Über *Berlin – Alexanderplatz* ferner: F. Martini in *Wagnis der Sprache*, 1954, und A. Schöne in *Der deutsche Roman*, Hg. B. von Wiese, 1963, Bd. II. – Günther Anders: *Der verwüstete Mensch* in ›Festschrift f. G. Lukács‹, 1965, S. 420 bis 442. – W. Jens in ›Jahresring‹ 1958.

18 Aufzeichnungen des Verfassers nach einem Gespräch mit Döblin 1956.
19 ›Neue Rundschau‹, Mai 1919, S. 621 (unter dem Titel: *Neue Zeitschriften*).
– Analoge Bemerkungen im Band *Der Deutsche Maskenball*, den Döblin unter dem Pseudonym Linke Poot 1921 bei S. Fischer herausgab.
20 A. Döblin: *Reims* in ›Neue Rundschau‹, Dezember 1914. – Cf. auch seine noch unveröffentlichten Briefe an H. Walden (Depot der Preußischen Staatsbibliothek in Marburg).
21 Linke Poot: *Der Deutsche Maskenball*, o. c., cf. Nr. 18, S. 172.
22 Döblins Brief war eine Antwort auf meine Studie: *Marxisme et psychanalyse chez Alfred Döblin*, die im wesentlichen den Roman *Pardon* untersucht in: ›Revue de l'Enseignement des Langues vivantes‹, Mai 1937). – Andere Äußerungen des Dichters über diesen Roman in: *Epilog*, 1948, o. c., cf. Nr. 2.
– Frühere Studie über einen Schülerselbstmord: *Mißglückte Metamorphose*, ›Neue Rundschau‹, 1928, S. 148–160. – *Unser Dasein*, 1933, S. 328–341.
23 *Reise in Polen*, o. c., S. 279.
24 Louis Huguet: *L'œuvre de Doeblin et la dialectique de l'exode*. Masch. These, Paris, 1971. Der Aufbau-Verlag wird 1972 vom selben Verfasser eine »Systematische Döblin-Biographie« publizieren (ca. 300 S.).
25 Über W. Döblin cf. die eingehende Faktensammlung bei L. Huguet, o. c. – Über seine mathematische Leistung cf. Paul Lévy: *W. Doeblin (Vincent Doblin)* in: ›Revue d'histoire des sciences et de leur application‹, Paris, 1955. Darin auch Bibliographie der 13 Studien, die der junge Mathematiker der Académie des Sciences in Paris vorgelegt hatte, sowie der 14 anderen Publikationen in wissenschaftlichen Zeitschriften verschiedener Länder.
26 *Epilog*, o. c., cf. Nr. 2, S. 169. *Die Fahrt ins Land ohne Tod*, 1937; *Der blaue Tiger*, 1938 (diese Ausgabe enthielt als Schlußteil *›Der neue Urwald‹*, der 1948 selbständig publiziert wurde).
27 *Hamlet*, in Amerika begonnen, ist in Deutschland vollendet worden. Er blieb jahrelang in der Schublade liegen. Westdeutschen Verlegern, denen ich ihn auf Wunsch Döblins anbot, schickten ihn zurück. Döblin galt als erledigt, wurde totgeschwiegen. Man rächte sich am früheren Kulturoffizier und Herausgeber der Zeitschrift ›Das goldne Tor‹ (1946–1950). Es war eine Sensation, als das Werk 1956 in der DDR bei Rütten und Loening erschien und zu einem großen Erfolg wurde. Ich hatte die Korrekturen gelesen und bestätige, was auch aus den Briefen Alfred und Erna Döblins an mich hervorgeht: nichts ist am Wortlaut des Werkes geändert worden als der Schluß. Diese Änderung hat der Dichter selbst in Paris im Februar 1956 vorgenommen. Sie lautet im wesentlichen statt ›Der Sohn ging in ein Kloster‹ – ›Er fing ein neues Leben an‹. W. Hausenstein, der Botschafter der Bundesrepublik in Paris und große Verehrer des Dichters, war seinerseits eingeweiht und fand die Änderung plausibel. Weitere Angaben in der ›Hamlet‹-Ausgabe bei Walter, 1966, hg. Muschg und Graber.
28 *Die Verwandlung*, in: *Ermordung e. Butterblume*, 1913.
29 *Ibid., Die Segelfahrt*, S. 19.
30 Die französische Anthologie: *Les pages immortelles de Confucius*, ausgewählt und eingeleitet von A. Döblin, war im Auftrag des Pariser Verlags Corréa im Herbst 1939 begonnen und im Winter abgeschlossen worden. Das Werk erschien aber zuerst in englischer Sprache 1940 und brachte Döblin bei seiner Ankunft als Flüchtling in Amerika die unerwartete und bitter nötige Summe von 500 Dollar ein. Seit 1959 auch in Taschenbuchausgabe (A Premier Book, Fawcet World Libr.). – Frz. Ausgabe Paris 1947, 233 S., wovon 43 S. Einleitung von A. Döblin.

– Von den theologischen Arbeiten der Spätzeit sind Teilabdrucke erschienen in der katholischen Wochenzeitung ›Michael‹, Düsseldorf, 1954, Nr. XIII: *Die Pilgerin Aetheria*. – Im ›Hochland‹, Jg. 46, April 1955: *Kain und Abel*. – In ›Sinn und Form‹, 9. Jg., 1957, Heft 5, S. 902–933: *Vom Leben und Tod, die es beide nicht gibt*.

31 Döblin war von Oktober 1939 bis Juni 1940 auf seinen Wunsch meinem Büro im Informationsministerium des Diplomaten und Dichters Jean Giraudoux zugeteilt worden. Näheres darüber in meinem Aufsatz *Begegnungen mit Döblin in Frankreich*, 1966, o. c., cf. Nr. 2. Er selber hat diese Zeit und die anschließende gemeinsame Flucht von Paris über Moulins nach Cahors in der *Schicksalsreise, Bericht und Bekenntnis*, 1949, beschrieben und speziell über seine anschließende Konversion berichtet.

32 Eine Legende muß zerstört werden: die von der materiellen Not Döblins in den letzten Lebensjahren. Bei seinem Weggang von der Kulturstelle hat die französische Behörde sich ungewöhnlich generös gezeigt und dem nicht pensionsberechtigten Dichter eine sehr hohe Abfindungssumme durch den Hochkommissar François-Poncet überwiesen, der schon als französischer Botschafter in Berlin Döblin bewundert und ihm anschließend in Frankreich sofort die Wege geebnet hatte, angefangen mit der Naturalisation. – *Ausgewählte Werke* von A. Döblin, Hg. W. Muschg, X, Olten-Freiburg, 1960 ff. – Ferner A. Döblin: *Die Zeitlupe, Kleine Prosa*, aus dem Nachlaß zusammengestellt von W. Muschg, Paperback Walter, Olten-Freiburg, 1962. – Summarische *Bibliographie* von G. Küntzel (Jahrbuch d. Akad. d. Wiss. u. d. Lit., Mainz) 1957. – In Vorbereitung die *systematische Bibliographie* von Louis Huguet, Paris, s. o. Nr. 24. – G. Grass über D.: *Akzente*, IV 1967.

Brecht und die wiedergefundene Großmutter

Bert Brecht hat die zwei letzten Jahre seiner Großmutter in einer Erzählung der ›Kalendergeschichten‹ unter dem Titel ›Die unwürdige Greisin‹ geschildert. Das Beiwort überrascht: man erwartet ›ehrwürdig‹ im Sinn der ehrwürdigen Matronen, wie ein anderer Schwarzwälder, Wilhelm Hausenstein, sie zur selben Zeit in seinen pastellzarten Kindheitserinnerungen wieder aufleben läßt. Unwürdig war Brechts Großmutter allerdings nur in den Augen ihrer Klasse, einer verhockten Kleinstadt-Bourgeoisie, gewesen. Sie hatte den Mut gehabt, mit diesem Milieu zu brechen. Ihre späte, aber exemplarische Bekehrung bildet den Inhalt der kurzen Geschichte.
Den Wendepunkt im Leben der Siebzigjährigen bildet der Tod des Gatten. Kaum ist er gestorben, vollzieht sich die Befreiung wie von selbst. Der Mann hatte Erfolg im Geschäftsleben gehabt, seine Lithographiewerkstatt florierte. Die beiden Töchter leben in Amerika. Einer der Söhne, der Vater Brechts, hat es zum Direktor einer Augsburger Papierfabrik gebracht. Heiter und ausgeglichen läßt er die Alte gewähren. Sein Bruder lehnt sich gegen sie auf, redet dazwischen, wird immer ausfälliger. Eingeengt lebt er in einer zu kleinen Wohnung mit einer zu großen Familie im selben Städtchen. Seine Buchdruckerei verkommt, seine Gesundheit verfällt. Die Mutter denkt nicht daran, ihm das geräumige Haus zu überlassen und sich aufs Altenteil zurückzuziehen. Ihre Besuche werden immer seltener, ihr Verhalten provokanter. Die ganze Stadt spricht davon: das Kino hat es der Alten angetan.
Ein zweifelhaftes Vergnügen vor 1914 und doppelt anfechtbar in einem Provinznest. »Die neue Kunst«, schreibt auch Sartre in seiner Autobiographie, »wurde in einer Räuberhöhle geboren und von den Behörden als Volksbelustigung registriert; sie gab sich betont vulgär, die manierlichen Leute schraken zurück... Mein Großvater fragte: ›Na, Kinder, wo geht ihr denn hin?‹ ›Ins Kino‹, antwortete meine Mutter. Stirnrunzelnd und achselzuckend ließ er uns ziehen. Bei nächster Gelegenheit

würde er zu seinem Freund Simonnot sagen: ›Sie sind doch ein vernünftiger Mensch, Simonnot, können *Sie* das verstehen? Meine Tochter geht mit meinem Enkel ins Kino!‹«[1] Brecht seinerseits notiert: »Eigentlich gingen nur Halbwüchsige hin oder, des Dunkels wegen, Liebespaare. Eine einzelne alte Frau mußte sicher dort auffallen.« – Sie fällt noch durch andere Absonderlichkeiten auf.
Die sparsame Hausfrau und perfekte Köchin speist jetzt jeden zweiten Tag in einem Restaurant und freundet sich dort mit einem einzigen Menschen an: dem Küchenmädchen, einer geistig zurückgebliebenen Person, die sie so oft wie möglich um sich hat, nach Hause einlädt und zu einem neuen Freund begleitet: einem Flickschuster, der als Trinker und Sozialdemokrat berüchtigt ist. Sein Laden in einer verrufenen Gasse gilt als Treffpunkt der Heruntergekommenen, der stellungslosen Dienstmädchen und verbummelten Handwerksgesellen. Man hält lange Reden, stößt miteinander an, spielt Karten, schmiedet Pläne. Die alte Dame hat ihren Stammplatz, ihr Trinkglas und ihre Weinflasche bei diesem Antipoden des mystischen Schuhmachers, den Wilhelm Raabe im ›Hungerpastor‹ heraufbeschwört und hinter dem als deutscher Archetyp Jakob Böhme steht. Brechts Handwerker hingegen ist dem politisierenden Schuhmacher verwandt, wie ihn Georges Duveau in der französischen Gesellschaft des 19. Jahrhunderts situiert: »Der Schuhmacher arbeitet in einer Atmosphäre relativer Freiheit, er teilt sich seinen Tageslauf nach eigenem Belieben ein, er kann lesen und nachdenken. Anderseits kommt er mit Leuten aus allen Ständen zusammen. Er ist in sich versponnen und steht zugleich in einem Netz von Beziehungen. Oft genug leidet er an körperlichen Gebrechen, ist bucklig, krummbeinig, hinkt... Nach dem Staatsstreich Napoleons III. im Dezember 1851 hatte man unter 27 000 Verhafteten 1107 Schuhmacher sistiert. Im Revolutionsrat der Pariser Kommune saßen fünf von ihnen. Der Schuhmacher bewegte sich ideologisch auf einem Kräftefeld, wo anarchistische Tradition, jakobinischer Radikalismus und marxistischer Sozialismus einander überschnitten und den einen in diese, den andern in jene Richtung drängten.«[2]

Der Schuhmacher Brechts wurzelt in der Überlieferung der Achtundvierziger, wie sie sich in Baden unter Handwerkern und Kleinbürgern lange erhalten hat. Nicht umsonst waren badische Möbeltischler des Faubourg Saint-Antoine in Paris beim Sturm auf die Bastille beteiligt gewesen. Die Beziehungen zum revolutionären Frankreich blieben intensiv bis zum Zusammenbruch des Aufstands von 1848/49; auch die Eingliederung ins Bismarckreich konnte sie nicht ganz verschütten.

Die alte Dame weigert sich, mit dem selbstgewählten Freundeskreis zu brechen. »Er hat etwas gesehen«, erwidert sie kurz angebunden jenen, die sie vor dem schwarzen Kumpan in seinem finsteren Laden warnen. Am Grab ihres Mannes sieht man sie so wenig wie in Kaffeegesellschaften. Dafür kommt es vor, daß sie an einem gewöhnlichen Wochentag eine Kutsche mietet und sich spazierenfahren läßt oder gar mit der Eisenbahn die großen Pferderennen besucht. Nach zwei Jahren einer solchen ›vita nuova‹ stirbt sie unvermittelt an einem Herbstnachmittag auf ihrem Holzstuhl am Fenster: das Küchenmädchen ist bei ihr. Zu erben gibt es wenig. Eine Hypothek lastete seit kurzem auf dem Haus. Das Geld davon war vermutlich auch dem Flickschuster zugute gekommen, der bald darauf in der Nachbarstadt ein Geschäft für Maßschuhe aufmacht. Zusätzlicher Beweis für die geistige Verwirrung der Greisin: Zeugen haben sie mehr als einmal dabei beobachtet, wie sie um drei Uhr morgens ihr Haus verließ und durch die leeren Straßen des Städtchens promenierte, »das sie so ganz allein für sich hatte«.

Die Erzählung Brechts ist trocken, knapp, genau im Detail. Die Diktion ist dieselbe wie in einem Gedicht über die Jugendjahre, das er kurz vor seinem Tod 1956 in Berlin schrieb:

»Stehend an meinem Schreibpult
Sehe ich durchs Fenster im Garten den Holunderstrauch
Und erkenne darin etwas Rotes und Schwarzes
Und erinnere mich plötzlich des Holders
Meiner Kindheit in Augsburg.
Mehrere Minuten erwäge ich

Ganz ernsthaft, ob ich zum Tisch gehn soll
Meine Brille holen, um wieder
Die schwarzen Beeren an den roten Zweiglein zu sehen.«
›Schwierige Zeiten‹)
Ein unsentimentaler Gang zu den Quellen der Vergangenheit
wird auch in der Geschichte der Großmutter angetreten. Brecht
stand in den Vierzigern, als er sie schrieb. Der Emigrant blickte
zurück, maß den durchlaufenen Weg ab, forschte stärker nach
den Ursprüngen. Die geistige Verwandtschaft mit der Großmutter muß ihn frappiert haben. Ein Vorläufer war entdeckt –
oder annektiert.[3]
Der Vater Brechts stammte aus dem badischen Städtchen
Achern; die Großmutter ist dort 1919 zwei Jahre nach ihrem
Mann gestorben. Die innere Wandlung des Dichters hatte damals schon eingesetzt. Ein Abgrund trennte ihn jetzt vom Sechzehnjährigen, der bei Ausbruch des Kriegs die Tugenden des
Stahlbades in den ›Augsburger Nachrichten‹ verherrlicht und
fast zwei Jahre lang diesen patriotischen Ton durchgehalten
hatte.
»Ich bin aufgewachsen als Sohn / Wohlhabender Leute. Meine
Eltern haben mir / Einen Kragen umgebunden und mich erzogen / In den Gewohnheiten des Bedientwerdens / Und unterrichtet in der Kunst des Befehlens«, wird er später schreiben.
Der Matrosenkragen, den er auf den beiden Photos von 1902
und 1908 trägt, gleicht jenem Jean-Paul Sartres zur selben Zeit:
eine bürgerliche Kennmarke zu beiden Seiten des Rheins.
Der Jüngling begehrt auf, verwirft die Welt der Väter und des
Kriegs, wird um ein Haar wegen Defaitismus relegiert. Aus dem
Komfort des bürgerlichen Heims hat er sich auf eine Mansarde
zurückgezogen, sitzt in Kneipen mit anrüchiger Gesellschaft
herum – Gesindel, Ganoven, sagen die Eltern. Zu Beginn seiner Laufbahn schlägt er den gleichen Weg ein wie die Großmutter am Ende ihres Lebens. Wiedergefundene Einheit!
Beide Male führt der Weg zu denen, die unten gehalten werden
und die dagegen rebellieren. Das Verhalten der Greisin entfremdet sie der Klasse der Besitzenden und bringt sie den Menschen wieder nahe. Als Gattin und Mutter war sie gesellschaft-

lichen Zwängen unterworfen gewesen, hatte eine vorgeschriebene Rolle zu spielen gehabt und gespielt. Endlich ist sie nur sie selber und wagt es zu sein. So wenigstens sieht es nachträglich der Enkel. Ob freilich nicht auch ganz andere Motive mit im Spiel waren – Egozentrik und Exzentrik des Greisenalters, Härte gegenüber dem eigenen Sohn, rücksichtslose Lebensgier eines lang zurückgesetzten und gehemmten Menschen –, steht hier nicht zur Frage. Uns interessiert nur, daß Brecht sich in die Großmutter hinein projiziert, sie diskret als einen Pionier feiert und durch sie den Anschluß an die Familie wiederfindet – auf dem Umweg über eine Doppelrevolte im Familienhaus.

Die Schrecken des Krieges hatte Brecht 1918 während seiner kurzen Kriegsdienstzeit in einem Augsburger Seuchenlazarett kennengelernt. Der ›Totentanz‹ eines andern Augsburgers – Hans Holbein – wirkt gelassen stilisiert dem gegenüber, was der zwanzigjährige Medizinstudent hier zu sehen, zu betasten und zu riechen bekam und was von den ›Trommeln in der Nacht‹ bis zu ›Mutter Courage‹ und darüber hinaus seinen Werken den bluttriefenden Hintergrund gibt – eine wüst durcheinandergewirbelte Soldateska, sengend, hängend und zuletzt selber gehängt, Abschaum der Menschheit und Ausdruck der Menschheit, dargestellt mit der wild zupackenden und dreinschlagenden Treffsicherheit jener großen alemannischen Maler des 16. Jahrhunderts, die die rauhen Genossen der Berner Landsknechte auf ihren Kriegszügen durch halb Europa gewesen waren – Urs Graf, Manuel Deutsch.

Vierzehn Jahre nur trennen Brecht von Hofmannsthal, und doch trennt alles den Schwaben vom Wiener: Temperament, Herkunft, Welterleben. Mit der schwermütigen Herbststimmung des fin-de-siècle umspielen, umschmeicheln Hofmannsthals zaubervolle Verse das durch Schleier geahnte Elend der Welt:

Manche freilich müssen drunten sterben,
Wo die schweren Ruder der Schiffe streifen,
Andre wohnen bei den Sternen droben,
Kennen Vogelflug und die Länder der Sterne ...
Die Antwort Brechts will ein Aufschrei der Wahrheit sein; zer-

fetzt hängt der blasse Gobelin von der Wand herunter; Risse und Sprünge, Salpeter dahinter:
Die aber unten sind, werden unten gehalten,
Damit die oben sind, oben bleiben,
Und der Obrigen Niedrigkeit ist ohne Maß...
Ein anderes Prunkstück der bürgerlichen Anthologien: Hofmannsthals melodische Strophe, deren letzten Nachhall Carossas Verse von den Wanderern am Brunnen bilden:
Und dennoch sagt der viel, der Abend sagt,
Ein Wort daraus Tiefsinn und Trauer rinnt,
Wie schwerer Honig aus den Waben...
Brechts klobige Entgegnung:
Denn wer unten sagt, daß es einen Gott gibt,
Und kann sein unsichtbar und hilft ihnen doch,
Den soll man mit dem Kopf auf das Pflaster schlagen,
Bis er verreckt ist...
›Der Weg nach unten‹ – der Titel, den der Frühexpressionist und dissidente Marxist Franz Jung 1961 seiner wenig bekannten, ätzend genauen Autobiographie gab, könnte auch der gemeinsame Titel dieser Brechtschen Gedichte und seiner Geschichte von der Großmutter sein. Der Weg *muß* nach unten führen. Nur aus dem Schrecken und der Wahrheit dieses Unten kann er, wenn überhaupt, sich einmal nach oben anbahnen.
In der traumhaft wiedergefundenen Sprache des alten Goethe hatte der siebzehnjährige Hofmannsthal seine Gefühle, Wünsche, Träume in den würdevollsten der Greise projiziert, den hundertjährigen Tizian. Italien, seine Kunst, sein Luxus sind allgegenwärtig im Werk des jungen Erben einer reichen Wiener Familie. Italien fehlt im Werke Brechts, wenige Ausnahmen abgerechnet, darunter das ›Leben Galileis‹. Aber ›Galilei‹, das ist Rom, der Papst, die Inquisition, ist der Kampf zwischen geistlicher und weltlicher Macht: ein Problem, das der selber triebhaft machtbesessene Dichter in dieser besonderen Form der Auseinandersetzung seit der Kindheit aus der Nähe hatte beobachten können. Der ›Augsburger Religionsfriede‹ zwischen Katholiken und Protestanten im Heiligen Römischen Reich Deutscher Nation (1555) war zwar bald genug von allen

Seiten durchlöchert worden. Mit einem Strom von Blut und Tränen hatte der Dreißigjährige Krieg das Pergament zuletzt fast unkenntlich gemacht. Der Not gehorchend und bis ins Mark geschwächt, war man darauf zurückgekommen und hatte so auch in Augsburg (wie im nahen Biberach Wielands und seiner ›Abderiten‹) das Gesetz der ›Parität‹ unter gegenseitigen Nadelstichen und verschrobenen Grenzstreitigkeiten zu wahren versucht.

Als Sohn eines katholischen Vaters war Brecht im protestantischen Glauben der Mutter erzogen worden und mit Bibel, Katechismus und lutherischen Kirchenliedern aufgewachsen. In produktiver Auseinandersetzung mit dem modernen Großstadtidiom bildet dieses Lutherdeutsch zusammen mit der schwäbisch-bayrischen Mundart der Donaustädte die Grundsubstanz von Brechts Dichtersprache, wie schon Walter Benjamin erkannt hat. Die Katholiken und ihre Bräuche lernte anderseits der junge Brecht im täglichen Umgang kennen, verspotten oder schätzen. Unvergeßlich blieb für ihn, daß der einzige Lehrer, der sich bedenkenlos vor den Gymnasiasten stellte, als er wegen Majestätsbeleidigung die Schule verlassen sollte, ein Benediktinerpater war. Dem zugeknöpften, engstirnigen Hofprediger-Protestantismus der Wilhelminischen Zeit gegenüber imponierte ihm der Universalismus der römischen Kirche. Er selbst hat sich einmal als den »letzten großen katholischen Schriftsteller« bezeichnet, – ein paradoxes Wort, in dem doch ein Stück Wahrheit steckt. Weit zurückliegende religiöse Einflüsse von beiden Konfessionen her haben – mit dem Langspeicherungseffekt der Jugendeindrücke – Brechts Welterleben bis in die Wort- und Bilderwahl hinein bestimmt. Auch die Großmutter hatte sich in einem tieferen religiösen Sinn von den Pharisäern ihrer Kaste den Zöllnern und Sündern zugewandt als den wahren Erwählten des kommenden Reichs.

Ein Organ für die verfeinerte Lebensfreude und das dolce far niente der Mittelmeervölker scheint der Moralist und Puritaner Brecht kaum besessen zu haben. Römische Quadern und die schmucklose gedrungene Prosa der lateinischen Schriftsteller läßt er gelten.[4] Venedig, die Stadt von Richard Wagner und

Maurice Barrès, d'Annunzio und Thomas Mann bleibt ihm fremd. Der Vorgang ist um so erstaunlicher, als Augsburgs Aufstieg und Verfall aufs engste mit den Geschicken der Stadtrepublik an der Adria verknüpft ist. Die robusten Emporkömmlinge der freien Reichsstadt hatten im Venedig des 15. und 16. Jahrhundert die Praxis des Großhandels und des Geldverkehrs mit all seinen Raffinessen kennengelernt und bald darauf die Maler, die am Lech wie Pilze aus dem Boden schossen, den Glanz und silbernen Schimmer der neuen Farbgebung. Kirchen, Paläste, das Rathaus und die großartigen Plätze mit den Götterfiguren auf ihren Erzbrunnen haben bis heute Augsburg den Stempel der Renaissance aufgedrückt. Die Weiträumigkeit frappiert im Gegensatz zum spitzgieblig verwinkelten Nürnberg; der freiere, südliche Atem weht herein. Ludwig Curtius, ein Zeitgenosse Brechts, erzählt, wie er auf dem Boden des alten augusteischen Kastells die Sehnsucht nach der Antike schon als Kind in sich aufgesogen habe. Der große Archäologe und ausgezeichnete Schriftsteller, Freund der römischen Kardinäle und Vertrauter der Wittelsbacher, stellte seine Lebenserinnerungen unter den Anruf einer Großmutter, einer bayrischen Bauersfrau voll heiterem Selbstbewußtsein und angeborener Würde, Lust an Menschen und Tieren, Farben und Blumen.

Ein ganz anderer Typ als die badisch-alemannische Großmutter Brechts, die das Schwabenalter längst überschritten hatte, als sie den Weg zu sich und der Welt fand. Auch Brecht hat mit dem bayrischen Landvolk wenig zu tun. Maßgebend bleibt für ihn das mehr oder weniger proletarisierte Volk der Augsburger Alt- und Vorstadt – ein realistischer, derbsinnlicher, etwas hinterhältiger und leicht aufsässiger Menschenschlag, der es gelernt hatte, den Großen in die Karten zu schauen, die Faust im Sack machte und den schwäbischen Hang zur Didaktik und Schulmeisterei nicht verleugnete. Mochte Augsburg auch seinen Rang verloren haben, seit Amsterdam Venedig abgelöst und der Atlantik das Mittelmeer entthront hatte: etwas vom Stolz der freien Reichsstadt lebte auch in den kleinen Werkstätten der Handwerker weiter, bei den Gerbern, Webern,

Brauern längs dem Lech und jenen Binnenkanälen und Wassergräben, deren Geruch zu den ältesten Erinnerungen des Dichters gehört.

›Stadtluft macht frei‹: politische wie religiöse Agitatoren hatten seit langem den Spruch hier bestätigt gefunden. Die freien Städte an der Donau und am Rhein waren Zufluchtsorte für Häretiker aller Art geworden. Zu Luthers Zeiten hatte Sebastian Franck in Ulm und in Basel seine ›Chroniken‹, seine ›Paradoxa‹, seine ›Deutschen Sprichwörter‹ geschrieben und gedruckt, die Brecht durch ihre gedrungene Sprache und die Radikalität ihres Denkens oft so nahe kommen. In Augsburg und in Ulm hatte ein anderer Schwabe, Schubart, nach seiner Entlassung aus dem württembergischen Hofdienst seine ›Deutsche Chronik‹ (1774–77) erscheinen lassen – ein revolutionäres Blatt, dessen Resonanz in Deutschland so stark war, daß der Herzog Karl-Eugen keinen andern Weg sah, als den Verfasser entführen und auf der schwäbischen Bastille, dem Asperg, einkerkern zu lassen.

Die dramatische Ballade von der schönen Agnes Bernauer, der Augsburger Barbierstochter, die ein bayerischer Erbprinz heiratete und die der Herzog ertränken ließ, ist der Typ jenes anklägerischen Volkslieds, dessen Tradition Brecht wieder aufnahm, indem er gärenden Wein in die alten Schläuche füllte. Er trat damit in schneidenden Gegensatz zum kunstvoll aufpolierten, politisch verharmlosten Volkslied des ›Zupfgeigenhansls‹, jenes Breviers der Wandervögel, das Hans Breuer 1910 in Heidelberg herausgab und das eine Millionenauflage erreichen sollte. Hundert Jahre zuvor schon hatten Arnim und Brentano in ihrem Heidelbergischen ›Wunderhorn‹ die gleiche Umbiegung vorgenommen, als sie ›Zu Straßburg auf der Schanz‹ nicht in den wozzekischen Aufschrei ausklingen ließen: Unser Corporal, der gestrenge Mann / Ist meines Todes Schuld daran: / Den klag ich an!, sondern in die zeitentrückte melodische Klage: Das Alphorn hat mir's angetan. Das Volkslied der Jugendbewegung ist darum nicht weniger politisiert, nur spiegelt es den Konformismus des bürgerlichen Geistes der Hohenzollernzeit wider, der in Natur und Vergangenheit ausschwärmte

und im öffentlichen Leben Ruhe als die erste Bürgerpflicht ansah. Brecht kann sich auf andere Ahnen berufen. Über Heine, John Gay und François Villon reichen sie bis zum großen chinesischen Volksdichter des 9. Jahrhunderts, Po-Chü-yi, hinauf. Unmittelbare Vorbilder hatte der Münchener Philologie- und Medizinstudent, der eifrige Besucher von Arthur Kutschers Theaterseminar, beim hintersinnigen Volkskomiker Karl Valentin und beim scharf antibürgerlichen Dramatiker und Chansonnier Frank Wedekind gefunden. Aber Wedekind schrieb für ein raffiniertes Schwabinger Publikum und dokumentierte zuletzt ungewollt seine Verbundenheit mit der herrschenden Klasse im Schauspiel ›Bismarck‹ von 1916, einer lauten Verherrlichung des starken Mannes. Brecht hatte damals die politisch-soziale Kehrtwendung vollzogen, Kaisertreue und Hurrapatriotismus seiner Anfänge revidiert und verworfen. Als ein Karl Moor der Augsburger Unterwelt trug er Balladen und Moritaten schärfsten Kalibers zur Klampfe in Spelunken und Kaschemmen vor. Das kleine Volk, das da herumsaß und zustimmte, ist identisch mit jenem, das Brecht auch im London der ›Dreigroschenoper‹ und im Prag des ›Soldaten Schwejk‹ sinnieren, raunzen und randalieren läßt. Über sein eigenes Theater schreibt er rückblickend: »Die Einflüsse der Augsburger Vorstadt müssen wohl auch erwähnt werden. Ich besuchte häufig den alljährlichen Herbstplärrer, einen Schaubudenjahrmarkt auf dem ›kleinen Exerzierplatz‹ mit der Musik vieler Karussells und Panoramen, die krude Bilder zeigten wie ›Die Erschießung des Anarchisten Ferrer zu Madrid‹ oder ›Nero betrachtet den Brand Roms‹ oder ›Die Bayerischen Löwen erstürmen die Düppeler Schanzen‹ oder ›Flucht Karls des Kühnen nach der Schlacht bei Murten‹. Ich erinnere mich an das Pferd Karls des Kühnen. Es hatte enorme, erschrockene Augen, als fühle es die Schrecken der historischen Situation.«
Idealisieren wir das Bild nicht. Schubart schon war 1774 entsetzt gewesen über »alles Schiefe, Widerwärtige, Dumpfe, Steife und Unangenehme, das den Fremden beim ersten Anblick in Augsburg anekelt«.⁵ Und als blutjunger Theaterkritiker tobte Brecht sich im Augsburger ›Volkswillen‹, wo er nach

223

einem nicht ganz klaren politisch-revolutionären Zwischenspiel untergekommen war, bis an die Grenze von Beleidigungsprozessen gegen die sture Verhocktheit der Provinz aus. In Berlin aber, zu dessen systematischer Eroberung er 1922 auszog und wo er sich 1924 ganz niederließ, trat er betont als Schwabe von der Donau auf: zäh, grob, hellhörig, scharfzüngig, mit Behagen ungeschliffen und schlecht gewaschen, geizig wie ein Spießbürger, in kahlen Zimmern an der derben Heimatküche festhaltend, provokanter Asket und Genießer in einem. So Högel und Münsterer, seine Jugendfreunde. So seine Berliner Bekannten: »Da standen oben... die gewaltigen Leiber einer Agnes Straub und eines Heinrich George... und herein kam dieser dünne, kaum mittelgroße Augsburger und sagte ihnen, dürr und präzise artikulierend, daß alles, was sie machten, Sch... wäre« (Arnolt Bronnen). »Das Seltsamste: eine schäbige kleine Drahtbrille, wie man sie in Berlin gar nicht mehr bekam. Sie hätte zu einem Schulmeister in Wunsiedel gepaßt. Mit großer Sorgfalt zog er sie aus dem Futteral, wenn er lesen wollte, stülpte sie über die Ohren, und versorgte sie nachher ebenso sorgfältig wieder in seiner Brusttasche« (Willy Haas).[6]
Als Ingenieur Kaspar Pröckl läßt ihn ein anderer Freund, Lion Feuchtwanger, im Münchener Schlüsselroman ›Erfolg‹ auftreten und Bänkelgesänge mit dem Banjo in feudale Herrenzimmer schleudern. Wie der Bundschuh das Wahrzeichen der revolutionären Bauern am Oberrhein zur Zeit Luthers gewesen war, so Brechts auffällige Kleidung als eine Art Elektromonteur mit Ledermütze und Lederjoppe: statt des ›ewig zeitlosen Bauern‹, wie die Heimatliteratur ihn gerade damals mystifizierend als Vorbild hinstellte, der wahre Mensch der Masse und Typ des Arbeiters im technischen Zeitalter.
Wiederum stand Augsburg im Hintergrund. Die Handels- und Finanzmetropole, die einst Kaiser und Päpste gemacht und gestürzt hatte, war nach langer Versumpfung zum Wiederaufstieg bereit. Der Übergang von der handwerklichen zur industriellen Produktion bahnt sich am Ende des 18. Jahrhunderts an, als die ersten Fabriken für Druckstoffe ihre Tore öffnen. Die Arbeitskräfte waren da; sie lagen nur brach. Daß auch Cotta, der Tü-

binger Verleger Goethes und Schillers, seine neugegründete Tageszeitung hier erscheinen ließ, hängt mit einer anderen Augsburger Tradition zusammen: der demokratischen. Von der württembergischen Zensur bedroht, wie einst Schubart, weicht Cotta mit der Zeitung in die ehemaligen Reichsstädte an Donau und Lech aus: nach Ulm 1803, nach Augsburg 1810. Durch Napoleon war Augsburg kurz zuvor an Bayern gekommen: zäher als das neuwürttembergische Ulm wußte die Stadt am Lech ihre Privilegien zu wahren. Auch ethnisch hat sich bis mindestens zu Beginn unseres Jahrhunderts der schwäbische Grundstock gegen die Zugewanderten gehalten und diese unter ein paar Zugeständnissen (darunter bayrischen Einsprengseln im Dialekt) mit der Beharrlichkeit des Daseienden assimiliert. Im heruntergekommenen Landnest leitete Cottas ›Augsburger Allgemeine‹ den großen Neubeginn ein als ein Blatt von Weltruf und Tribüne des freisinnigen europäischen Bürgertums, deren Korrespondenten sich aus der Elite des Kontinents rekrutierten. Die Modernisierung der Produktionsmittel ließ nicht auf sich warten.

1824 wurde eine mechanische Presse in Betrieb genommen – die erste auf dem Festland nach London. 1840 geht man zur eigenen Herstellung von Dampfmaschinen über. Seit 1864 steht die Augsburger Maschinenfabrik von Heinrich Buz mit ihren Spitzenleistungen da, ruft Tochtergesellschaften ins Leben oder provoziert Konkurrenzunternehmen. Die Arbeitskräfte werden systematisch auf der Technischen Hochschule herangebildet: Lerntrieb und Rechenhaftigkeit des Menschenschlags, wie Theodor Heuss es in seiner Bosch-Biographie nennt, waren ein dankbarer Boden. Aus Paris, wo er geboren war, kommt der junge Rudolf Diesel in die Heimat der Eltern zurück, absolviert ein paar Jahre auf dem Technikum, an dem sein Onkel Mathematik lehrte, und läßt sich 1893 endgültig in der Stadt nieder, die ihm ideale Bedingungen für die Herstellung seines Motors zu bieten schien.[7] Fünf Jahre später wird Bert Brecht in einer ebenfalls 1893 zugewanderten Familie von Technikern geboren: der Großvater hatte eine lithographische Anstalt am Oberrhein betrieben; der Vater bringt es in Augsburg vom

kaufmännischen Angestellten zum Leiter einer Papierfabrik; der Bruder wird später Professor für Technologie des Papiers an der Technischen Hochschule in Darmstadt. Literatur auf ihren Gebrauchswert zu untersuchen, den Zusammenhängen zwischen Inspiration und Ware nachzuspüren, war für Brecht eine Selbstverständlichkeit. Er stellte sich damit nicht außerhalb der Dichtung: er stellte die Dichtung wieder in die Zeit. Die Mutation der Epoche hatte er von Kindesbeinen an mitgemacht und ist dadurch zu einem der wenigen volkstümlichen Dichter geworden, dessen Volksbegriff nichts mit Volkstümelei oder gar rassischen Phantasmen zu tun hatte, sondern vom Volk von heute, dem realen Industrievolk her erlebt war.
Der Schwarzwald ragt aus der Ferne in die Stadt hinein.
Ich, Bertolt Brecht, bin aus den schwarzen Wäldern,
Meine Mutter trug mich in die Städte hinein,
Als ich in ihrem Leibe lag. Und die Kälte der Wälder
Wird in mir bis zu meinem Absterben sein...,
heißt der Anfang eines berühmten Gedichts. Bündig schreibt er anderswo: »Ich bin Schwarzwälder von Vater und Mutter her.« Ganz wörtlich ist das nicht zu nehmen. Die väterliche Familie entstammt der badischen Rheinebene, wo die Großmutter in einem Landstädtchen sich ihre Extravaganzen hatte leisten können. Die Familie der Mutter kommt aus Rossberg bei Waldsee, einem Dorf im oberen Donaugebiet. Damit entfernen wir uns vom Schwarzwald, stellen aber unerwartet eine Verbindung zwischen Brecht und einem andern massiv imperatorischen Schwaben her, der neun Jahre früher in Meßkirch am Fuß des Heubergs, rund 80 Kilometer von Rossberg, zur Welt gekommen war: Martin Heidegger.
Die Rolle, die die Mutter in seinem Leben und Denken gespielt haben mag, läßt sich aus den autobiographisch fundierten oder getönten Stellen des ›Feldwegs‹, der ›Holzwege‹ und anderer Schriften der letzten Zeit ablesen. Mütter sind für Heidegger immer Bäuerinnen, und die Bäuerin ist Urmutter schlechthin. So im Passus über die Schuhe einer Bäuerin auf einem der braun-schwärzlichen Frühbilder von van Gogh: »Aus der dunklen Öffnung des ausgetretenen Inwendigen des Schuh-

zeugs starrt die Mühsal der Arbeitsschritte. In der derbgediegenen Schwere des Schuhzeugs ist aufgestaut die Zähigkeit des langsamen Gangs durch die weithin gestreckten und immer gleichen Furchen des Ackers, über dem ein rauher Wind steht. Unter den Sohlen schiebt sich hin die Einsamkeit des Feldweges durch den sinkenden Abend. In dem Schuhzeug schwingt der verschwiegene Zuruf der Erde, ihr stilles Verschenken des reifenden Korns und ihr ungeklärtes Sichversagen in der öden Brache des winterlichen Feldes... Zur Erde gehört dieses Zeug und in der Welt der Bäuerin ist es behütet.«[8]
Auch bei Brecht fällt der Frau und Mutter eine leidende und erlösende Mission zu: so in den frühen Dramen des Gymnasiasten, so im ›Kreidekreis‹ und in ›Mutter Courage‹. Aber zwischen der Bäuerin Heideggers, die vorbildlich der Scholle verbunden bleibt, und den heldenhaften Frauen Brechts, die die Welt durchstreifen, besteht ein grundsätzlicher Unterschied. Gang zu den Müttern bedeutet für den Meßkircher Denker Abstieg in die Tiefe, zum Jungbrunnen des ewigen Volks, der Muttersprache und des bäurischen Brauchtums, das, von der modernen Apparatur bedroht, in seiner Reinheit, Wucht und urtümlichen Größe verklärt wird.
Der Bürgerschicht, nicht dem Bauerntum gehörte Brechts Großmutter an. Sie findet den Weg zur Wahrheit nicht durch Rückkehr zur Tradition, sondern durch den Bruch mit ihr. Sie steigt zu den Deklassierten hinab und dringt damit zur gesellschaftlichen Wirklichkeit vor. ›Im Provokatorischen sehen wir die Realität wieder hergestellt‹, heißt eine Maxime von Brecht. Der Mythos vom ›ewigen Volk‹ fällt als Golem in sich zusammen.
Es bleiben – wie schon zu Jesu Zeiten – Ausbeuter und Ausgebeutete. Entlarvung der schöngeisternden Mystifikationen, in deren Schatten die Ausbeutung nur um so gründlicher und schamloser vor sich gehen kann, wird zu einer Hauptaufgabe des Dichters.
Die ›Kalendergeschichten‹ sind in diesem Sinn als ›aufklärend‹ gedacht. Sie führen das Programm weiter, das Johann Peter Hebel, der Wiedererwecker der deutschen Kalendergeschichte

unter der Französischen Revolution und Napoleon, ihnen angewiesen hatte: Kampf gegen Weltverfinsterung im Namen der Menschenfreundlichkeit und mit den Mitteln scheinbar ganz schlichter Erzählungen, die aber ›Handorakel der Lebensklugheit für kleine Leute‹, wie Ernst Bloch schreibt, und noch mehr sind: Widerspiegelung der geschichtlichen Situation, in die der Einzelne sich gestellt sieht und in der er zu wählen hat.
Hebel ist durch die Mutter ein Badener vom Oberrhein, wie Brecht durch den Vater. Hinter beiden steht der Schöpfer der oberrheinischen Kalendergeschichte im 17. Jahrhundert: Grimmelshausen. Die Wildheit, der barocke Furor und Impetus, den Brecht in der ›Mutter Courage‹ von ihm übernommen hatte, ist in den ›Kalendergeschichten‹ einem parlando von klassischer Einfachheit gewichen. Wie Hebel, geht Brecht von Mundart und Umgangssprache aus; schon der Titel der ersten Geschichte, ›Der Augsburgische Kreidekreis‹, weist auf die Heimatstadt zurück. Aber während beflissene Hebel-Imitatoren wie Wilhelm Schäfer die Sprache als ›saftig kernhafte Volkssprache‹ zum Selbstzweck werden lassen und der innere Schauplatz bei ihnen zusammenschrumpft, aufs deutschtümelnd Nationale und Lokale sich einengt, geht bei Brecht und Hebel in jeder Zeile ein Geist der Kritik um, der nichts unbesehen läßt, sondern wie Herr Keuner aus den ›Flüchtlingsgesprächen‹ alles unauffällig und genau befühlt, betastet, im Namen der Vernunft untersucht und mit dem Weltgewissen konfrontiert.
Brechts Tonfall ist allerdings entschieden schwäbischer, das heißt härter als der des badischen Vorgängers, doppelbödig, voll dialektischer Schliche und Pfiffe, deren Virtuosität die Zucht Hegels erkennen lassen und die zugleich so schlitzohrig augsburgisch sind, als wäre man, wie einst Schubart, wie Sebastian Franck in den niedrigen Wirtsstuben beim kleinen Volk in seiner Derbheit, anrempelnden Widerspenstigkeit und hintergründigen Weltweisheit.
Hegel verfügt über den gleichen scharfen Blick und die gleiche scharfe Zunge. In den Stuttgarter Schenken und Tübinger Gogenwirtschaften hat auch der schwäbische Kameralbeamten-

Sohn dem Volk aufs Maul geschaut: das stramme Vivace, mit dem er in seiner Abhandlung ›Wer denkt abstrakt?‹[9] eine Hökersfrau über Bürgersfrauen und ihre Großmütter sprechen läßt, kommt sprachlich Brecht ebenso nahe, wie es der getragenen Feierlichkeit von Heideggers Beschwörungen fern steht: »Ihre Eier sind faul!«, sagte die Einkäuferin zur Hökersfrau. Was – entgegnet diese – meine Eier faul? Sie mag mir faul sein! Sie soll mir das von meinen Eiern sagen? Haben ihren Vater nicht die Läuse auf der Landstraße aufgefressen, ist nicht ihre Mutter mit den Franzosen fortgelaufen, und ihre Großmutter im Spital gestorben, – schaff' sie sich für ihr Flitterhalstuch ein ganzes Hemde an, man weiß wohl, wo sie dieses Halstuch und ihre Mützen her hat; wenn die Offiziere nicht wären, wär' jetzt Manche nicht so geputzt, und wenn die gnädigen Frauen mehr auf ihre Haushaltungen sähen, säße Manche im Stockhause, – flick' sie sich nur die Löcher in den Strümpfen. Kurz, sie läßt keinen guten Faden an ihr. Sie denkt abstrakt und subsumiert jene nach Halstuch, Mütze, Hemde usw., wie nach den Fingern und anderen Parthien, auch nach Vater und der ganzen Sippschaft, ganz allein unter das Verbrechen, daß sie die Eier faul gefunden hat. Alles an ihr ist durch und durch von diesen faulen Eiern gefärbt, da hingegen jene Offiziere, von denen die Hökersfrau sprach, – wenn anders, wie sehr zu zweifeln, etwas daran ist – ganz andere Dinge an ihr zu sehen bekommen haben mögen.«

Nicht ohne Grund hat Brecht seinen Platz auf dem Friedhof in der Nähe von Hegel ausgesucht. Die beiden Schwaben können über ihre Gräber in Berlin hinweg Flüchtlingsgespräche führen. Aus taktischen Gründen hatte der eine wie der andere sich hier zeitweise in den Dienst einer Staatsapparatur gestellt. Versteckte Ausgangstüren blieben dabei überall offen: das zeigen schon die Kalendergeschichten, das zeigt auch ›die unwürdige Greisin‹.

Ihr später Aufbruch zum eigenen Ich und damit zur eigentlichen Welt erweist sich als durchgehendes Leitbild des Dichters. Die Großmutter ist eine Grundfigur, deren männliches Gegenstück schon im nachfolgenden Text hervortritt, einem der klas-

sischen Gedichte Brechts, das meist aus diesem Zusammenhang gelöst wird: ›Legende von der Entstehung des Buches Taoteking auf dem Wege des Laotse in die Emigration.‹ »Meine Großmutter war zweiundsiebzig Jahre alt, als mein Großvater starb«, hatte die erste Geschichte begonnen. »Als er siebzig war und war gebrechlich«, beginnt die andere. Auch der alte Weltweise verläßt über Nacht sein Haus, seine Freunde und Gewohnheiten, vertraut sich einem Knaben an, der den Ochsen aus dem geknechteten Land über die Berge in eine bessere Gegend führen soll, setzt sich beim Grenzübergang sieben Tage in der Stube des Zöllners nieder wie die Großmutter im Hinterzimmer des Flickschusters und schreibt dort in einundachtzig Sprüchen die Summe seiner Welterkenntnis auf. Hieronymus weltabgezogen in der Zelle? Keineswegs: erst der Anruf von außen und von unten hatte die Quelle zum Springen gebracht. »Aber rühmen wir nicht nur den Weisen, / Dessen Name auf dem Buche prangt! / Darum sei der Zöllner auch bedankt: / Er hat sie ihm abverlangt.« Zöllner, Schuster und das kleine Volk der Augsburger oder Berliner Kneipen – Sünder und Sauerteig einer besseren Welt.
Ihre Sendboten dringen selbst in die Zelle ein, wo der alte Galilei gefangen sitzt. Die Einkreisung des universalen Geistes durch Mächte von oben, mit denen er breitspurig und gerissen glaubte fertig zu werden und die ihn mundtot machen, endet mit dem gleichen Ausblick auf den Umschwung durch Kräfte von draußen und drunten, die die Botschaft erhalten und verstanden haben und sie in Tat umsetzen.
Auch in diesem dramatischen Lehrstück, einer Illustration zu Schillers Bühne als moralischer Anstalt, frappiert die großangelegte Klassizität, das Durchhalten einer von allen Wucherungen befreiten Grundlinie. Vielleicht ist es nicht zu gewagt, in dieser Phase von Brechts Entwicklung auf die kompositorische Kraft, Klarheit und ausströmende Ruhe von Hans Holbeins großen Gemälden anzuspielen. Ein Porträt wie ›Die beiden Gesandten‹ fände vom Stoff wie von der Technik her seinen Platz im beruhigten Renaissancedekor des ›Galilei‹. Die Inszenierungen des Berliner Ensembles, in denen alles im Hinblick

aufs Ganze angelegt war, nicht auf Detaileffekte, sind vom gleichen Stilwillen diktiert.

Die Kunsthistoriker haben seit langem den Katalog der verschiedenen ›Formdialekte‹ aufgestellt und darauf hingewiesen, daß im Umkreis von Ulm und Augsburg die Eigenart des Schwabentums sich seit der Renaissance bildnerisch am reinsten ausgeprägt habe. Der schwäbische Hang zur Monumentalität und Horizontalität, der mit dem spitzeren, unruhigen Formempfinden der fränkischen Malschule ebenso kontrastiert wie mit dem eruptiven, farbfrohen Barock der bayrischen, scheint auch bei Brecht mit dem Alter immer stärker durchgebrochen zu sein. Als einen aufdringlich dozierenden, den Profit scharf einberechnenden, ellenbogenstarken Schwaben empfand ihn Döblin, der selber bis zum Schluß sprunghaft, sensitiv erregbar, östlich schweifend geblieben ist. Die letzten Photos von Brecht zeigen schmale Lippen eingekniffen, den Blick verschleiert und prüfend, die Züge vom Leben hart gezeichnet wie die einer alten Frau. Eine ganz andere Hingegebenheit, ja Innigkeit spricht aus der Totenmaske. Das Zarte, Freundliche scheint gelöst.

Die Liebe zur phantasievollen, geistoffenen Mutter bildet einen inneren, geheimen Kern seines Schaffens. Darum sprach er von der Großmutter. Dem Schwaben kommt man nur auf Umwegen bei, und glaubt man, mit ihm fertig zu sein, fängt seine Geschichte erst an.

Hofmannsthal, den wir anfangs zitieren, habe das letzte Wort. ›Großmutter und Enkel‹ heißt eines seiner weniger bekannten Gedichte, das den Volksliedton Justinus Kerners und Ludwig Uhlands (»Urahne, Großmutter, Mutter und Kind / In dumpfer Stube beisammen sind«) mit den spiegelnden Übergängen der modernen Dichtung verbindet: Prousts ›Tod der Großmutter‹. Der Enkel, das Bild der Verlobten im Sinn, ist bei der alten Frau eingekehrt. Alles scheint beruhigt und still wie immer, und doch beginnt alles seltsam zu schwanken. »Kind, was haucht dein Wort und Blick / Jetzt in mich hinein? / Meine Mädchenzeit voll Glanz / Mit verstohlnem Hauch / Öffnet mir die Seele ganz!« Zeile für Zeile müßte dieses mozartisch musizierte Duett nach-

gelesen werden: »Als ich dem Großvater dein / Mich fürs Leben gab, / Trat ich so verwirrt nicht ein / Wie nun in mein Grab. / – Grab? Was redest du von dem? / Das ist weit von dir! / Sitzest plaudernd und bequem / Mit dem Enkel hier. / Deine Augen frisch und reg / deine Wangen hell – / Flog nicht übern kleinen Weg / Etwas schwarz und schnell?« Eine subtile und grandiose Steigerung bis zum halb klagenden, halb jubelnden Schluß: »Fühlst du, was jetzt mich umblitzt / Und mein stockend Herz? / Wenn du bei dem Mädchen sitzt, / Unter Kuß und Scherz, / Fühl es fort und denk an mich, / Aber ohne Graun, / Denk, wie ich im Sterben glich / Jungen, jungen Fraun.«
Zwei Dichter, zwei Großmütter. Man möchte keine missen. Flickschuster ist gut, aber die ganze Welt läßt sich doch nicht auf ihn reduzieren und die Kunst nicht nur über *seinen* Leisten schlagen. Eine letzte Frage: hat überhaupt Brechts Großmutter die geschilderte Entwicklung genau so durchgemacht? Der Stand der Forschung läßt das noch nicht mit Sicherheit ausmachen. Tatsache bleibt, daß Brecht sie ganz unverkennbar in das Milieu seiner Jugend versetzt und ihr die eigenen Züge verliehen hat: die provokante Abwehr von der Bourgeoisie, eine starke Empfindung für die Zurückgesetzten, Unterdrückten, verbunden mit Härte und rücksichtslosem Trieb zur Selbstentfaltung.
Das Porträt der Großmutter – wer und wie sie auch gewesen sei – wird zum Porträt seiner selbst, und darauf kam es hier an.

---

1 Revidierte und erweiterte Fassung des französischen Textes: *La grand'-mère retrouvée ou les origines souabes de Brecht* in der Zeitschrift *Études germaniques*, Mai 1965, S. 275–289. – Sartre über die ersten Kinos in: *Les mots,* Paris 1964.
2 Georges Duveau: *De 1848 à nos jours* (im Sammelwerk ›Histoire du peuple de France‹, hg. von L. H. Parias, 1953, Bd. IV, S. 159 ff.).
3 Porträt der Großmutter bei M. Kesting: *Brecht* (Rowohlt, 1959). Nicht zu verwechseln mit der Großmutter mütterlicherseits, geb. Friederike Brezing. Die Mutter des Vaters, Karoline Brecht, geb. Wurzel, starb zwei Jahre nach ihrem Gatten, wie in der Erzählung, aber mit 80 Jahren, nicht mit 72. Grundlegend

bleibt, daß Brecht trotz solcher Verschiebungen und im Gegensatz zu anderen Kalendergeschichten von ihr im Ich-Ton als von seiner Großmutter berichtet. Aus inneren wie aus zeitlichen Gründen erscheint die Hypothese von P. Demetz (*Die Zeit*, 1967, Nr. 32), B. habe das Thema aus Bechers *Abschied*, 1945, übernommen, höchst fragwürdig. – Der französische Film, den René Allio in freiem Anschluß an den Text gedreht hat, verfälscht ihn schon durch die Verlegung des Schauplatzes nach Marseille. Das Bohrende, Hintersinnige ist dem Charme und subtiler Munterkeit gewichen: die Sonne dringt in alle Winkel.

4 Über Brechts Interesse für die Cäsarenzeit cf. Hans Mayer: *B. Brecht und die Tradition*, 1961, S. 91.

5 *Schubarts Leben und Gesinnungen,* Stuttgart 1793, 2. Teil, S. 15. Wie es durch den politisch-sozialen Verfall und die religiöse ›Parität‹ zu dieser ›toten Kleinstädterei‹ hatte kommen können, analysiert der Chronist eingehend. Er selber aber schätzte die ›Biederherzigkeit‹ seiner dortigen Freunde.

6 M. Högel: *Brecht* (Augsburg, 1962). – H. O. Münsterer: *Brecht 1917–22* (Zürich, 1963). Weitere bibliographische Angaben bei R. Grimm: *Brecht*, 1961. Das Zitat von Bronnen nach M. Kesting: *Brecht,* 1959. Ferner wichtige Hinweise bei Dieter Schmidt: *Baal und der junge Brecht,* 1966, der auch die Legende vom Medizinstudium in München berichtigt.

7 Biographie seines Sohnes Eugen Diesel: *Rudolf Diesel*, 1937.

8 M. Heidegger: *Holzwege,* 1950, S. 22/23.

9 Sämtl. Werke, hg. Fromann, 1930, Bd. XX, S. 445–450.

Heidegger und Hebel
oder die Sprache von Meßkirch

Über Martin Heidegger ist eine ganze Literatur zusammengeschrieben worden und doch fehlt es – von zwei oder drei Ausnahmen abgesehen – an genauen Untersuchungen über Herkunft und Qualität seiner Sprache: ein erstaunliches Manko gegenüber einem Autor, der das Wort wie eine Monstranz vor sich herträgt und im Lauf der Jahrzehnte sich ein eigenes Idiom mit besonderem Wahrheitsanspruch zurechtgebogen hat.
Als ›Jargon der Eigentlichkeit‹ hat Adorno diese Sprache unübertrefflich gekennzeichnet, den Hauptakzent aber auf den philosophischen Aspekt des Vorgangs verlegt. Den rein philologisch-linguistischen untersucht Erasmus Schöfer, analysiert auf 300 Seiten grammatikalische und syntaktische Eigenheiten Heideggers und verkennt dabei völlig die Stilebene, auf der er sich bewegt, die ›Sprachgemeinschaft‹, der er zugehört: nicht zu Meister Eckhart, Luther, Jakob Böhme oder gar Goethe und Nietzsche, wie hier unbesehen vorausgesetzt wird, sondern zu den Vertretern einer abgeleiteten Luther- und Jakob Böhme-Sprache, zu Kolbenheyer, Wilhelm Schäfer, Hermann Burte und anderen Repräsentanten jener Stilbemühung, die man die Sütterlin-Schrift der heilen Welt nennen könnte, – eine Querverbindung von expressionistischem Aufbruch und Schollenfrieden, Waldzauber der Wagneropern und Fremdwortausmerzung im radikal alldeutschen Sinn Eduard Engels.[1]
Objekt unserer Demonstration wird eine kleine, weit verbreitete und leicht verständliche Schrift sein: Heideggers Rede über Hebel aus dem Jahr 1957.[2]
Der Text setzt nichts Unbekanntes voraus. Erzählungen wie ›Kannitverstan‹, der ›Star von Segringen‹, das ›Bergwerk von Falun‹, Gedichte wie »O schau dir doch das Spinnlein an«, gehören seit Generationen zum eisernen Bestand der Lesebücher. Kenner der Weltliteratur wie Hofmannsthal und Kafka haben ihrerseits Hebel als großen Meister der kleinen Form gefeiert. Längst vor ihnen, im Jahr 1804, schrieb Goethe seine liebevoll

bewundernde Rezension der ›Alemannischen Gedichte‹, die seither in jeder Literaturgeschichte als Garantie für die Güte des Produkts zitiert wird. Weniger bekannt, aber ebenso warm Jean Pauls Besprechung von 1803. Die französische Heimatliteratur hat sich in ihren Anfängen 1840/50 gern auf Hebel berufen, und viel eifriger noch ist Tolstoj für ihn eingetreten. Die Übersetzung des ›Habermus‹ wurde in Rußland so populär wie einheimische Texte: Otto von Taube erzählt aus seiner baltischen Kindheit, wie er erst nach langer Zeit Hebel als deutschen Autor identifiziert habe.[3]
Überraschend darum Heideggers Ausspruch: Hebel, ein Unbekannter, in seiner tieferen Bedeutung kaum je erfaßt oder auch nur geahnt. An solch eherne Diktate ist man beim Verfasser von ›Sein und Zeit‹ freilich gewöhnt. Seine Faszination beruht zum Teil – wie bei Stefan George – auf der Unerbittlichkeit des Spruchs. Wie steht es mit dem Wahrheitsgehalt? Welch unbekannten Hebel entreißt Heidegger der Vergessenheit?

»Der Zauber der Heimat hielt Hebel im Bann.« Der Satz steht im Mittelpunkt der erbaulichen Betrachtung und macht gleich stutzig: das ist nicht nur der Tonfall Wagners, sondern das ganze magische Universum des ›Rings‹: »Mit Liebeszauber zwang ich die Wala.« Hebel, der badische Prälat und urbane Bewunderer Theokrits und Vergils, wird als Siegfried kostümiert, der zur Quelle hinabsteigt, im Jungbrunnen badet und von nun an die Waldvögelein versteht.

»Aus nebliger Gruft,
aus nächtigem Grunde
herauf! Erda, Erda!
Aus heimischer Tiefe
tauch zur Höh'!« (Siegfried III, 1).

Am Fuß des Feldbergs, wo – laut Heidegger – der Dialekt sich in seiner urtümlichen Reinheit erhalten hat, ist Hebel großgeworden und damit dem Wesen der Sprache näher geblieben als andere. Ihm strömte das zu, was der Sprachgeist in sich birgt, – »jenes Hohe, alles Durchwaltende, woraus jeglich Ding dergestalt seine Herkunft hat, daß es gilt und fruchtet«. Der Satz könnte von Kolbenheyer stammen. Die gleiche fatale ›Pracht des Schlichten‹, die der Philosoph einmal anpreist, die gleiche feiertäglich herausgeputzte, nebulös anspruchsvolle Sprache: so spricht kein Bauer, wohl aber ein aufsässig pedantischer Bauernschulmeister – womit nichts gegen Bauernschulmeister gesagt sei und noch viel weniger gegen Roseggers liebenswerten Waldschulmeister, nur gegen die hinterwäldlerische Variante davon, die Fausts Gang zu den Müttern mit Wagnerschem Zungenschlag nie genug rekapitulieren kann: »Das dichterische Sagen bringt erst anfänglich die Hut und Hege, den Hort und die Huld für eine bodenständige Ortschaft hervor, die Aufenthalt im irdischen Unterwegs der wohnenden Menschen sein kann.« So Heidegger im späteren Kommentar zu einem Hebelgedicht, 1964.[4] Und im Humanismus-Brief von 1949: »*Sein* erst gewährt dem Heilen Aufgang in Huld und Andrang zu Unheil dem Grimm.«

Stabreimend auch der Titel der Rede: ›Hebel – der Hausfreund‹. Was bedeutet Hausfreund? »Ein schlichtes Wort, aber von erregender Mehrdeutigkeit«, schreibt der Autor, und wiederholt: »ein tief- und weitsinniges Wort« und nochmals ebenso aufgedonnert: »Seine Bedeutung enthüllt sich erst dem, der das Wort weit und wesentlich genug faßt.« Heidegger faßt und dehnt es so weit, bis nichts davon übrigbleibt: der blumige Stil ist Deckmantel für eine sophistische Begriffsmanipulation geworden.

...«Das Haus wird erst Haus durch das Wohnen.« Wohnen aber ist »die Weise, nach der die Menschen auf der Erde und unter dem Himmel die Wanderung von der Geburt bis in den Tod vollbringen«. So wird zuletzt »die Wanderung der Hauptzug des Wohnens als des menschlichen Aufenthalts zwischen Himmel und Erde, zwischen Geburt und Tod, zwischen Freude und Schmerz, zwischen Werk und Wort«.

Wohlig gewiegt von Wagnerschen Ramsch-Assonanzen, die mit biblischen Reminiszenzen vermischt sind, zieht der Denker aus Meßkirch das Fazit für Hebel: »Dem Haus, das die Welt ist, ist der Hausfreund der Freund. Er neigt sich dem ganzen weiten Wohnen des Menschenwesens zu« – eine pseudo-romantisch mystifizierende Auffassung des Dichters, die uns keinen Schritt näher an Hebel heranbringt, sondern ihn fern vom Lärm des frechen Tages zum Priester des Weltmysteriums weiht. Endziel jeder wahren Dichtung ist die Offenbarung dieses Mysteriums – im Schwarzwaldjargon heißt es rustikaler und gespreizt: »Wahrheit als die Lichtung und Verbergung des Seienden geschieht, indem sie gedichtet wird« (›Holzwege‹). Den Weg zum vergessenen Sein, das der Dichter wiederentdeckt, dessen Geheimnis er aber nur verhüllt an andere Initianten weiterreichen kann, bildet das Wort in seiner Ursprünglichkeit: das Wort der Muttersprache.

Muttersprache bedeutet den Dialekt, die Mundart. Wieder werden die Mütter bemüht, die Nornen, die am Quell sitzen: »Die Mundart ist nicht nur die Sprache der Mutter, sondern zugleich und zuvor die Mutter der Sprache ...« »Das Hohe und Gültige einer Sprache stirbt ab, sobald sie den Zustrom aus jenem Quell entbehren muß, der die Mundart ist.« Und nochmals mit vollen Pedalen: »Das Wort der Sprache tönt und läutet im Wortlaut, lichtet sich und leuchtet im Schriftbild.«[5]

Heidegger steht auch hier in einer alten Tradition, genauer gesagt in der letzten, pervertierten Phase dieser Tradition. »Das Wort sie sollen lassen stahn«: mit der berühmten Kampfansage hatte Luther sich bereits im 16. Jahrhundert gegen die lateinische Überfremdung gewandt, und Herder im 18. gegen die französische: beidemal ein Akt legitimer Notwehr. Aber schon bei Fichte und erst recht bei seinen Nachfolgern wird der Umschlag ins andere Extrem vollzogen: die Sakralisierung des deutschen Wortes, das an Urkraft und Tiefe sich nur mit dem griechischen messen könne und allein zur Lösung der Welträtsel wenn nicht zur Welterlösung berufen sei – ein konstanter Gedanke Heideggers, der offen oder unausgesprochen sein Wertsystem der Philosophie bestimmt und ihm selber den Rang zuweist als Wächter des Seins und Hüter des Horts.

Die Sakralisierung des ›deutschen Wortes‹ als geoffenbarten Urwortes ist im Deutschland der imperialen Machtkämpfe Hand in Hand gegangen mit der Pervertierung des ›Reichs‹-Begriffs. Das Reich wurde als Inbegriff der höchsten Kulturwerte des Abendlands religiös verklärt und dabei eine handfest brutale und zuletzt völlig enthemmte Gewaltpolitik getrieben. Europa trieb dem kollektiven Selbstmord entgegen. Mit nationalistischen Phrasen und Aggressivität warteten alle Staaten auf und glaubten, damit die Probleme des Industrie- und Massenzeitalters lösen zu können. Der Klimawechsel spiegelt sich im Bedeutungswandel des Wortes alemannisch wider.

Bei Hebel wie bei Goethe, als er Hebels Gedichte anpries, bedeutet ›alemannisch‹ die kulturelle Zusammengehörigkeit der oberrheinischen Landschaft und ihrer Menschen im Geist des aufgeklärten Kosmopolitismus ohne jede politische Annektionsidee. Für David-Friedrich Strauß, den ›Bildungsphilister‹ Nietzsches, legitimiert in einer zweiten Phase – nach 1870 – der alemannische Dialekt des Elsasses sein Einverleibung ins Reich selbst gegen den ausdrücklichen Willen von 80 oder 90% seiner Bewohner: sie mußten dem Vergessen des eigenen Ursprungs entrissen werden, und sei es durch Gewalt.

Blutrot beginnt das Wort ›alemannisch‹ in einer dritten Phase zu schimmern, als 1933 ein hoch industrialisiertes, rassisch besonders buntgemengtes Volk sich arische Ahnen beilegte und bald darauf im ganzen besetzten und terrorisierten Europa Tod und Leben des Einzelnen davon abhängen ließ, ob er von Siegfried abstamme oder nicht. Ein Massenrausch, für den eine bestimmte Art von rassisch unterbauter Heimatliteratur – der Literatur in Sütterlinschrift – besonders anfällig war, die Fiedel strich, die Vöglein im Walde hörte, aber nicht das Stöhnen der Opfer, wo doch Dichter und Denker schon in den Fingerspitzen das ungeheure Leid der Zeit hätten spüren und auf der Zunge die Verdorbenheit einer Sprache hätten schmecken müssen, die mit Volkssprache, Heimatsprache, Muttersprache nichts mehr zu tun hatte, wüster Parteijargon war, Zersetzungsprodukt, Abfall, Abhub im niedersten Sinn des Wortes, zu barbarischen Endlösungen manipuliert im Rahmen einer ungeheuren technischen Maschinerie.

Es war die Zeit, wo auch Hebel als sippenverhafteter Bauer auftrat. Heidegger hat der ›alemannischen Tagung‹ in Freiburg beigewohnt, auf der Hermann Burte ein Kleinepos von rund

400 Strophen über den wiederentdeckten ›arischen Hebel‹ vortrug: streicht man das ominöse Wörtchen, so deckt sich Heideggers Hebel von 1957 bis in Einzelheiten mit Burtes arischem Hebel von 1936.

Nicht als ob hier von einer Erleuchtung zu sprechen wäre, die mit einem Schlag und für immer Heideggers Hebelbild verändert hätte. Es war längst in ihm vorgebildet und entsprach dem Bild vom Dichter in der Volksgemeinschaft, wie die Vertreter der Heimatliteratur es sich seit Jahren zurechtgebastelt hatten und wie es ein Haupt der Gruppe, Wilhelm Schäfer, in seinem unüberbietbar sturen, hunderttausendfach verbreiteten Volksbuch über deutsche Geschichte und Kultur – ›Die dreizehn Bücher der deutschen Seele‹ popularisiert und damit die Tümpeltiefen des Kleinbürger-Gemüts in Wallung gebracht hatte.

Ein Satz genügt, um die Verwandtschaft mit Heideggers Vorstellung und Stimmlage greifbar zu machen – ein Satz aus dem Abschnitt über Hebel, dessen Wiege droben im Markgräfler Land stand, wo – schreibt Schäfer – »die muntere Wiese dem strengen Schwarzwald entspringt: Da gingen dem Knaben die Wege in fröhlicher Freiheit, da waren die Wolkenweiten über die grünen Gebreite bis hinter die blauen Fernen gebogen, da sangen die Vögel zur Arbeit, da war ein emsiges Landvolk im Kreislauf der Jahre geborgen«.[6]

Mit den Farben einer Buntpostkarte und dem Schmelz des Dreimäderlhauses wird das Landleben zur zeitlos gültigen, ewig unveränderten Lebensform umstilisiert – zu einer heroischen Idylle mit Mutterlaut, Männermut und urtümlichem Brauchtum als Summe der völkischen ›Gemeinschaftswerte‹. Ein Bauerntum, wie es nie existiert hat, auch und gerade für Hebel nicht, diesen entschiedenen Anhänger der Bauernbefreiung im Sinn der Aufklärung, der Französischen Revolution und des Napoleonischen Gesetzbuches. Und auf diesen geborenen Beschwichtiger und Vermittler stümpert Hermann Burte die Strophen vom ›arischen Bauern‹ zusammen! Burte hat einen Band kräftiger Gedichte in alemannischer Mundart geschrieben, die zum Besten gehören, was die dortige Regionalliteratur hervorgebracht hat:

»Es hange Nebel weich un wiiss,
um beedi Bord am Rhy:
Er bruuscht so wild, er ruuscht so liis:
I giengt am liebste dry«

– das ist ganz die Stimmung, in der Goethes Schwester Cornelia, eine zerrissene Natur, in ihrem Emmendinger Exil das Nordische der Rheinlandschaft, die Erlkönigatmosphäre der langen Nebelmonate empfunden haben mag. In der deutschen Literatur wiegt der Band kaum schwerer als die Dialektgedichte der Brüder Mathis, die Elsässer und dabei ebenso rabiate Franzosenköpfe waren wie Burte ein Alldeutscher. Seine Dramen in der Hochsprache sind weitgehend Edelkitsch, vor allem aber sein Roman ›Wiltfeber, der ewige Deutsche‹, der 1912 den Kleistpreis erhalten hatte und eine Orgie nationaler Phantasmen mit falschem Nietzsche-Pathos darstellt.[7] Wie Heidegger, hat auch Burte sich später vom Dritten Reich distanziert – in aller Stille, ohne das unbequeme, öffentlich anklagende Pathos Conrad Gröbers, des Freiburger Bischofs und gebürtigen Meßkirchers.

Als Germane war Burte 1936 unter wiedererwachten Germanen an die Rampe getreten und hatte damals seinen Hebel auf dem Hintergrund jenes Wagner-Dekors präsentiert, der bei Heidegger noch 1957 Voraussetzung ist: »Ewig die Welle, ewig das nordische Meer«. Dorther kamen die Vorfahren, dort »lag der Hort«, dort »war die Huld«, dorthin verweist (wiederum ein Zitat) die »Hegepflicht des herrlichen Ahnenerbes«.

»Tempellos ihre Haine mit heiligen Feuern«, in ähnlichen Hainen wird Heidegger seinen Hölderlin ansiedeln, den germanischen Jüngling voll griechischen Geistes.

Urkraft kennzeichnet Burtes und Heideggers Alemannen:

»Was immer diente dem Leben
Oder das Leben erhöht,
Alles gelang ihrer Kraft
Fünfzehn Jahrhunderte lang!
Doch zu den herrlichen Gaben
Fügte die zornige Fei,
Den alemannischen Fluch« –

den Fluch der Seinsvergessenheit, der Unterwerfung – unter das Fremde.

> »...Jahrhunderte kamen, und Alemannen vergaßen
> Ihrer selber gar oft,
> Ihrer erlesenen Art!
> Dienten dem Fremden und gaben
> Lateinische Namen sich selber,
> Beugten den Geist in das Joch,
> Mietlinge verdammter Gewalt!
> Und verletzten bewußt
> Ihre arteigene Pflicht«!

Die lateinischen Namen, die die deutsche Philosophie übernommen und damit das eigene Denken beschädigt, verstümmelt, entweiht hat, rückgängig zu machen durch bewußten zähen Rückgriff auf die bodenständige Sprache des bäuerlichen Brauchtums ist für Heidegger ein Programm geworden, das er im Humanismusbrief von 1949 klar formuliert und das auch die Diktion seines Hebels mitbestimmt.

Hebel wird ihm dabei zum Vorläufer, Ahnherrn und Wegweiser aus der Wüstnis, dem Verfall, der Heilsverlorenheit, wie Burte es formuliert:

> »Da kam Hebel! und brachte
> Aus fast verschollener Tiefe
> Wieder das magische Wort: Alemannisch! empor,
> Schuf im lebendigsten Mittel,
> Der Mundart arischer Bauern,
> In den Talen daheim
> Lieder voll Kraft und Gemüt!«

Auch der Blitzstrahl – ein späteres Leitmotiv von Heideggers Hölderlin-Interpretation – fehlt bei Burte nicht:

> »Hebel, der Erste im Stamme,
> Den alle heilig verehren,
> Nahe dem Gott und dem Volk...
> Ihn traf das Feuer vom Haine,
> Feite die Flamme vom Baum,
> Weihte natürliches Licht!«

Und wenn Heidegger am Schluß seiner Hebel-Rede die wahre Sprache feiert als »Weg und Steg zwischen der Tiefe des vollkommenen Sinnlichen und der Höhe des kühnsten Geistes«, so zaubert Burte mit demselben Schulratpathos die hohe Zeit der wiedergefundenen alemannischen Gemeinschaft vor uns hin, wo »der Himmel sich neigt und der Boden sich hebt, bis das Münster des Geistes weise sein Wesen der Welt«.
Die politischen Bezüge sind bei Heidegger 1957 verwischt, ja prinzipiell als irrelevant ausgeklammert. Das Metaphernnetz der Stammes- und Sprachsakralisierung ist geblieben. Vorgeformte Ziegel, ausgeleierte Melodie.

Heideggers Themen und Formeln decken sich nicht nur mit dem Hebel-Epos von Burte, sondern schlechthin mit allen Reden des Sammelbandes: ›Alemannenland, ein Buch von Volkstum und Sendung‹, Freiburg 1936.
»Gestaltungsmächtig sind allein die ewigen Tiefen des freien, reinen Volkswesens und die genialen Höhen der schöpferischen Persönlichkeit... Die anonyme Weltverschwörung will die Vernichtung der souveränen Persönlichkeit und Zerrüttung des heimatständigen Volkswesens... (Unser Ziel aber ist): Die Wiederaufrichtung der freien, urtümlichen Volkheit und die Wiedereinsetzung der in Gott wurzelnden großen Persönlichkeit... Wollt ihr Knechte des Luzifer sein oder Söhne Gottes?[8] Das ist aller Fragen Sinn – auch der alemannischen«, verkündet der nazifizierte Schweizer Erzähler Jakob Schaffner, und der Oberbürgermeister der Stadt Freiburg, Kerber, preist die »bodenständige Bindung«, die unter dem Dritten Reich die Schäden der liberalistischen Zivilisation und jüdischen Überfremdung von Staats wegen auszuheilen berufen sei: »das heimatliche Gemeinschaftserlebnis soll uns prägen«. »Die tiefsten Quellen sind aufgebrochen«, jubelt Friedrich Roth, und nochmals Jakob Schaffner: »Die mächtige Glücksquelle (wollen wir) wieder sprudeln machen aus allen Herzen und Geistern und aus den Höhen und Tiefen der geoffenbarten Heimatlandschaft«.[8]
Quelle, Kraftquelle, Jungbrunnen: das ist ein Grundbegriff

dieses Stils und bildet gewissermaßen das männliche Gegenstück zum andern Grundbegriff der Wurzel, des weiblich-passiv mit dem Boden Verflochtenen, jener ›Einwurzelung‹, die Heidegger am Nazismus nicht laut genug rühmen konnte: »Es gibt nur einen einzigen deutschen Lebensstand. Das ist der in den tragenden Grund des Volkes gewurzelte und in den geschichtlichen Willen des Staates freigefügte Arbeitsstand... Die erste Bindung ist die in die Volksgemeinschaft. Diese Bindung wird festgemacht und in das studentische Dasein eingewurzelt durch den Arbeitsdienst.«[9]

Cäsar Flaischlen – hab Sonne im Herzen – hatte auch den »steten Jungbrunnen« zur Hand: »die heimatliche Mundart, aus der unserer hochdeutschen Schriftsprache immer neues Leben zuquillt«. Eine durchaus plausible, wenn auch banale Behauptung, die aber sofort wieder – wie im ganzen Kreis des ›Kunstwarts‹ – mit pastoraler Salbung ins Heimattümliche eingezwängt wird und die Hebel-Rede vorwegnimmt: »So bleibt die innere Heimat mit ihrer Stammeseigenart der stete Nährboden, aus dem sich unser ganzer Stammescharakter zu immer neuer Kraft, zu immer reicherer Entfaltung, zu immer vielseitigerer Einheit emporschnellt.«[10]

Auf der niedersten Stufe liefert das Quellmotiv den Titel von Erich und Mathilde Ludendorffs völkerischem Pamphlet ›Am heiligen Quell der deutschen Kraft‹, 1933. Es steht aber auch im Mittelpunkt von Leo Weisgerbers wissenschaftlich anspruchsvoller Sprachtheorie. Als »Kraftquelle im Ringen um das eigenständige Deutschtum« wird die Sprache in seinen Darlegungen aus dem Jahr 1943 gefeiert, in denen Humboldts Spätidealismus eine triefnaß nazistische Umdeutung erfahren hat.[11]

»Die entscheidenden Kräfte des Volkstums wirken in der Tiefe, mit der Ruhe des Zeitlosen und der Sicherheit des Selbstverständlichen« – das könnte wörtlich in der Hebel-Rede stehen, und wie Heidegger greift auch Weisgerber pathetisch in die Höhen und in die Tiefen aus, verbindet die Nornen und Siegfried, die Mütter und Faust. Die »weltweite deutsche Sprache« ist zugleich »uralte Haupt- und Heldensprache«, die den Gehalt an Urworten am getreuesten bewahrt und damit dem kosmischen Geheimnis am nächsten geblieben sei. »Hier treten uns die lebenspendenden und lebentragenden Kräfte entgegen, die unser Dasein schicksalhaft durchwalten.« Muttererde, Mutterboden, Muttersprache – solche Worte besitzen nur in der germanischen Tradition ihre vollkommene Ursprünglichkeit, Lauterkeit und Läuterungskraft. Luther, Dürer, Paracelsus haben das verschüttete, vom Latein überfremdete Erbe wieder freigelegt, sind durch die Schächte der Sprache zum Grund des menschlichen Seins am tiefsten hinabgestiegen. Reisige Ritter trotz Tod und Teufel, wußten sie um die unabdingbare Notwendigkeit der Sicherung des geheiligten Sprachguts gegen artfremde Einflüsse.

Vom Seelenschmus wechselt Leo Weisgerber – wie Hitler in seinen Reden – brüsk zum Kommißton hinüber: »Die Sprache eines Volks ist eine in höchstem Maße wirkliche Macht, die jeden einzelnen von frühester Kindheit an erfaßt, ihn nach ihrem Gesetz formt und nun durch ihn hindurch die Aufgaben verwirklicht, denen sie selbst im Volksleben dient.« Eine totale Mobilmachung im Namen der Sprache, die den Menschen »ohne sein Zutun und Wollen in eine Sprachgemeinschaft auf immer eingliedert«, ihn verdorren und verderben läßt, sobald er sich freventlich von ihr abzulösen versucht oder durch fremden Zugriff aus ihr herausgerissen wird.

Wie Schlachtvieh ist in dieser Sprachdiktatur der Einzelne auf immer markiert und einer volklichen, d. h. politischen Gemeinschaft überantwortet, der als Pflicht obliegt, Abtrünnige mit Gewalt zurückzuholen. Eine Zumutung, die schon Renan in seiner Antwort an den Reichs- und Muttersprachvorkämpfer D.F. Strauß 1871 mit klassischer Präzision als Begriffsmantscherei zurückgewiesen hatte.[12] Aus dem gleichen Geist sind Gottfried Kellers Strophen entstanden, denen die nazistischen Ansprüche auf die Schweiz als stamm- und sprachverwandtes Land später eine brennende Aktualität geben sollten:

»Volkstum und Sprache sind das Jugendland,
Darin die Völker wachsen und gedeihen,...
Doch manchmal werden sie zum Gängelband,

Sogar zur Kette um den Hals der Freien:
Dann treiben Längsterwachsene Spielerein,
Genarrt von der Tyrannen schlauer Hand.
Hier trenne sich der lang vereinte Strom
...
Denn *einen* Pontifex nur faßt der Dom,
Das ist die Freiheit, der polit'sche Glaube,
Der löst und bindet jede Seelenkette!«[13]

Hinter Keller stand nicht nur die alemannische Mundart der Schweiz, sondern mindestens ebenso stark die soziale und politische Tradition seines Landes, die reale Schweizer Volksgemeinschaft, das Schweizer Republikanertum – genauso wie hinter Carl Spitteler und seiner mutigen, klaren Absage an den deutschen und europäischen Kriegsrausch von 1914.
Hinter Hebel stand und steht der aufgeklärte Geist des 18. Jahrhunderts.
Hier ist es an der Zeit, den ›Ursprüngen‹ Hebels etwas genauer nachzugehen.[14]
Hebel ist seit der Kindheit mit dem Schwarzwald innig vertraut gewesen und hat bis zum 14. Lebensjahr einen Teil des Jahres regelmäßig in Hausen verbracht, dem Heimatdorf der Mutter im vorderen Wiesental. Aber ebenso stark bleibt er mit der Rheinebene verbunden. In Basel 1760 geboren, in Basler Schulen aufgewachsen, früh von erasmischem Geist angerührt, nach einem kurzen Zwischenspiel in der Schopfheimer Lateinschule Gymnasiast in Karlsruhe, Pfarrkandidat in einem Rebdorf des Markgräfler Landes, Seminarlehrer in Lörrach, von 1791 bis zu seinem Tod 1826 Professor und Gymnasialdirektor, zuletzt Prälat und Mitglied der Ständeversammlung in Karlsruhe: das alles läßt sich nicht einfach mit derselben Geste vom Tisch wischen, mit der Heidegger auch unbequeme Fakten aus Hölderlins Leben als uneigentlich beiseite schiebt.
Der Vater überhaupt kein Alemanne, sondern ein kurpfälzisch aufgeweckter und umgetriebener Weber und Soldat, der zuletzt am Oberrhein hängenblieb und dort früh starb. Etwas Weltläufig-Vagabundisches gehört zu den Kennzeichen von Hebels

›Kalendergeschichten‹. Sie spielen in der Mehrzahl auf der großen Völkerstraße des Rheins, führen nicht in abgelegene Gebirgsdörfer wie Gotthelfs Erzählungen oder Stifters ›Bunte Steine‹. Der Ton ist ein anderer, und von ihm gilt immer noch, was Goethe über die ›Alemannischen Gedichte‹ schrieb: er ist Widerklang und Widerspiegelung des ›Landwinkels‹ im badischen Oberland, wo Hebel gelebt hatte und der sich auszeichnet durch – »Heiterkeit des Himmels, Fruchtbarkeit der Erde, Mannigfaltigkeit der Gegend, Lebendigkeit des Wassers, Behaglichkeit der Menschen, Geschwätzigkeit und Darstellungsgabe, neckische Sprachweise«. Hebel wurde so für Goethe der Dichter, »der, von dem eigentlichen Sinne seiner Landesart durchdrungen, von der höchsten Stufe der Kultur seine Umgebung überschauend, das Gewebe seiner Talente gleichsam wie ein Netz auswirft, um die Eigenheiten seiner Lands- und Zeitgenossen aufzufischen...«.

Unmittelbarer tritt der Schwarzwald hervor in den Dialektgedichten. Das tiefste unter ihnen, ›Die Vergänglichkeit‹, verbindet auf grandios einfache, natürliche Weise – im parlando zwischen Großvater und Bauernjungen über Nacht, Sterne und Berge, Weltuntergang und Gott – das Landschaftsbild mit der Erfahrung des Todes, wie seinerzeit der Dreizehnjährige sie gemacht hatte, als er die schwerkranke Mutter auf dem Leiterwagen von Basel ins Dorf zurückgebracht hatte und sie unterwegs auf der Reise gestorben war. In einem solchen Gedicht – es gibt ihrer noch ein paar andere – ist alles großer, voller Klang: wir stehen im Kern von Hebels menschlichem und dichterischem Empfinden wie im ›Bergwerk von Falun‹, seinem reinsten Prosastück. Niemand wird das in Frage stellen; nur Heidegger hängt an die erlebte und durchlittene Grundsituation das Bleigewicht seiner eigenen Vorstellungen über Dialekt als Ursprache des Dichterischen und Bauerntum als ewiges Vorbild menschlicher Tätigkeit.

Hebels Besteigung des großen Belchen – ein abenteuerliches Unternehmen für jene Zeit – hatte dem Dreißigjährigen gewaltige Eindrücke hinterlassen. Seine zwei oder drei Begleiter – Theologen und Hungerleider wie er – begründeten mit ihm den

Kult des ›Belchismus‹, als dessen Gott sie Proteus erwählten, den Gott des Nichts und der Habenichtse. Aber Proteus kannten sie aus den ›Georgica‹, und neben Diogenes und Parmenides wurde Virgil der oberste Schutzgeist der ›Belchianer‹. Die Geheimsprache, die sich der schöngeistige Zirkel in jenen kurzen Jahren zulegte, hat wenig mit Dialekt zu tun und weit mehr mit surrealistischen und dadaistischen Wortspielen, wenn aus Saum eine Maus herausgezaubert wurde und aus Gras ein Sarg. Das Ganze mit einem philologisch-theologischen Schulschmäcklein wie bei Mörike. Die lyrische Ader war bei Hebel freilich sehr viel geringer und in zwei, drei Jahren erschöpft; es ist bei aller Gesellichkeit etwas merkwürdig Sprödes, sentimentalisch Versponnenes, junggesellig Vertracktes an ihm. In sein Heimatdorf, von dem er immer sprach, ist er kaum je zurückgekommen; die geliebte Gustave Fecht, der er jahrzehntelang galante oder herzenszarte Briefe ins Pfarrhaus nach Weil im Oberland schrieb, hat er so wenig geheiratet wie Grillparzer eine der Schwestern Fröhlich. Jean-Paulisch träumt er vor dem Tod mit 66 Jahren davon, mit siebzig das Geburtshaus in Basel zu mieten und »alle Morgen, wie es alten Leuten geziemt, in die Kirchen, in die Betstunden« zu gehen, fromme Büchlein zu schreiben »und Nachmittag nach Weil« zur hypochondrischen Jungfer.

Seine ›Kalendergeschichten‹, zwischen 1808 und 1820 als Beiträge zum badischen lutherischen Kalender in öffentlichem Auftrag redigiert, bekämpfen religiösen wie politischen Obskurantismus, ganz im Sinn von B. Franklins ›Poor Richard's Almanac‹ (1732 sq.). Ihre Wirkung und Bedeutung ruht nicht nur auf der Kraft des Ausdrucks, sondern ebensosehr auf einer besonderen Kraft des Fühlens und Denkens. Was Hebel von seinen Nachahmern, den zahllosen Schollendichtern und Winkelgrößen unterscheidet, ist neben dem dichterischen Genius die Spannweite und Modernität einer Ideologie, die die Grundtendenzen seiner Zeit zusammenzufassen und -zuschauen imstande ist. Exemplarisch verbindet er Aufklärung mit Frömmigkeit und den Toleranzgedanken des Evangeliums mit den Grundsätzen jener bürgerlich-bäuerlichen Emanzipation, wie sie in Baden der Markgraf Karl-Friedrich als Schüler der französischen Physiokraten schon 1783 in die Wege geleitet und 1806 durch die original-badische Adaption des Napoleonischen Gesetzbuches auf allen Gebieten rechtskräftig gemacht hatte. Der Ludwigshafener Ernst Bloch hat in diesem Sinn Hebel mit vollem Recht als ›citoyen‹ bezeichnet, als bewußt fortschrittsfreundlichen Bürger, als erfahrenen Parlamentarier, der – voll Rechtlichkeit und Schläue wie die Figuren seiner eigenen Geschichten – das schwierige Konkordat zwischen Lutheranern und Reformierten im neuen Großherzogtum Baden ausgehandelt hatte – in enger Verbindung mit Brauer, Reitzenstein, Tulla, Wessenberg und anderen konstituionell gesinnten Männern, unter deren Einfluß Baden bis zum Scheitern der Revolution von 1848 Deutschlands großes Reservoir an aktiven Demokraten geworden ist.

Demokraten – ein Begriff, der für Heidegger wie für Weisgerber unverständlich, ja abwegig sein mußte, stammen doch beide aus den radikal umgeschichteten bäuerlich-bürgerlichen Kreisen der Bismarck- und Hohenzollernzeit, die unter Verzicht auf politische Mündigkeit patriotisch strammstanden, nach 1918 das Fronterlebnis sakralisierten, die Weimarer Republik diabolisierten und wie reife Früchte auf den Boden klopften, als blutrot am Horizont der Führer aufgetaucht war.
Selbst zur Zeit, als Deutschland in Stalingrad schon auszubluten begann und das Regime ins Herz getroffen war, überdröhnte der heutige Bonner Ordinarius für Sprachwissenschaft die Wirklichkeit mit dem ebenso großschnauzigen wie gespensterhaft irrealen Pathos seiner ›Festrede zur Feier der Reichsgründung und der nationalen Erhebung am 30. Januar 1943‹. Ihr Thema, ein Heidegger-Thema: ›Sprache als volkhafte Kraft‹.
»Das Gedenken an die großen Führertaten unserer Volksgeschichte erfüllt seinen Sinn erst dann, wenn es nicht ein Erinnern an Geschehnisse bleibt, sondern uns selbst hineinstellt in das Fortwirken dieser Ereignisse. Was in den Schicksalsentscheidungen der Geschichte für das Ganze erkämpft wurde, das muß jeder einzelne von uns als immer neu gestellte Aufgabe

verspüren. Und nicht nur als allgemeine Verpflichtung, sondern als deutlich umschriebene Forderung des Verhaltens zu den Grundkräften des volklichen Lebens.«
Wir kennen diese Forderungen aus der Hebel-Rede. Die Namen sind auswechselbar: »Es ist ja das Eigentümliche bei der Teilhabe an der Muttersprache, daß ein jeder jederzeit zu verantwortlichem Tun verpflichtet ist« – nichts unterscheidet solche Formeln von denen aus Heideggers ›Hebel‹ 1957. Nur wird in der ›Festrede‹ Leo Weisgerbers der kriegerische Schmuck noch unverhüllt auf stolzer Brust zur Schau getragen (»Über die Brust wie ein Rind und ein Bart wie ein Löw«, Tambourmajor im ›Woyzeck‹): »Von unserm Hier und Jetzt hängen Wirkungen ab, die im ganzen die geistige Stoßkraft unseres Volkes erhöhen oder aber vermindern. Nicht die geringste Aufgabe der Sprachwissenschaft ist es, die Verantwortlichkeit aller vor der Sprache als volkhafter Kraft bewußt zu halten. Wenn schon die deutsche Haltung zur Sprache auch in die Entscheidungen unserer Tage eingegangen ist, dann müssen wir wissen, daß zwei Dinge wesentlich davon abhängen: die geistige Geschlossenheit des deutschen Volkes und die weltweite Wirkung des deutschen Geistes. An jedem von uns ist es, sein Handeln danach zu gestalten. Der Weg ist der der täglichen Bewährung in scheinbar kleinen Dingen. Das Ziel ist aber dasselbe, das uns bei dem Gedenken an den 18. Januar 1871 und den 30. Januar 1933 immer leuchtender vor Augen tritt und das die Quelle unserer sieghaften Kraft im jetzigen Entscheidungskampfe ist: das ewige Volk und Reich der Deutschen.«[15]
Statt Rilke und Trakl interpretierend zu zelebrieren, könnten die Deutschlehrer mehr für Sprachsinn und Bürgerkunde tun, wenn sie die rasselnde Verlogenheit und panzerstarrende Inhumanität solcher Elaborate bis in die syntaktischen Einzelheiten demonstrierten und zur Erläuterung einen Aphorismus des (stets kastrierten) Johann Gottfried Seume heranzögen: »Wenn ein Deutscher zu sogenannter Würde oder auch nur zu Geld kommt, bläht er sich dick, blickt breit, spricht grob, setzt sich aufs große Pferd, reitet den Fußsteg und peitscht die Gehenden.« Heideggers Proklamationen würden die Parallelbe-

lege liefern. Josef Weinheber hatte schon früher in seinem ›Hymnus auf die deutsche Sprache‹ ähnliche Gedankengänge verkündet, unter Orgelklang und Schwertersang Pseudoreligion bis in die zahnlosesten Tiefen des deutschen Gemüts gegurgelt:

»O wie raunt, lebt atmet in deinem Laut
Der tiefe Gott, dein Herr; unsre Seel,
Die da ist das Schicksal der Welt.
... Du gibst dem Schicksal die Kraft des Befehls und Demut dem Sklaven
... Du nennst die Erde und den Himmel: deutsch.
.. Du unverbraucht wie dein Volk!
Du wie dein Volk niemals beendet!
... Sprache unser!
Die wir dich sprechen in Gnaden, dunkle Geliebte!
Die wir dich schweigen, heilige Mutter!«[16]

Die Dämpfung und europäische Umfrisierung in der späteren Zeit ist Weisgerber und Heidegger gemeinsam. Derselbe Leo Weisgerber, der sich in der Zeit der großen Verbrechen keinen Augenblick um ›Menschenrechte‹ irgendwelcher Art scherte und nur vom Recht und Vorrecht der Sprache besessen war (wie noch heute Heidegger), forderte nach dem Zusammensturz eines Regimes, für das er sich so ›voll und ganz‹ eingesetzt hatte, den Einbau seiner Sprachtheorie als ›volkliches Recht‹ in die Charta der ›Vereinten Nationen‹. ›Volkliches Recht‹: der Klumpfuß wird sichtbar. Immer wieder geht die Sprache mit dem Schreiber durch, das Eingliedern und Erfassen von Gemeinschaften kann er nun einmal nicht lassen: Das »natürliche Recht der Sprachgemeinschaft ist ein Menschheitanliegen schlechthin und kann nur von da aus voll erfaßt werden«.[17] Nicht umsonst war Hitler so lange sein Meister und Denklehrer gewesen. In seiner Rede vom 30. Januar 1943 hatte Weisgerber sich ausdrücklich auf die Rede vom 30. Juni 1937 berufen, worin Hitler im Rahmen einer ›Weihestunde des deutschen Sängerbundfestes‹ neben der deutschen Sprache in erster Linie das deutsche Lied verherrlicht. Heideggers Weihestunde für Hebel arbeitet 1957 mit den gleichen Grundbegriffen, verwertet das gleiche gedankliche Material, ohne vermutlich die Rede selber zu kennen, aber aus der gleichen ›organischen‹ Sprachauffassung heraus.

»Das deutsche Lied«, hatte der sogenannte Führer ausgerufen, »begleitet uns von unserer Kindheit bis ins Greisenalter. Es lebt in uns und mit uns und läßt, ganz gleich wo wir auch sind, immer wieder die Urheimat vor unseren Augen erstehen, nämlich das deutsche Land und das deutsche Reich... Im Lied hat der Einzelne sich der Heimat ergeben... Wer so zu seinem Volk und zu seiner Heimat steht, der wird aus beiden immer wieder neue Kraft gewinnen! Und so ist stets das deutsche Lied eine Quelle der Kraft geworden und ist es auch heute wieder.« Die Rede schloß mit einem Hochruf auf »das deutsche Reich der Größe und der Ehre und der Kraft und der Herrlichkeit und der Gerechtigkeit, Amen!« – eine stürmisch bejubelte Eingliederung der Bibelworte ins Evangelium vom deutschen Menschen. Dietrich Heßling und Sternheims Bürger Maske schwelgten im Gemüt und spürten die Kraft ihrer Lenden.[18]

Wieder einmal war das Volkslied als erderwachsenes, gottverbundenes Gemeinschaftserzeugnis mythisiert. Sternheim hatte die Attrappe schon 1913 in seinem ›Schippel‹ aufgedeckt und persifliert.

Heidegger macht die Mystifikation noch 1955 mit, wenn er zur 175. Geburtstagsfeier des Meßkircher Musikers Conradin Kreutzer das Wort ergreift, sein Werk auf die »Grundkräfte des heimischen Bodens« reduziert und danach die besorgte Frage stellt: »Gibt es noch wurzelkräftige Heimat, in deren Boden der Mensch ständig steht, d.h. boden-ständig ist?« Die Frage wird verneint, und doch muß, »wo ein wahrhaftig freudiges Menschenwerk gedeihen will, der Mensch aus der Tiefe des heimatlichen Bodens in den Äther hinaufsteigen können.[19]« Damit stehen wir wieder bei der ›Alemannischen Tagung‹ von 1936 und Jakob Schaffners Ausruf: »Gestaltungsmächtig sind allein die ewigen Tiefen des freien reinen Volkswesens und die genialen Höhen der schöpferischen Persönlichkeit.«

Wenn tatsächlich das Beste an Conradin Kreutzers fast ganz verschollenen Opern und Chorgesängen rustikale Lieder mit

Hörnerschall-Effekten bleiben (›Droben stehet die Kapelle‹ oder die Jagdszenen aus dem ›Nachtlager von Granada‹), so deswegen, weil andere Regionen dem mediokren Weber-, Schubert- und Mendelssohn-Epigonen verschlossen blieben. Ihm fehlten das Genie und die Kenntnisse, die Mendelssohn von Natur und durch Schulung besaß, obwohl er ein patrizischer Großstädter ohne jede ›Schollenverbundenheit‹ war. Bodenständigkeit als Kriterium künstlerischer Befähigung spukt nicht nur in Heideggers Schriften weiter; er teilt den Wahn mit einer von Hitler gezeichneten Generation. »Kultur ist Ausdruck völkischen Eigenwesens in höchster Form«, heißt es in Kolbenheyers ›Bauhütte‹, und auf dem Wesselburer Grabstein von Adolf Bartels steht: »Eine Sünd nur gibt's auf Erden: untreu seinem Volk zu werden – und sich selber ungetreu.«

Das Gegenstück zu einem solch religiös überholten, rassenpolitisch unterbauten Volksbegriff bildet Béla Bartók Schaffen und Denken – avantgardistische Musik, deren Rhythmus und Melodik doch in jedem Takt die genaue, enthusiastische Vertrautheit mit der ungarischen Volksmusik bezeugen. Statt schicksalhaft durchwalteter, dumpfer Hingabe an ein mythisch gedeutetes Erbe, die ständige Anstrengung des Begriffs, ein Akt höchster kritischer Reflexion in der Konfrontierung des Überlieferten mit den Problemen des technischen Zeitalters. Zu keiner Zeit seines Lebens hätte Bartók – so wenig wie Hebel – den Satz unterschrieben, den der Meßkircher Sakristansohn noch 1954 wiederkäut: »Die Aufklärung verfinstert die Wesensherkunft des Denkens.«[20]

»Der Verlust der Bodenständigkeit«, heißt es im Kreutzer-Gedenkwort weiter, »kommt aus dem Geist des Zeitalters, in das wir hineingeboren sind.« Und an diesem Geist der Planung und Berechnung, der Organisation und des automatischen Betriebs sind grundlegend schuldig die Philosophen des 17. Jahrunderts, vorab Descartes.

Heidegger ist also auch hier der Auffassung treu geblieben, die Karl Hahm als ›Reichsobmann für Bauernwesen‹ 1934 verkündigte: »Die städtische Zivilisation hat die alte ererbte bäuerliche Gemeinschaftskultur aufgelöst. Diese Gemeinschaftskultur war ein hochentwickeltes Wirtschafts- und Weltanschauungssystem gewesen, das die Dorfgemeinde zu einer organischen Einheit zusammenschloß. Stetigkeit der Lebens- und Arbeitsform, Beharrlichkeit der eingebundenen Kultur waren ihr Merkmal.« Zwei große geistige Linien umgrenzen und tragen das bäuerliche Brauchtum: der Lebenskreislauf und der Jahreskreislauf... So bleibt die Bauernarbeit ewig gleich. Bekenntnis zu Blut und Boden bildet damit eine ganz unsentimentale und wirkliche Voraussetzung gegen liberale Vergiftung.[21]

Mit der dröhnenden Salbung, die den Proklamationen des Regimes und den gleichzeitigen Verlautbarungen Martin Heideggers eigentümlich war, feierte der ›Reichsobmann für Bauernwesen‹ auch die Mundart als »Ausgangspunkt der neuen Gesinnung und Gesittung« – dies in einer Stunde, wo routinierte Techniker der Massenbeherrschung, Verbrechertypen mit Großstadtkniffen, ihre Hand auf die Apparatur eines durchrationalisierten Industriestaats gelegt hatten.
Anton Gabele aber, ein Bauernsohn und Volksschullehrer aus Buffendorf bei Meßkirch, schrieb in seinem Roman ›Pfingsten‹, 1934, über das Dritte Reich mit Wendungen, die bis heute Heideggers Diktion kennzeichnen: »Tief in das Mutterreich verwurzelt und hoch in die Weite des Himmels gebreitet, steht das neue Deutschland da«.[22]
Ein anderer Bauernsohn aus Meßkirch, Conrad Gröber, der Erzbischof von Freiburg, schwelgte ebenso hemmungslos vom »verschmelzenden Feuer, das das Volk in seinem Innersten ergriffen«, habe, vom »völkischen Erleben, das sich immer wieder ins Religiöse und Heilige auslöse«, von der »Rückkehr zu den naturbedingten und gottgewollten Wurzelgründen des Wesens«.[23]
Drei Meßkircher, die von sich reden machen und von denen einer die Welt aufhorchen läßt; die alle drei zu einer bestimmten Zeit ihre Ziele mit den Zielen des Nazismus völlig identifizieren und sich dann mehr oder weniger spät, mehr oder weniger entschieden, von ihm distanzieren, ohne dabei je auf die Grundbegriffe von Heimat, Volk, Verwurzelung zu verzichten: das lenkt

unsern Blick auf Meßkirch als Ort des ›Ursprungs‹. Meßkirch – ein Marktflecken auf dem Hochplateau der oberen Donau; karges, weites Land mit Wegen und Pfaden durch Mulden über Hänge, Hügel mit Eichen hinauf, sonnige Waldblößen entlang. Vom Heimatdorf der Mutter stürmt ›der‹ Ostluft herein, schreibt Heidegger; bei aller Sonne ist die Luft noch hart und fährt wie ein Bürstenstrich übers Gesicht, schreibt Anton Gabele.[24]

Bauern strömen aus dem ganzen Kreis zu den großen Markttagen herbei. Meßkircher Zuchtvieh war schon im 19. Jahrhundert bis nach Südafrika bekannt, gesucht, prämiiert – der Menschenschlag ist schwäbisch: zäh, zielbewußt und bei aller Verschlossenheit weltschlau. Die begabteren Kinder kommen hier auf die Schulen und nach weiterer Auslese in die Priesterseminare unten am Bodensee, wie einst Conrad Gröber und Heidegger zu den Jesuiten in Konstanz. Rom wacht über die Seinen in der Ackerbaustadt mit ihren vier katholischen Kirchen, einer protestantischen und rund 3000 Seelen am Jahrhundertbeginn.

Hinter Ulm beginnt der Balkan, sagt das Sprichwort; hinter Meßkirch – die Gebirge und Orakel Dodonas, empfindet Heidegger. Tief eingebettet in die scheinbar unberührte Natur und bäuerliche Überlieferung, war er in der Zwiesprache mit Wurzel und Quelle an verschüttete Formen des Seins herangekommen, hatte sich dabei immer näher an die Griechen der Frühzeit herangetastet und sich zuletzt als ihren wahren Erben erkannt und proklamiert.

Die sieben Seiten des ›Feldwegs‹ – einer der ersten autobiographischen Texte Heideggers – atmen in der Schilderung der Landschaft von Meßkirch natürliche Empfindungskraft und Frische. Bis in topographische Einzelheiten entsprechen sie der Schilderung in Anton Gabeles autobiographischem Roman ›Der Talisman‹, 1932: ein Duett zweier Meßkircher. Der Text Gabeles beginnt: »Der Vater schreitet am Ackerrand hin, die Rosse stampfen am Pflug und werfen den Kopf, die spitzen Ohren auf und nieder. Mein Bruder geht dahinter, eine Hand an der Pfluggabel, schwingt manchmal die Peitsche und läßt sie einen lustigen Knaller tun. Ein Rabe stapft in der Furche nach, sucht und pickt. Und Rosse, Pflug, Bruder und Rabe kommen an den Hügelrand, sind eine Weile von einem gelben Leuchten umgeben und schwinden langsam, wie von der Erde oder dem Himmel aufgesogen.« Es folgt eine lange Schilderung der jahreszeitlich wechselnden Luft und Arbeit draußen, die Heideggers eigener Text plastisch rafft: »Dieselben Äcker und Wiesenhänge begleiten den Feldweg zu jeder Jahreszeit mit einer stets anderen Nähe. Ob das Alpengebirge über den Wäldern in die Abenddämmerung wegsinkt, ob dort, wo der Feldweg sich über eine Hügelwelle schwingt, die Lerche in den Sommermorgen steigt, ... ob ein Holzhauer beim Zunachten sein Reisigbündel zum Herd schleppt, ob Kinder die ersten Schlüsselblumen am Wiesenrain pflücken, ob der Nebel tagelang seine Düsternis und Last über die Fluren schiebt, immer und von überall her steht um den Feldweg der Zuspruch des Selben: Das Einfache verwahrt das Rätsel des Bleibenden und des Großen. Unvermittelt kehrt es bei den Menschen ein und braucht doch langes Gedeihen. Im Unscheinbaren des immer Selben verbirgt es seinen Segen.«

Aus der Ferne hinkt Conrad Gröber nach, wenn er den Heimweg vom Ausflug zu einem priesterlichen Verwandten beschreibt: »Ich kam aus einem tief einsamen Schwarzwaldtal. Die Berge standen herbstlich sattgrün. Die Schwarzwaldhäuser duckten sich an den sonnenhellen oder beschatteten sanften Halden, die zerstreuten Herden weideten in den tiefen, fast baumlosen Mulden, die Wälder hoben sich schwarz und gezackt vom blauen Horizont ab.«[25]
Bei Gröber setzt sich die Schilderung alsbald in Predigt um; Konstanzer und Freiburger Münster tauchen als Wahrzeichen auf, überstrahlt vom ›ewigen, begnadeten Rom‹. Gabele ergeht sich in realistischer Kleinschilderung. Heidegger formuliert den philosophischen Zuspruch des Feldwegs: »Die Eiche selber sprach, daß wachsen heißt: der Weite des Himmels sich öffnen und zugleich in das Dunkel der Erde wurzeln ... Immer noch sagt es die Eiche dem Feldweg, der seines Pfades sicher bei ihr

vorbeikommt. Was um den Weg sein Wesen hat, sammelt ein und trägt jedem, der auf ihm geht, das Seine zu... Der Zuspruch macht heimisch in einer langen Herkunft.«

Zu den gleichen ›Ursprüngen‹ fühlt auch Gabele »sich immer wieder heimgekehrt«. »Das Bild der heimatlichen Landschaft steigt auf und des dörflichen Jahres. Alles hebt sich neu ins Licht in dem stillen Gesetz ihres Daseins, alles lebt und webt in dem großen Gemeinsamen, das sie trägt und erhält, Erde und Getier und Menschen. Zauberhaft ist das Wort des Dichters, welches das scheinbar Vergängliche und Versunkene in die Regionen des Unvergänglichen und Fortwirkenden hebt. Alles das anheimelnd in einem kalenderhaften Rahmen geborgen.«

Gleiche Ursprünge und überraschend gleiche Diktion, gleiche Weltansicht. Der Niveauunterschied beruht auf dem angeborenen denkerischen Impuls Heideggers, der durch scholastische Zucht seine volle Ausbildung erfahren hatte. Auch wenn er später Kehrtwendung gegen die Scholastik macht, hat doch gerade sie ihm Waffen dafür in die Hand gegeben, wie die Rhetorik von Sartres Großvater dem französischen Existentialisten Waffen zum Angriff auf die eingesogene und eingebleute bourgeoise Rhetorik.

Die biographischen Angaben bei Heidegger sind knapp. »Es war, als hütete ihre Sorge unausgesprochen alles Wesen«, heißt es von der Mutter im ›Feldweg‹.

Eindringlicher – wenn auch indirekt – wird sie in einem frühen Aufsatz (1935) der ›Holzwege‹ verherrlicht, wo ein Bild van Goghs die Schilderung der Bäuerin auslöst, die »am späten Abend in einer harten, aber gesunden Müdigkeit die Schuhe wegstellt und im noch dunklen Morgendämmern schon wieder nach ihnen greift«.

»In der derbgediegenen Schwere des Schuhzeugs ist aufgestaut die Zähigkeit des langsamen Gangs durch die weithin gestreckten und immer gleichen Furchen des Ackers, über dem ein rauher Wind steht. Auf dem Leder liegt das Feuchte und Satte des Bodens. Unter den Sohlen schiebt sich die Einsamkeit des Feldweges durch den sinkenden Abend. In dem Schuhzeug

schwingt der verschwiegene Zuruf der Erde, ihr stilles Verschenken des reifen Korns und ihr unerklärtes Sichversagen in der öden Brache des winterlichen Feldes.«[26]
Der dunklen Schwere des Textes gibt das persönliche Erleben den unverkennbaren Akzent. Stärker noch als an van Goghs Bäuerin denkt man an die Kohlezeichnung von Dürers Mutter mit dem gramdurchfurchten, herben und verschwiegenen Gesicht. »Zur Erde gehört dieses Zeug [das Schuhzeug] und in der Welt der Bäuerin ist es behütet. Das wesentliche Sein des Zeugs bedingt seine Verläßlichkeit. Kraft ihrer ist die Bäuerin durch dieses Zeug eingelassen in den schweigenden Zuruf der Erde, kraft der Verläßlichkeit des Zeuges ist sie ihrer Welt gewiß. Welt und Erde sind ihr und denen, die mit ihr und in ihrer Weise zu tun haben, nur so da: im Zeug. Wir sagen ›nur‹ und irren dabei; denn die Verläßlichkeit des Zeuges gibt der einfachen Welt ihre Geborgenheit und sichert der Erde die Freiheit ihres ständigen Andranges.«
Der Nabelstrang, der Heideggers Denken mit seiner bäuerlichen Umwelt verbindet, wird an solchen Stellen sichtbar. Seine Existenzphilosophie ist an die Bäuerin von Meßkirch gebunden wie schon vor 1914 das existentielle Denken Péguys an die mütterliche Gestalt der Stuhlflickerin in einem ländlichen Vorort von Orléans. Mag Charles Péguy sich auch durch die geniale dichterische Spannweite vom Philosophen unterscheiden und dieser durch die Kraft des spekulativen Denkens: gemeinsam bleibt ihnen der Trieb, das Wort immer wieder zu umkreisen, es ganz einzukreisen, den Kern des Urwortes herauszuschälen. In der ›Herkunft‹ wollten sie wieder heimisch werden: Péguy besiegelte mit dem Tod in der Marneschlacht seinen militanten Revanchismus, seine Absage an die ›zersetzende‹ sozialistisch-pazifistische Gedankenwelt des einstigen Freundes Jean Jaurès seinen Glauben an das auserwählte französische Volk und dessen Schutzheilige: Jeanne d'Arc, das Bauernmädchen, das dem Zuruf der Erde wie des Himmels noch offenstand.
»Anfang August 1914 als Kriegsfreiwilliger gemeldet« – verzeichnet Heideggers Notiz im ›Deutschen Führerlexikon 1934 bis 35‹. »Am 9. Oktober 1914 wegen Krankheit entlassen.

1915/17 Dienst bei der Postüberwachungsstelle Freiburg i./ Br.; 1918 Frontausbildung; 1918 vor Verdun bei Frontwetterwarte 414... Entstammt alemannisch-schwäbischem Bauerngeschlecht, das mütterlicherseits (Kempf), auf demselben Hof ansässig, lückenlos bis 1510 feststeht.« Und im Gespräch ließ der Philosoph 1950 scheinbar nebenher die aufschlußreiche Bemerkung fallen, die der Gegend die Aura philosophischer Begnadung verleiht: »Auch Kants Großmutter stammt von hier.«[27]

Der Rückgriff auf die Sprache der Lutherzeit und darüber hinaus, der bewußte Vorsatz, in Stil und Denken einen Zustand zu erreichen, »der dem vor der Latinisierung des Deutschen entspreche«, sind eine Rückkehr zu den Müttern im eigentlichen Sinn des Wortes, zu jenem »Märchengarten der Ahnin«, der ihn auch in einem Gedicht Stefan Georges faszinierte und seiner Interpretation würdig schien: »Und harrte, bis die graue Norn / den Namen fand in ihrem Born.«[28]

Mit der bäurischen Zähigkeit und dem Imperialismus, der ihm eigen, verheimatlicht Heidegger zuletzt den Begriff. Die ›Gegend des Wortes‹, eine ›rätselhafte Gegend‹ wird als ›Gegnet‹ mit dem lokalen Meßkircher-Ausdruck für Gegend identifiziert, der wortspielerisch ausgeweitet die ›Gegnet‹ als den Ort scheinen läßt, der »den Menschen in ein Hören auf die Gegnet und in ein Gehören in sie verregnet«.[29]

Der Vater taucht am Rande auf. Sein Beruf ist als »Dienst bei der Turmuhr und den Glocken« umschrieben, »die beide ihre eigene Beziehung zu Zeit und Zeitlichkeit unterhalten«. Der Sakristan der Stadtkirche St. Martin wird damit auf seine Weise zu einem Vorläufer von ›Sein und Zeit‹ umstilisiert. Zwischendurch ertönt seine Axt im Wald, bedächtig hantiert er in den Pausen seines Dienstes in der Werkstatt; der Geruch des Eichenholzes bleibt dem Jungen unvergessen. Und von der Kirche, an derem alten Glockenseil der Mesnerbub »sich oft die Hände heißgerieben«, haftet ihm das »finsterdrollige Gesicht des Stundenhammers« im Gedächtnis, nicht die mächtigen Grabplatten der Grafen von Zimmern, der einstigen Herren Meßkirchs, an deren Schloß, einem breiten Block mit vier Türmen, der Knabe vorbeikam, wenn er den Hofgarten hinunter in den Wald lief. Nürnberger Erzgießer haben die Riesenepitaphien der Grafen Gottfried Werner und Wilhelm (1558 und 1559) in der Kirche aufgestellt. Und die ›Zimmersche Chronik‹, die Graf Froben verfassen ließ und mitredigierte, fand zur Bismarckzeit schweinsledergebunden ihren Weg auf die Bücherborde der dunkelgetönten Herrenzimmer als Ausdruck einer Saft- und Kraftepoche, die die derb zupackende Vitalität des Meßkircher Menschenschlags mit zahlreichen Anekdoten aus der Sittengeschichte belegte.

Ein kulturelles Zentrum war so schon im 16. Jahrhundert geschaffen: Meßkirch ist zwar ein Flecken, ein Dorf, aber ein Dorf mit Herren und ihrer Stadtkultur – auf die Grafen von Zimmern folgten die von Helfenberg und zuletzt die Fürstenberg, bis 1806 der Ort durch Napoleon zu Baden geschlagen wurde, ohne im geringsten den schwäbischen Charakter zu verlieren. Hermann Heimpel notierte beim Durchfahren, daß lauter kleine Heideggers herumzulaufen scheinen, stämmig und schwarz, mit funkelnden Augen, in denen das ›Kuinzige‹ aufblitzt, eine Art hintergründigen Mutwillens, der vom Philosophen den Erden- und Himmelskräften zugeschrieben wird. »Die hat e knütz Paar Auge im Kopf«, heißt es auch in der Gegend von Ulm. ›Knütz, keinzig, kuinzig‹ hat die Doppelbedeutung des französischen ›malin‹ – durchtrieben, hinterhältig und neckisch, spaßhaft. Aufschlußreich ist, daß das bauernschlau Gerissene und Schabernackische bei Heidegger sofort ins Wagnerpathos gesteigert und der Schmied aus den ›Nibelungen‹ bemüht wird: »Die wissende Heiterkeit (das Kuinzige) ist ein Tor zum Ewigen. Seine Tür dreht sich in den Angeln, die aus den Rätseln des Daseins bei einem kundigen Schmied einst geschmiedet worden.«[30]

Wie das Derb-Stramme sich mit erlesenem Manierismus verbinden kann, zeigen die Bilder des ›Meisters von Meßkirch‹, jenes weiter nicht identifizierbaren ›Jerg‹, der ein Vierteljahrhundert hier als Maler der Grafen von Zimmern tätig war und von dem nur ein einziges Altarbild in der Stadtkirche verblieben ist; alle andern sind in Museen zerstreut. So der Christophorus in Basel, der mit bloßen Beinen und Knotenstock eine grünlich schillernde Furt durchwatet. Die Rundung des radförmig zurückgeschlagenen und gebauschten Mantels mit dem Kreis der abgestuften Farben im Widerspiel zur Weltkugel, in der oben auf der Schulter das Christuskind eingeschlossen thront: das ist grünewaldisch gesehen, raffinierte Malkultur, das realistische Detail in ein Spiel von Farben verwandelt mit Echoeffekten, den Manierismen in Heideggers Stil nicht unähnlich, wenn auch mit einem ganz anderen Elan und im übrigen ohne jede unmittelbare Beziehung.[31]

Festeren Boden haben wir unter den Füßen mit den dahinpolternden Volkspredigten von Abraham a Santa Clara (1644 bis 1709), mit bürgerlichem Namen Ulrich Megerle aus Krenheinsstetten bei Meßkirch, auf den Heidegger im Gespräch als auf einen weitläufigen leiblichen Verwandten anspielte.

Die barocke Sprachfülle des Augustinermönchs (aus dem Schiller seinen Kapuziner in ›Wallensteins Lager‹ zurechtschnitt) kontrastiert freilich mit dem zähflüssigen Sprachrhythmus des Nachkommen. Aber innerhalb des fast pedantisch abgezirkelten Raums jongliert auch Heidegger mit den Worten und läßt die Bälle einander zufliegen, wie es spektakulärer – als eine Art billiger Jakob der bayrischen Jahrmärkte – der Hofprediger Ulrich Megerle zum Gaudium und zur Erhebung seines Massenpublikums in Wien getan hatte, als er zum Krieg gegen die Türken aufrief und Ludwig XIV., deren allerchristlichsten Verbündeten, grobianisch wild, wenn auch nicht ganz grundlos mit Schmähreden überhäufte, die ihm in rabelaisianischem Ausmaß zur Verfügung standen.

Wien gegen Paris – und Meßkirch in der Mitte als Ort des Widerstands gegen Überfremdung. Das scheinbar weltverlorene Dorf ist im Herzen Europas gelegen, auf der Völkerstraße, die seit alters die Donau entlangzieht.

Chateaubriand, der französische Grandseigneur und Großschriftsteller mit der noblen Pose und dem Vibrato einer echten Schwermut, rollte auf ihr im Mai 1833 Prag zu, um dem exilierten Karl X. eine Botschaft seiner Getreuen zu überbringen, machte in Meßkirch Rast, sah sich die adretten Mädchen an und

meditierte über die ›gallische Unmenschlichkeit‹ seines Postillons, ließ im Geist die Sturzwelle der Heere vorbeiziehen, die sich immer wieder von Westen her ergossen hatten, bald siegreich, bald besiegt – die Niederlage Ludwigs XIV. gerächt unter Napoleon durch die Entscheidungsschlacht Moreaus gegen die Österreicher 1800: der Name Meßkirch prangt seither eingemeißelt unter den Napoleonischen Siegen auf dem Triumphbogen der von der Anhöhe der Champs-Elysées herab Paris dominiert.[32]
Wie die Meßkircher selbst die Kriegsläufte erlebt und gesehen haben, läßt sich aus den Bildern des dortigen Schlachtenmalers und tüchtigen Porträtisten Johann-Baptist Seele (1774–1814) ablesen. Österreicher auf Wachtposten; ein verwundeter General, der von ihnen in eine Hütte gebracht wird; französische Grenadiere, die durch österreichische Husaren aus ihrem Festschmaus gerissen werden; ein junges Mädchen, das – im Waldbach überrascht – auf dem Pferd des Franzosen davongaloppiert.
Der Friede ist geschlossen. Ein Lied steigt auf über die Weite des Landes: ›Schon die Morgenglocken klingen‹, ›Das ist der Tag des Herrn‹ und andere Chorgesänge von Conradin Kreutzer, dem Meßkircher Müllersohn, der nach einer Jugend unten in den Priesterschulen Zwiefalten und Schussenried seine Laufbahn als Opernkapellmeister in Stuttgart und Donaueschingen begann, dann nach Wien berufen wurde und dort Texte von Grillparzer und Raimund vertonte. Der Siebzigjährige starb 1849 in Riga, als seine Tochter Marie wegen Versagens der Stimme fristlos von der Oper entlassen worden war – ein E. T. A. Hoffmannscher Tod. Das Mühlenbachrauschen hört sein Biograph Anton Gabele durch all seine Werke hindurchtönen, und Heidegger preist im gleichen Sinn die heimatliche Verwurzelung des Komponisten als Mutterboden seiner ganzen Kunst. Als ob nicht gerade Kreutzer, der seine Stellungen immer wieder wechselte und kreuz und quer durch Deutschland zog, auf seine Weise der Typ des Fahrenden gewesen wäre, dessen Sinn für volkstümliche Melodie durch die Zauber- und Spektakeltradition der Wiener Bühnen angerei-

chert wurde; auch seinem Hauptwerk, dem ›Nachtlager in Granada‹ (Wien 1834) hat sie die zugkräftige, spanisch-maurische Räuberromantik vermittelt, ohne den Mangel an Genie zu kompensieren.[33]

Conradin Kreutzer und Johann-Baptist Seele stehen niveaumäßig auf der gleichen mittleren – sehr mittleren – Linie. Klaftertief unter ihnen der Bauernsohn und Volksschullehrer Anton Gabele aus Buffendorf bei Meßkirch, der Typ des durch die Zeit emporgeschwemmten Schollendichters, der auch als Studienrat in Köln der Heimaterde verschworen blieb, das tote Wissen der humanistischen Gymnasien verdammte und im Roman ›Pfingsten‹, 1334, seinen jungen Helden, einen Oberprimaner, den die Stadt schon auszuleeren drohte, durch den Enkel eines Müllers für die ›Erweckung‹ heranreifen läßt: »Eine Front der jungen Männer, eingeschmolzen in das Erlebnis einer neuen Gemeinschaft, offen dem Wehen des neuen Geistes... Da war *ein* Schritt, *ein* Lied, *eine* Begeisterung. Und da war die Gestalt des Führers, der tiefer sah als alle, weil er mehr als die übrigen mit der Natur und dem Herzen des Volkes verbunden blieb, der immer dem Zuverlässigen, Klaren nachstrebte und rastlos, selbstlos sich für sein Land verzehrte.«

Den Hymnen Gabeles auf das neue Volk unter dem Führer mit dem stählernen Willen und dem reinsten Herzen entsprechen die Manifeste Heideggers so gut wie die Aufrufe Conrad Gröbers, der – freigebig mit Hitlergrüßen und gemeinhin ›der braune Conrad‹ genannt – noch zum Konkordatsabschluß im Dankesgottesdienst mit »unerschütterlichem Vertrauen sich hinter den Führer« stellte.[34]

Die drei Meßkircher hatten schon mit der Muttermilch eine Ideologie eingesogen, die eine gängige Form des katholischen politischen Denkens in Deutschland darstellte: die Lehre von den organischen Bindungen, den Glauben an Autorität, Gemeinschaft, ständische Gliederung, den Haß gegen die Aufklärung und ihr Teufelswerk, Gesellschafts- und Staatsvertrag, Volkssouveränität, Individualismus.

»Die Wissenschaft vom Volk muß die historisch-politische

Grundwissenschaft werden, denn Volk ist unmittelbares naturhaftes Wirken«, proklamiert Martin Böhm in seinem Buch ›Das eigenständige Volk‹, 1932, und der einflußreiche Abt von Maria Laach, Ildefons Herwegen, präzisierte 1932: »Weil der Führer, aus der Einsamkeit des Dienens und Opferns heraus, getragen von einem unbeirrbaren Glauben an das deutsche Volk, dieses wieder zu freudigem Bekenntnis zu sich selbst gebracht hat, ist er zu Millionen gewachsen. Auf den Glauben des Führers an das Volk antwortete die Gefolgschaft des Volkes. Die treue Gefolgschaft allen gegenüber dem Einen schafft ein neues Gemeinschaftserlebnis, das unser Volk zurückfinden läßt zu den letzten Wurzeln seiner Gemeinsamkeit: zu Blut, Boden und Schicksal.«[35]

»Tiefbekümmert« hatte Conrad Gröber – aus einem Bauern- und Handwerkergeschlecht in Meßkirch 1872 geboren – schon vor dem ersten Weltkrieg »die zunehmende Entwurzelung der süddeutschen Bevölkerung verfolgt, die ihren naturbedingten Stammescharakter mit einer bedenklichen Raschheit verlor.« Der Weltkrieg wurde für ihn das erste Pfingstwunder. Mit der gleichen Ergriffenheit wie hunderttausend andere – darunter Hitler – erlebt und schildert Gröber die Verschmelzung Deutschlands zu einer neuen, durch Vaterlandsliebe religiös zusammengeschweißten Gemeinschaft. Sein ›Handbuch der religiösen Gegenwartsfragen‹, 1937, versichert gleich zu Anfang: »In der gegenwärtigen Schicksalsstunde unserer Nation stellen sich die Leiter der Kirche in besonderer Treue an die Seite der Männer des Staates, entschlossen zur einigen Abwehr des gemeinsamen Feindes.«

»Arbeite als ein guter Kriegsmann Christi«, ruft er auch in seinem Hirtenbrief von 1939 den ausziehenden Soldaten zu: »So lebt ihr aus dem Volk. Das Volk hinwiederum durch euch. Soldatentod ist Opfertod.« Aber die Zustimmung ist nur noch eine sehr bedingte. Eine Kehrtwendung hatte sich inzwischen vollzogen: »Religion ist grundsätzlich etwas anderes als Mythos ... Religion ist nichts wesentlich Irrationales und lediglich Trieb- und Naturhaftes, das wie eine Art Ausdünstung aus dem Rassewesen aufsteigt, Religion will Wahrheit sein und nicht bloß ein blutbedingter Traum... Religion will erklären und die Lebensfragen lösen und sie nicht noch mehr verdämmern und vernebeln.« »Schon die Stoiker und Peripatetiker haben den ›Hochwert der Persönlichkeit‹ hervorgehoben, als eines Wesens mit Verstand und freiem Willen und schiedlicher Abgrenzung.« Die Hirtenbriefe des Freiburger Erzbischofs wurden bis zu 100 000 Exemplaren verbreitet. – ›Grenzen der Vaterlandsliebe‹. – ›Recht ist, was nützet?‹ – ›Der Hochwert der Kranken‹. Der ›Fastenhirtenbrief zur Vollendung des 70. Lebensjahres‹ schließt pathetisch mit dem Ausruf, der Bischof sei für Glauben und Gemeinde zu sterben bereit, und schleudert gegen die Herren der Zeit das Droh- und Spottwort aus dem Alten Testament: »Wie singt der Psalmist: Was toben die Heiden und schmieden eitle Pläne. Der im Himmel thront, der lacht, der Herr verspottet sie.«[36]

Die Zeit war längst vorbei, wo der 17 Jahre jüngere Heidegger von Conrad Gröber als von ›einem väterlichen Freund aus meiner Heimat‹ sprechen konnte. Gröber hatte ihm 1907 eine Schrift von Franz Brentano in die Hand gegeben, die ungewollt seinen Abfall von der Theologie auslösen sollte. Noch einmal schien die Zeit der Gemeinsamkeit gekommen, als beide – zusammen mit Anton Gabele – von der Einwurzelung ganz Deutschlands in eine neue Volks-Gemeinschaft träumten, predigten, donnerten.[37]

Gewiß haben auch 1914 alle deutschen, ja alle europäischen Schriftsteller, mit Ausnahme von einem halben Dutzend unbeirrbar klarer Männer in den jeweiligen Lagern mitdeliriert – selbst Rilke, Musil, Döblin, Stefan Zweig, von R. A. Schröder und Thomas Mann ganz zu schweigen.[38] Aber die Ernüchterung kam für die einen rasch; für die andern hatte der Rausch nie jene Sprachverluderung nach sich gezogen, die Heidegger sich im Schlamm der Radau-Schlagwörter wälzen ließ – ein Phänomen, das schon vom Sprachlichen her genaue Beachtung verlangt.

»Der Mensch spricht erst, insofern er jeweils der Sprache entspricht«, hat Heidegger geschrieben.[39] In der damaligen Phase entsprach seine Sprache ganz einfach dem Gauleiterjargon.

Weder von Mallarmé noch von Spinoza, Kant, Schopenhauer ist ein solches Auslöschen ihrer selbst denkbar. Und wo Leibniz oder Hegel Zugeständnisse an die Machtpolitik machten, taten sie es wenigstens auf ihre Weise, in ihrem Stil und mit Verklausulierungen, die von vornherein zurückzunehmen imstande waren, wofür sie sich eben zu engagieren schienen.

Die drei Meßkircher hatten sich zusammengefunden im Glauben an den »Aufbruch einer geläuterten und in ihre Wurzeln zurückwachsenden Jugend«, wie Heidegger damals schrieb, »an die Macht der tiefsten Bewahrung der erd- und bluthaften Kräfte eines Volkes als Macht der innersten Erschütterung seines Daseins.«[40] »Die abgelebte Scheinkultur ist zusammengestürzt... Wir haben uns losgesagt von der Vergötzung eines boden- und machtlosen Denkens«.[41] »Wir sind entschieden und entschlossen« – rasselte es beim späteren Hebel-Interpreten weiter – »den schweren Weg zu gehen, den wir durch die Verantwortung vor der Geschichte zu gehen gezwungen sind... Es gibt nur den einen Willen zum vollen Dasein des Staates. Diesen Willen hat der Führer im ganzen Volk zum Erwachen gebracht und zum einzigen Entschluß zusammengeschweißt... In dem, was dieser unser Wille will, folgen wir nur dem überragenden Wollen unseres Führers. In seine Gefolgschaft treten, heißt ja: unerschütterlich und unausgesetzt wollen, daß das deutsche Volk als Volk der Arbeit seine gewachsene Einheit, seine einfache Würde, seine echte Kraft wiederfinde. Dem Mann dieses unerhörten Willens, unserem Führer Adolf Hitler ein dreifaches: Sieg Heil!«[42] Diese und ähnliche Sätze stammen vom gleichen Mann, der sich in einem Brief an den Reichsstudentenführer (6. 2. 34) der genauesten Einblicke auch in die Regionalpolitik rühmte: »Ich kenne die hiesigen Verhältnisse und Kräfte seit Jahren bis ins kleinste« und der damit von selbst den Einwurf weltfremder Ignoranz zurückweist.[43]

Hinter der Faszination durch den totalitären Staat stand bei Heidegger – wie bei Gottfried Benn – die reaktivierte autoritäre Jugenderziehung: der starre Konservativismus bäurisch-katholischer Observanz bei dem einen, das preußisch-protestantische Pfarrhaus bei dem andern.

Sie glaubten beide ›den‹ Ursprüngen nahe zu sein und waren es nur den ihrigen.

Bei Benn allerdings war durch die Mutter aus der welschen Schweiz ein auflockerndes Element hereingekommen und ein weiteres durch das Leben in Berlin als Arzt und Künstler. Heidegger hingegen gehörte als Universitätslehrer zu einer Gesellschaftsschicht, deren reaktionär nationalistisches Credo sich seit 1871 zusehends verhärtet hatte. Schon der klirrende patriotische Bombast der Berliner Professorenschaft bei Ausbruch des ersten Weltkriegs zeugt von absoluter Blindheit gegenüber den politischen Fakten und Hörigkeit gegenüber den herrschenden Mächten. Auch in Frankreich hatte damals der Chauvinismus der Universitätslehrer weitgehend rauschhafte Formen angenommen – ein Romain Rolland, der hinter dem Wortvorhang auf die nackte Realität zu zeigen wagte, wurde auf beiden Seiten niedergeschrien.[44]

»Neu beflügelt in den Wettern des Weltkriegs« –, rief mit Wagner-Schwulst der Berliner Theologe Deissmann aus – »wird ein Wort, das uns anmuten darf wie die Weihe zu unserer deutschen Sendung: Ihr seid das Salz der Erde! Ihr seid das Licht der Welt!« Der Germanist Gustav Roethe proklamierte: »Deutsche Männer und Frauen! Das Wort möchte schamhaft verstummen in dieser Stunde, da nur Taten zu reden berufen sind, da Gott der Herr zu uns im Schlachtendonner spricht. Und doch, das Herz ist so übervoll; es drängt heraus, was in jeder Brust sich regt; es will sich formen zu Geständnissen, Gelöbnissen ... Wer diese Tage, diese Wochen durchlebt hat, der kann ihren heiligen Gewinn nicht wieder verlieren. Das ungeheure Erlebnis, es bindet uns zusammen, es reinigt uns, es erhebt uns, und es wird uns reinigen und läutern, so vertrauen wir, bis in fernste Tage, so lange die Erinnerung diese Schicksalstunde des Deutschen Reiches, des deutschen Volkes festhält.«[45]

In der Generation Heideggers – der Frontkämpfergeneration – ist der Stil schärfer, härter, zackig geworden; der Gott des Alten Testamentes tritt vor dem ehernen deutschen Schicksal zurück, der Schatten Wotans fällt herein, das Gastmahl König Etzels profiliert sich auf dem Hintergrund. Knallige Superlative,

die immer wieder das Weite und das Tiefe zusammenbiegen wollen, sind eines der Kennzeichen der neuen Uniform – der Klempnerladen auf Görings Brust. So fordert Heidegger von den Studenten: »Bereitschaft bis zum Äußersten – Kameradschaft bis zum Letzten.« – »Euch verlangt dem Nächstbedrängenden und Weitestverpflichtenden ausgesetzt zu werden.« Das Volk seinerseits »fordert von sich und seinen Führern und Hütern die härteste Klarheit des höchsten, weitesten und reichsten Wissens.«[46]
Vom Führer heißt es mit Nibelungenhärte: »Der Führer erbittet nichts vom Volk. Er gibt vielmehr dem Volk die unmittelbarste Möglichkeit der höchsten freien Entscheidung... Die Unerbittlichkeit des Einfachen und Letzten aber duldet kein Schwanken und Zögern. Diese letzte Entscheidung greift hinaus an die äußerste Grenze des Daseins unseres Volkes.«[47]
Wenn Heidegger den neuernannten Gauleiter Badens telegraphisch mit einem »kampfverbundenen Sieg-Heil« begrüßte, so war das mehr als nur die übliche Formel: Heidegger hatte sich der Sprache verschrieben, die von Goebbels bis in die letzten Stunden geschmettert wurde: »Voraussetzung ist, daß jeder Häuserblock, jedes Haus, jedes Stockwerk... bis zum Äußersten verteidigt wird... daß jeder Kämpfer vom fanatischen Willen zum Kämpfen-Wollen beseelt und durchdrungen ist, daß er weiß, daß die Welt mit angehaltenem Atem diesem Kampf zusieht und daß der Kampf um Berlin die Kriegsentscheidung bringen kann« (›Befehl für die Verteidigung der Reichshauptstadt‹).
1914 hatte Deissmann »in tiefer Dankbarkeit Zeugnis von der Offenbarung des deutschen Gottes in unserm heiligen Krieg abgelegt«. Bei Heidegger wird zwanzig Jahre später das »Arbeitslager die Stätte einer neuen unmittelbaren Offenbarung der Volksgemeinschaft – als Quelle jener Kräfte, durch die alle andern Erziehungsmächte – zumal die Schule – zur Entscheidung gezwungen und verwandelt werden«.[48]
Solchen Offenbarungen gegenüber wirkt die Vernunft zersetzend. »Das Denken ist kein Mittel fürs Erkennen«, heißt es noch heute bei Heidegger, »das Denken zieht Furchen in den

Acker des Daseins.« Nietzsche muß als Kronzeuge eine ähnliche Metapher aus dem Bauernleben beisteuern: »Unser Denken soll künftig duften wie ein Kornfeld am Sommerabend. Wie viele haben noch Sinn für diesen Duft?«[49] Den Duft des Heus verwechselte Heidegger mit penetrantem Bodengeruch. Seine nazistischen Verlautbarungen stehen in direktem sprachlichen Konnex mit Mathilde Ludendorffs Offenbarungen: »Deutsches Gotterkennen, das den Sinn des Menschenlebens enthüllt, kann den Deutschen mit seinem Volke in eine unlösliche Volks- und Schicksalsgemeinschaft verwurzeln.«[50]

Ein derartiger Niveauabsturz war nur möglich, weil der Verfasser von ›Sein und Zeit‹ als Denker von Meßkirch sich angeheimelt fühlte, ›angesprochen‹ und ›angerufen‹ von der Ideologie, die hinter diesen Vergleichen stand und die mit gezinkten Karten das Urbild vom unverfälschten, wurzelechten, harten, zähen, herrenmäßig unabhängigen und zugleich gläubig dem Ganzen dienenden Bauern aufstellte.

Das heimatliche Dekorum wird sichtbar im ›Feierspruch zur Sommersonnwende‹, den Heidegger im Juni 1933 vor den Studenten hielt: Kolbenheyer und Weinheber, Anton Gabele sind hier ganz nahe, auch das alte Kommersbuch-Lied von J. H. Nonne tönt herein:

»Flamme empor! Steig mit loderndem Scheine
glühend empor! Siehe, wir stehen
treu in geweihetem Kreise,
dich, zu des Vaterlands Preise
brennen zu sehen!«

Heidegger: »Die Tage vergehen, sie werden wieder kürzer. Unser Mut aber steigt, das kommende Dunkel zu durchbrechen. Niemals dürfen wir blind werden im Kampf. Flamme künde uns, leuchte uns, zeige uns den Weg, vor dem es kein Zurück mehr gibt. Flammen zündet, Herzen brennt!«[51]

Sich selbst hat Martin Heidegger damals im ›Kampfblatt der Nationalsozialisten Oberbadens: Der Alemanne‹, März 1934, in Szene gesetzt, wie er, beim Erhalten eines Rufs an die Universität Berlin, zum Nachdenken auf die Berge unter die Bauern des Schwarzwaldes pilgert – hinauf zu jener Hütte auf dem

Todtnauberg, von der es heißt: »Wenn in tiefer Winternacht ein wilder Schneesturm mit seinem Stöhnen um die Hütte rast und alles verhängt und verhüllt, dann ist die hohe Zeit der Philosophie...«[52]

Hundings Hütte, Winterstürme wichen dem Wonnemond und der deutsche Wald – das hatte schon Gottfried Döhler zu einem anderen Kommersbuchlied über Wotan-Bismarck inspiriert:

> Geborgen tief in stillem Grunde,
> Träumt er von deutscher Herrlichkeit,
> Die Wipfel lauschen in der Runde,
> Wenn wild er raunt von Kampf und Streit,
> Er braust daher im Frühlingswetter,
> Durchblitzt des Sommers grüne Pracht,
> Er schreitet stumm in dürren Blättern
> Und liest im Sturm der Winternacht.

Der effektvolle Schluß des Textes von Martin Heidegger lautet: »Ich komme dabei zu meinem alten Freund, einem 75jährigen Bauern. Er hat von dem Berliner Ruf in den Zeitungen gelesen. Was wird er sagen? Er schiebt langsam den sicheren Blick seiner klaren Augen in den meinen, hält den Mund straff geschlossen, legt mir seine treu bedächtige Hand auf die Schulter und – schüttelt kaum merklich den Kopf. Das will sagen: unerbittlich Nein!«

Eine Defregger-Szene im Karl-Schönherr-Stil, kantig und sentimental wie eine Rudolf-Herzog-Parodie von Robert Neumann, oder wie eine Stelle aus dem ›Wulfbauer‹ von Josepha Berens-Totenohl: »Bauerntum der Berge erbebt vom Zürnen der Wetter, aber es stürzt nur, wenn die Wurzel morsch, wenn kein Verklammern im Boden und keine Kraft zum Trotzen mehr ist.«[53]

Mit Bauern, Handwerkern und andern Schulkameraden hat auch Albert Schweitzer sich in seinem Heimatdorf auf elsässisch unterhalten. Es wäre ihm im Traum nicht eingefallen, einen unter ihnen zu fragen, ob er einen Ruf nach Oxford annehmen solle oder nicht. Wäre es dennoch geschehen, hätte die verlegene Antwort gelautet: »Das mußt Du doch besser wissen als unsereiner.« So denken und sprechen auch die Bauern in

Hebels Geschichten, so dachte Hebel selber. Ein Leitsatz Schweitzers könnte von ihm stammen: »Ihrer letzten Bestimmung nach ist die Philosophie Anführerin und Wächterin der allgemeinen Vernunft.«[54] Und ein so dezidierter Sohn des aufklärerischen 18. Jahrhunderts wie Hebel, der für Andreas Hofer und die Freiheitskämpfer die gleiche instinktive Abneigung hegte wie Goethe, findet im Schlageter-Verherrlicher Heidegger seinen Lobredner!

Man darf annehmen, daß der Philosoph den Text über Schlageter nicht ohne weiteres in seine gesammelten Werke übernehmen wird. Und doch besteht eine innere Verbindung zwischen ihm und der Hebel-Rede.

Woher – hatte Heidegger im Superlativstil der Nazizeit gefragt – woher bei Schlageter »diese Härte des Willens, das Schwerste zu durchstehen? Woher diese Klarheit des Herzens, das Größte und Fernste sich vor die Seele zu stellen?« – Die Antwort hatte gelautet: »Aus dem Granit der Berge, aus der Herbstsonne des Schwarzwaldes« und war in die Aufforderung ausgeklungen: »Freiburger Student, laß die Kraft der Heimatberge dieses Helden in deinen Willen strömen! Freiburger Student, laß die Kraft der Herbstsonne des Heimattales dieses Helden in dein Herz leuchten!« Harter Wille und Schicksalshörigkeit werden wieder einmal jenseits der maßlos verachteten Vernunft gekuppelt: »Hier ging und stand Schlageter als Freiburger Student. Aber nicht lange litt es ihn. Er *mußte* ins Baltikum, er *mußte* nach Oberschlesien, er *mußte* an die Ruhr. Er durfte seinem Schicksal nicht ausweichen, um den schwersten und größten Tod harten Willens und klaren Herzens zu sterben.«[55] Die gleiche alemannische Urkraft, die die problematische Existenz des verkrachten Studenten und Freiheitskämpfers Schlageter verklärend deuten sollte, muß zwanzig Jahre später auch Hebels Dichtertum deuten: »Die Säfte und Kräfte der heimatlichen Erde ... blieben in Hebels Gemüt und Geist lebendig.«[56] Der Stil hat sich gedämpft, ist demobilisiert, ist zivil geworden. Das Denkschema von der Verwurzelung in Heimat und Volkstum bleibt weiter bestehen. Hat Heidegger durch die Niederlegung seines Freiburger Rektorats im Februar 1934 und durch

die Weigerung, an der üblichen Rektoratsübergabe teilzunehmen, »seinen politischen Irrtum bekundet«, wie es neuerdings in Publikationen über ihn heißt? Die Rede, die er noch 1936 auf dem Alemannentag in Freiburg hielt, verlangt als sprachliche Bekundung ein nuancierteres Urteil.[57]
Ein Satz wie der folgende mag eine Spitze gegen die ›Partei der Bewegung‹ enthalten – aber man muß schon genau hinsehen, um die Spitze zu entdecken. »Echtes Sichverstehen der Völker hebt an und erfüllt sich mit dem einen: das ist die im schaffenden Wechselgespräche sich vollziehende Besinnung auf das ihnen geschichtlich Mitgegebene und Aufgegebene. In solcher Besinnung stellen sich die Völker auf das je Eigene zurück und bringen sich darin mit erhöhter Klarheit und Entschiedenheit zum Stehen.« Aber schon im schmissigen Wahlaufruf von 1933 hatte es geheißen: »Der Wille zur wahren Volksgemeinschaft ... schafft das offene Aufsich- und Zueinanderstehen der Staaten.« Und der Bombast übertönt auch 1936 die Verklausulierungen des Stils, der »angesichts der drohenden Entwurzelung des Abendlandes abermals den Einsatz jedes schaffenskräftigen Volkes fordert«. Wiederum wird die französische Philosophie als totes Vernunftdenken seit Descartes bloßgestellt, während die deutsche seit Leibniz organisches, lebendes Wissen geschaffen habe. Triumphierend sah der Philosoph vier Jahre später im französischen Zusammenbruch eine Bestätigung seiner Idee: nicht die Generäle, Descartes hatte den Krieg verloren![58] Meßkirch war am Frankreich Ludwigs XIV. und Napoleons I. gerächt.
Deutlicher als in der Rede zum Alemannentag läßt Heidegger in seinem ersten Hölderlin-Aufsatz, 1936, Befürchtungen durchblicken, die das Wesen der Sprache betreffen: die Sprache schaffe »erst die offenbare Stätte der Seinsbedrohung und Beirrung und so die Möglichkeit des Seinsverlustes, das heißt Gefahr«; muß doch »das wesentliche Wort sogar, um verstanden zu werden und für alle ein gemeinsamer Besitz zu werden, sich gemein machen«.[59] Das ist zwar auf Hölderlin bezogen, aber Eingeweihte werden es heute ohne weiteres auf den Sprecher selbst anwenden. Wie gemein er sich mit dem Goebbelsjargon

gemacht hatte, haben die Kostproben gezeigt. Es bestand immerhin auf philosophischem Gebiet ein Gradunterschied zwischen dem, was er als die Vernunft bekämpfte und was Goebbels als den Intellekt brandmarkte, die NS-Lehrerinnen als ungesunden Intellektualismus ablehnten und die deutsche Drogistenzeitung gereimt verwarf:

»Hinweg mit diesem Wort, dem bösen,
Mit seinem jüdisch grellen Schein,
Wie kann ein Mann von deutschem Wesen,
Ein Intellektueller sein?«[60]

Alexander Schwan hat in einer scharfsinnigen, äußerst genau fundierten Analyse von Heideggers politischem Denken nachgewiesen, daß einerseits sein Anschluß an den Totalitarismus als Konsequenz seines Denksystems zu begreifen ist; daß aber anderseits »die Übereinkunft zwischen Nationalsozialismus und Heideggerschem Denken im Ausmaß des Jahres 1933 nicht von Bestand sein konnte, wenn Heideggers Philosophie sich nicht selbst aufgeben wollte, so sehr auch die Bejahung des Führerstaates zunächst in ihr selbst angelegt war«. Diese allmähliche, verklausulierte und gelegentlich sogar wieder in Frage gestellte Abkehr von seiner inneren und äußeren Zustimmung zum Nationalsozialismus erbrachte in der Folgezeit nun aber nicht etwa eine Hinwendung zu andern politischen Positionen: »Die Abkehr verschärfte sich vielmehr zu einer Abkehr von der Politik des Zeitalters in allen ihren Formen überhaupt«.[61]

Der Schmetterer war zu einem Leisetreter geworden. Er, der eben noch als Talmi-Zarathustra den Studenten geboten hatte: »Lernet immer tiefer zu wissen: von nun ab fordert jedwedes Ding Entscheidung und alles Tun Verantwortung«, er, der nicht genug von »Einsatz bis zum Letzten« hatte schwelgen können, hat nie ein einziges seiner politischen Worte zu verantworten je für nötig befunden. Das kann als souveräne Geste bewertet werden, als die ›wissende Heiterkeit‹ des Ur-›Kuinzigen‹, und dem Ratschlag entsprechen, den Albert Schweitzer mir einmal auf elsässisch gegeben hat: »Wenn dem Bauer sein Nastuch in die Mistlache gefallen ist, putzt und scheuert er nicht daran herum und macht sich damit nur dreckig, er tut es wortlos beiseite und geht weiter.«

Vielleicht genügt dem Philosophen die Erinnerung daran, daß er sich im Verlauf seines Rektorats geweigert hat, zwei Kollegen wegen Anti-Nazismus abzusetzen, und lieber im Februar 1934 selber zurücktrat; vielleicht stehen noch ähnliche Aktionen auf seinem Konto. Zu einem Rechenschaftsbericht fühlt er sich so wenig verpflichtet wie einst Stefan George (beide hierin in völligem Gegensatz zum Hanseaten, citoyen und Weltbürger Thomas Mann – von seinem Bruder Heinrich Mann ganz zu schweigen). Und doch hatte Heidegger die Öffentlichkeit in seinen Manifesten direkt angesprochen und zum Teil mitgerissen. Seine bisherigen Berichtigungen – an die ›Zeit‹, an den ›Spiegel‹ – betreffen Nebensächliches, sind kurz, bissig und in schlechtem Sinn jesuitisch: der Bruch mit Husserl sei nicht von ihm ausgegangen; nicht er habe ihm das Betreten der Universität verboten – Hebel wäre zusammengezuckt.

Doppelt stupend bleibt ein solches Verhalten, wenn man bedenkt, wie auch weiterhin das ›Wort‹ im Mittelpunkt von Heideggers Betrachtungen steht. Allerdings das ›dichterische‹ Wort. Die fatale politische Vergangenheit ist ausgeklammert; zu Rechenschaft der ›Welt‹ gegenüber fühlt der Führer und Verführer der Jugend sich nicht verpflichtet. Moralische Indifferenz – ein Grundübel in den Augen Hebels – gehört vom Wesen her zur Philosophie Heideggers.

Die Vergangenheit kann in dieser Form nicht liquidiert werden. Das innere Reich, in das er sich zurückgezogen, läßt das Grundmuster durchschimmern, das seinerzeit den Anschluß ans äußere Reich überhaupt erst ermöglicht hatte. Zu den stilistischen Belegen, die angeführt wurden und die sich mühelos verhundertfachen ließen, seien nur noch zwei vermerkt.

Für den Heidegger des ›Feldwegs‹ von 1949 sind Bauern »Hörige ihrer Herkunft, nicht Knechte von Machenschaften«. Die Primitivität der Behauptung wird durch den Zauberspruch Wagnerscher Observanz mühsam überdeckt; ihr bewußtes oder unbewußtes Vorbild bleibt der Leitsatz: »Bauer sein, heißt frei sein und kein Knecht oder Höriger«, den Walter Darré seiner

Schrift ›Das Bauerntum als Lebensquell der nordischen Rasse‹ zugrunde gelegt hatte. Einem andern Heimat-Lieblingswort Heideggers, der ›Hege‹, hat der gleiche Reichsbauernführer Rechtsgültigkeit zu geben unternommen, als er den Namen ›Hegehof‹ für die neuen bäuerlichen Erbsitze vorschlug mit der Begründung: »In diesem Wort kommt das Hegende an Blut und Boden unmißverständlich zum Ausdruck«.[62]

Von Hitler ist der Führeranspruch ebenso diktatorisch auf Hölderlin übergegangen. Was über diese Umbiegung zu sagen ist, hat meine Hölderlin-Studie angedeutet. Eine ›Ursprünglichkeit‹ Heideggers läßt sich auch hier nicht feststellen. Die Furchen seines Denkens sind ausgefahrene Gleise, auf denen sich seit Stefan George und seinen Jüngern eine reichsbesessene Germanistik mit antiliberalen Affekten in hellen Scharen tummelte. Die Belege hat H. J. Schrimpf zusammengestellt: von Kurt Hildebrandt und Walter F. Otto bis Alfred Baeumler überall die gleiche mythische Schau von Hölderlin als dem »Erfüller des deutschen Volksgeistes und Führerprinzips«, dem »Überwinder eines westlich überfremdeten rationalistischen Idealismus«, dem »Erneuerer eines germanisch-frühgriechischen Mythos aus den Wurzelgründen des menschlichen Wesens her«.[63]

Neu ist bei Heidegger nur die manierierte Ausdrucksweise, ein Kennzeichen seiner Spätphase. Über den Hölderlin der ›Letzten Hymnen‹ heißt es: »Hölderlins Kehre ist das Gesetz des dichtenden Heimischwerdens im Eigenen aus der dichtenden Durchfahrt des Unheimischseins im Fremden«.[64] Die gleiche Entdeckung hatte vor Heidegger Alfred Baeumler, der patentierte Philosoph des Dritten Reichs, gemacht und sie nur einfacher ausgedrückt: »Hölderlins Weg ist der Schicksalsweg des deutschen Geistes: über Hellas findet er nach Germanien zurück.« In die preziöse Ausdrucksweise Heideggers wird wie immer das Heimatliche eingebaut, diesmal in Form der ›Kehre‹ als Reminiszenz an die Kehren der Schwarzwaldstraßen: auch das macht den Irrtum nicht zur Wahrheit, sondern verdunkelt den Tatbestand für Uneingeweihte und läßt sie im Gefühl erschauern, hier spräche auf Gipfelhöhen der Denker mit dem Dichter.

Hellas, das alte und das neue Deutschland sind in Eintracht beisammen.
Hölderlin ist der Maximin Heideggers geworden. Auch er zum Gott verleibt, auch er in Epiphanie, Parusie und Advent entrückt.[65] In den rigoros gehüteten Tempelbezirk werden nur drei oder vier andere Erwählte deutscher Zunge eingelassen: Hebel als Schwarzwälder Bruder minderer Art; aus unserer Zeit Trakl, Gottfried Benn und nicht zuletzt George. Alle andern Dichter und Denker durch die Jahrtausende als wesensfremd verdächtigt, mit dem gelben Stern der Seinsentfremdung behaftet, Goethe voran. Literaturgeschichte, Kulturgeschichte, Ästhetik werden ausradiert, Dichtung ist zur sektiererischen Privatreligion geworden.
Das lenkt den Blick auf einen andern Aspekt der realen ›Ursprünge‹ Heideggers.
Die chiliastischen Schwärmer, die in Schwaben gerade auf den Dörfern unter dem Landvolk immer wieder ins Kraut schossen, mischten von jeher Zahlen und Wörter wie andere die Karten; kabbalistische Spekulationen sickerten besonders seit Reuchlin allenthalben durch. In Napoleon erkannten so die Michelianer, die Anhänger des Bauern Michael Hahn, ohne weiteres den ›Apollyon‹ wieder, den die Johannesapokalypse als den Weltenherrscher vor dem Untergang und der glorreichen Wiederkunft des Menschensohns bezeichnet. Von andern Sektierern wurde das Wort Ros (I. Mos. 46,21) auf die Russen gedeutet, und Moskau mit Masach (I. Mos. 10,2) identifiziert.[66] Heidegger liest und deutet das Heilsgeschehen nach der Apokalypse eines sakralisierten Hölderlin. Der einstige Priesterzögling kommt um das Sakralisieren nicht herum, sei es auch ein häretisches, das die ganze Kulturentwicklung als regressiv verwirft, die ›Mauerkirche‹ und Schulphilosophie verdammt und nur vom Urzustand der Frühe das Heil der Zukunft erwartet.
Daß er dieses Heil eine Zeitlang vom Hitlerstaat erwarten konnte, verweist auf die Ursprünge des Mannes von Braunau am Inn. Friedrich Heer hat ihn vielleicht nicht zu Unrecht im Zusammenhang mit den »religiösen und politischen Sektierern zwischen Inn und Waldviertel gesehen«, wo »das Niedervolk

einen Jahrhunderte latenten Haß gegen seine Unterdrückung durch ›Rom‹ und ›Habsburg‹, Kultur, Ratio und Fides der ›Herrschaften‹ nährte und in Erweckungsbewegungen durchbrechen ließ«.

Der französische Geisteswissenschaftler Jean-Pierre Faye, ein Haupt der literarischen Avantgarde, hat seinerseits betont, welchen Einfluß auf Hitler in Wien die abstruse Ideologie eines Lanz von Liebenfels, des Begründers der Zeitschrift ›Ostara‹, ausgeübt habe. Auch für diesen Mystagogen ist die Weltgeschichte die Geschichte eines Verfalls, aber eines Rasseverfalls, aus dem Deutschland den Weg zur heilen Welt zurückzuweisen berufen sei. Verfall, Aufbruch, Wiederkehr, Urstand heißen auch hier die Etappen des Wegs. Die ganze ›völkische‹ Geschichtsdeutung – von Lanz bis H. St. Chamberlain und Ernst Krieck – bedient sich des gleichen Schemas, das Heidegger mit fundierteren Kenntnissen und geistiger Versiertheit auf Philosophie und Dichtung übertrug, nachdem er im Politischen Schiffbruch erlitten. Als verjudeten Simmelschüler und dekadenten Volksfremden hatte ihn der rabiate Ernst Krieck, eine Leuchte der nazifizierten Hochschulen, schon 1933/34 angeprangert und 1940 abermals den ›Irrweg‹ seines Denkens denunziert. Man kann bis in sprachliche Einzelheiten verfolgen, wie empfindlich Heidegger auf diese Anwürfe seines ›schlechtern Doppelgängers‹ reagierte. Die ›Holzwege‹ sind in gewissem Sinn eine Replik auf die ›Irrwege‹. Und die Wendung zum Volk in Form der Dorfgemeinschaft, die ideologische und sprachliche Wiedereinwurzelung in Meßkirch sind die noch frappantere Antwort an die Adresse jener, die den Philosophen als unbehausten Nihilisten hingestellt hatten. Die feste Burg ist die ›Heimat‹ geworden als Urzelle, die den Menschen im Ursprung der Herkunft heimisch werden läßt.[67]

Kurz vor der Besetzung Freiburgs durch die Franzosen soll der zuletzt suspendierte Philosoph voll Besorgnis über die kommenden Tage den Weg zum Meßkircher Landsmann, einstigen Freund und späteren Gegner Conrad Gröber angetreten haben. Ein Augenzeuge versichert die Echtheit der Szene, der – falls sie authentisch sein sollte – eine gewisse Größe nicht abzusprechen ist. Der jüngere Meßkircher, durch die aufgerissenen Straßen der zerbombten Stadt am Winterabend in ein dunkles, kaltes Zimmer geführt, wo im Kerzenlicht die rote Soutane des schreibenden Erzbischofs aufleuchtet, wendet sich, als der Priester, die Arme ausgebreitet, ihn mit den Worten empfängt: »Martin, du kommst?« wieder zur Tür mit den Worten: »So nit«.

Verbürgt ist jedenfalls, daß der Kirchenfürst nach der Besetzung mit allen Mitteln versuchte, den Häretiker von der Universität fernzuhalten; verbürgt die Besorgnis der Franzosen, den berühmten Denker, der auch in Paris seine Anhänger hatte, nach Basel oder an eine andere Schweizer Universität berufen zu sehen und sich damit eine ›geistige Blamage‹ zu geben.

Die Vorlesungen hatten noch größeren Zulauf als im Krieg. Polizeiliche Abgrenzung wurde nötig für die liturgisch monoton vorgetragenen Kollegien, die in ihrer Dialektik konzentriertes Fassungsvermögen voraussetzten, von der Menge kaum begriffen werden konnten und doch faszinierten. Die Aura, Willensstärke und geistige Besessenheit, die von Heidegger ausging, wirkte wie seinerzeit das Fluidum, das eine buntgewürfelte, mondäne Zuhörerschaft im Collège de France empfand, wenn Bergson, mit leicht geschlossenen Augen an die Wand gelehnt, fließend und ohne jede Notiz seine Philosophie vortrug.

Die Sprache kam jeweils dem Publikum entgegen. Bei Bergson unter dem glashellen Klassizismus der reinen Linie doch die tausendfach schillernden Farbspiele des Lebens wie auf den ›Nymphéas‹ von Claude Monet; bei Heidegger der furchenziehende, arbeitsharte, unwirsche Bauer, der die Weiten und die Wälder hereinzuholen schien, der starke Mann, der in einer zerschlissenen Zeit das Schicksal in seine raunenden Formeln zu zwingen unternahm. Verlorene Heimat schien in den Urlauten wieder aufzuleuchten wie die Zinnen des himmlischen Jerusalem. Ein Zuhörer – der Heimatschriftsteller Heinrich Berl – hat schon 1930 auf einem Kongreß, wo unter andern ›führenden Badenern‹ auch Martin Heidegger sprach, die Wirkung festgehalten, die von dieser besonderen Sprache ausging: »Von den eisigen Höhen der Abstraktion stieg er immer tiefer und tiefer zur Erde herab, und auf einmal hatte er den Sprung gewagt: Wahrheit und Wirklichkeit trafen sich auf dem Boden der Heimat. Dieses wahrhaft erschütternde Bekenntnis riß die Herzen aller mit. Jetzt waren wir einander näher gekommen«.[68]

Damit stellt sich die Frage nach dem Wert dieser Sprache und darüber hinaus nach dem Wert der Muttersprache wie Heidegger sie auffaßt.
Walter Benjamin, einer der tiefsten deutschen Kritiker, der im Exil vor die Hunde ging, während Heidegger mit vollen Backen den Führerstaat und die Härte des Daseins unter ihm feierte, schrieb 1927: »Die Autorität kommt Hebel nicht vom Dialekt, wohl aber von der kritischen, gespannten Auseinandersetzung des überkommenen Hochdeutsch mit der Mundart. Wie sich beide bei Hebel durchdringen, das ist der Schlüssel seiner artistischen Wesensart«.[69]
›Kritisch‹, ›artistisch‹ – die beiden Wörtchen sind undenkbar im Rahmen des Hebelkults, den Heidegger zelebriert: der Dichter hat für ihn kein Artist zu sein, er ist Priester im Mutterdienst der Sprache.
Dieser Überwertung von Mundart und Muttersprache seien summarisch ein paar Fakten entgegengehalten. Seit Jahrhunderten gehen große Literaturen wie die englische und die französische nicht von der Mundart aus, wie das in Stämme aufgegliederte, zentrifugale Deutschland, sondern von der literarischen Hochsprache, wie sie sich in den politischen Zentren London und Paris normativ herausgebildet hatte.
Anderseits haben die Dichter und Denker ganzer Epochen ohne Schaden auf ihre Nationalsprache zugunsten einer übergeordneten Weltsprache verzichtet: zugunsten des Griechischen in der hellenistischen Zeit, zugunsten des Lateinischen durchs Mittelalter hindurch bis an die Schwelle der Neuzeit. Thomas von Aquin, Spinoza und hundert andere Denker haben dabei so wenig ihre Persönlichkeit verloren wie Friedrich der Große, Katharina von Rußland und der Korse Napoleon, als sie zu ihrer Zeit im Französischen das adäquateste Ausdrucksmittel für die Ideen ihres aufgeklärten oder revolutionären Despo-

tismus fanden. Die soziale Bindung der Sprache war für sie entscheidend, nicht die nationale. Das gleiche gilt von den Massen der Auswanderer in Amerika, aus deren Kreisen in der zweiten Generation ein paar der größten amerikanischen Dichter aufgestiegen sind. Das Beispiel von Chamisso in Deutschland, von Joseph Conrad in England, von Nathalie Sarraute, Elsa Triolet und andern Russen in Frankreich beweist, daß Dichter sich auch in einer hinzugelernten Sprache verwirklichen können, obwohl der Dichter einen sprachlich gefährdeten Extremfall darstellt. Ihn als normativ für die Masse zu betrachten, wie es seit Herder geschieht, verfälscht die Perspektiven von vorneherein.

Heute, wo die französische Sprache die übergeordnete Sprache in den ehemaligen Kolonien Afrikas und in Madagaskar bleibt, ermöglicht sie nicht nur den politischen Zusammenhalt zwischen den einzelnen Staaten, die sonst in die Zersplitterung der Stammessprachen zurückfallen und damit der kulturellen Regression anheimfallen würden – sie wird für eingeborene Dichter wie Leopold Senghor, Aimé Césaire und andere das Vehikel originaler und zum Teil noch urtümlicher dichterischer Visionen, denen gegenüber das Alemannentum der Schwarzwaldbauern des 20. Jahrhunderts als ein längst genormtes, von Volkskundlern und Heimatdichtern zerebral aufgebauschtes und kommerziell propagiertes Kunstprodukt wirkt.

Käme es nur auf den Dialekt an, wären Hebels ›Alemannische Gedichte‹ (1803) nicht seit über 150 Jahren das einzige Werk von Bedeutung in dieser Sparte geblieben. »Der Dialekt im Alltag ist als solcher nicht in höherem Grade dichterisch als das umgangssprachliche Hochdeutsche«, schreibt Gerhard Hess in seiner schönen, fundierten Studie über Hebel, worin das Ineinander von Volksmäßigem und Kunstmäßigem, alter Volkssprache und klassischer Bildung als Wesenszug von Hebels Dichten bezeichnet wird.[70] Die ganze übrige – zahlenmäßig starke – Produktion in alemannischem Dialekt besitzt bestenfalls Regionalbedeutung. Aus dem gleichen Grund sticht auch in Norddeutschland Fritz Reuter von allen Dialektdichtern, selbst von Klaus Groth, ab. Den Inhalt von ›Kein Hüsung‹,

›Hanne Nüte‹ oder ›Ut de Franzosentid‹ als ›uneigentlich‹ zu betrachten, die Kraft der sozialen Darstellung und Anklage als Randphänomen zu erledigen, heißt Rückfall in die Antinomie von Inhalt und Form, deren Primitivität die Ästhetik längst ad absurdum geführt hat.[71]

Von der Mundart her haben auch Jakob Schaffner und Emil Strauß ihren ersten Romanen ein Kolorit und eine Frische verliehen, die Samuel Fischer, den Herausgeber Hermann Stehrs, mit Recht zur Übernahme ihres Werks bewogen. Heimat- und Sprachvergötzung ließ sie auf das Niveau eines Ludwig Finckh und Anton Gabele herabsinken, während ihr einstiger Freund Hermann Hesse in ganz andere Horizonte hineinwuchs und zuletzt für Deutschland Weltgewissen und -vernunft repräsentierte. Daß Bert Brecht, der Augsburger mit der Schwarzwälder Vergangenheit und dem Vagantenleben, als der wahre Erbe der Hebelschen Kalendergeschichten gelten kann, wird an einer anderen Stelle dieses Buches ausgeführt. Auch Kafka erscheint dort als europäischer Dichter in der Hebel-Nachfolge, ohne daß sein Werk von irgendwelchem Dialekt getragen wurde noch werden konnte: das Pragerdeutsch mit seinem jiddischen Unterton und den tschechischen Brocken war alles andere als Jungbrunnen und Kraftquelle.

Der Dialekt ist in Deutschland längst bedroht. Schon 1938 sprach ihn kaum noch $^1/_3$ der Bevölkerung. Der Prozentsatz ist seit 1945 ständig zurückgegangen zugunsten der Umgangssprache, jenes »Wechselbalgs zwischen einer liederlich gesprochenen Hochsprache und einer Menge hineingeschobener mundartlicher Brocken und Wendungen«, wie Willy Hellpach es einmal formuliert.[72] Derselbe gute Beobachter weist darauf hin, daß bei der Mutation zum Industriestaat die deutsche Sprache – »neben der griechischen die mächtigste und geistigste zugleich«, nach Heideggers superlativistischem Ausspruch – gefährdeter ist als z. B. die französische, wo neben dem jeweiligen Dialekt, Patois oder Argot, die literarische Hochsprache sich seit Jahrhunderten richtunggebend durchgesetzt und ein allgemeines Sprachniveau geschaffen hat, das viel Originelles zwar eingeglättet haben mag, dafür aber auch eine ungleich ro-

bustere Widerstandsmöglichkeit gegenüber der ungezügelten Invasion einer radikal technisierten Welt an den Tag legt.
Daß für alle Länder diese Technisierung eine Sprach- und Ausdruckskrise von ungeahntem Ausmaß mit sich gebracht hat, dafür zeugt das Werk der großen Dichter von Mallarmé bis James Joyce und Ezra Pound; ganze Bewegungen wie Dadaismus und Surrealismus sind Ausdruck dieser Krise und Ansätze zu ihrer Überwindung. Selbst im Osten beginnt die Alleinherrschaft des sozialistischen Realismus in Frage gestellt zu werden durch kritische Reflexionen über die mangelnde dichterische Tragfähigkeit einer reinen Pionier- und Ingenieursprache. Der Jugoslawe Sreten Maritch denkt hierüber nicht anders als der Italiener Paolo Pasolini und der Franzose Etiemble.[73]
Heidegger steht auch hier in einer Tradition. Er belastet sie mit der Grundvorstellung vom ewig zeitlosen Bauern und Bauernwesen – einem Leitbild, das dem 19., nicht dem 20. Jahrhundert zugehört und das schon dem gallischen Nationalismus eines Maurice Barrès seine regressive Virulenz gegeben hatte. Gegen den Leitbegriff von Barrès – die Einwurzelung – hat seinerzeit André Gide Argumente ins Treffen geführt, die gültig bleiben: Der Mensch ist keine Pflanze, Mobilität gehört zu seinem Wesen.[74]

Besondere Beachtung verdient die Einwurzelung oder Wiedereinwurzelung der deutschen Sprache im ›vorlateinischen Deutsch‹, für die der Philosoph immer energischer eintritt und für die sein eigener Stil Musterbeispiele zu geben versucht.
Hat Heidegger die Werke des rabiatesten Vorkämpfers für ein gereinigtes Deutsch, des pangermanistischen Literaturhistorikers und Polemikers Eduard Engel gekannt, dem im hohen Alter (das war der Dank Deutschlands) vom Hitlerreich der Judenstern angeheftet wurde? Sein Fremdwörterbuch, 1918 unter dem Titel ›Entwelschung‹ erschienen, war in zahlreichen Auflagen verbreitet. Bei Heidegger setzt – laut Schöfers Erhebungen – in der zweiten Hälfte von ›Sein und Zeit‹, 1927, eine Tilgung der Fremdwörter ein, die schließlich zum System wurde und die durchaus dem puristischen Ideal des Banausen Eduard

Engel und seiner Anhänger entspricht. Ein einziges Beispiel
verdeutliche die Analogie der Stimmlage.[75]
Im Vorwort zu seinem Buch ›Gebt den Kindern deutsche Namen‹ schreibt 1928 der österreichische Priester und Volksschriftsteller Ottokar Kernstock, der Verfasser von ›Der redende Born‹: »Gerade in diesen unseligen Zeiten ist es eine Ehrenpflicht, Mutter Germania, die gramgebeugt in Trauerkleidern geht, mit treuerer Liebe zu trösten und uns eifriger zu ihr zu bekennen als in den Tagen des Glücks... Es ist von einem volkstreuen Mann für volkstreue Volksgenossen geschrieben. Es gehört in jedes Schulhaus, in jede Pfarrbücherei, und wenn ein deutsches Mädchen Brautlauf hält, sei das Büchlein als schlichter, aber kostbarer Mahlschatz in den Hochzeitschrein gelegt.«
Heidegger in seiner Hebel-Rede ebenso muffig treudeutsch und ländlich verzückt: »Hebel wählte nach eigenem dichterischem Ermessen die schönsten Stücke, die er in den Kalender des Rheinischen Hausfreundes gegeben hatte, aus. So schränkte er den Schatz auf das Kostbarste ein, baute ihm ein Schränklein und schenkte es im Jahre 1811 der ganzen deutschen Sprachwelt als ›Schatzkästlein‹.«
Vier Phasen lassen sich in seinem Verhältnis zur Sprache nachweisen. In der ersten schreibt der angehende Philosoph ein scholastisch trockenes Universitätsdeutsch. Der Durchbruch zu eigenem Ausdruck und damit zur zweiten Phase findet in jenen Partien von ›Sein und Zeit‹ statt, die bekenntnisartigen Charakter tragen und Chaos, Bedrohung, Angst und Anruf, Überschwang und Sorge einer ganzen Epoche durchs Medium des Schreibenden widerspiegeln in einer Art Schwarzwälder Version des deutschen Expressionismus. Das disparate Wortmaterial wurde durch den Rhythmus des inneren Erlebens zusammengehalten und besaß in seinen besten Momenten etwas von holzschnittartig gekerbter und gefurchter Kantigkeit, die selbst deutsche Gegner zu beeindrucken imstande war und erst recht gewisse französische Ästheten, die ephebenhaft den starken Mann umschwärmen. (Sartre ist aus anderem Holz geschnitzt. Die wichtigen Anregungen, die in seiner ersten Periode von

Heidegger auf ihn ausgingen, hat er alsbald in eigene Philosophie transponiert.)
Sprachinstinkt und Stilgefühl garantierte Heideggers Verbundenheit mit der mundartlichen Muttersprache weniger als Sartres Verbundenheit mit dem großstädtischen Französisch. Ob bei Sartre politische Irrtümer vorliegen oder nicht – die Sprache hat er in ihrem Dienst nie prostituiert, wie Heidegger es in seiner dritten, nazistischen Stilphase getan hat. Daß Stilelemente davon bis in seine heutige, manieristische Spätphase nachwirken, dürfte aus unsern Belegen evident geworden sein.
In den letzten Jahren ist der Philosoph auch als Dichter hervorgetreten, hat sich in eigenen Versen versucht: »Wenn es von den Hängen des Hochtals, darüber langsam die Herden ziehen, glockt und glockt«... Oder: »Wälder lagern, Bäche stürzen, Felsen dauern, Regen rinnt. Fluren warten, Brunnen quellen, Winde wehen, Segen sinnt.«[76]
Nirgends tritt der Gegensatz zu Nietzsches Sprachgenialität eklatanter hervor als in diesen pseudo-dichterischen Versuchen. Die tänzerische Prosa und die Gedichte Nietzsches sind ein Ferment der deutschen und europäischen Literatur geworden; Heidegger gerät in gefühlsdumpfe Heimatdichterbastelei – eine Friederike Kempner des Hochschwarzwalds.
In seiner Prosa umkreist er anderseits mit endlosen Litaneien das Problem Sprache, Denken, Dichten und Sein und will durch etymologisches Abschälen der Worthülsen zum Urwort mit der gleichen fixen Energie vordringen, die hintersinnige Waldbauern an das Austüfteln eines perpetuum mobile setzen. Die Sprache ist damit pure Verbalvirtuosität geworden, Eiertanz zwischen Wagner-Assonanzen in Engführung.
»Das Waltende des Wortes blitzt auf als die Bedingnis des Dinges zum Ding.« »Das dichtende Sagen bringt erst das Gesicht des Gevierts hervor im Scheinen.« »Die Dinge ruhen in der Rückkehr zur Weile der Weite ihres Sichgehörens.« »Das jäh erblickte Walten und Weilen des Wortes, sein Wesendes, möchte ins eigene Wort kommen.« »Die Schicklichkeit des Sagens vom Sein als dem Geschick der Wahrheit ist das erste Gesetz des Denkens, nicht die Regeln der Logik.« »Das verlau-

tende Wort kehrt ins Lautlose zurück, dorthin, von woher es gewahrt wird: In das Geläut der Stille, das als die Sage die Gegenden des Weltgevierts in ihre Nähe be-wëgt.«[77]
Immer wieder treibt das ›Kuinzige‹ in Heidegger – der hintersinnige Mutwille – ihn zu Formulierungen mit Hilfe von Wortspielen, wie sie Abraham a Santa Clara als Barockprediger geläufig waren. »Wann der Prediger auf solche Weis wird Wahrheit reden, so bringen ihm solche Wörter Schwerter, so bringt ihm solches Sagen Klagen«: diesem Satz des Ahnherrn Ulrich Megerle entsprechen mit weniger Suada und betont denkerischer Absicht Sätze des jüngeren Meßkirchers, die zuletzt in die Nähe des Kalauers geraten: »Das dichtende Wesen des Denkens verwahrt das Walten der Wahrheit des Seins: daß Danken und Denken zueinander verwiesen und zugleich geschieden.« »Für das Kind im Menschen bleibt die Nacht die Näherin der Sterne. Sie fügt zusammen ohne Naht und Saum und Zwirn. – Sie ist die Näherin, weil sie nur mit der Nähe arbeitet. – Falls sie je arbeitet und nicht eher ruht, indem sie die Tiefen der Höhe erstaunt.«[78]
Etymologisierende Wortspielereien florieren in allen manieristischen Epochen – so auch am Ende des 19. Jahrhunderts bei den französischen Symbolisten niederer Grade, die um die Wette phantastische sprachliche Bezüge herstellten, wo doch »das Wesen der Sache mit der Etymologie selten etwas zu tun hat« (Dolf Sternberger).
Hans Arp hat in unserer Zeit die Wörter nach Klangfarben assoziiert, aber unbeschwert und ohne bleiernen Ernst und sie damit im Spiel freigesetzt. Verse wie die folgenden führen ungewollt Heideggers Etymologisieren ad absurdum:

»Herr von So und So
Zerstampft seinen Papageien
Bis sich der Papa von der Mama scheidet
Und die Geien als Saft frei werden.«[79]

Sind die Glanzlichter einmal aufgesetzt, so dämpft sich der Ton Heideggers wieder. Die bewußt kurz gehaltenen Sätze schreiten mit kräftigem Schritt voran, der in der Literaturinterpretation Schule gemacht hat, und weisen doch bei genauem Hinse-

hen eine innere Brüchigkeit auf: sie leiden chronisch an jener ›Steigerung ins Einfache‹, wie Heidegger es mit verräterischem Ausdruck einmal nennt.[80]
Durch die Erfahrung gewitzigt, hatte er nach dem Krieg einen Privat-Kahlschlag veranstaltet. Aber in der Tiefe wabert Wagner weiter und bräunelt es von ewigem Volkstum. In allen Ehren! Der Wurm bleibt doch im Holz.
Immer radikaler auf die vier Pfähle eines sklerotischen Grundschemas eingeengt, befriedigt sich hier eine total objektlos gewordene Sprache mit sich selber. »Vom Sein in die Wahrnis seiner Wahrheit geworfen, denkt das Denken das Sein. Solches Denken hat kein Ergebnis. Es hat keine Wirkung. Es genügt seinem Wesen, indem es ist.«[81]
Wenn Heidegger dennoch als Denker auf die Welt gewirkt hat und wirkt, so geschieht es gewissermaßen trotz seiner Sprache. Wie sehr sie sich auch mit dem Heimatjargon eines Hermann Burte, Anton Gabele, Wilhelm Schäfer, Kolbenheyer überschneidet, – der Mann, der dahintersteht, besitzt ein anderes Format. Der Impuls, der ihn trägt, bedeutet mehr als das Wort, mit dem er vorliebnimmt, und bestätigt damit seine eigene Formel: »(Das) Zerbrechen des Wortes ist der eigentliche Schritt zurück auf dem Wege des Denkens.«[82]

Heidegger ist ein rational geschulter Kopf, ein mit allen Wassern des Thomismus, des Hegelianismus, des Nietzscheanismus gewaschener Dialektiker, ein Techniker der Phisolophie, dessen affektiert rustikale Bilderwelt, in die Fachsprache rückübersetzt, an differenzierte Probleme heranzuführen imstande ist und der auch als Poetologe manches zu sagen hat auf Grund eines angeborenen Scharfsinns und einer umfassenden Belesenheit, die weder die antiken Tragiker noch avantgardistische Literaten und Maler wie René Char und Georges Braque ignoriert.[83]
Wir haben keinen Augenblick daran gedacht, mit unsern Bemerkungen Heideggers Philosophie zu ›erledigen‹. Sie ist auf ihre Weise etwas so Reelles, faktisch Dastehendes, nicht aus der Welt zu Schaffendes wie das preisgekrönte Meßkircher Zucht-

vieh. Generationen von Denkern sind durch diese Philosophie beeinflußt, über sich hinausgerissen oder aus den Angeln gehoben worden. Das stolze Schiff zieht weiter seine Bahn; ob es später als Gespensterschiff herumgeistern wird, wie Georg Lukács meint, ist heute nicht zu eruieren.[84] Unsere paar Seitenschüsse werden es nicht leck gemacht haben. Der Freibeuter verschwindet nach getaner Arbeit mit seinem Boot und steuert wieder den eigenen Gewässern, den literarischen, zu. Vom Literarischen her hat er versucht, die Schwächen des Werkes und die Beharrlichkeit dieser Schwächen aufzuzeigen und hat damit vielleicht an bisher wenig beachtete Konnexe gerührt. Zum Grenzübertritt ins Philosophische hat den Literaten der Philosoph selber provoziert mit Sätzen wie den folgenden über Hölderlin: »Es gilt, einen Versuch zu wagen, unser gewohntes Vorstellen in eine ungewohnte, weil einfache, denkende Erfahrung umzustimmen. Der Bereich aber, wo diese Umstimmung spielt, ist der eines Sagens aus einem Dichtertum, das wir am Leitfaden von historischen und ästhetischen Kategorien nie begreifen können.«[85]

Die Erinnerung an die Manifeste von 1933 schwingt in diesen diktatorischen Behauptungen immer noch nach, auch wenn sie dem dichterischen Phänomen gelten: »Nicht Lehrsätze und Ideen seien die Regeln Eures Seins, der Führer selbst und allein *ist* die heutige und deutsche Wirklichkeit und ihr Gesetz« – hatte er seinerzeit den Studenten zugerufen. Man setze statt des ominösen Namens Hitler den noblen Namen Hölderlin: das autoritäre Denkschema hat sich nicht gewandelt.

Die erniedrigte Literatur- und Kunstwissenschaft revoltiert, schlägt zurück und läßt weder sich noch Hölderlin oder Hebel auf Meßkirch umstimmen. Denn darauf läuft es ja schließlich hinaus. Heidegger hat in den letzten Jahren selber bezeugt, wie ortsgebunden sein Standpunkt ist, wenn er in der Festrede zum 700jährigen Bestehen der Heimatstadt ihr und ihresgleichen – »ländlichen Bezirken und kleinen Landstädten« – die Fähigkeit zuschreibt, vielleicht einmal »die Kraftquellen des Heimischen wieder zum Fließen zu bringen« und den Menschen des Industriezeitalters den ›Machenschaften‹ der Technik entrinnen zu

lassen durch »Rückzug auf eine Besinnung, die der Bewahrung ihres Herkommens, ihrer alten Herkunft« gelten soll.[86]
Rückzug auf ethische Besinnung wäre das Dringlichere: Hebel jedenfalls setzte sie vor und über die Heimat und wirkte durch seine öffentliche Tätigkeit in diesem Sinn – im Sinn einer Aufklärung, über die er Johann Gottfried Seumes Definition geschrieben hätte: »Aufklärung ist richtige, volle, bestimmte Einsicht in unsere Natur, unsere Fähigkeiten und Verhältnisse, heller Begriff über unsere Rechte und Pflichten und ihren gegenseitigen Zusammenhang.«[87] Heidegger schreibt: »Weder moralische, noch kulturelle, noch politische Maßstäbe reichen in die Verantwortung hinab, in die das Denken seinem Wesen nach gestellt ist.«[88]
Der Philosoph und Polyhistor Heidegger markiert den Bauer, kehrt den Meßkircher heraus, pocht auf den schwäbischen Urkern seiner Herkunft. Im einzigen Gespräch, das ich vor Jahren mit ihm geführt habe, zuckte er entrüstet bei der Frage auf, ob er, der in Freiburg doziere und auf dem Todtnauberg hause, als Badener zu gelten habe: ein Stockschwabe sei er, war die Antwort, und ein Ausspruch über die zwei Menschenschläge illustrierte sie: »Wenn der Badener Wurst sagt, hat der Schwabe sie längst verschlungen.«[89]
Der Badener Hebel ist auf diese radikale Weise vom schwäbischen Philosophen verschlungen, verdaut und verheideggert worden, und dagegen sollte hier Einspruch erhoben werden. Denn Hebel gehört nicht zu Heidegger und nicht zum schwäbischen Heuberg: er gehört zum badischen Schwarzwald und zu jener Rheinebene, in der er den größten Teil seines Lebens zugebracht hat. Er gehört als Humanist und Kosmopolit in den Umkreis eines Mannes, den er zeitlebens verehrt und den Heidegger zeitlebens bekämpft hat: Goethe. Er ist gewissermaßen ein Goethe in Duodezformat, hoher Staatsbeamter und Dichter, treuer Diener seines Herrn und heimlicher Frondeur, eminent kritischer Kopf und wortverliebter Artist, toleranter Christ und urbaner Schüler der Antike wie jener Begründer der modernen italienischen Kunstprosa, Manzoni, dessen ländlichen Roman ›Promessi sposi‹ Goethe 1825 mit der gleichen

Begeisterung rühmte wie 1804 Hebels ›Alemannische Gedichte‹, weil er in beiden den gleichen jonischen Geist der Ausgewogenheit am Werke sah.[90]

1 Der vorliegenden Studie waren zwei Arbeiten in französischer Sprache vorangegangen: R. Minder: *Hebel – der Hausfreund, compte-rendu critique,* Zeitschrift ›Allemagne d'aujourd'hui‹, Paris, 1957, S. 44/45 und 63/64. – *Hebel et Heidegger. Lumières et obscurantisme.* (Im Sammelband: ›*Utopies et Institutions au XVIII. siècle*‹, Hg. P. Francastel, Paris-La Haye, 1963, S. 319–330.) Dazu mein Vortrag im Collège philosophique von Jean Wahl: *Heidegger, sa terre et ses morts,* Paris, Januar 1958. – Th. W. Adorno: *Jargon der Eigentlichkeit. Zur deutschen Ideologie,* 1964. – Erasmus Schöfer: *Die Sprache Heideggers,* 1962. – Eduard Engel: *Entwelschung, Verdeutschungswörterbuch,* Leipzig 1918. Mit Einleitung: ›Vom Welschen und Entwelschen‹, S. 5–31.

2 Martin Heidegger: *Hebel – der Hausfreund,* 1957.

3 Nach einer brieflichen Mitteilung Otto von Taubes, 9. 10. 1963. – Goethe über die 2. Ausgabe von Hebels ›Allemannischen (sic) Gedichten‹ unter seinen Rezensionen in der ›Jenaer Allgemeinen Literaturzeitung‹ 1805. – Jean Paul: *Über Hebels alemannische Gedichte* in ›Zeitung f. d. elegante Welt 1803‹ (Abdr. in Ausg. Werke, Verl. Reimer, 2. Aufl. 1865, Bd. XV, S. 182–185.).

4 Heidegger, Kommentar zu einem Hebelgedicht unter dem Titel *Sprache und Heimat* im Sammelband über J. P. Hebel, Hg. H. Leins, Tübingen, 1964; S. 124. – Die ausgezeichnete Bibliographie bei Alexander Schwan: *Politische Philosophie in Heideggers Denken,* 1965, S. 189–206, verweist darauf, daß der Text zuerst im Jahrbuch für den norddeutschen Dramatiker Hebbel erschienen ist (Heide, Holstein, 1960, S. 27–50).

5 Das Zitat: ›Mutter der Sprache‹ in: *Heimat und Sprache,* o. c., S. 100. – Die beiden folgenden Zitate in: *Hausfreund,* o. c., S. 10 und 38.

6 Wilhelm Schäfer: *Die dreizehn Bücher der deutschen Seele,* 1922. – Eine andere Kostprobe aus dieser Quintessenz des poetisch ›verklärten‹ Spießertums: »Schön war Susette, die sittige Hausfrau, edel an Geist und Gestalt und aller Sehnsucht Vollendung: der helle Gott fand die Göttin« (Hölderlin, S. 252).

7 H. Burte: *Madlee, Alemannische Gedichte,* 1925, S. 216: ›Lebewohl am Rhein‹. – Auszüge aus ›Wiltfeber‹ auch bei W. Killy: *Deutscher Kitsch,* 1961. – Burte über Hebel im Sammelband *Alemannenland, ein Buch von Volkstum und Sendung,* Hg. F. Kerber, Freiburg, 1937. Die Alemannische Tagung hatte im ›Weinmonat 1936‹ stattgefunden.

8 J. Schaffner, cf. *Alemannenland,* o. c. Die Zitate dort S. 35 und 36.

9 Das Zitat von Heidegger »Es gibt nur einen einzigen deutschen Lebensstand« in: *Der Ruf zum Arbeitsdienst,* Freiburger Studentenzeitung, 23. 1. 1934.

10 Cäsar Flaischlen: Vorrede zur Anthologie *Neuland,* 1894; zitiert in der aufschlußreichen Studie von F. Schonauer: *Deutsche Literatur im 3. Reich,* 1961.

11 Leo Weisgerber: *Die deutsche Sprache im Aufbau des deutschen Volkes.* (Im Sammelband: *Von deutscher Art in Sprache und Dichtung* Hg. G. Fricke, F. Koch und G. Lugowski, 1941, Bd. 1.)

12 Die Antwort Renans an Strauß in seinem Brief vom 15. September 1871

(*Œuvres complètes d'E. Renan,* Bd. I, Paris, 1947). – Über die Polemik cf. das Standardwerk über deutsch-französische Beziehungen im letzten Viertel des 19. Jahrhunderts: Claude Digeon: *La crise allemande de la pensée française 1870–1914,* S. 179–215. Paris, 1959.

13 Gottfried Keller: *Gedichte,* Cotta, 1914, S. 114 (»Nationalität«).

14 Hebel-Biographie von W. Altwegg, 1935. – Vom selben Autor: *Werke,* 3 Bde., 1940. – *W. Zentner: Briefe Hebels,* 1939. – Sehr aufschlußreich ein Vergleich zwischen dem Beitrag über Hebel in: *Die großen Deutschen,* 1943, und der Neuausgabe dieses Lexikons durch H. Heimpel, Th. Heuss und B. Reifenberg, 1956, Bd. II. Der Text von 1943 stammt vom nationalistischen Freiburger Dichter H. E. Busse, der spätere Text von einem der subtilsten Hebel-Kenner, Gerhard Hess. – Weitere Arbeiten über Hebel im Sammelband bei Rainer Wunderlich, Tübingen, 1964, Hg. H. Leins mit Beiträgen von Th. Heuss, C. J. Burckhardt, W. Hausenstein, B. Reifenberg, W. Bergengruen, M. Heidegger (*Sprache und Heimat* s. o., Nr. 4) und R. Minder (Erste Fassung der Hebel-Rede in Hausen 1963). – Wertvolle Hinweise bei R. Feger: *Hebel und Frankreich* (Alemannisches Jahrbuch 1961) und *Hebel und der Belchen* (Schriftenreihe des Hebelbundes 1965, XIV). – Ernst Bloch: Nachwort zu den *Kalendergeschichten* von Hebel, sammlung insel 7, 1965. – Neuausgabe von Hebels *Werken,* Insel 1968.

15 Leo Weisgerber: *Die Haltung der Deutschen zu ihrer Sprache,* Festrede am 30. 1. 1943 in: ›Zeitschrift für Deutschwissenschaft und Deutschunterricht‹, 1943, S. 212-18. – Vergleiche dazu Walter Boehlich: *Irrte hier Walter Boehlich?* ›Frankfurter Hefte‹ Jg. XIX, 1964, S. 731 ff. und Rainer Gruenter: *Verdrängen und Erkennen. Zur geistigen Situation der Germanistik.* ›Monat‹, 197, Februar 1965, S. 16 bis 23.

16 J. Weinheber: *Selbstbildnis,* Ausgewählte Gedichte, bei Langen und Müller, München, 1937. S. 30/31.

17 Leo Weisgerber: *Sprachenrecht und europäische Einheit,* 1959. (Arbeitsgemeinschaft/Forschung des Landes Nordrhein-Westfalen, Geisteswissenschaften, Heft 81) Westdeutscher Verlag, Köln und Opladen, 1959. – Das obige Zitat von J. G. Seume in: *Apokryphen,* sammlung insel 18, S. 94. – Reiches Material über den patriotischen Wortbombast in der scharfsinnigen Studie von H. Glaser: *Die Spießerideologie. Von der Zerstörung des deutschen Geistes im 19. und 20. Jahrhundert,* 1964. Eine Apologie der ›Gemeinschaft‹ im Dienst der NPD und mit den alten Argumenten des Dritten Reichs hat Prof. Dr. Anrich im Juni 1966 in Stuttgart gegeben (cf. Stuttgarter Ztg. v. 20. 6. 66). Der Verfasser, durch seine nazistischen Schriften berüchtigt, war inzwischen zum Leiter der Wissenschaftlichen Buchgesellschaft in Darmstadt avanciert, die er erst auf Grund dieses neuen Bekenntnisses zum alten Dogma verlassen mußte. Cf. u. a. Anrich: *Deutsche Geschichte 1918 bis 1939* (1940).

18 Der Text der Hitlerrede bei M. Dormarus: *Hitlerreden und Proklamationen,* Bd. I, 1962, S. 711.

19 Heidegger: *Festrede über C. Kreutzer am 30. 10. 1955 in Meßkirch.* Abdruck in ›Gelassenheit‹, 1959, S. 11–28. – Anton Gabele: *Das Nachtlager,* 1940. Cf. auch seinen Roman *In einem kühlen Grunde,* 1939.

20 *Über den Humanismus,* 1947.

21 Karl Hahm: *Bäuerliches Brauchtum und Werktum* in: ›Nationalsozialistische Monatshefte‹, März 1934, S. 265 sq.

22 Anton Gabele: *Pfingsten,* 1934, S. 175.

23 Conrad Gröber so schon bei Ausbruch des 1. Weltkrieges, Juli 1914. Zitiert

in: *Hirtenrufe des Erzbischofs Gröber in die Zeit,* hg. von K. Hofmann, S. 142. Der Text ist 1942 geschrieben. Laut einer Mitteilung des Erzbischöflichen Ordinariats in Freiburg i. Br. vom 13. 12. 1965 ist der Nachlaß von C. Gröber für die Öffentlichkeit noch nicht freigegeben. Man bleibt also weitgehend auf die Zeitungsdokumente jener Zeit angewiesen, die auch in den diversen zusammenfassenden Publikationen über das Verhalten der katholischen Kirche zum Nationalsozialismus zitiert werden, so ›Amtsblatt der Diözese Freiburg‹, Nr. XVIII, Juni 1933, S. 85. – ›Germania‹ Nr. 225, 17. 8. 1933. – ›Badischer Beobachter‹, 10. Oktober 1933 etc. Eine Fundgrube von nazistischen Stellen bildet das *Handbuch der religiösen Gegenwartsfragen,* das Erzbischof Dr. C. Gröber ›mit Empfehlung des deutschen Gesamtepiskopats‹ noch 1937 herausgegeben hat (Herder, Freiburg i. Br.). Im Vorwort (Epiphanie 1937) schon heißt es: »In der gegenwärtigen Schicksalsstunde unserer Nation stellen sich die Leiter der Kirche in besonderer Treue an die Seite der Männer des Staates, entschlossen zur einigen Abwehr des Feindes. Indem sie für das Christentum und den echten Gottesglauben im deutschen Volke kämpfen, stützen sie auf ihre Weise am wirksamsten den Wall, den in unserem Vaterlande der Führer gegen den Bolschewismus aufgeworfen hat.« – Artikel ›Ehre‹: »Mit der christlichen Sinngebung und Begrenzung der Ehre soll daher in keiner Weise verkannt sein, daß dieses neue Ethos entscheidend beigetragen hat zu der bereits Geschichte gewordenen Tat, mit der der Führer des Dritten Reiches den deutschen Menschen aus seiner äußern Erniedrigung und seiner durch den Marxismus verschuldeten innern Ohnmacht erweckt und zu den angestammten germanischen Werten der Ehre, Treue und Tapferkeit zurückgeführt hat.« – Artikel ›Erziehung‹: »Die Kirche ... unterstützt die Erziehung zum deutschen Menschen mit seinen Grundeigenschaften des Heldischen, des Kämpferischen, der Aufgeschlossenheit für Ehre und vor allem der opferfrohen Einsatzbereitschaft für die Gemeinschaft. Sie stellt sich damit freudig in den Dienst nationalpolitischer Erziehung, sie sieht im Einsatz für Heimat, Volk und Staat eine zuletzt religiös begründete Verpflichtung.« – Wiederum zeigt sich, daß wer diese Sprache mitsprechen konnte, ohne den Unrat zu wittern, von vornherein den politischen Vorgängen und ihrer Tragweite gegenüber blind sein mußte.
24 M. Heidegger: *Der Feldweg,* zuerst als Privatdruck bei Klostermann, Frankfurt/M., 1949, erschienen. Das Zitat S. 3. – Anton Gabele: *Der Talisman,* Roman, 1932. – Auszug unter dem Titel ›Die Jahreszeiten‹ in der Lesebuchanthologie *Sammlung,* I, Hg. R. Bouillon u. a., Verlag Kirchheim/Mainz und A. Bagel, Düsseldorf, 1949, S. 128–135. – Über Meßkirch neuerdings auch: *Meßkirch gestern und heute. Heimatbuch zur 700jährigen Stadtgründung,* 1961. – Dort S. 84–86 Heidegger: *Dank an die Meßkircher Heimat anläßlich der Ernennung zum Ehrenbürger,* 27. 9. 59 – eine Rede, die weitgehend auf dem Wortspiel denken / danken aufgebaut ist und erneut den unentrinnbaren Charakter der Heimatverwurzelung des Einzelnen betont. – Heideggers Ansprache zum 700jährigen Stadtjubiläum 22.–30. Juli 1961 abgedruckt in *Ansprachen zum 700jährigen Jubiläum,* Meßkirch, 1961, S. 7–16.
25 Gröber: *Hirtenrufe,* o. c., S. 133 (1942).
26 M. Heidegger: *Holzwege,* 1950, S. 23. (Der Text stammt aus einem Vortrag von 1935: *Der Ursprung des Kunstwerkes.*)
27 *Deutsches Führerlexikon,* Berlin, 1934, S. 180. (Biographische Angaben über die führenden Persönlichkeiten des 3. Reichs, unter Verwendung ihrer eigenen Hinweise.) – Zitiert bei Guido Schneeberger: *Nachlese zu Heidegger, Dokumente zu seinem Leben und Denken,* Bern, 1962, S. 237.

28 Die zwei Gedichte Stefan Georges interpretiert von M. Heidegger in: *Unterwegs zur Sprache*, 1959, S. 162 und 194.
29 ›Gegnet‹ bei Heidegger: *Gelassenheit*, 1959, S. 50.
30 Heidegger über das ›Kuinzige‹ in: *Der Feldweg*, o. c., 1949, S. 5. Vgl. dazu das *Schwäbische Wörterbuch* von H. Fischer unter ›keinnützig‹, woraus in der Ulmischen Gegend ›knitz‹, anderswo ›keinzig‹ oder ›knütz‹ wird mit der Bedeutung von ›neckisch, mutwillig‹ (freundliche Bestätigung für Ulm durch Herrn Dr. W. Prinzing, Württembergische Landesbibliothek). – Vgl. auch G. Storz: *Mörike*, 1967, S. 369: »Knitz«. H. Heimpel über Meßkirch in einem Privatgespräch, Paris, Frühjahr 1952.
31 Über den Meister von Meßkirch, cf. Thieme u. Becker, *Lexikon der bildenden Künste*, 1907 sq. Neuere bibliographische Angaben bei H. Koepf, *Schwäbische Kunstgeschichte IV*, 1965 S. 94. – Die *Zimmerische Chronik*, I. Ausg. 1866, 2. Ausg. 1881. – Hierzu B. R. Jenny: *Graf Froben christoph von Zimmern*, Basel 1959. – Das Zitat von A. a Santa Clara (›Ja, ein fruchtbarer Baum‹) in: *Meßkirch gestern und heute*, o. c., im belanglosen Beitrag von W. Schussen: *Meßkircher Genieluft*.
32 Chateaubriand: *Mémoires d'outre-tombe*, 17. Mai 1833. – Dazu die Notiz vom 19. Mai. (Ausg. Levaillant, 1948, IV, S. 181 sq., 187.)
33 Über J. B. Seele cf. W. Fleischhauer u. a.: *Die schwäbische Kunst im 19. und 20. Jahrhundert*, 1952, S. 82–87. – Dazu die Angaben im *Lexikon d. bild. Künste* von Thieme u. Becker, o. c. – Über C. Kreutzer sehr fundierter Artikel v. Wolfgang Rehm in: *Die Musik in Geschichte u. Gegenwart*, Kassel 1958, Sp. 1774–1780. – R. Roßmayer: *C. K. als Opernkomponist*, Phil. Diss. Wien, 1928. – H. Burkhard: *C. K.'s Ausgang*, in ›Schriften des Vereins f. Gesch. d. Baar‹ XIV, 1920, S. 118–130.
34 C. Gröber, cf. Anmerkg. Nr. 23.
35 Der Text von Ildefons Herwegen zitiert in der Studie über den *Deutschen Katholizismus 1933* von Böckenförde, Hochland, 1960, S. 228.
36 C. Gröber in seiner Rückschau (Hirtenrufe ... o. c.) S. 140. – Die anderen Zitate S. 56 (Religion kein Mythos), S. 30 (der Mensch als Vernunftwesen), S. 146 (Worte des Psalmisten).
37 Heidegger über Gröber als ›väterlichen Freund‹ zitiert bei Swiridoff: *Porträts aus dem geistigen Deutschland*, 1966. S. 175.
38 Stefan Zweigs Kriegsbegeisterung und sporadischer Frankreichhaß cf. *Die Insel* (Katalog einer Ausstellung, Deutsches Literaturarchiv, Schiller-Nationalmuseum, Marbach, 1966, S. 174. Dort auch eine Reihe anderer Dokumente). – Rilke: *Fünf Gesänge*, August 1914. Mit Kommentar in: *Gedichte*, Bd. 2, Insel 1957. – Musil und Döblin im Kriegheft der ›Neuen Rundschau‹, Dezember 1914.
39 Heidegger: *Hebel – der Hausfreund*, o. c., S. 34.
40 Bekenntnis zu A. Hitler, 11. November 1933. – Die politischen Texte sind durch die umfassenden und dankenswerten Bemühungen von Guido Schneeberger jetzt allgemein zugänglich und P. Hühnerfelds Hinweise ›In Sachen Heidegger‹, 1959, überholt. Das erste Bändchen, im Selbstverlag des Autors 1960 erschienen (Bern, Hochfeldstr. 88), trug den Titel *Ergänzungen zu einer Heidegger-Bibliographie* (27 S.). Der zweite Band heißt: *Nachlese zu Heidegger. Dokumente zu seinem Leben und Denken*. Bern, 1962 (288 S.). Einige Bildtafeln vervollständigen das Ganze. – Zitat ›Aufbruch‹: bei Schneeberger S. 149. – Von französischen Arbeiten, die die politische Ideologie Heideggers beurteilen, seien genannt: A. Koyré (in: *Critique*, Nr. 1 und 2, 1946); Eric Weil u. A. de Waehlens

(in: *Les Temps modernes*, Juli 1947); G. Friedmann (*Cahiers de sociologie XVI*, 1954, und *Mélanges Lucien Febvre*, 1954). Pro Heidegger: F. Fédier (in: *Critique*, Nr. 234 u. 242).

41 ›Abgelebte Scheinkultur‹: Rektoratsrede: *Die Selbstbehauptung der deutschen Universität*, 1933. – ›Wir haben uns losgesagt‹: *Bekenntnis zu A. Hitler*, s. Nr. 40.

42 ›Wir sind entschieden...‹: Kundgebung im Universitätsstadion 17. Mai 1933, Schneeberger o. c., S. 42. – ›Es gibt nur‹: Rede zur Aahl des Führers, 10. November 1933, Schneeberger, o. c., S. 144. ›In dem, was dieser Wille‹: Nationalsozialistische Wissensschulung, 22. Januar 1934, Schneeberger, S. 202.

43 ›Ich kenne die Verhältnisse‹, Schneeberger, o. c., S. 30.

44 Romain Rolland: Journal des années de guerre 1914–1919, Paris, 1952. – Jetzt auch deutsche Übersetzung mit Vorwort von Albert Schweitzer.

45 Die Reden von Deissmann, Roethe und 10 ihrer Berliner Kollegen in: *Deutsche Reden in schwerer Zeit*, Berlin 1914. – Auszüge in der Studie von R. Gruenter: *Verdrängen und Erkennen. Zur geistigen Situation der Germanistik.* ›Monat‹, 197, Februar 1965, S. 16 sq.

46 Zitate: ›Bereitschaft‹: Rede im Universitätsstadion, cf. Nr. 42. – ›Euch verlangt‹: Rede an die Studenten 3. November 1933. – ›Das Volk fordert‹: Rektoratsrede.

47 Führerrede vom 10. November 1933, Schneeberger, o. c., S. 144.

48 ›Arbeitslager als Offenbarung‹: Arbeitsdienst und Universität, 20. Juni 1933, Schneeberger, o. c., S. 63/64.

49 ›Das Denken zieht Furchen‹ in: *Sprache*, o. c., S. 173. – ›Das Denken soll kräftig duften‹, ibid., S. 21.

50 Mathilde Ludendorff: *Und du, liebe Jugend*, 1939.

51 Rede bei der Sonnwendfeier der Freiburger Studenten im Universitätsstadion, 21. Juni 1933. Schneeberger, o. c., S. 71. – Über das Thema der Flamme und des Feuerzaubers cf. auch die ausgezeichnete Studie von A. Schöne: *Über politische Lyrik im 20. Jahrhundert*, 1965, S. 12.

52 ›Warum bleiben wir in der Provinz?‹ *Der Alemanne, Kampfblatt der Nationalsozialisten Oberbadens*, 7. März 1934, S. 1. – Bei Schneeberger S. 216 sq.

53 Josepha Berens-Totenohl, zitiert in der Studie von F. Schonauer: *Deutsche Literatur im Dritten Reich*, 1961, S. 90.

54 Albert Schweitzer: *Verfall und Wiederaufbau der Kultur*, 1923, S. 7.

55 Rede über Schlageter am 26. Mai 1933, ›Freiburger Studentenzeitung‹, 1. 6. 1933. Schneeberger, S. 47 sq.

56 *Hebel – der Hausfreund*, o. c., S. 8.

57 So Swiridoff in seinem Band: *Porträts aus dem geistigen Deutschland*, 1966, S. 176. Die Anmerkungen zu diesen hervorragenden Photographien stammen weitgehend von den verschiedenen Autoren selber. – Die anschließend zitierte Rede auf dem Alemannentag in Freiburg ist unter dem Titel ›Wege zur Aussprache‹ im Band *Alemannenland*, o. c. 1937 erschienen. Der Text jetzt auch bei Schneeberger. S. 258 sq.

58 Zitiert bei A. Schwan: *Politische Philosophie im Denken Heideggers*, o. c., S. 141.

59 ›Hölderlin und das Wesen der Dichtung‹, zuerst in *Das innere Reich*, 1936, S. 1065–1078. Jetzt auch in: *Hölderlin, Beiträge zu seinem Verständnis*, Hg. A. Kelletat, 1961.

60 Drogistenzeitung: zitiert in: *Der Deutsche in seiner Karikatur*, Hg. F. Bohne u. a., Stuttgart, o. J. (1965?).

61 A. Schwan, o.c., S. 100, 105/106. – Ch. von Krockow deckt in: *Die Entscheidung*, 1958, ein Netz von inneren Beziehungen Heideggers zu Ernst Jünger und Carl Schmitt auf, bleibt aber unzureichend. – Antwort Heideggers an die ›Zeit‹, 24. 9. 53; an den ›Spiegel‹, 7. 3. 66.
62 W. Darré: *Das Bauerntum als Lebensquelle der nordischen Rasse*, 1933, S. 277. – Zitat über den ›Hegehof‹ in: C. Berning: *Vom Abstammungsnachweis bis zum Zuchtwart. Vokabular des Nazismus*, 1964, S. 101.
63 H. J. Schrimpf: *Hölderlin, Heidegger und die Literaturwissenschaft* in: ›Euphorion‹, 51. Bd., 1957, S. 308–323.
64 ›Hölderlins kehre ist das Gesetz‹ in: Heidegger: *Andenken* (Hölderlin-Gedenkschrift 1944, S. 274). Dazu auch die große Studie von Peter Szondi: *Hölderlins Brief an Böhlendorff* (v. 4. 12. 1801) in: *Hölderlin-Studien*, 1967.
65 Cf. dazu die ausgezeichnete Studie von K. Gründer: *Heideggers Wissenschaftskritik in ihren geschichtlichen Zusammehhängen*. Archiv für Philosophie, Stuttgart, XI, 1–2, S. 312.
66 H. Hermelink: *Geschichte d. evangel. Kirche in Württemberg*, 1949.
67 Friedrich Heer: *Europäische Geistesgeschichte*, 1953, S. 601. – Jean-Pierre Faye: *Attaques nazies contre Heidegger* (in der Zeitschrift ›Médiations‹, Eté 1962, S. 137–154). Eine andere Studie, ebenfalls in ›Médiations‹, Automne 1961, unter dem Titel: *Heidegger et la Révolution*. Faye bereitet ein umfassendes Werk über die politische Problematik H.'s vor.
68 Heinrich Berl, zitiert bei Schneeberger, o. c., S. 12.
69 Walter Benjamin: *Schriften*, hg. von Th. W. Adorno und G. Adorno, 1955, Bd. 2, S. 279-283 (Text aus dem Jahr 1926).
70 G. Hess: J. P. Hebel in: *Die großen Deutschen*, o. c., Bd. 2, S. 378 bis 386.
71 Heidegger: *Sprache und Heimat*, o. c., S. 115. – Heideggers Formel: »Das im dichterischen Sagen Gesagte hat keinen Inhalt, sondern ist Gebild« expediert allzu bequem den ›Inhalt‹ ins Jenseits und schließt *faktisch* bei ihm das Gebild im Elfenbeinturm Georges und der Symbolisten ein.
72 Willy Hellpach: *Der deutsche Charakter*, 1954, S. 50 (Mundart, Umgangssprache und Hochdeutsch).
73 Sreten Maritch: in der Zeitschrift ›Critique‹, Paris, Nr. 131. – Pier Paolo Pasolini: *Ragazzi di vita, vita violenta* in der Zeitschrift ›Rinàscita‹, Weihnachten 1964. Dazu die vehemente Polemik, die sich in der ganzen Presse im Anschluß an diese von A. Gramsci beeinflußte Sprachtheorie ergeben hat. – Etiemble: *Le franglais*, Paris, 1964, und *Le jargon des sciences*, Paris, 1966. – Von Heidegger beeinflußt A. Portmann in: *Die Sprache im Schaffen des Naturforschers* (Jahrbuch 1965 der Dt. Akademie, S. 61–75), definiert aber auf subtilere Weise die Muttersprache als Ausdruck für den Mediokosmos, in dem der Mensch lebt. – Martin Walser: *Über unseren Dialekt*, Neue Zürcher Zeitung, 24. 6. 67.
74 Zur ersten Orientierung über Barrès cf. die Monographie von J. M. Domenach, 1954. – Zahlreiche Bemerkungen über Barrès in den Tagebüchern von André Gide.
75 Fremdwörter bei Heidegger: einige Angaben bei E. Schöfer, *Die Sprache Heideggers*, o. c., S. 24 und 272 sq. – Über E. Engel cf. Nr. 1 der Anm.
76 Heidegger: *Aus der Erfahrung des Denkens*, 1954, S. 22 und 27. Cf. auch den Kommentar von Adorno: *Jargon der Eigentlichkeit*, o. c., zu diesen Stellen, S. 46.
77 ›Das Waltende des Wortes‹ in: *Unterwegs zur Sprache*, o. c., S. 237. – ›Die Dinge ruhen‹ in: *Gelassenheit*, o. c., S. 43. – ›Das jäh erblickte Walten‹ in: *Unter-*

wegs zur Sprache, S. 236. – ›Die Schicklichkeit des Sagens‹ in: *Humanismus,* S. 47. – ›Das verlautende Wort‹ in: *Unterwegs zur Sprache,* S. 216.

78 ›Das dichtende Sagen‹ in: *Heimat und Sprache,* S. 124. ›Für das Kind im Menschen‹ in: *Gelassenheit,* S. 73.

79 Hinweise auf die Wortspielmanie der Symbolisten bei Ed. Duméril: *Le lied allemand et ses traductions poétiques en France,* Paris, 1933, S. 328. – H. Arp: *Der gestiefelte Stern,* 1924.

80 ›Steigerung ins Einfache‹: *Hausfreund,* o. c., S. 16.

81 ›Wahrnis der Wahrheit‹ in: *Humanismus,* S. 29. – Cf. auch Karl Löwith (Verfasser von ›Heidegger Denker in dürftiger Zeit‹, 1953) in der Studie ›*Hegel und die Sprache*‹ (›Sinn und Form‹, I/II, 1965, S. 114): »Heideggers ›Wege zur Sprache‹ ist eine totale und radikale Destruktion aller bisherigen Ontologie und Philosophie der Sprache... Das Phänomen der Sprache läßt sich aber nicht dadurch erhellen, daß man auf rationale Analyse verzichtet und statt dessen mit einer Metapher sagt, sie sei das ›Haus des Seins‹ und das in ihrer Sage ›waltende Ereignis‹.«

82 ›Das Zerbrechen des Wortes‹ in: *Unterwegs zur Sprache,* o. c., S. 216.

83 G. Wolfer-Rau: *René Char und Heidegger,* Literaturblatt der ›Neuen Zürcher Zeitung‹, 18. 4. 1965.

84 G. Lukács: *Die Zerstörung der Vernunft,* 1954.

85 Hölderlin-Jahrbuch, 1958/60, S. 18 (›Hölderlins Erde und Himmel‹).

86 *Ansprache zum Heimatabend der 700-Jahresfeier der Stadt Meßkirch* 1961/62. Z. b. A. Schwan, *Polit. Philos. in Heideggers Denken,* o. c., S. 188.

87 J. G. Seume: *Apokryphen,* Hg. H. Schweppenhäuser, sammlung insel 18, S. 125. Das Zitat von Heidegger in: *Nietzsche,* I. Bd., S. 603.

88 Zitat bei A. Schwan, o. c., S. 171.

89 Gespräch mit Heidegger auf dem Todtnauberg am 10. 8. 1950.

90 Cf. die schöne Studie von Walter Rehm: *Goethe und Hebel* (Universitäts-Rede, Freiburg i. Br., 1949, S. 20), worin auch die Bezüge festgehalten sind, die Goethe zwischen Hebel und Longinus (*Daphnis und Chloe*) sehen mochte.

Lüneburger Heide, Worpswede und andere Heide- und Moorlandschaften

Für Hermann Stahl

»Ein wilder Volksstamm, Heidschnucken genannt, bewohnt die Lüneburger Heide«, schrieb Madame de Staël in ihrem Deutschlandbuch 1814. Die Verwechslung von Heidschnucken mit Heiducken ist ihr bis heute ironisch oder entrüstet vorgehalten worden. Wer aber in Weimar oder Jena hätte der Französin viel von der Heide erzählen können?
Für die Klassiker und noch für die Romantiker, die Gebirgsschwärmer, war die Heide dichterisch inexistent – eine »öde dürre Strecke«, wie Karl Philipp Moritz sie 1785 im autobiographischen Roman ›Anton Reiser‹ schildert. Klopstock, der ein halbes Leben lang in Hamburg wohnte, hat die Heide so wenig besungen wie die Nordsee. Ossianisches und Ozeanisches gehört zu seinem Werk, die Norddeutsche Tiefebene schafft ihm Raum und Weite – genau lokalisierbar aber ist kaum etwas. Hainbündler, nicht Haidebündler nannten sich Klopstocks Jünger – darunter Hölty und Voß –, als sie vor den Toren Göttingens in einem kleinen Eichengrund bei Mondlicht ihren Dichterbund stifteten.
Auch sie nahmen, schreibt Ernst Bloch, »das feine und dichterische Geheimnis der Heide nicht auf, es sei denn in seinen Hünengräbern und an den rötlichen Malen«. Goethes ›Heideröslein‹ ist biographisch ans Elsaß gebunden, landschaftlich keineswegs an eine typische Heidegegend.[1]
Die Romantik holt den Wald herein und läßt die Ebene draußen. Auf der märkischen Heide hat der junge Tieck halluzinatorische Verzweiflungszustände erlebt, als er nach dem Tod eines Freundes von Frankfurt an der Oder nach Berlin zurückwanderte. Niederschläge davon finden sich im Roman des Zwanzigjährigen, ›William Lovell‹, einem frühen Dokument des europäischen Nihilismus. Aber die Ebene ist hier erfüllt mit wogenden Schatten, die auf Shakespeare und Ossian

verweisen, nicht auf erlebte Landschaft, wie sie später bei Kierkegaard die jütländische Heide darstellt, auf der sein Vater Gott verflucht. Der Harz mit seinen Schluchten, Quellen und Wäldern wurde das große Erlebnis Tiecks, und Waldeinsamkeit das Schlüsselwort seiner Märchen und Zauberdramen.[2]
Bei andern Romantikern wiederum rauscht der Rhein, ragen schwäbische Burgen auf, schimmern Schlesiens Weiher unter Tannen hervor. Als spukhafte Vedute taucht Berlin am Rande auf. Aber selbst beim Märker Achim von Arnim führt die Heide noch kein Eigenleben. Und von La Motte-Fouqués endlosen märkischen Ritterromanen gilt nur sehr bedingt, was Chamisso einmal über seinen Freund geschrieben hat: »Er ist ein ätherisch entsendetes Feuer, über dem Moor hinwallend.«
Erst das neunzehnte Jahrhundert nimmt genaue Standortbestimmungen vor, bringt den Dichter in Zusammenhang mit einer bestimmten Landschaft. In Frankreich zieht Chateaubriand den Vorhang zurück, und plötzlich steht seine Heimat, die Bretagne, da – Granit und Steppeneinsamkeit unter Meereshimmel. Annette von Droste-Hülshoff hat etwas Ähnliches für Westfalen geleistet und die Heide zur Erscheinung gebracht – »vom Abendschein umzuckt / die strohgedeckte Hütte / in dunkler Föhren Mitte.« Hirten träumen ausgestreckt dem Himmel entgegen wie auf den Bildern, die Millet zehn Jahre später – gegen 1850 – in Barbizon malte, dem Naturrefugium der neuen französischen Malerschule.[3]
Dort hatte auch George Sand sich Anregungen für ihr Spätwerk geholt – die Landschaftsromane und -erzählungen, die Hügel und Wälder, Moor und Heide ihrer Heimatprovinz Berry bis heute beim Volk und der Jugend lebendig erhalten haben. Bei der Avantgarde, der sie einst zugehörte, stieß sie freilich damit auf die gleiche Ablehnung, die Platen 1829 Immermanns westfälischem Bauernroman ›Der Oberhof‹ zuteil werden ließ:

»Das ist die schöne Lüneburger Ebene,
Wohin des Rufs Trompete mich von fern gelockt...
Doch weit und breit erblick' ich nichts Poetisches,
Bloß dort im Vorgrund eine Schar von Bestien.«[4]

Noch 1895 kommentierte der Herausgeber von Platens Wer-

ken in Meyers Klassikerreihe die Stelle mit den Worten: »Gemeint ist die öde hannoversche Landschaft, deren ausgedehnte Strecken zumeist nur dürftigen Weidegrund für die Zucht der Heidschnucke, einer winzigen kleinen Schafrasse, bieten.«
Selbst niedersächsische Lokaldichter wie Prätzel stießen zu Platens Zeit ins gleiche Horn:

»Hier, wo entblößt von allem Reiz der Erde,
Der Erdengrund ein totes Sandmeer ist,
Der Hirt vor Durst verschmachtet und die Herde
Den Hungertod sich in die Glieder frißt...«

Das Neue an den westfälischen Heidebildern der Droste-Hülshoff wird damit nur um so deutlicher.
Sandige Heide tritt bei ihr hinter der moorigen zurück. Den Unterschied zwischen den beiden Landschaften und ihren Menschen hat sie selber als scharfe Beobachterin in den Prosastudien über Westfalen vermerkt. In den Gedichten sprengt das einsickernde Wasser aus der Tiefe den engen Frieden der in sich und Gott beschlossenen Idylle (»Da hebt der Abendstern gemach / Sich aus den Föhrenzweigen, / Und grade ob der Hütte Dach / Scheint er sich mild zu neigen«). Der ›Knabe im Moor‹ wird zur niedersächsischen Variante des ›Erlkönigs‹:

»O schaurig ist's übers Moor zu gehn,
Wenn es wimmelt vom Heiderauche,
Sich wie Phantome die Dünste drehn
Und die Ranke häkelt am Strauche,
Unter jedem Tritte ein Quellchen springt,
Wenn aus der Spalte es zischt und singt! –
O schaurig ist's, übers Moor zu gehn,
Wenn das Röhricht knistert im Hauche!«

Die ungeheure innere Spannung dieser Lyrik entsteht aus dem leidenschaftlichen Sich-Stemmen der haltungsbewußten Dichterin gegen die immer wieder aufbrechenden Grundwasser. Als Dynamik führt das weit über Mörike hinaus, rückt das westfälische Adelsfräulein neben die einsam wilden Seherinnen der Hochmoore in Yorkshire: Emily und Charlotte Brontë.
Ähnlich schaurig-phantastisch die Heide beim Dithmarscher Friedrich Hebbel. So in jener Ballade, die die Ängste der eige-

nen furchtbaren Jugend in die Lesebücher hineingetragen hat und die grausamsten aller Grimmschen Märchen raffiniert modern weiterausspinnt:

»Der Knabe träumt, man schicke ihn fort,
Mit dreißig Talern zum Heideort,
Er ward drum erschlagen am Wege...
Hinaus aus der Stadt! Und da dehnt sie sich,
Die Heide, nebelnd, gespenstiglich,
Die Winde darüber sausend...
Und alles so still, und alles so stumm,
Man sieht sich umsonst nach Lebendigem um,
Nur hungrige Vögel schießen
Aus Wolken, um Würmer zu spießen...«

Die Szenerie wirkt dürftig neben der prall erfüllten einer Droste; hinreißend aber die dramatische Steigerung, das allmähliche Hereintreten des Schreckbilds aus dem Alptraum in die Wirklichkeit. Den frommen alten Hirten hat der verängstigte Knabe unterwegs um einen Begleiter gebeten:

»Der Hirt, der winkte dem langen Knecht,
Er schnitt sich eben den Stecken zurecht.
Jetzt trat er hervor – wie graute
Dem Knaben, als er ihn schaute!«

Der spätere kollektive Sadismus ist vorweggenommen im Sadismus des Knechts, der den Jungen zur Erzählung des Traumes zwingt und dem lusthaft Gequälten zuletzt das Messer ins Herz stößt, wie im Traum:

»›Er zog ein Messer!‹ – War das, wie dies? –
›Ach ja, ach ja!‹ – Er zog's? ›Und stieß –‹
Er stieß dir's wohl durch die Kehle?
Was hilft es auch, daß ich dich quäle?«

Hebbels Heide-Ballade, einst in allen Lesebüchern beheimatet, ist heute aus ihnen verschwunden, und doch wäre sie gerade heute am richtigen Ort – vorausgesetzt, daß Gedichtinterpretation nicht als Weihestunde zelebriert wird, sondern die Welt auch in ihrer Furchtbarkeit zeigt.

Die Heidestimmung, wie sie sich schließlich durchgesetzt hat, ist nicht dramatischer, sondern quietistischer Art: der Mensch geht durch das Heideerlebnis ein ins All, findet den Weg zur Natur und ihrem Frieden wieder.

Die Maler des Hamburger Biedermeiers haben in der ersten Hälfte des 19. Jahrhunderts diesen sandigen Landrücken zwischen Weser und Aller – die Lüneburger Heide – optisch entdeckt. Was Caspar David Friedrich insgesamt für die Norddeutsche Tiefebene geleistet hatte, wird durch Gensler, Kauffmann, Morgenstern in zäher Kleinarbeit lokal gestaltet. Valentin Ruths erzielt um 1850 in seinen besten Bildern die Farbintensität der französischen Landschafter Carrand und Ravier, die zur selben Zeit von Lyon ins endlose Sumpf- und Heideland der ›Dombes‹ hinauszogen und in brandigen Sonnenuntergängen ihre verborgenen Reize zum Erklingen brachten. Edgar Quinet fixierte sie literarisch in seinen ›Kindheitserinnerungen‹.[5]

In Deutschland erreicht die Heidedichtung einen Höhepunkt in den Gedichten und Erzählungen Theodor Storms.

»Es ist so still, die Heide liegt
Im warmen Mittagssonnenstrahle,
Ein rosenroter Schimmer fliegt
Um ihre alten Gräbermale.
Die Kräuter blühn, der Heideduft
Steigt in die blaue Sommerluft...
Kaum zittert durch die Mittagsruh
Ein Schlag der Dorfuhr, der entfernten;
Dem Alten fällt die Wimper zu,
Er träumt von seinen Honigernten.
– Kein Laut der aufgeregten Zeit
Drang noch in diese Einsamkeit.«

Griegs musikalische Heidebilder aus Norwegen wirken um einen Ton zu aufdringlich, zu folkloristisch dagegen. Storms Geigenstrich ist der elegisch süße Mendelssohns – romantisierende Spätklassik in ausgewogener Form. »Dies schöne Immensee« – schreibt Gottfried Benn 1949 – »weich gespielt, aber immer noch hörbar – Heide ringsum...«[6]

Haltung ist für Storm ethisches und künstlerisches Prinzip;

Tiefe schafft das Wissen von der Vergänglichkeit: Tschechow wird vorweggenommen – nur ist die Kunst der Aussparung noch subtiler beim Russen, der Atheismus bohrender als bei dem Husumer:

»Über die Heide hallet mein Schritt
Dumpf aus der Erde wandert es mit.
Brauende Nebel geistern umher
Schwarz ist das Kraut und der Himmel so leer.«

Fallen die Schatten stärker herein, quirlt der Leidenschaften gärender Ton gefährlicher auf, so ist bei Storm das Meer nie weit. Auch in den großartigen Visionen des ›Schimmelreiters‹ ist die Binnenheide zu Geest und Marsch geworden, überdonnert vom Anprall der Wasser.

Musik von Brahms verleiht der ›Feldeinsamkeit‹ von Hermann Allmers die besondere Resonanz. »Ich ruhe still im hohen, grünen Gras / und sende lange meinen Blick nach oben, / von Grillen rings umschwirrt ohn' Unterlaß, / von Himmelsbläue wundersam umwoben«, ertönt es aus Konzertsälen und gepflegten Bürgerhäusern. Der Familienname Brahms selber weist unmittelbar auf die Heide zurück, trotz aller Auffrischung durch die böhmisch-slawische Rhythmik in Wien schimmert nordische Ebene als geheime Folie durch sein Werk hindurch. Dem berühmten 3. Satz aus der Dritten Symphonie könnte ohne weiteres eine Heidestrophe Liliencrons als Motto dienen: »Tiefeinsamkeit, es schlingt um deine Pforte / die Erika das rote Band, / von Menschen leer, was braucht es noch der Worte, / sei mir gegrüßt, du liebes Land.« Wer hingegen käme auf den Gedanken, Heidelandschaft in Bachs Werken aus der Lüneburger und Celler Zeit zu suchen oder Heidestimmung in Lessings Schriften aus Wolfenbüttel? Der geborene Polemiker lechzte dort im Staub der Folianten nach Berlin, nach Wien, starb in und an der Einsamkeit.

Hundert Jahre später wurde Einsamkeit die neue Parole und die Heide ein Ort der Wiedergeburt des gehetzten Großstädters. Ihre Entdeckung hat teil an einem größeren Vorgang: dem Wandel Deutschlands vom Agrar- zum Industriestaat.

»Am Waldessaume träumt die Föhre, / am Himmel weiße

Wölkchen nur, / es ist so still, daß ich sie höre, / die tiefe Stille der Natur.« Fontane hat mit diesen Versen das Leitmotiv einer Symphonie der Stille formuliert, die von seiner märkischen Heide bis zur schleswig-holsteinischen Hebbels, Storms, Liliencrons reicht. Klaus Groth nicht zu vergessen: der ›Quickborn‹ ist im gleichen Jahr 1852 erschienen wie Storms ›Immensee‹, und unter seinen plattdeutschen Heidegedichten sind wenigstens zwei oder drei in die Lesebücher eingedrungen:

»Dat Moor is brun, de Heid is brun,

Dat Wullgras schint so witt as Dun,

So week as Sid, so rein as Snee:

Den Hadbar reckt dat bet ant Knee.«

Raabes versonnen oder verschroben tiefsinnige Figuren profilieren sich wie von selbst auf dem Hintergrund der heidebestandenen Norddeutschen Tiefebene. In schärferer Tonart bezieht Fritz Reuter die mecklenburgische Heide mit hinein. Adalbert Stifter steuert die erhaben ruhige Prosa seines österreichischen ›Heidedorfs‹ bei; Lenaus Pußta erscheint am Rande. Die Zusammenstellung solcher Texte in Lesebüchern oder in Gedichtsammlungen, wie dem Hausbuch von Avenarius, ergibt durch Kumulationseffekt den Begriff der Heide als dichterischen Besitz der Nation.

Das metaphysische Weltbild der Droste (»Und noch zuletzt sah ich, gleich einem Rauch / mich leise in der Erde Poren ziehen«) macht bei Liliencron scharf registrierten äußern Reizen, Reflexen, Impressionen Platz:

»Kalter Ente, kalten Eiern

Rotspon hinterher geschickt,

Feld und Welt in grauen Schleiern,

Müde bin ich eingenickt.«

Mit Blick und Witterung des Jägers ursprünglich empfunden, werden diese ›Heidebilder‹ in die Rhythmen Heines umgesetzt. Der geistige Horizont hat sich bei dem etwas anrüchigen Freiherrn mit der amerikanischen Mutter und den ewigen Schulden weitgehend verengt, wie bei Maupassant, seinem französischen Zeitgenossen, dem Jäger und Lebemann aus der Normandie. Der Runenstein, Klopstock und der Droste heilig, wird Liebeslager in der Sommerschwüle; verschlafner Mond darüber im Herbst; Wintermelancholie:

»Der alte Bauer mit verhaltnem Schritte
Schleicht neben seinem Wagen Torf.
Und holpernd, stolpernd schleppt mit lahmen Tritte
Der alte Schimmel ihn ins Dorf.«

Maurice Rollinat hat hat zur selben Zeit ähnliche Stimmungsbilder von der französischen Heide in flüssige Verse gebracht (›Les Brandes‹, 1877).

Letzte Raffinesse findet die deutsche Heidestimmung am Ausgang des Jahrhunderts durch Jugendstil und Sezession. Man lese den Beginn von Rilkes Monographie über ›Worpswede‹, dessen moorige Heide seit 1890 die sandige Lüneburger Heide für Maler wie für Dichter abzulösen begonnen hatte. Moorkolonien waren hier nach holländischem Vorbild seit 1720 angelegt worden. Es brauchte aber fast zwei Jahrhunderte, bis Moor und Moorbauern durch die Künstler für das Kollektivempfinden in Erscheinung traten.

»Es ist ein seltsames Land«, schreibt Rilke 1902. »Wenn man auf dem kleinen Sandberg von Worpswede steht, kann man es ringsum ausgebreitet sehen, ähnlich jenen Bauerntüchern, die auf dunklem Grund Ecken tief leuchtender Blumen zeigen. Flach liegt es da, fast ohne Falte, und die Wege und Wasserläufe führen weit in den Horizont hinein. Dort beginnt ein Himmel von unbeschreiblicher Veränderlichkeit und Größe. Er spiegelt sich in jedem Blatt. Alle Dinge scheinen sich mit ihm zu beschäftigen; er ist überall. Und überall ist das Meer.«

Rilkes Schilderungen der Moorbauern: »Im Frühling, wenn das Torfmachen beginnt, erheben sie sich mit dem Hellwerden und bringen den ganzen Tag, von Nässe triefend, durch das Mimikry ihrer schwarzen, schlammigen Kleidung dem Moore angepaßt, in der Torfgrube zu, aus der sie die bleischwere Moorerde emporschaufeln. Im Sommer, während sie mit Heu- und Getreideernten beschäftigt sind, trocknet der fertigbereite Torf, den sie im Herbst auf Kähnen und Wagen in die Stadt führen. Stundenlang fahren sie dann. Oft schon um Mitternacht klirrt der

Wecker sie wach. Auf dem schwarzen Wasser des Kanals wartet beladen das Boot und dann fahren sie ernst, wie mit Särgen, auf den Morgen und auf die Stadt zu, die beide nicht kommen wollen.«[7]
Ruskinsches Ästhetentum, das den Rohstoff der Wirklichkeit wie mit Glacéhandschuhen anfaßt; darunter aber auch ein ganz neues Fingerspitzengefühl, das sich behutsam an die Dinge herantastet und schon Metaphern für die großen Elegien bereitstellt: »Alle haben nur *ein* Gesicht: das harte, gespannte Gesicht der Arbeit, dessen Haut sich bei allen Anstrengungen ausgedehnt hat, so daß sie im Alter dem Gesicht zu groß geworden ist wie ein lange getragener Handschuh«, heißt es über eine alte Moorbäuerin. Und in der ›Fünften Duineser Elegie‹ über den alten Akrobaten, der in den Straßen von Paris seine Künste zeigt: »Der welke, faltige Stemmer, / eingegangen in seiner gewaltigen Haut, als hätte sie früher / zwei Männer enthalten.«
Das Rußland-Erlebnis hat auch Rilkes Worpswede gefärbt. Der Dichter, den Tolstoj und die ungeheure slawische Ebene überwältigt hatten, fand sich auf dem engeren Raum wieder. Die zarten wunden Klänge aus Jens Peter Jacobsens Heidebildern flossen in die seinigen (dramatischer ließ bald darauf Schönberg sie in den ›Gurreliedern‹ Musik werden). Ibsens Frau vom Meer – ein anderer Archetyp der Zeit – lehnte sehnend am Fenster. Hauptmanns ›Einsame Menschen‹ wurden inbrünstig nacherlebt. In den Tagebüchern Paula Modersohn-Beckers kann man verfolgen, wie diese eckig-zarten Reformer und melancholisch dezenten Anarchisten als Einsame agierten, die sich zu einer zerbrechlichen Gesellschaft zusammengefunden hatten und in der Landschaft aufgingen.
Das suggestive Bild der Worpsweder und Lüneburger Heide-Moor-Stimmung jener Epoche hat Ernst Bloch entworfen. Bei aller scharfen marxistischen Analyse bleibt er dabei dem Affekt der eigenen Früheindrücke verhaftet. Der seltsam schwankende Boden, auf dem die Untersuchung sich bewegt, ist damit der Sache selbst adäquat.[8]
»Sumpf und Heide sind die beiden nahegelegenen Landschaften des Jugendstils; aus dem *Sumpf versuchend,* dann aber mit

Heide besiegelnd, holte er sich die *Zeichen* seines Naturgefühls, die bekanntesten und problematischsten, doch auch die merkwürdigsten seines Pan. Von hier kommt der grünliche oder bläulich ockerne Farbton in allem, bis auf Beschläge, Töpfereien, ja bis auf den Rahmen der Bilder herab. Von hier stammen die schlanken gewellten Linien, die Flachkurven oder parallelen Schnörkel, als welche allesamt in den Kringeln des moorigen Wassers oder in Schilf, Sumpfpflanzen, Wasserrosen ihre Natur haben... Ein Glühlila in Müdigkeit geht darin an, eine revolutionär-spätbürgerliche Mischung aus Fäulnis und Wassergeburt, gemeinten Uranfängen und Dekadenz... Aber was immer der Jugendstil mit solch rätselhaften Ornamenten ausspricht, hat als *Land,* als *Landung* die Heide über sich, die weite, abendliche, den langen Gelb- und Rotstreifen an ihrem westlichen Horizont... Zum erstenmal seit langem sind hier Ornamente aus keiner Vorlage oder als mixtum compositum aus tausend Aschenhaufen, sondern voll merkwürdiger Affinität zu einer bestimmten Landschaft, zu einer solchen zudem, die so ausschließlich kaum noch Ornamente abgegeben hatte. Wie diese Affinität in der ›Zeitseele‹ ökonomisch-sozial unterbaut ist, wieviel Verwandtschaft zwischen auflösender, auch archaisierender Dekadenz einerseits, Sumpfbildern, Abendheide anderseits bestehen mag, wäre Gegenstand einer eigenen, wichtigen Untersuchung; der Allegoriedrang nach all diesem regressiven und doch sezessionierenden Herbst-, Heidewesen steigt jedenfalls recht plötzlich aus dem satten Jahrhundert und wirkt original.« Der Jugendstil, der in England und Frankreich begonnen, in Brüssel und München sich voll entfaltet habe, erscheint abschließend Ernst Bloch als ein »letztes Fruchtwasser nordischer Ornamentik«.
So sehr hatten die Worpsweder Maler in ihren Bildern unbeobachtete Reize zum Ausdruck gebracht, daß Richard Muther – ein Kunstorakel der Epoche vor 1914 – das Land bei seinem Besuch nur noch mit ihren Augen und ihrer Stimmung sehen konnte und nur noch übertreibend schrieb: »Eine Fahrt nach Worpswede ist eine Staroperation: als schwinde plötzlich ein grauer Schleier, der sich zwischen die Dinge und uns gebreitet.

Gleich wenn man der Zweigbahn entstiegen ist, die von Bremen nach Lilienthal führt, beginnt ein seltsames Flimmern und Leuchten. Haben diese Bauern einen Farbdämon im Leib? Oder ist's nur die Luft, die weiche, feuchtigkeitsdurchsättigte Luft, die alles so farbig macht, so tonig und strahlend?« Mit Recht bemerkt Richard Hamann dazu: »Die Farbe, die den Künstlern das Worpsweder Land bot, wirkte nur so intensiv, weil der Impressionismus die Augen für sie geöffnet hatte, das Rot der Bauernhäuschen und die weißen Fugen und weißen Fensterläden, das Grün der Wiesen, das sich gelblich färbte, wo die Sonne es gestreift, das Blau des schwarzen Moorwassers, mit allen Reizen der Reflexe, Schatten und gespiegelter Umgebung. Alle diese Farben gereinigt, malerisch gestimmt und verbunden, überschütten diese ärmliche Natur in den Bildern mit einer Fülle bunter Reize, daß auch hier das Heimatliche zum Wunderlande wurde.«[9]

Bedeutsam ist, daß die einzigen Worpsweder von Weltrang – Rilke und Paula Modersohn-Becker – das bald erstarrte, konventionell gewordene Wunderland durch den Anschluß an die Welt überwunden haben.

Rilkes Aufenthalt in Worpswede dauerte weniger als zwei Jahre: mit Unterbrechungen von Herbst 1900 bis April 1902. Wie sein Vorbild, der lungenkranke und lebensgierige Jens Peter Jacobsen, nicht nur beim dänischen Heideschilderer Blicher in die Schule gegangen, sondern auch bei Flaubert als dem großen Zuchtmeister des Stils, so riß auch Rilke sich von Heinrich Vogeler und seinem Kreis los, um bei Rodin als virilstem Schöpfer der Zeit das Geheimnis des Schaffens zu ergründen, dem Blick nachzuspüren, mit dem der Alte die Welt in sich aufnahm, den Handgriffen nachzutasten, mit denen er das Erschaute in die Form zwang.

Der Rückzug der Worpsweder von der Stadt aufs Land, von übersteigerter und nivellierender Kultur zu scheinbar unverbrauchter, unerschöpflicher Natur, war ein europäisches Phänomen im Rahmen der neu entstandenen Industriegesellschaft gewesen. Eines der Vorbilder für Worpswede bildete jenes schon erwähnte Dorf im Wald von Fontainebleau bei Paris – Barbizon –, wo sich 1846 Théodore Rousseau, Millet und ein paar Freunde niedergelassen hatten, um das einfache Volk bei der Arbeit in der freien Natur zu malen und von ihm zu lernen. Das Beispiel hat durchs ganze 19. Jahrhundert weitergewirkt und eine ähnliche Selbstbesinnung, verbunden mit Stadtflucht, bei den holländischen Malern vom Haag und den schottischen von Glasgow provoziert, auch nach München-Dachau hinübergezündet und in Frankreich selbst verschiedene Varianten ins Leben gerufen, von Auvers-sur-Oise bis Pont-Aven in der Bretagne, einem besonders abseitigen Landstrich mit verschlossenen Menschen und archaischen Sitten.

Die Gefahr war überall die gleiche gewesen: daß man sich zu stark mit dem Boden und seinen Bewohnern identifizierte, im versteckten Winkel die tiefere Wirklichkeit suchte und dabei in die Bindung neuer Konventionen geriet, das Metier zugunsten der Weltanschauung unterschätzte und jene Zwischenwelt, jene eigentümliche und entscheidende Medio-Sphäre der Kunst aus dem Auge verlor, wo es hart auf hart geht und wo in einem bald begeisterten, bald verbissenen Wettkampf die neuen Formeln ausgeprobt, verworfen oder zu Ende gedacht werden.

Fritz Mackensen, Otto Modersohn, Hans am Ende – die Entdecker von Worpswede – waren bald zu durchschnittlichen Schollenmalern herabgesunken; das Beste bleiben ihre Bilder von der Jahrhundertwende.

Seltsam und ergreifend der Zwiespalt zwischen Heinrich Vogelers in sich versponnenem Rankenwerk Beardsleyscher Herkunft und seinem tätigen, wenn auch unstet flatternden Mitleid für die andern: nach 1918 macht der Bremer Patriziersohn aus seinem Worpsweder Besitz ein Gemeinschaftshaus, eine Art Kolchose für Unbemittelte, emigriert später ganz nach Rußland und ist 1942 in Kasachstan gestorben. Hinter den symbolistischen Hüllen hat auch er die offene Wunde zu sehen gewagt, aber im Werk nicht gestalten können. Sein Name bleibt verbunden mit dem frühen Worpswede und den Anfängen der ›Insel‹.[10]

Auf den Halligen Schleswigs tüpfelte unterdessen ein Jacob Alberts brav an seinen Heidebildern weiter, die Alfred Kerr zu merkwürdig enthusiastischen Impressionen anregten, worin Hauptmanns Hiddensee-Stimmungen weiterleben: »Großes, Weißgepeitschtes, Salziges. Dann aber dehnt sich (zwischen zwei Meeren) das Blühend-Braunviolette, oben die Blüten leuchten, unten streckenweis holziges Braun, alles ist so fest und dicht, daß es auf dem Eilandsboden wirklich wie ein Pelz aufsitzt. Heide, Heide, Heide – umsäumt von Dünengebirge, durchtränkt von Salz; mit schweren Widdern; überlaubt von einem oft blauhellen Himmel.«[11]

Die bretonischen Bilder seines Pariser Lehrers Dagnan-Bouveret hatten den Friesen Alberts angeregt, aber Dagnan-Bouveret war selber nur ein Mitläufer und Nachzügler; auch die bedeutenderen Maler der Bretagne, Lucien Simon und Cottet, die auf Worpswede miteinwirkten, bleiben im Rahmen des Gewohnten. Der Umschwung kam von Pont-Aven, wo Emile Bernard, Sérusier und ihre Freunde adäquate neue Ausdrucksmittel anwandten und wo zuletzt Gauguin den großen Sprung von der bäuerisch-primitiven Bretagne in die noch ungebrochenere Primitivität der Südseevölker wagte – zusammen mit Rimbauds Absprung eine der großen Wenden im neuzeitlichen Kulturempfinden. Auvers-sur-Oise bei Paris, ein neues Barbizon um 1860, ist nicht durch Daubigny bedeutsam geworden, sondern zwanzig, dreißig Jahre später durch Cézanne und mehr noch durch van Gogh, dessen germanisches Temperament in der Provence zur extremen Leistung der schwarzen Sonnen gefordert worden war und der in den letzten sechzig Tagen seines Lebens in Auvers ekstatische Bilder aus sich herausschleuderte, deren Funke auf die Welt übersprang.[12]

Als einzige Worpsweder Malerin von Genie hat Paula Modersohn-Becker in wenigen stürmischen Jahren die Etappen durchlaufen, die von Manet und Monet über Lucien Simon und Cottet zu Gauguin und van Gogh führten. Sie starb 1907 mit 31 Jahren, bevor sie noch Cézanne ganz in sich hatte verarbeiten können – Cézanne, der zur selben Zeit Rilke über Rodin hinausverhalf und ihn zuletzt bis an Picasso und Paul Klee heranbrachte. Wie die neue Sehweise dieser Maler den Blick Rilkes geschärft und verändert und seinen umstürzenden Zyklus der ›Duineser Elegien‹ überhaupt erst ermöglicht hat, ist von Hermann Meyer, dem Amsterdamer Germanisten, in vorbildlicher Weise gezeigt worden.

Rätselhaft wie der Zug der Fische, die zu einer bestimmten Zeit des Jahres das Meer zum Laichen verlassen und über hundert Hindernisse weg – Stromschnellen, Wasserfälle, Wehre – die Flüsse bis tief ins Innere hinaufwandern, ist auch der Zug, der die großen Schöpfer mit dem gleichen Witterungsvermögen dem Spannungsfeld zutreibt, wo die wahren Entscheidungen fallen werden. Emil Nolde, der klobige und vulkanische Friese, und der verhaltenere Holsteiner Christian Rohlfs haben in den gleichen Jahren 1905/1907 wie Paula Modersohn-Becker und unter gleichem Anschluß an Gauguin und van Gogh das Tor zu einer neuen Kunst gefunden, die dem 20. Jahrhundert angehörte: das alte Worpswede versank daneben für immer.[13]

Zugleich aber rückte es – wie schon vorher die Lüneburger Heide – mit Buntpostkarten, Kalendern, kunstgewerblichen Arbeiten massiv ins Kollektivbewußtsein vor.

Ein Gartenlauberoman der Marlitt, ›Heideprinzeßchen‹, bildet 1871 in der Literatur den Auftakt der Heidebegeisterung: »Lieber, sieh dir einmal das vielgeschmähte Proletarierweib, die Heide, im Hochsommer an! Freilich, sie hebt die Stirn nicht bis über die Wolken, das Diadem des Alpenglühens oder einen Strauß von Rhododendron suchst du vergebens –; aber die Erika blüht! Ihre lila- und rotgemischten Glockenkelche werfen über die sanften Biegungen des Riesenleibs einen farbenprächtigen, mit Myriaden gelb-bestäubter Bienen durchwirkten Königsmantel – der hat einen köstlichen Saum.«

Im ›Haidezauber‹ von Anny Wothe, 1892, findet der Baron die kleine ›Haidelotte‹ schlafend am Weg, »als er mit einer riesengroßen Sehnsucht nach der kleinen bescheidenen Haideblume rüstig über die sonnenflimmernde Haide schreitet«. Der Roman schließt mit den Zeilen: »Die roten Erikablüten ließen ihre Glöckchen klingen, und die blauen Glockenblumen neigten tief, tief ihre Häupter, der Ginster lachte glückselig dazu, und

die Bienen surrten leise darüber hin. Und über all diesem lag flimmernd der Sonnenglanz: *Haidezauber!*«
Von welchen Kitsch-Elementen sich selbst eine Künstlerin wie Paula Modersohn-Becker freimachen mußte, ehe sie den eigenen Ausdruck fand, zeigt eine Tagebucheintragung aus dem Sommer 1897: »Worpswede, Worpswede, Worpswede! Birken, Birken, Kiefern und alte Weiden. Schönes braunes Moor, köstliches Braun! Die Kanäle mit den schwarzen Spiegelungen, asphaltschwarz. Die Hamme mit ihren dunklen Segeln. Es ist ein Wunderland, ein Götterland... Worpswede, Worpswede, du liegst mir immer im Sinn. Das war Stimmung bis in die kleinste Fingerspitze.«[14]
Abendschein über der Heide fungiert schon vor 1900 als bescheidenes Alpenglühen im Inventar der sentimentalen Ansprechbarkeit der Massen. ›Die Heide träumt‹ von Hermann Löns, 1911, konkurrierte in zwei Weltkriegen mit den ›Vöglein im Walde‹, und nach der Apokalypse erholte sich der Spießer an einem der Kassenschlager der neuangelaufenen Filmindustrie: »So grün ist meine Heide«.
Der Beitrag von Hermann Löns reduziert sich nicht auf die gerissen gefühlsseligen Romanzen und ›Lieder im Volkston‹ aus dem ›Kleinen Rosengarten‹, den Jugendbewegung und Fritz-Jöde-Kreis sofort für sich beanspruchten. Albrecht Schäffer berichtet, Löns selber habe sie nicht ernst genommen, sondern als hingeworfenes Zeug belächelt – während ein anderer Zeuge festhält, sie seien »vor 1914 für die Jugend nicht Literatur, sondern Leben gewesen«:[15]

»Alle Birken grünen in Moor und Heid',
Jeder Brahmbusch leuchtet wie Gold,
Alle Heidelerchen dudeln vor Heiterkeit,
Jeder Birkhahn kullert und tollt.
Und mein Herz, es singt ein leises Lied,
Ein Lied, so fein und lind,
das über all die Bäume zieht,
Wie ein Wollgrasflöckchen im Wind.«

Ganz anders die präzise, in alle Ritzen und Poren des Heidelebens vordringende Prosa in den Erzählungen von Löns.

»Sieben Tage schnob der bitterböse Wind im Lande umher, dann verlor er den Atem. Über den Berg stieg eine Wolkenwand, schwarzblau und schwer, schob sich über den hellen, hohen Himmel und legte sich tief auf das Land, bis sie sich an den scharfen Klippen des Berges den Bauch aufschlitzte. Da quoll es heraus, weiß und weich, einen Tag und eine Nacht, und noch einen Tag und noch eine Nacht, und so noch einmal, bis alles zugedeckt war im Lande und auf dem Berge und so sauber aussah und so reinlich, daß die Sonne vor Freude lachte... Ihr Lachen war falscher Art, es kündete Blut und Tod. Der tauende Schnee ballte sich und brach Äste und Bäume; er knickte die Fichten und krümmte die Jungbuchen, und auf dem Boden überzog der Schnee sich mit einer Kruste, hart wie Eis und scharf wie Glas. Der Ostwind hatte ausgeschlafen und blies auf die Neue gegen den Berg. Da kam die Zeit der schweren Not. Die Maus hatte ihren Gang unter dem Schnee, das Eichhorn behalf sich mit Blattknospen und Rinde, der Hase rückte in die Kohlgärten, der Dachs verschlief die hungrigen Nächte, der Fuchs suchte die Dungstätten ab. Übel daran war aber das Reh. Die Saat war begraben im steinharten Schnee. Die Obermast im Holz war verschwunden. Verschneit waren die Himbeeren, verweht die Brombeeren, unsichtbar die Heide...«[16]

Wo einst der Österreicher Karl Postl (Charles Sealsfield in der Literatur) und der volkstümlichere Hamburger Karl Gerstäcker in die endlosen Savannen Amerikas ausgeschwärmt waren, zieht sich der nach Westpreußen verschlagene Westfale Hermann Löns in seinen Mannesjahren mit einer Art von Verbissenheit auf die tausend Quadratkilometer der Lüneburger Heide als auf seine Wahlheimat zurück – ein Wurzelloser, der als Journalist in Berlin und Hannover Zeilen schindet, durch zerrüttete Ehen hindurch sich in immer neue Liebesaffären verstrickt, im Krieg den Aufbruch zum wahren Leben zu finden glaubt und schon im September 1914 mit 46 Jahren an der Somme fällt. Ernst Jünger hat ihm in einem Sammelband für die Helden des Kriegs, ›die Unvergessenen‹, die Lobrede geschrieben. Und im Dritten Reich ließ die Wehrmacht den Sarg des Dichters aus französischer Erde in die Lüneburger Heide überführen, wo ihm bei einem Hünengrab ein Begräbnis zuteil wurde.[17]

Der darwinistische Kampf aller gegen alle erhält bei Löns seine harten rassischen Züge. Turgenjews ›Jagdgeschichten‹ hatten im Gegenteil die Leibeigenschaft entscheidend mitbekämpft. Moral der Bauern aus dem ›Wehrwolf‹ von 1910: ›Besser fremdes Blut am Messer als fremdes Messer im eigenen Blut‹. Die ›Haidbilder‹ und Haidebauernromane von Löns stehen zwischen ›Jörn Uhl‹ und ›Volk ohne Raum‹. Gemeinsame Lehrmeister: Paul de Lagarde, der scharfzüngig delirierende Pangermanist, und Julius Langbehn, dessen ›Rembrandt als Erzieher‹ der niedersächsischen Tiefebene sakrale Weihe verlieh und ihre Menschen als die wahrhaft Freien ausrief, an deren Wesen Preußen, Deutschland und die Welt genesen sollten. Wenn ein anderer Langbehn-Adept, der Geopolitiker Ewald Banse aus Hannover, 1930 schreibt: »Der Sinn der reinen Heide heißt Ausschließlichkeit, innere Sammlung auf einen einzigen Brennpunkt des Willens und Erlebens«, so ist das zugleich Nachhall der ›erfüllten Ruhe‹, wie die Volksprediger der Heide sie einst den Stillen im Lande verkündet hatten, und Vorklang zum Evangelium vom deutschen Menschen, der kraft seiner Innerlichkeit in einmaliger Beziehung zum Kosmos stehe.[18]

Beide Aspekte – Hingabe ans All und Ausgriff auf die Welt – verbinden sich schon auf den großen Missionsfesten, die Ludwig Harms in Hermannsburg bei Lüneburg abhielt und die er später auch bei Hünengräbern oder auf Bauernhöfen zelebrierte. Zu Tausenden strömten die Bauern selbst aus dem Bückeburgischen herbei und ließen sich stundenlang stehend die harten Lehren in die Köpfe hämmern. Seit 1853 verfügte der ›Heidenprediger‹ sogar über ein eigenes Schiff, um die Neger um so rascher und gründlicher bekehren zu können. Als sein Bruder und Nachfolger Theodor Harms 1877 die Anerkennung der Zivilehe ablehnte, schritt das Oberkonsistorium gegen die unbequemen Sektierer ein, die sich ihrerseits zur separierten lutherischen Kirche Hannovers zusammenschlossen.

Die üppig ins Kraut geschossenen Heideromane des 20. Jahrhunderts kennzeichnet der fanatische Glaube an den deutschen Menschen auf Heidehintergrund: die Werke von Konrad Beste, Margarete zur Bentlage, Dietrich Speckmann sind Musterbeispiele der Gattung.[19] Für ihre Elaborate gilt das Wort, das Wilhelm Raabe einmal sehr ungerecht auf das seenreiche Mecklenburg angewandt hat: »So zogen wir durch Land und kamen an einen vertrockneten Graben, wo die Vernunft aufhörte und das Land Mecklenburg anfing.«[20]

Die karge Lüneburger Heide war gerade in ihrer Kargheit Symbol geworden, ohne den romantischen Kulissenzauber des Gebirges, hart und schlicht in ihren Linien wie die Dome Niedersachsens, die im Dienste der Idee sich jedem Schmuck versagen. Heinrich der Löwe löste zur selben Zeit als härtere Erobererfigur Barbarossa im Geschichtsbild ab. »Und immer steht die Einsamkeit über der Landschaft, und immer atmet alles Ruhe und Stille, aber nicht Leere, denn der Raum ist gesättigt von Erfülltheit und Beseeltheit. Außer dem Haidekraut und dem Wacholder hat hier nur noch der Himmel das Wort. Nichts ist hier, was den Blick vom Wesentlichen ablenkt, alles führt einen auf den einen Punkt des inneren Sichfindens hin«, schreibt ergriffen Ewald Banse.

In Frankreich hatte Alfred de Vignys großes, rauh dahinrollendes Gedicht vom ›Schäferkarren‹ – ein Paradestück der Lesebücher – schon 1826 nicht nur die ossianischen Reize der Hochebene gestaltet, sondern die bewußte Abkehr von den Städten damit verbunden, die Forderung nach stoischem Gleichmut und soldatischer Unerschütterlichkeit. Der Appell an den Soldaten nimmt chauvinistische Züge gegen 1890 an, als Charles Maurras, der royalistische Doktrinär, die sumpfige Camargue tief unten in der Provence literaturfähig macht und Maurice Barrès, der Führer der Patriotenliga, das herbe Hochplateau Lothringens. Den verkannten Landstrichen haben auch sie völkische Regenerationskraft zugesprochen, Auftrieb der erschlafften kriegerischen Tugenden der Nation. Messianischer Gallo-Latinismus stand gegen Pangermanismus, bis eine Zeit kam – die Jahre 1940 bis 1944 – wo gerade die extremen Flügel der beiden Bewegungen sich in einem europäischen Nazismus

und Faschismus zusammenfanden. Der Lippoldsberger Kreis zehrt noch heute von dieser Erinnerung.
An dichterisch-denkerischer Modulationsfähigkeit kann sich der Lehrersohn Hermann Löns mit Maurice Barrès, dem Freund d'Annunzios und verwöhnten Erben bourgeoiser Tradition, nicht messen. Eher mit dem querköpfigen Provinzadligen Alphonse de Chateaubriant, der nach dem ersten Krieg sein abseitiges Wald-, Heide- und Moorland der ›Brière‹ in die Literatur eingeführt und nach dem zweiten Weltkrieg als rabiater Hitlerverehrer geendet hat.
Eine Barrès-Mischung von ästhetischem Raffinement und kriegerischer Ideologie tritt bei Ernst Jünger zutage. Am Steinhuder Meer im Hannoverschen herangewachsen, unterwirft er in Tagebüchern und Notizen die Heide seinen präzisen, metallisch glänzenden Formulierungen, läßt Goslar in der Abendsonne tulpig aufleuchten, wie Barrès einst Aigues-Mortes, und vollzieht mit den Jahren immer entschiedener jene Wendung zum Mediterranen, die sich schon in den ›Afrikanischen Spielen‹ ankündigt und die zuletzt die niedersächsische Heide ersetzt durch das wildere, urtümlich glühende Sardinien. Gelöster und grazil schwingen Heidereminiszenzen in Friedrich Georg Jüngers Gedichten und Aufzeichnungen nach.
Als letztes Echo Rilkescher Worpswede-Stimmung druckte Oskar Loerke 1940 in der ›Neuen Rundschau‹ einen Prosahymnus von Manfred Hausmann ab, dessen Romanheld ›Lampioon‹ schon früher Birken und kleine Mädchen geküßt hatte: »Ich ging auf den Berg. Da offenbarte sich mir Worpswede in seiner allergrößten Herrlichkeit. Bei der sinkenden Sonne fingen verschieden hoch übereinander schwebende Wolken das Licht. Es gab Farben von Dunkelviolett, Kupferrot, Gold und Silber, und da, wo der Äther aufblitzte, erschien es grünlich oder, im Gebiet der silbernen Zirruswolken, seidigblau. Unter einer solchen Herrlichkeit lagen die dunklen Äcker mit den Hafergarben, der weinroten Stoppel des Buchweizens, den schwarzen Schollen der umgepflügten Erde und die dämmrige Weite mit den blitzenden Wasserläufen, auf denen schwarze Segel ihre Bahn zogen.«

Loerkes eigenes Weltbild war von der Ebene beherrscht – allerdings der ostpreußischen Ebene mit Strömen, Seen und slawischen Spukgestalten. Die Lüneburger Heide ist zurückgetreten. Schließlich war sie doch ein bescheidener Westausläufer der ungeheuren russischen Steppe. Was ist schon ihr talentierter Schilderer Hermann Löns gegenüber Turgenjew, Tolstoj und so vielen anderen Russen, Polen, Finnen, aber auch Dänen, Schweden, Norwegern gewesen? »Die seelische Fühlfähigkeit des Nordländers«, schreibt Werner Haftmann, »seine durch keine sinnliche Wirklichkeitsbezogenheit abgeschirmte Durchlässigkeit für seelische Erlebnisse gab dem nordischen Geist den tiefen Einfluß im symbolistischen Jahrzehnt. Ibsen, Strindberg, Jacobsen, Björnson, Hamsun, Kierkegaard, Brandes lockerten die seelische Erlebnisfähigkeit Europas.«
Vergebens hatte der Hamburger Hans Henny Jahnn zwischen 1921 und 1931 versucht, im Dorf Kleke bei Heide als auf einem »ungebrochenen, von Menschen unberührten Land« seine seltsame Kunst- und Glaubensgemeinde Ugrino aufzubauen. Eine Schwärmeridee, die von kapitalkräftigen Hamburger Freunden gestützt wurde und deren bleibende Leistung die Herausgabe alter nordischer Orgelmusik gewesen ist. In den großen Romanen Jahnns – ›Perrudja‹, ›Fluß ohne Ufer‹ – tritt die Lüneburger Heide nirgendwo in Erscheinung. Das Erlebnis Norwegens hatte sie für immer resorbiert.[21]
Nur regressives Sippe- und Rassedenken konnte die Maßstäbe verrrücken und als urhaft anschwärmen, was selber zusehends der Industrialisierung verfiel. Der Bohrturm als schwarzes Gespenst der Heide taucht bei Löns am Rande auf. Die Industrie hat sich seither immer tiefer ins Land gefressen, Heidekraut und Wacholder weichen Roggen-, Rüben- und Kartoffelfeldern. Nur im Naturschutzgebiet um den Wilseder Berg ist die Einsamkeit dank großzügiger Planung bewahrt, eine Oase der Stille ausgespart und ein Modell europäischer Naturparks aufgebaut worden.
Der Typ des sinniererischen ›Heidjers‹, wie Karl Söhle ihn noch 1900 in seinen stillen Musikanten nachgezeichnet hat, ist nicht ganz verschwunden, aber weitgehend verdrängt. Hermann

Stahl zeigt in seinem Roman ›Strand‹, wie 1943 ein Heidekrugbesitzer und ein Stationsvorsteher wortlos einem Widerständler helfen, der seinerseits einem Franzosen nach der Flucht aus dem Gefangenenlager beisteht, ehe ihn selber eine Zugewanderte an die einherklirrenden ortsgewaltigen SS-Leute verrät. Die höllische Stufe war mit Bergen-Belsen erreicht. Man braucht nicht auf Dantes Inferno zurückzugreifen. Hebbels Ballade und sein sadistischer Mörder genügten. Ein Haarmann, der nach 1920 verirrte Touristen in der Heide privat abschlachtete und ihre Haut zu Hosenträgern verarbeitete, ist zu früh gekommen und gestorben. Seine Praxis hätte er zehn oder zwölf Jahre später unter höchsten Ehren auf ganz andere Weise im Rahmen des Staatsganzen ausbauen können.

Die Vernichtungslager waren der Anfang der eigenen Vernichtung. Während Löns das Lebewohl an seinen Schatz sang: »Gib mir deine Hand, deine weiße Hand, / denn wir fahren gegen Engelland«, fiel schon der Schatten Rußlands herein. Er ist nicht mehr gewichen. Aus einem weltvergessenen Winkel im Herzen Deutschlands ist die Heide zu einem Grenzgebirge im Schnittpunkt Europas geworden, wo der Osten und der Westen sich auflauern und Flüchtlinge aus der Zone auf britische Tanks, Drahtsperren, Minenwerfer stoßen. Kipling, Hamsun, Jack London – die Vorbilder von Löns – haben James Joyce, Faulkner, Céline Platz gemacht: die Vorbilder Arno Schmidts, der als genialisch hinhorchender, wenn auch aufsässiger Registrator mit katzenbergerischer Sammelwut die neue Zeit in ihrer neuen Sprache einfängt. An Döblins ›Berlin-Alexanderplatz‹ geschult, führt er Typen vom Alexanderplatz vor, wie der Nachkrieg sie in der Heide zusammengewürfelt hatte: ressentimentgeladene Großstadtumsiedler, Lastkraftwagenfahrer und ihre Nutten.[22]

Die zugleich üppige und starre Stilisierungskunst Ernst Jüngers gehört einer andern Generation an. Gemeinsam bleiben Jünger und Arno Schmidt der harte Tatsachensinn, das Experimentieren mit den Worten, eine Art positivistische Vertracktheit, die dem metaphysischen Anlauf, dem Aufbruch zur Vision immer wieder dazwischengerät.

Der Kätner Storms lebt nur noch in der Windstille der Lesebücher. Behaglich blinzelnd nach den Bienen, ist er für immer dort eingenickt als Bild einer Zeit, die Dauer zu haben glaubte und die samt ihrer idyllisch gesehenen Lüneburger Heide längst ein Märchen geworden ist.[23] Der geheimnisvolle Koffer, den im scharfbelichteten Husumer Roman ›Sturz nach oben‹ von Frank Thiess ein Liebender findet, ist kein Märchengeschenk, sondern Werkzeug von Schmugglern, Exnazis, Sowjetspionen. Noch einmal ersteht der Heide Kräuter- und Käfergedränge im lyrischen und epischen Werk Wilhelm Lehmanns, seine hellsichtigen Träume aber reflektieren sie – wie Proust – durchs Prisma der Erinnerung, worin Gegenwart und mythische Ferne zauberhaft ineinanderspielen:

»Oberon ist längst die Sagenzeit hinabgeglitten,
nur ein Klirren
wie von goldnen Reitgeschirren
bleibt,
wenn der Wind die Haferkörner reibt.«

Der vorläufige Abgesang auf die Lüneburger Heide steht in einem der späten Gedichte Gottfried Benns:

»Herbstliche Süße,
Polster von Erika
die Autobahn entlang,
alles ist Lüneburger
Heide, lila und unfruchtbar,
Versonnenheiten, die zu nichts führen,
in sich gekehrtes Kraut,
das bald hinbräunt
– Frage eines Monats – ins Nieerblühte.«[24]

---

1 Ernst Bloch: *Herbst, Sumpf, Heide und Sezession*, 1932, in: *Verfremdungen II*, 1964, S. 70. – Arno Schmidt: *Die Ritter vom Geist*, 1966, zitiert ein paar Heidegedichte des gänzlich verschollenen Samuel Christian Pape (1774–1814), die allerdings formal noch im Rokokostil mit ein paar volkstümlichen Auflockerungen steckenbleiben. – Unergiebig die 5 Zeitschriftenartikel, die F. A. Schmitt in

seiner wichtigen *Stoff- und Motivgeschichte der dt. Lit.*, 2. Aufl., 1965, erwähnt.

2 Robert Minder: L. Tieck, *Un poète romantique allemand*, Paris 1936, S. 244 bis 256, Analyse von Tiecks Landschaftsgefühl. In: *Die Gesellschaft auf dem Lande* schreibt Tieck noch 1853: »Die Natur, wo sie nicht ganz in Moor, Sandflächen und Haidekraut wie abgestorben ist, rührt uns immer durch ihre unverfälschte Wahrheit.«

3 Über Barbizon: Ch. Léger, *Barbizonnière*, Paris, 1946, und A. Billy, *Les beaux jours de Barbizon*, 1947.

4 Platen: *Der romantische Oedipus*, hg. von G. A. Wolff und V. Schweizer, 1895. Regiebemerkung: »Das Stück spielt 1827 in der Lüneburger Heide.« – Das Gedicht von Prätzel zitiert bei Finder: *Hamburgisches Bürgertum in der Vergangenheit*, 1930. Eine problematische Zusammenstellung von Heidedichtern bei A. Freudenthal in: *Sammelband der Heide*, 1905.

5 E. Quinet: *Histoire de mes idées*, Paris, 1858.

6 G. Benn: *Prosa und Szenen*, 1949, S. 264.

7 Rilke: *Worpswede*, 1905, S. 16/17. Der Text wurde 1902 geschrieben. Sehr aufschlußreich auch seine Briefe aus jener Zeit.

8 E. Bloch, *Verfremdungen II*, 1964, S. 71/73.

9 Der Text von R. Muther zitiert bei R. Hamann: *Die deutsche Malerei im 19. Jahrhundert I*, S. 32/33. Cf. auch Hamann: *Geschichte der Kunst*, 1933, S. 784/787.

10 Über Vogelers ›Kolchose‹ cf. seine *Erinnerungen* (Rütten u. Loening, Berlin, 1952) und den Bericht seines Schwiegersohns Gustav Regler in der Autobiographie ›*Das Ohr des Malchus*‹, 1958.

11 Alfred Kerr: *Die Welt im Licht*, I, 1920, S. 8.

12 Kleine Monographie über *Auvers-sur-Oise* von Chr. Garnier, Paris, 1960.

13 W. Haftmann: *Malerei im 20. Jahrhundert*, 1955, S. 85. Cf. auch die Stellen über Nolde und Rohlfs, auf die neben Gauguin und van Gogh Ensor und Munch eingewirkt haben, dazu der Kreis der ›Brücke‹ und der ›Fauves‹. Für sie gilt wie für die andern großen Schöpfer jener Epoche das Wort: »Hier ist ganz deutlich, wie ein übergeordnetes Seinsgefühl über ganz Europa hin das Stichwort ausgibt« (S. 126).

14 Paula Modersohn-Becker: *Briefe und Tagebuchblätter*, List-Taschenbuch, o. D., S. 39.

15 A. Goes in einem Privatbrief vom 4. 2. 1964. – Otto von Taube über A. Schaeffer in einem Privatbrief vom 22. 12. 1963. O. v. Taube selbst hat »eine seiner glücklichsten Zeiten 1905 als Regierungsreferendar in Fallingbostel zugebracht«. »Die Lüneburger Heide hatte mir schon im Kindheitsalter als ein Paradies vorgeschwebt, und sie hielt Wort; meine Jugendlyrik blühte auf.«

16 Der Text von H. Löns in seinem Band: *Mümmelmann*, 1911. – Eine ausgezeichnete Zusammenstellung von Richard Gerlach in der Anthologie: *Hermann Löns, die schönsten Erzählungen* (Dt. Bücherbund und Fackelträger-Verlag, 1965).

17 E. Jünger im Sammelband: *Die Unvergessenen*, 1928, der den Gefallenen des I. Weltkriegs gewidmet ist. – E. Jünger über Löns und den Phantasiemangel der Niedersachsen in: *Strahlungen*, 2. 12. 1944 (Taschenbuchausgabe dtv 1966, Bd. III, 45).

18 Ewald Banse: *Niedersachsen – Mensch, Landschaft, Kultur und Wirtschaft*, Leipzig, 1937, S. 180–184.

19 Das bibliographische Werk von A. Luther und H. Friesenhahn: *Land und*

Leute in dt. Erzählung, 3. Aufl. 1954, erwähnt rund 80 Heideromane. Unter die populärsten zählen (neben den Werken von H. Löns): Karl Söhle: *Schummerstunde,* 1905 (Bilder und Gestalten aus der Lüneburger Heide). – Max Geissler: *Das Heidejahr,* 1911. – *Der Heidekönig,* 1919. – Felicitas Rose: *Pastor Verden,* ein Heideroman, 1920. – Margarete zur Bentlage: *Unter den Eichen,* 1933. – *Geheimnis um Hunebrook,* 1943. – Konrad Beste: *Das heidnische Dorf,* 1932. – Diedrich Speckmann: *Der Anerbe,* 1914. – *Die Heideklause,* 1919. – *Menschen im Moor und Heide,* 1933.

20 Über Ludwig Harms (1808–1864) cf. die Biographie von Mehrtens, 1902. – Der Text von Raabe, 1864, zitiert von K. Hoppe: *Raabes Aphorismen,* In: *Jahrbuch der Raabe-Gesellschaft,* 1960.

21 Die Briefstelle von H. H. Jahnn zitiert von P. Th. Hoffmann in: *Geschichte der Stadt Altona,* 1928. Cf. auch H. C. Meier über diese Periode von Jahnns Leben in ›Sinn und Form‹ XVII, Heft I/II.

22 Arno Schmidt: *Brand's Haide,* 1951 (jetzt auch als Trilogie mit *Aus dem Leben eines Fauns* und *Schwarze Spiegel* unter dem Titel: *Nobodaddy's Kinder,* 1963) und *Das steinerne Herz,* 1956.

23 Allgemeine Angaben über die Entwicklung der Lüneburger Heide bei Werner Harro König: *Die Lüneburger Heide,* Burkhard-Verlag Ernst Heyer, Essen. – *Merian-Heft* über *Die Lüneburger Heide* XIX, 5, 1966. – Über Landschafts- und Wirtschaftsprobleme der Lüneburger Heide die präzisen und fundierten Ausführungen von A. Toepfer in: *Naturschutz- und Naturparke,* Heft 47–49 (1967/68).

24 Gottfried Benn: *Gedichte,* 1956, S. 345.

Paris in der französischen Literatur
(1760–1960)

Für Hermann Stahl

Ein solches Thema auf einem so knappen Raum behandeln zu wollen, heißt, sich mit einem Schöpflöffel vor das Meer stellen. Aber die Chemiker lesen ja auch aus einem Tropfen Wasser oder Blut bestimmte Strukturen ab, und um solche geht es hier: um die Bestimmung jener Gesamtsicht von Paris, wie sie uns von Balzac, von Hugo her geläufig ist, wie sie sich aber erst seit Mitte des 18. Jahrhunderts bei Rousseau und seinen Schülern herausgeschält hat, im 19. Jahrhundert ihren Höhepunkt in einer Reihe von Werken findet, deren letztes der Romanzyklus von Emile Zola ist, während bei seinen Nachfolgern das Bild von Paris sich zugleich verfeinert, vervielfältigt und zersplittert und trotz mancher Ansätze – wie bei Jules Romains, dem Vertreter des ›Unanimismus‹ – dichterisch kaum noch als geballte Kraft in seiner Totalität gestaltet wird. Aus einer fast einzig dastehenden Weltmetropole, deren Glanz und Kraft über die Kontinente strahlte, ist Paris zu einer Weltstadt unter zwanzig oder dreißig andern geworden. Dieser Wandel spiegelt sich auch im Bild der Dichtung wieder.

Lassen wir uns, um gleich ins Zentrum vorzudringen, von Alfred de Vigny an die Hand nehmen, folgen wir ihm auf jenen imaginären Turm, von wo aus er nachts zu seinen Füßen die Stadtlandschaft sich entrollen sieht. Noch immer kennt jeder französische Abiturient dieses philosophische Gedicht, wie einst deutsche Studenten Schillers große Lehrgedichte:

»...Prends ma main, voyageur, et montons sur la tour.
Regarde tout en bas et regarde alentour,
Regarde jusqu'au bout de l'horizon,
Regarde du nord au sud.
Que vois-tu dans la nuit à nos pieds dans l'espace
Et partout où mon doigt passe et repasse?...«

Der Wanderer antwortet:

> »Je vois un cercle noir si large et si profond
> Que je n'en aperçois ni le bout ni le fond;
> Une colline, au loin, me semble sa ceinture
> Et pourtant je ne vois nulle part la nature,
> Mais partout la main de l'homme.
> Je vois fumer, brûler, éclater des flambeaux
> Brillant sur cet abîme où l'air pénètre à peine...
> Vois-je une roue ardente ou bien une fournaise?...«[1]

Die danteske Vision der modernen Großstadt kulminiert in diesem Ausruf: Paris als glühendes, um sich selber schwingendes Rad, und als faszinierender, verschlingender Feuerofen. Mythische Bilder der Bibel – das Rad Ezechiels, der Feuerofen Daniels – verschmelzen hier mit der realen Darstellung von Paris, das erst seit dem Aufkommen der Gasbeleuchtung zwischen 1820/1830 nachts in einem – wenn auch noch so bescheidenen – ›Lichtmeer‹ funkelte. So abgenützt diese Metaphorik auch heute sein mag, für jene Zeit war sie Durchbruch zu etwas ganz Neuem: *die Großstadt als phantastisches Eigenwesen auf apokalyptischem Hintergrund.* Zumindest in der französischen Literatur: London war schon viel früher von den englischen Dichtern erfaßt und gestaltet worden, und auch auf Vigny dürfte das Vorbild Byrons eingewirkt haben.

Wieder einmal zeigt sich dem Blick des Historikers, daß das Selbstverständliche sich nicht von selbst versteht, daß Generationen von Dichtern jahrhundertelang an dem vorbeigesehen haben, was doch unmittelbar greifbar vor ihren Augen lag – nicht nur die Stadt und Großstadt als typisch moderne Gebilde, sondern erstaunlicherweise auch Urphänomene der Natur wie das Meer, das in der deutschen Literatur selbst bei Klopstock kaum in Erscheinung tritt, obwohl er ein halbes Jahrhundert lang in Kopenhagen und Hamburg gelebt hat. Erst Heine entdeckt nach Wilhelm Müller, wenn auch nur erst andeutend, impressionistisch pointiert, die Nordsee. Und erst die französischen Schriftsteller des 18. Jahrhunderts entdecken und benennen Paris als Gesamterscheinung.

›La poésie de Paris dans la littérature française‹ heißt ein Quellenwerk in zwei Bänden von Pierre Citron, 1961, auf dessen präzise und weitausholende Dokumentation auch der Verfasser der vorliegenden Studie sich im ersten Teil seiner Ausführungen immer dankbar bezieht wie der Naturforscher auf bestimmte Laboratoriumsbefunde.[2]

Unser Gewährsmann ist seiner Sache sicher: eine *dichterische Vision* von Paris in seiner Gesamtheit fehlt vor 1750 fast vollständig. Nur hier und da lassen sich bescheidene Ausnahmen feststellen, etwa drei Balladen von Eustache Deschamps im 14. Jahrhundert. Und Villon? Ist nicht François Villon der Typ des städtischen Volksdichters wie später Heine und Brecht in Deutschland, Jacques Prévert im heutigen Frankreich und wie schon der große Tu-Fu in China des 8. Jahrhunderts? Paris und sein Witz, seine Schlagfertigkeit, sein Sinn für Fronde und Barrikaden spricht aus jeder Zeile von Villon; aber Villon spricht nicht eigentlich von Paris als Ganzem. Er nennt Straßen, er nennt Brücken, Spitäler, Gefängnisse; er kennt noch nicht Paris als besonderen Organismus, dazu ist es ihm zu selbstverständlich. Ebenso Rabelais, der höchstens ein paar Episoden seines ›Gargantua‹ in Paris lokalisiert. Die bekannteste darunter ist das respektlose Verhalten des jungen Riesen gegenüber den Türmen von Notre-Dame, mit denen er umspringt wie junge Hunde, wenn sie an einem Eckstein ihre natürlichen Bedürfnisse befriedigen.

Die Renaissance-Dichtung führt noch weiter weg von der Hauptstadt in die Schlösser der Loire, in Parklandschaften mit antiken Statuen, und wenn schon einmal ein Du Bartas, ein Baïf Paris ins Blickfeld bekommen, so müssen zumindest Nymphen der Seine entsteigen wie später Rheintöchter dem Rhein in Wagners Opern. Der größte epische Dichter des 17. Jahrhunderts, der glühende Calvinist Agrippa d'Aubigné, schildert zwar die Bartholomäusnacht mit der tragischen Vehemenz eines Gryphius, aber Paris bleibt Staffage, Akteure sind Katharina von Medici und die katholische Liga.

Die Klassik verdrängt vollends Paris zugunsten von Versailles, und Versailles wird antik stilisiert. Nun ist freilich die französische Literatur im Gegensatz zur deutschen bis in die Fingerspitzen hinein derart Gesellschaftsliteratur, daß auch die Gesellschaft des klassischen Jahrhunderts sich überall darin widerspiegelt. Aber bei Molière handelt es sich um Adlige, Bürger, Volkstypen, nicht eigentlich um Pariser. Natürlich ist Paris nicht wegzudenken aus den Memoiren von Retz und Saint-Simon, den Briefen der Madame de Sévigné und den Charakterstudien von La Bruyère. Bis heute bildet eine Satire von Boileau einen beliebten Lesestoff in der Schule: sie schildert im 17. Jahrhundert ein immer noch unbewältigtes Pariser Problem – Verkehrsstockung, Unfälle und gegenseitiges Verfluchen der Wagenlenker. Selbst Corneille und Racine haben gelegentlich von ihren antiken Heroen weggeblickt auf Pariser Advokaten und rabiate Bürger. Aber nirgendwo geht es um Paris selbst als dichterisches Phänomen. Im 18. Jahrhundert knistert es zwar von Pariser Geist beim Erzpariser Voltaire, aber auch in seinem grandiosen Kulturgemälde ›Das Zeitalter Ludwigs XIV.‹ spielt Paris als solches eine merkwürdig untergeordnete Rolle. Höchstens in den Briefen Voltaires zuckt ab und zu eine Empfindung mythischen Charakters auf, so etwa an einer Stelle, die mit den Worten beginnt: »Paris ist wie die Statue des Nebukadnezer, halb Gold und halb Schlamm.«[3]

Die subtil dahintänzelnden, lichtüberhuschten Komödien von Marivaux atmen Pariser Atmosphäre; mit schärferen Konturen umreißt sein Sittenroman ›Marianne‹ die Problematik des Großstadtlebens. Pariser Gesellschaft steht hinter ›Figaros Hochzeit‹ von Beaumarchais, wie das Wien der Zauberkomödien, der Musik und des Josephinismus hinter dem ›Figaro‹ Mozarts. Die Raffinesse und sadistisch entartete Genußgier des Adels lebt weiter in den ›Gefährlichen Liebschaften‹ von Laclos. Pariser Bürgertum mit seinem Handwerkerernst und geistigen Elan spricht aus Diderots ›Enzyklopädie‹, dem Fundamentalwerk seiner Zeit, das eine korrupt gewordene Oberschicht aus den Angeln heben half. In seinem frei und kühn hinströmenden ›Neffen Rameaus‹ schleudert Diderot als Mann aus der Provinz diesem Paris seine Verachtung vor die Füße. Sein scheinbar sprunghafter, aus Augenblicksbildchen zusammengesetzter ›Jakob der Fatalist‹ enthält in Wahrheit eine sehr bewußte Dialektik von Herr und Knecht, die Goethe und Schiller durch ihren dichterischen Elan hinriß, Hegel und Marx philosophisch anregte und die in dieser Form nur von einem Großstadtdichter konzipiert werden konnte, der mit den konkreten Machtverhältnissen unmittelbar aus eigener Anschauung vertraut war.

Aber erst einem anderen Außenseiter, erst Rousseau hat der abgrundtiefe antipariser Affekt die mythischen Formeln einer Gesamtschau eingegeben, die zunächst eine Verdammung ist: »Paris, ville de bruit, de fumée et de boue.«[4] Paris als tosende, dunstgeschwängerte, schmutzstarrende Stadt – damit ist schon die Empfindung Heinrich von Kleists bei seinem späteren Eintreffen in Paris umschrieben und der Orgelpunkt von Baudelaires ganzer Pariser Lyrik angeschlagen. Rousseau, 1741 aus dem republikanischen Genf und dem weiten Raum der Savoyer Alpen als eine Art Kaspar Hauser nach Paris verschlagen, variiert immer aufs neue, monomanisch, leidenschaftsbesessen, seine Klagen und Anklagen mit einem Sinn für Sprache und Musik der Sprache, der noch heute den Duktus des französischen Satzes beeinflußt. Dem Affekt der Beklemmung, der im gleichen Maße zunimmt, als die Stadt sich vergrößert, ist damit zum Durchbruch verholfen; auf dieser neuen Sprachebene werden die Nachfolger Rousseaus alle Modulationsmöglichkeiten durchspielen.

Städte sind für den Verfasser der ›Nouvelle Héloïse‹ und des ›Emile‹ der Abgrund der Menschheit. »Paris nährt sich als Moloch von den Provinzen. In den Hauptstädten kostet menschliches Blut am wenigsten.« Es bleibt die Flucht in die Natur – auch in Paris, das damals nicht nur außerhalb seiner Wälle, sondern selbst im Stadtinnern immer noch die großen stillen Parks des aristokratischen Boulevard Saint-Germain besaß, die Gärten und Laubengänge in den schlichteren Vierteln, die Reben auf Montmartre. Mit der Botanisiertrommel durchstreifte Rousseau die unmittelbare Umgebung der Hauptstadt. Der gleiche ländliche Charakter gibt den Pariser Stimmungen von Senancours melancholischem Ich-Roman ›Obermann‹, 1804, den Zauber der Intimität.[5]

Paradoxerweise ist Rousseaus Leichnam von der Parkinsel in Ermenonville bei Paris, wohin noch Hegel wallfahrtete, in die klassisch-kalte Steinpracht des Pantheon überführt worden, die Friedrich Hebbel als einer der wenigen restlos bewunderte. Nicht zu Unrecht war der gleiche deutsche Dichter für die Geschichtsmächtigkeit der Geisteslandschaft empfänglich, die heute noch jeder empfindet, wenn er von den Höhen des Pantheon den sanften Hang des uralten Viertels der hohen Schulen hinabsteigt, wo seit den Zeiten Abaelards und Alberts des Großen, Thomas von Aquins und Dantes bis zu Bergson und Valéry in unserer Epoche die Generationen Schicht um Schicht aufeinander gefolgt sind und wo die Sedimente ihrer Spekulationen unten am Seine-Ufer in den offenen Kästen der Antiquare sich abgelagert haben, in die der Nachlebende zu guter Stunde als Perlenfischer eintaucht.

Michelet, der genialste Kulturhistoriker Frankreichs im vorigen Jahrhundert, hat diesen Aspekt von Paris als heroisches Stadt- und Geisteswesen in sprachkräftigen Formeln und Bildern fixiert. Der geborene Pariser und glühende Republikaner besaß eine unmittelbare Beziehung zum Stadtvolk, das bei ihm als Träger des Guten und Echten bald geknechtet, bald handelnd in den Vordergrund des politischen Geschehens tritt.

Bevor wir aber zur großen Generation der Romantiker übergehen, der auch Michelet angehört und die zwischen 1820 und 1830 ihre Positionen bezieht, muß die Rolle zweier Rousseauschüler im letzten Viertel des 18. Jahrhunderts – Restif de la Bretonne und Sébastien Mercier – ins rechte Licht gerückt werden. Kraftkerle wie Diderot sind beide und wie er zugleich ›Aufklärer‹. Auch für sie bedeutete ›Aufklärung‹ nicht zerebrale Austrocknung, sondern Feuer des Geistes, Sprengkraft des Gedankens.

›Der pervertierte Bauer oder die Gefahren der Stadt‹ heißt einer der ersten Romane von Restif de la Bretonne, aus dem sich 20 Jahre später noch der junge Tieck den Stoff zu seinem genialischen ›William Lovell‹ geholt, typischerweise aber dabei die Handlung nicht von Paris in seine Vaterstadt Berlin verlegt hat, sondern in das ihm unbekannte, schattenhaft dargestellte London. Aus dem naturalistischen Gesellschaftsroman ist für den deutschen Romantiker die metaphysische Analyse existentieller ›Langeweile‹ geworden, wie später Kierkegaard und Gontscharow sie so eindringlich beschrieben haben. Viel naiver und ursprünglicher hat Schiller sich in Restifs Romane hineingelesen, sie begeistert als unersetzliche Informationsquelle gepriesen und aus ihnen und dem Pitaval kurz vor seinem Tod die Anregung zu jenem weitverzweigten Großstadt-Drama geholt, in dessen Mittelpunkt die Polizei stehen sollte wie später in Victor Hugos ›Elenden‹.

Restif, als Sohn einer Burgunder Bauernfamilie 1755 nach Paris verschlagen, verehrt Rousseau als einen Lehrer der Menschheit und ist wie dieser zur Verfluchung der Großstadt und ihrer Laster immer bereit. Zugleich aber erlebt der robuste, derb sinnliche Emporkömmling, dem in der Provinz der Boden zu heiß geworden war, am eigenen Leib die andere alte Wahrheit: Stadtluft macht frei. Den Widerspruch löst die Formel: Paris kann Befreierin der Menschheit werden, falls es sich von seinen eigenen Parasiten zu befreien versteht. Auch Restif de la Bretonne griff dabei – ohne es selber zu wissen – auf uraltes Formelgut der Mystik zurück. Als Urbild menschlicher Verkommenheit war die Hure Babylon periodisch verdammt und der Hölle überwiesen worden, während zur gleichen Zeit das neuerstandene Jerusalem als himmliches Gegenbild und Sammelstätte der Guten in die Zukunft hineinprojiziert wurde. Die mythische Mission der Stadt ist damit umschrieben: zwischen Gut und Böse hat sie sich zu entscheiden. Der Einfluß, den Restif auf Fourier, Saint-Simon, Louis Blanc und andere Sozialutopisten ausübte, erklärt sich aus der gemeinsamen Tendenz zum Schwärmertum. Wie oft bei Sektierern, gingen auch bei Restif Erotik und Mystik auf seltsam verschlungenen Pfaden ineinander über. Der Sittenzensor war zugleich ein Voyeur. Dieses Zwielicht hat zur Verbreitung seiner Werke nicht unerheblich beigetragen.

Durch Beaumarchais in die Salons eingeführt, publiziert der rüde Bauernsproß alsbald die sensationelle Folge seiner ›Contemporaines‹, die ›Geheimen Geschichten der Pariser Frauen‹.

Noch viel lieber taucht er nachts in das unterirdische Paris ein, womit nicht die Vergnügungslokale gemeint sind, sondern ganz real jene zahllosen Schlupfwinkel, verborgenen Keller und Höhlen der alten Viertel, die Katakomben und Kloaken, die unter der glänzenden Oberfläche eine phantastische subterrane Stadt zutage treten lassen. Ernst Jünger hat – mit einem ganz besonderen Sinn für die Höhlen aus Tausendundeiner Nacht – in seinem Kriegstagebuch diesen Aspekt von Paris sehr prägnant erfaßt. Auf Hügeln und zumeist auf Kreide- und Kalkfelsen erbaut, die jahrhundertelang das Baumaterial für die Stadt oben lieferten, bis sie wegen Einsturzgefahr geschlossen werden mußten, besitzt Paris bis heute bestimmte Viertel mit bedenklichen Ausbuchtungen und Aushöhlungen, in die alle paar Jahre einmal ein Haus, eine Straße abrutschen.[6] Diese Stadt unter der Stadt hat Restif als erster zugleich mit saftstrotzendem Realismus und visionärem Sinn für das Phantastische fixiert, ein unermüdlicher Spaziergänger, ein Nachtvogel und Schreiber oder vielmehr Drucker seiner Werke. Als ehemaliger Setzerlehrling schrieb er seine Manuskripte nicht nieder, sondern benutzte ein Verfahren, das seltsamerweise von kaum einem anderen Literaten aufgenommen worden ist, obwohl es die Frage nach dem Druck mit einem Schlag erledigen würde: Restif übertrug seine Einfälle sofort selber in den Setzerkasten, den er immer zur Hand hatte und mit Hilfe dessen er rund 250 Schriften hinterlassen hat. Viel Spreu darunter, aber auch hervorragende genialische Werke, wie ›Monsieur Nicolas ou le cœur humain dévoilé‹, ›La vie de mon père‹ und wie eben jene ›Pariser Nächte‹, ›Nuits de Paris‹, an denen die deutschen Klassiker in Weimar sich nicht satt lesen konnten, an denen Balzac, E. A. Poe, Louis Aragon sich entzündet haben und die das Taschenbuch jetzt wieder an die Lesermassen heranführt.

Restifs Zeitgenosse Sébastien Mercier, 1740–1816, hat seinerseits mit den zwölf Bänden seiner ›Tableaux de Paris‹, 1781–1788, einen ungeheuren Erfolg erzielt und das Bild der Stadt für ganz Europa lebendig gemacht. Rund 100 000 Exemplare davon sollen im 18. Jahrhundert verkauft worden sein, eine Riesenziffer für damals.

Auch bei diesem Sohn von Pariser Kleinkrämern verquickt sich die realistische Schilderung mit frühromantischen Einschlägen, dem Sinn für Nacht, Geheimnis, Apokalypse. Mercier war nicht nur selbst ein Vertreter des französischen ›Sturm und Drang‹, ein glühender Verehrer Shakespeares und begeisterter Zuhörer von Schillers ›Räubern‹ in der Mannheimer Aufführung. Sein ›Neuer Versuch über die Schauspielkunst‹ ist von Goethes Straßburger Freund Leopold Wagner übersetzt worden und hat den deutschen ›Sturm und Drang‹ direkt beeinflußt. Noch erstaunlicher hat sein ›Buch der Träume und Visionen‹ durch die Zeiten gewirkt: von Jean Pauls ›Rede des toten Christus, daß kein Gott sei‹ bis zu Bonaventuras ›Nachtwachen‹, von Victor Hugos Alterslyrik und Baudelaires ›Spleen de Paris‹ bis zu den Traumbildern der Surrealisten läßt sich der Einfluß eines Werkes verfolgen, dessen aufwühlende Phantastik so gar nicht der deutschen Schablone vom dichterisch sterilen 18. Jahrhundert in Frankreich entspricht.

Den Untergang von Paris erschaut Mercier visionär, kann doch eine solch mythische Stadt nicht anders als einem radikalen Untergang entgegenleben wie ihre Vorgängerinnen Babylon, Persepolis, Theben, Karthago. Erdbeben, Riesenbrände, Überschwemmungen werden sie heimsuchen, und neben die entfesselten Naturelemente Krieg und Revolutionen treten. Die Ereignisse von 1789 scheinen Merciers Prophezeiungen recht zu geben. Die chthonischen Gefahren der unterirdischen Stadt wurden allen Parisern schreckhaft bewußt. Wilde Gerüchte bezichtigten Ludwig XVI., zusammen mit den äußeren Feinden die Katakomben unterminiert zu haben – genauso wie 1940 Nazi-Agenten angeblich Paris von der Untergrundbahn in die Luft zu sprengen planten.

Aufschlußreich ist das verschiedenartige Verhalten der Revolutionäre zum Phänomen Paris. Die Girondisten – die Freunde Reinhards und Hölderlins in Bordeaux – mißtrauten von Anfang an der Hauptstadt. Sie spielten die Rechte der Provinz gegen den Moloch aus und dachten an die Heimat in der Stimmung, die Hölderlin später in den berühmten Versen festgehalten hat:

»Geh aber und grüße
die schöne Garonne und die Gärten von Bordeaux,
dort, wo am schroffen Ufer
hingehet der Steg und in den Strom
tief fällt der Bach...«

Der düstere Marat hingegen in seinem düsteren Pariser Haus, in dem Charlotte Corday ihn zuletzt erdolchte, ist die ressentimentgeladene Verkörperung der Pariser Unterwelt, der Geknechteten, die ihrerseits zu Unterdrückern geworden sind. Auch Robespierre, an persönlicher Integrität und politischem Genie Marat turmhoch überlegen, aus dem neblig-feuchten nordfranzösischen Arras nach Paris versetzt, findet sich ohne weiteres zurecht in dieser Steinmasse. Sie gibt seinem Fanatismus die Hebel der Macht in die Hand, die Zentralgewalt. Sein Sturz am 9. Thermidor bedeutet einen brutalen Einschnitt in der Weltentwicklung der dichterischen Vision von Paris.

Pierre Citrons Quellenwerk bestätigt, was vor 30 Jahren André Monglond in einem der sensibelsten und sprachlich schönsten Werke der neueren Literaturgeschichte, ›Le préromantisme français‹, erkannt hat: durch Rousseau und seine Schüler waren bei Ausbruch der Revolution alle Elemente einer romantischen Erneuerung der französischen Literatur gegeben. Die Zunge war gelöst, aber es sprach niemand, außer ein paar genialen Einzelgängern – Chateaubriand, Madame de Staël, Senancour, Joubert, B. Constant – und sie sprachen nicht oder nur nebenbei von Paris. Der Durchbruch vollzieht sich erst 20 oder 30 Jahre später. Umwälzungen vom Ausmaß der Französischen Revolution finden in der Regel adäquaten literarischen Ausdruck erst aus der Distanz: das neue Material braucht zu seiner Verarbeitung die nötige Inkubationszeit.

Napoleons Kolossalfigur schuf zusätzliche Probleme. Der Generationsgenosse von Hölderlin, Hegel, Beethoven trug nicht umsonst wie sie genialisch irrationale Züge. Verglichen mit der voltairianisch trockenen Prosa Friedrichs des Großen ist die seine hingewühlt mit der Zündkraft des Sturms und Drangs.[7] Die unerwartete Entwicklung des republikanischen Generals und Ersten Konsuls zum kaiserlichen Alleinherrscher hatte

Folgen für die gesamte Kunstentwicklung. Der Militärdiktatur entsprach die Diktatur des Neoklassizismus. Der schon von Richelieu planmäßig begründete Zentralapparat des ›Institut de France‹, an dessen Spitze die ›Académie française‹ als erste der fünf Akademien steht, wurde von Napoleon weiter ausgebaut und ermöglichte eine Gleichschaltung, die sich nur in der Malerei und Baukunst schöpferisch auswirkte. Der Zug zum Monumentalen entsprach der inneren Zielrichtung eines David, eines Gros und des noch genialeren Ingres. Der gleiche Impuls ließ Chalgrin den Plan des ›Arc de Triomphe‹ entwerfen als Krönung der Champs-Elysées, dieser napoleonischen via triumphalis, die allerdings erst 1836 – lang nach dem Tod des Kaisers – fertig geworden ist. Inzwischen hatte der Gefangene auf St. Helena sein eigenes Bild für die Nachwelt wieder romantisch umstilisiert als gefesselter Adler auf dem Felsen im Ozean. Paris seinerseits feierte 1840 die romantische Wiederbegegnung mit dem heimkehrenden Heros in einem der größten affektgeladenen Feste seiner Geschichte: die Überführung des Sarges von St. Helena in den Dôme des Invalides. Eine Stupidität der nazistischen Propaganda während der Besetzung Frankreichs sei am Rande vermerkt: die 1942 von Hitler angeordnete Überführung der Leiche des Sohns Napoleons – des jung verstorbenen Duc de Reichstadt – von Wien nach Paris. Die Pariser erledigten die plumpe Anbiederung mit dem mot d'esprit: Wir brauchen Kohle, er gibt Asche.

Die großen literarischen Gegner des Kaisers haben so gut wie nichts zum Bild von Paris beigetragen. Chateaubriand schildert in seinen ›Memoiren‹ die Pariser Gesellschaft mit einer unerhörten Prägnanz und Sprachgewalt. Die dichterischen Archetypen aber, um die er die französische Literatur bereichert hat, sind das väterliche Schloß in der Bretagne mit seinen unheimlich düsteren Sälen, seinen Dohlennestern im alten Turm, dem Rauschen des Meereswindes in den Parkbäumen – und darüber hinaus das Rauschen der Ströme in den Wäldern Amerikas, das Erlebnis eines überwältigend urtümlichen Kontinents am Ende des 18. Jahrhunderts zur Zeit von Chateaubriands erstem Exil.

Eine ganz neue betörende Melodik wühlt sich da in den Fluß der französischen Sprache hinein und reißt den Rousseau-Schüler noch weit über seinen Meister hinaus. Paris blieb dem ›Sohn des Meeres‹ fremd und verhaßt wie einst dem Sohn der Alpen.

Auf eine ganz andere Weise ist die Stadt für Madame de Staël Lebenselement gewesen. Als frühreifes Kind hatte die Tochter des Finanzministers Necker schon in den Salons unter Ludwig XVI. brilliert und unter der Revolution im eigenen Salon gegen Robespierre wie gegen Bonaparte konspiriert. Pariser Atmosphäre sekretierte sie auch im politischen Exil – in Coppet, in Weimar, in Rom. Die schwermütige, zypressendunkle römische Campana sieht sie mit neuen Augen in ihrem Roman ›Corinne‹; sie sieht in ihrem sensiblen und passionierten Buch ›De l'Allemagne‹ die deutschen verschlafenen Kleinstädte auf dem Hintergrund einer gewaltigen Geisteslandschaft. Sie übersieht Paris: keine ihrer Schilderungen hat das Bild der Stadt in der Dichtung verändert, bereichert.

Dreißig Jahre lang, von 1795 bis 1825, ist Paris als Vision der französischen Literatur abhanden gekommen, wie die Donau, wenn sie im Tal bei Immendingen plötzlich gurgelnd im Erdboden verschwindet. Die Wiederaufnahme des verlorenen Fadens datiert von 1824, als zwei junge Dichter aus Marseille – Joseph Méry und A.-M. Barthélemy – der Postkutsche entsteigen und mit der sprudelnden Munterkeit der Meridionalen Paris im Blickfang erobern. Der pfälzische Revolutionär Anacharsis Cloots – den Robespierre um einen Kopf kürzer machen sollte – hatte schon in seinen Prosaskizzen von 1786 topographische Anreicherungen vorgenommen, und Bernardin de Saint-Pierre zur selben Zeit die Glockentürme von Paris aufs reizendste klingen und bimmeln lassen. Jetzt werden nicht nur ganze unerschlossene Viertel literaturfähig gemacht: sie werden lyrisch gestaltet. Joseph Méry besingt 1825 als erster in der französischen Lyrik Notre-Dame ausführlich in einem Gedicht von literarischer Bedeutung.[8]

Es stammt aus derselben Zeit, als Heine die erste große dichterische Vision der Nordsee in deutscher Sprache gab, und Chamisso, der französische Emigrant, die erste dichterische Verklärung eines Berliner Typs, der alten Waschfrau. Warum hier auch nicht Wilhelm Hauff nennen, dessen Märchen unsere Kindheit verzaubert haben und an dessen ›Bettlerin vom Pont des Arts‹ seine deutschen Leser heute noch denken, wenn sie über die schmale Brücke mit ihren Bettlern und Leiermännern den Weg zum ›Institut de France‹ einschlagen. Ähnliche Pariser Genrebilder haben Méry und Barthélemy für die Franzosen gestiftet. Sie gehören zu den poetae minores, ohne die eine Literatur nicht bestehen kann, denn sie leiten das Wasser auf die Mühlen der Großen.

Einer dieser Großen heißt Victor Hugo, und der geniale Wurf des 29jährigen ›Notre-Dame de Paris‹, 1831. Der deutsche Titel ›Der Glöckner von Notre-Dame‹ verfälscht die Perspektiven. Er konzentriert das Licht auf den buckligen Glöckner, eine Art Alberich des gotischen Domes, während für Hugo der Dom selber im Mittelpunkt steht und das grandioseste Kapitel ins Zentrum unseres Themas trifft: ›Paris à vol d'oiseau‹, eine panoramische Schau über das Paris der Gotik. Das Mittelalter war mit einem Schlag für die französische Literatur zurückerobert, wie Ritterzeit und Bauernkrieg durch Goethes ›Goetz‹. Aber ›Goetz‹ ist nicht ›Faust‹, und ›Notre-Dame‹ nicht ›Les Misérables‹.

Dieses Meisterwerk des alten Hugo, in dreißig oder vierzig Jahren herangereift, hat zunächst einmal jene politische Explosion mit hereingenommen, die das dichterische Bild von Paris in ganz neue Perspektiven stellen sollte: die Juli-Revolution.

So groß auch die Bedeutung der drei ›glorreichen Tage‹ für die französische Geschichte gewesen sein mag – sie entspricht keineswegs der enormen affektiven Bedeutung, die sie für die Pariser, für ihr Selbstbewußtsein, ihre Selbstfindung gehabt hat. Paris – schreibt Pierre Citron mit Recht – sieht sich plötzlich als das, was es geworden war: eine ungeheure Ballung von Energie.[9] In drei fast unblutigen Tagen war dem impulsiv auf die Barrikaden strömenden Pariser Volk das gelungen, wozu die Mutterrevolution von 1789 Jahre gebraucht und Ströme von

Blut gefordert hatte: der Sturz des Königtums. Karl X., die gespenstische Reinkarnation des absoluten Herrschers, war geflohen, und die Monarchie provisorisch ausgesöhnt mit Revolution und Kaiserreich in Gestalt des Bürgerkönigs Louis-Philippe, der bei Valmy in der Volksarmee gekämpft hatte, ehe er unter Robespierre auswanderte.

Es setzt jetzt nicht nur eine Sturzwelle von großen visionären Werken über Paris ein (Vignys Gedicht bildet den Auftakt, dazu Barbiers pathetisches ›La cuve‹), sondern innerhalb des Metaphernkreises vollzieht sich ein aufschlußreicher Geschlechtswechsel. War Paris bis jetzt vorwiegend als weibliches Wesen, als Frau, als Königin, verherrlicht worden, so jetzt als Mann, als Herkules, als Gigant. Ein Drittel der Vergleiche bleibt nach Pierre Citrons Erhebungen weiblich, zwei Drittel werden männlich.[10] Nun wissen allerdings gerade die Naturwissenschaftler, wie vorsichtig man in der Auswertung solcher Laborbefunde sein muß; aber hier ein paar andere umwiderlegbare Zahlen: 1800 wohnen in Paris fast eine halbe Million Menschen. 1817 steigt ihre Zahl auf rund 700 000; 1836 auf rund 900 000. Die Cholera hat davon 45 000 im Jahr 1832 geholt. Dennoch wird 1840 die Millionengrenze überschritten.[11] Ein solcher Bevölkerungszuwachs ist heute alltäglich. Für jene Zeiten war er ein unerhörtes Phänomen, das nicht nur radikale Veränderungen im Stadtbild nach sich zog, sondern vor allem eine Umschichtung der Gesellschaft, die einer geologischen Eruption gleichkam.

Rapides, brutales Aufblühen der Industrie und daneben Absturz des Handwerks, Proletarisierung der Massen, Verschwinden der Grenzen zwischen dem, was der französische Soziologe Louis Chevalier in der Terminologie der Epoche die ›arbeitenden‹ und die ›gefährlichen‹ Klassen nennt. Bisher waren die beiden relativ genau voneinander getrennt und abtrennbar, jetzt geraten sie in ständiges Fluktuieren: die einen sinken, die anderen steigen auf, die Grenzen verfließen.[12] Bankrotte und Arbeitslosigkeit werden Nährboden für Prostitution und Verbrechen, für zeitweilige oder permanente Delikte, so daß Victor Hugo mit vollem Recht schreiben konnte: »Paris ist die einzige

Stadt der heutigen Welt, die sich im Dauerzustand eines Vulkans befindet. Wie die Vulkane in Verbindung mit dem Erdinnern stehen, so steht Paris in Verbindung mit der Masse, mit dem verborgenen, glühenden Feuerofen des Elends, mit den Eingeweiden des Volkes. Es sind jetzt 60 Jahre her, daß die erste Eruption stattgefunden hat, und immer neue folgen nach.«[13] Diese dichterische Vision von Paris deckt sich weitgehend mit den ökonomischen, sozialen und politischen Fakten: Paris war für viele in jener Zeit der Nabel Europas, ja der Welt. London mochte ihm mit seinem Kolonialreich als Machtfaktor überlegen sein, aber England blieb eine Insel, Paris galt als Herz Europas, als Modell der Stadt der Zukunft, als Sammelbecken der revolutionären Energien auf politischem so gut wie auf geistigem, künstlerischem, technischem Gebiet.
Hier suchten die Sozialutopisten das Phänomen ›Großstadt‹ in Gedanken zu bewältigen. Hier bauten Marx und Engels auf Fourier, Proudhon, Saint-Simon auf oder fanden sich selbst im Widerspruch zu ihnen. Hier strömten mit Heine und den Jungdeutschen, mit Alexander Herzen, mit Mickiewicz, mit den italienischen Carbonari die Freiheitskämpfer aus allen Ländern zusammen. Hier wirkten die Führer der neuen Musik – Berlioz, Liszt, Chopin; auch Wagner suchte sein Sprungbrett in Paris. Zum erstenmal in der französischen Kunstgeschichte löste eine geniale Malergeneration die andere ab: Paris hatte das Monopol der Malerei an sich gerissen. Auch für die Dichtung war nach langem Verstummen eine Blütezeit von weltgültiger Bedeutung angebrochen, und zwar im selben Moment, als mit dem Tod Goethes und dem Ausklang der Romantik die deutsche Literatur in eine retarierende Phase einzutreten begann. Die Giganten der Literatur, die der Revolution und dem Kaiserreich gefehlt hatten, traten hier gruppenweise auf. Für unser Thema können wir nur wenige darunter herausgreifen – Balzac, Victor Hugo und – in gebührendem Abstand dazu – Eugène Sue als Verfasser der ›Mystères de Paris‹.
Stendhal fehlt, und doch – wird man einwenden – hat niemand schärfer und zugleich subtiler als Stendhal in ›Le Rouge et le Noir‹ und in ›Lucien Leuwen‹, den Mechanismus der Macht-

verhältnisse in diesem Zentralapparat Frankreichs, Paris, bloßgelegt. Was er aufzeigt, ist unter de Gaulle noch ebenso gültig wie unter Karl X. und dem Bürgerkönig. Mit dem Herzen aber war Stendhal nicht dabei. ›Henri Beyle, Milanese‹ steht auf seinem Pariser Grabstein. Mit Rousseau teilte der Mann aus dem Alpengebiet des Dauphiné den antipariser Affekt. Italien ist seine Wahlheimat und die ›Kartause von Parma‹ sein menschlich gelöster und befreiender Roman.

Ganz anders Balzac. Man kennt die berühmte Szene: 1819 steht der junge unbekannte Literat aus der Touraine oben auf dem Friedhof von Montmartre und fordert Paris in die Schranken: »A nous deux, maintenant« – so wie dreißig Jahre früher drei Tübinger Stiftler – Hölderlin, Hegel, Schelling – die Wurmlinger Kapelle hinter sich, das württembergische Land unter sich, visionär die eigene Zukunft vor sich projizierten mit der Parole ›Vernunft, Freiheit und das Reich Gottes‹. Balzac war wie sie ein Dichter-Denker und im eigentlichen Sinn ein Mystiker, durchdrungen von den Ideen Swedenborgs, Saint-Martins, Jakob Böhmes. Zugleich aber – und das ist das Einmalige an ihm – verkörpert er den Typ des Großspekulanten, des geborenen Industriellen. Er ist der unermüdliche Pläneschmied und ebenso ständige Bankrotteur, der Häuser mit zwei Ausgängen bewohnte, um der Schar seiner Gläubiger zu entgehen, gleichzeitig eine mystische Fernliebe zu einer polnisch-russischen Aristokratin hegte, ihr nach St. Petersburg und in die Ukraine nachreiste, sie schließlich von Kiew nach Paris zu sich holen konnte in sein erstmalig schuldenfreies, üppig ausgestattetes Haus, wo er wenige Wochen danach starb mit knapp fünfzig Jahren.
Nur vulkanische Naturen wie Balzac, wie Hugo konnten das Epos dieser vulkanischen Stadt schreiben. Auch für Balzac wird Dante der Führer, wie für Vigny zur selben Zeit. Seine ›Menschliche Komödie‹ ist als Gegenstück zur ›Göttlichen Komödie‹ konzipiert. Und wie das mittelalterliche Gedicht vollbepackt ist mit historischen Fakten, aus denen sich die ganze italienische Geschichte rekonstruieren läßt, so addiert

Balzacs Werk mit stupender Präzision Fakten und Daten aus dem realen Leben von Paris. Zugleich aber gibt er ihnen das Pathos der vierten Dimension. Der physische Raum weitet sich aus zum Handlungsraum der seelischen Energien. Als erster Ozeanograph zeichnet Balzac die Strömungen ein, die sich kreuzen, überschneiden, sich wieder trennen: Ehrgeiz, Machttrieb, Lusttrieb und in der Mitte – gleisnerisch breit, verlokkend, vernichtend – der Goldstrom. Heines ›Romanzero‹ muß man im Hinblick auf Balzac und das Paris jener Zeit lesen, nicht im Hinblick auf die Waldeinsamkeit des deutschen Liedes, um seine Bedeutung ganz zu verstehen; es war der erste deutsche Versuch, mit dem Phänomen des Industriezeitalters lyrisch fertig zu werden.

So berühmt Balzac in Deutschland ist, so unbekannt oder verkannt Victor Hugo. Sein großer Pariser Roman ›Les Misérables‹ findet seit Generationen ungezählte Leser in Rußland, in Amerika, in Asien. Dem deutschen Publikum ist dieses Epos der Großstadt bis heute fremd geblieben. Der Titel ›Les Misérables‹ hat einen Doppelsinn: er kann zugleich die ›Schurken‹ und die ›Armen‹ bedeuten. Intuitiv, dann immer bewußter, trifft Victor Hugo das schon angedeutete Zentralproblem seiner Epoche, die versteckte oder offene Entrechtung der Massen in der durchindustrialisierten Großstadt, die neue Versklavung. Vom Wort ›Misérables‹ her und dem Bedeutungswandel, den es bei Hugo selber durchmacht, läßt sich die fluktuierende Entwicklungsgeschichte des Romans verfolgen.[14] Wenn das Dichterwort Werte stiften und sie gewissermaßen aus dem Nichts hervorzaubern kann, so wird andererseits gerade an diesem Fall evident, wie auch die Sache selbst das Wort stiftet, das Wort verändert, wie der Zwang der Fakten auf das Wort einwirkt, bis schließlich Sache und Wort vollkommen adäquat geworden sind. Erst durch diese Korrekturen der Realität, durch Hugos immer tieferes Eindringen in die sozialen, politischen und ökonomischen Probleme seiner Zeit sind die ›Misérables‹ zu dem geworden, was sie sind: eine der größten Visionen des modernen Paris und darüber hinaus ein Roman, der neben ›Anna Karenina‹ und dem ›Idioten‹ Weltrang behauptet.

Was dem Dichter selber lange unbewußt, dann halbbewußt vorgeschwebt hatte, formulierte er spontan eines Tages auf der Tribüne der Kammer als Abgeordneter im Juli 1849: »Das Leiden kann nicht verschwinden. Das Elend sollte verschwinden. Es wird immer Unglückliche geben. Vielleicht wird es eines Tages keine Elenden mehr geben.« – »Beifall links, ironisches Gelächter auf den anderen Bänken« verzeichnet der Sitzungsbericht – man kennt das. Der Trennungsstrich zwischen Hugo und der sogenannten Ordnungspartei, der er angehört hatte, war damit gezogen.[15]

Als Sohn eines napoleonischen Generals 1802 geboren, selber vom imperatorischen Willen beseelt, wie seine ganze Generation, anerkannter Führer der jungen Romantik mit 25 Jahren, Mitglied der Akademie mit 40 und bald darauf Pair de France, Mitglied des Herrenhauses, Ratgeber Louis-Philippes seit 1836 und zunächst auch Napoleons III., als dieser vorerst noch neugewählter Präsident der Republik war, hat Hugo nach seinen eigenen Worten den entgegengesetzten Weg des Marschalls Ney, des ›Prince de la Moscova‹, eingeschlagen, der vom Stallknecht zum Fürsten aufgestiegen war. Hugo stieg von oben hinunter zum Volk und hinein in die lange Nacht des Exils.[16]

Die Drosselung der Revolution von 1848 durch die besitzende Klasse, der Aufstieg des kaiserlichen Abenteurers über die Leichen der Arbeiter – wie später über die Leichen der Schlachtfelder in Europa – haben ihm definitiv die Augen geöffnet über die wahre Struktur der Machtverhältnisse. Ein Preis ist auf seinen Kopf gesetzt. Er kann nach Belgien entkommen, lebt 20 Jahre lang als Verbannter auf der Insel Guernsey, in visionärer Zwiesprache mit dem Ozean und zugleich in ständiger kritischer Auseinandersetzung mit den brennendsten Problemen der Zeit – eine faszinierende Mischung. Dort sind seine lyrischen Alterswerke entstanden, darunter ›Gott‹ und ›Das Ende Satans‹, in denen etwas vom Atem Dantes zu verspüren ist und die an anderen Stellen unmittelbar an Rimbauds Kühnheiten heranführen. Dort sind Erzählwerke geschrieben worden wie ›Les travailleurs de la mer‹, einer der großen Meeresromane der Weltliteratur, sprachlich instrumentiert wie Wagners Partitur der ›Nibelungen‹ zur gleichen Zeit und übertroffen nur von Melvilles ozeanischem Epos ›Moby Dick‹.

Auch der Pariser Roman ›Die Elenden‹ enthält vom Ozean her neue, entscheidende Konturen: seine monumentale Stilisierung und seine Farbgebung. Zusehends hat sich das Paris Victor Hugos verdüstert. Sein Leiden im Exil rückt ihm das Leiden der Unterdrückten in der Stadt ganz nah. An die Stelle der Kathedrale, der Paläste, Parkanlagen sind die Elendsviertel im Kern von Paris getreten und häufiger noch die halbbesiedelten Randgebiete der ›Zone‹, ideale Schlupfwinkel für die Abgesunkenen, den Abschaum des Großstadtelends.

Wo Balzac den Lebensweg energiegeladener Individuen nachzeichnet, führt uns Hugo Typen vor inmitten einer wild vorwärtsbrandenden Masse. Die Hauptperson des Romans gehört zur Gattung des ›Verbrechers aus verlorener Ehre‹, den Hugo in Schillers Erzählung so gut wie in den ›Räubern‹ bewundert hatte und den Schiller selbst in seinem unvollendeten Polizeidrama ›Die Kinder des Hauses‹ auf dem Hintergrund des modernen Paris dramatisch zu gestalten versucht hat – einmal mehr zeigt sich die innere Verwandtschaft der beiden Dichter. Auch der Fall und Wiederaufstieg des Helden der ›Misérables‹ ist im Sinn des Schillerschen Idealismus konzipiert. Jean Valjean, wegen eines Brotdiebstahls zu Gefängnis verurteilt und wegen Ausbruchs aus dem Gefängnis zu zwanzig Jahren Bagno, hat im Elend ein Schurke werden, den Keim des Guten in sich aber nicht unterdrücken können. Seine innere Umkehr beginnt im Augenblick, wo der Bischof des Alpenstädtchens Digne, ein Musterbild evangelischer Armut, als einziger sich des freigelassenen, verfemten Sträflings annimmt, auch und gerade dann, als dieser sich mit dem Silberzeug des Priesters aus dem Haus weggestohlen hat und von der Polizei zurückgebracht wird. Nicht zufällig ist unter dem Pontifikat Johannes XXIII. der Roman Victor Hugos nach hundert Jahren vom Index abgesetzt worden, weil das Buch trotz antiklerikaler Stellen, die in Fußnoten berichtigt werden müßten, »vom wahren Geist des Evangeliums beseelt sei«.

Wir können hier nicht im einzelnen verfolgen, wie Jean Valjean unter falschem Namen zunächst hochkommt, Fabrikbesitzer, Bürgermeister und Wohltäter einer ganzen Gemeinde im Sinn der Saint-Simonistischen Sozialutopie wird, aufs neue seinem Verfolger, dem unerbittlich starren Polizeichef Javert in die Hände fällt und von nun an sein Leben in Paris am Rande der Gesellschaft zubringt, zusammen mit der kleinen Cosette, die er der Ausbeutung durch ihre Pflegeeltern entrissen hat. Das Einmalige an dem Riesenroman ist die Mischung von Kolportage und einer geistigen Durchdringung des Stoffes von schillerscher Prägnanz und Größe.

Paris in jener Epoche der Mutation zur Großstadt ist nirgendwo so treffsicher bis in kleinste Einzelheiten gestaltet worden wie hier, notieren die Soziologen. Die Literaturhistoriker zeigen, wie noch das Unwahrscheinlichste in diesem spannungsgeladenen Werk wahrscheinlich gemacht wird durch die geniale Führung des Dialoges, der dem Volk unmittelbar abgelauscht ist. Auch Hugo weiß, welch unentbehrliche Zufuhr von neuem Blut die Volkssprache bildet – nur spricht er nicht mythisch raunend darüber wie Heidegger über die Bauernsprache: seine berühmten Analysen im Kapitel ›L'argot‹ dringen mit bewundernswerter Hellsicht ans Wesen der Sprache innerhalb einer Industriegesellschaft heran.

Avantgardisten wie Michel Butor feiern darum auch Hugo als Meister des objektiven Romans, der den Einzelnen in seinen Verstrickungen zeigt und diese Verstrickungen jeweils auflöst, indem er ihn in ein größeres Ganze stellt. Die weitausholenden Meditationen des Dichters über Bagno, Waterloo, Königtum, Barrikaden, Kloaken, Friedhöfe, Klöster sind alles andere als rhetorische Einschiebsel: wenn sie auch antithetisch erklirren und bisweilen erstarren, sind sie doch im innersten Kern visionär, mit plastischer Bildkraft begabt und zugleich mit höchstem Kunstverstand angelegt als gedankliches Fundament des Werkes, als Quadern, über denen sich der Bogen der Handlung wölbt.[17]

Ohne es zu wollen, wird der ehemalige Sträfling Jean Valjean in die revolutionären Aufstände von 1832 hineingerissen und identifiziert sich zuletzt mit den Freiheitskämpfern gerade in

der Zeit ihres Untergangs: ihre Sache war auch die seinige gewesen, die individuelle Existenz wird vom gemeinsamen Strom getragen und damit über sich selbst hinausgehoben. Die Erfahrungen eines langen, erfüllten und bitteren Lebens haben Victor Hugo die Illusionen genommen, aber im Gegensatz zu Flaubert nicht den Glauben. Die Masse ist wie das Meer, überwältigend in jedem Sinn – grandios, grausam und generös, furchterregend und beglückend. Flauberts ›Education sentimentale‹, das in berühmten Kapiteln die Revolution von 1848 schildert, bleibt ein Buch der Enttäuschung, Müdigkeit, Aushöhlung, ein Kunstprodukt für eine Elite von Lesern. Hugos ›Misérables‹ sind das Volksbuch schlechthin. Über die mißhandelte kleine Cosette vergießt heute noch jedes Kind Tränen, und der auf den Barrikaden singende und sterbende Gavroche ist der Typ des Pariser Straßenjungen geworden, er gehört für immer zum Mythos von Paris. Zynisch und hilfsbereit, spendabel, leichtfertig und heldenhaft, trägt er alle Möglichkeiten in sich – zuletzt überwiegt das Gute.
Grandios der Ausklang des Buches mit dem Tod des vereinsamten Jean Valjean. Cosette hat er ihren Ausbeutern entreißen und erziehen können; ihren Verlobten hat er als Schwerverletzten von den Barrikaden durch die Abzugskanäle hindurch gerettet; die beiden heiraten und ziehen sich im selben Augenblick von ihrem Wohltäter zurück: eine andere Hauptfigur des Buches, Thénardier – die Verkörperung des satanisch Bösen im Sinn Dostojewskijs – hatte ihn als immer noch kriminellen Zuchthäusler denunziert. Erst in letzter Stunde erkennen sie, wie hier längst aus Kain ein Abel, aus dem Sohn der Finsternis nach immer erneutem Straucheln ein Engel des Lichts geworden war. Die Einsamkeit des Menschen bildet ein Grunderlebnis Hugos und steht in dauernder produktiver Spannung zum ebenso unverwüstlichen Elan, der den Einzelnen über sich hinausreißt. Wie bei Schiller ist auch hier die angebliche Schwarz-Weiß-Malerei viel nuancierter und wirklichkeitsnäher, als die Generation des ›fin-de-siècle‹ es wahrhaben wollte. Das Problem der Macht in seiner stets sich wandelnden Beziehung zu Recht und Unrecht ist von niemand schärfer

durchdacht und bildhafter gestaltet worden als von Schiller und Hugo. Der berühmte Monolog Jean Valjeans ›Sturmwind in einem Schädel‹ steht auf einer Stufe mit den Monologen Wallensteins: hinter dem oratorischen Prunk der gleiche Granit des Gedankens.[18]

Die mit Realität erfüllten und geistig durchleuchteten ›Elenden‹ sind bis heute das wahre Epos von Paris geblieben. Andere Romane Hugos kommen für unser Thema nicht in Betracht; auch ›Notre-Dame‹ bleibt als historisierendes Werk am Rande. Ein Dickens, der sich so gut wie ausschließlich London zugewandt hat, ist Hugo nicht gewesen. Seine Pariser Skizzen ›Choses vues‹ sind aber Höhepunkt dichterischer Journalistik.

Durchschlagskraft haben immer noch auf der Stufe des Vulgärromans die ›Mystères de Paris‹ von Eugène Sue behalten. Aus ihnen haben Wilhelm Raabe so gut wie noch Jakob Wassermann ein bestimmtes Bild von Paris bezogen. Hugo selber ist dem 1842/43 erschienenen Werk weitgehend verpflichtet. Gestalten und Situationen der ›Misérables‹ sind hier vorweggenommen von einem scharfen Beobachter der Wirklichkeit, der aus seinem unleugbaren Talent ganz im Sinn der Industriegesellschaft Kapital zu schlagen gewußt hat: die ›Mystères de Paris‹ sind als einer der ersten Fortsetzungsromane in der eben aufkommenden Tagespresse erschienen.

Man kann bis ins Detail hinein verfolgen, wie der wendige Autor, mit Briefen von den unteren Ständen buchstäblich überschüttet, seine Figuren der Realität laufend angepaßt und unter dem Druck seiner Leser allmählich in einigen der Schurken und Delinquenten, die den Roman bevölkern, Opfer der Proletarisierung sehen gelernt hat – etwa den abgesunkenen Handwerker Morel und seine unglückliche Familie oder den Lastträger Le Chourineur, der sich aus einer finsteren Gewaltfigur zu einem Mann mit goldenem Herzen in der rauhen Schale entwickelt.[19]

Der Roman ist in diesem Sinn vom Volk mitgeschrieben worden, und stellt zumindest in ein paar zentralen Episoden eine Art von Kollektivarbeit dar, wie die großen Epen des Mittelalters. Als Künstler bleibt Sue im Deklamatorisch-Spektakulären stecken und als Sozialkritiker in einer bourgeois-reaktionären Schau vom Volk, das durch Arbeit und anständige Gesinnung zuletzt doch den ihm gemäßen Platz im Leben der Nation einnehmen könne und darin von den großmütigen Elementen der herrschenden Schicht unterstützt werde. Bezeichnenderweise ist der Held des Werks Fürst eines deutschen Kleinstaats, der sich verkleidet unter die Menge mischt und ein paar Bedauernswerte dem Elend entreißt, ehe er sich wieder in sein eigenes Land zurückzieht. Daß dieser Harun-al-Raschid ausgerechnet ein Deutscher – Rudolf von Geroldstein – ist, läßt die tiefe Nachwirkung des idealisierenden Deutschland-Buches der Madame de Staël noch auf die Generation von Eugène Sue um 1840 erkennen. Wie für George Sand und ihren deutschen Fürsten im Roman ›Consuelo‹, wie für Balzac und seinen gutmütigen Musiker Schmucke im ›Vetter Pons‹ – einem alten Kind unter Hyänen – ist auch für Sue Deutschland noch das Land der rustikalen Unschuld und Reinheit, das Land Jean Pauls, der Philosophen und Menschheitsbeglücker. Die Zeit nach 1870 sollte nur allzu radikal mit diesem Vorurteil aufräumen.

Die Pariser Kapitel aus dem unverwüstlichen ›Grafen von Monte Christo‹ von Alexandre Dumas, 1845, seien im Vorbeigehen erwähnt: Anregungen sind von ihm auf die ganze Epoche ausgegangen; aber ein Vergleich mit dem Roman Hugos oder ›Lucien Leuwen‹ von Stendhal läßt ohne weiteres den Rangunterschied zu diesem flott hingeschriebenen Allerweltswerk erkennen. Der wahre Gegenspieler von Hugo ist Baudelaire, der in einem begeisterten Artikel die ›Misérables‹ in den Himmel erhebt, während er sie in seinen Briefen ausgiebig bemängelt: die Ambivalenz gegenüber dem älteren, in seiner Berühmtheit freundlich sich herablassenden Dichter bleibt typisch für den jüngeren, nur im kleinsten Kreis anerkannten Verfasser der ›Blumen des Bösen‹.

Baudelaire handelte Hugo gegenüber aus der gleichen Notwehr heraus wie Hölderlin gegenüber Schiller. Er bewunderte den Meister und mußte ihn fliehen, um sich selber zu finden. Was bedeutete schon gegenüber dem ozeanisch überquellenden Werk Hugos mit seinen 200 000 oder 300 000 Versen der schmale Gedichtband Baudelaires und sein ebenso schmaler ›Spleen de Paris‹ mit den paar Dutzend ›Poèmes en prose‹? Und doch haben die 200 Seiten auf dem Gebiet der Lyrik für Paris das gleiche geleistet wie die Romane Balzacs und Hugos auf dem Gebiet der Epik: sie haben die Großstadt definitiv in die französische Lyrik und darüber hinaus in die gesamteuropäische Dichtung eingeführt. Statt der epischen Fülle konzentriertester Extrakt. Paris reduziert sich für Baudelaire auf die Mansarde des Dichters und Begegnungen mit Frauen im Straßengewühl – eine Art Bohème also wie bei dem harmlosen Henry Murger, dessen Werk erst Puccinis Musik den vollen Klangzauber verliehen hat. Aber wie bei Baudelaires Vorgänger, dem genialen Gerard de Nerval, wird neben und hinter der Bohème etwas ganz anderes sichtbar: das Elend der Massen und des Menschen schlechthin.

Nervals Spaziergänge durch ein noch weitgehend ländliches Paris mit Vororten auf bewaldeten Hügeln, mit Blumen- und Vogelhändlern der Seine entlang, führt durch die rotgoldene Pracht der Theater hinab in Keller und Verließe, ins Reich der Mütter, wo in rätselhafter Größe Isis thront als Göttin und Dämon. Kein Werk ist zugleich so pariserisch in seiner gleitenden, seidigen, grazilen Eleganz und so erfüllt von metaphysischen Schauern wie Nervals ›Aurélia‹, 1855. Das subterrane Paris, das Restif erahnt und Sébastien Mercier bisweilen visionär hat aufzucken lassen, wird hier in faustischem Sinne erschaut von einem Dichter, der zur Bewunderung des alten Goethe mit 19 Jahren den ›Faust‹ ins Französische übertragen hatte, mit 47 Jahren im Wahnsinn enden sollte wie Hölderlin und der, wie Hölderlin, unserer Zeit als ein erleuchteter Dichter gilt.

In den zwei Jahrzehnten, die die Herrschaft Napoleons III. gedauert hat, sind die radikalen Veränderungen im Stadtbild von Paris, die unter Ludwig-Philipp eingesetzt hatten, um so systematischer zu Ende geführt worden als die Niederlegung ganzer alter Viertel neben dem urbanistischen Zweck einen eminent politischen besaß. Die verwinkelten Gassen des Stadtkerns waren wie geschaffen gewesen für die Errichtung von Barrikaden, hinter denen das meuternde Volk der ›Elenden‹ sich durch die

Jahrzehnte immer wieder verschanzte. Die großen Straßendurchbrüche des Präfekten Haussmann schufen hier gründlich Abhilfe. Andererseits vollzog sich immer bewußter die räumliche Trennung der Stände: der gutsituierte Bourgeois lebte nicht mehr wie bisher zusammen mit dem ›Volk‹ im selben Haus – der Besitzbürger im ersten Stock, die anderen Klassen in sozialer Stufung darüber bis auf den Dachboden der Grisetten und Dichter (viele Gravüren aus der ersten Hälfte des 19. Jahrhunderts haben dieses Bild festgehalten). Die ›Auswanderung‹ aufs linke Seine-Ufer begann; Passy, Auteuil, Neuilly wurden zu den Vierteln der Reichen, wie Louis Aragon sie in seinem Romanzyklus ›Les beaux quartiers‹ noch 1937 geschildert hat. Daß diese ›Bereinigung‹ und ›Verschönerung‹ des Stadtbildes – Pflaster, später Asphalt, Wasser-, Gas-, zuletzt Elektrizitätsleitungen, neue Brücken, Quaianlagen, Kirchen, Monumente, öffentliche Gärten – sich von einem unübersehbar düsteren Hintergrund abhebt, der qualvollen Welt der ›Erniedrigten und Beleidigten‹, bezeugt die erstaunliche Häufung apokalyptischer Visionen der Pariser Zukunft bei Dichtern jeden Ranges. Allein für die Epoche des industriellen Aufschwungs unter Ludwig-Philipp 1830–48 kann Pierre Citron gegen hundert Texte namhaft machen, die als Menetekel die Zukunft des neuen Sodom und Gomorrha an die Wand malen. Die Liste umfaßt Namen von längst vergessenen, aber darum nicht minder eindrucksvollen Romantikern wie Bruno Galbacio (›Les derniers jours de Paris‹, 1831) und von illustren Wortführern wie Lamartine, Vigny, Michelet, Quinet, Balzac, Gautier. Auch Nerval und Baudelaire verkünden den Glanz und eindringlicher noch das Elend der Großstadt.

Rilke, dessen ›Malte Laurids Brigge‹ in gewissem Sinn die Weiterführung von Baudelaires Pariser Impressionen und Visionen darstellt, schreibt über das Gedicht ›La charogne, Das Aas‹: »Ohne dieses Gedicht hätte die ganze Entwicklung zum sachlichen Sagen, die wir jetzt in Cézanne zu erkennen glauben, nicht anheben können; erst mußte es da sein in seiner Unerbittlichkeit. Erst mußte das künstlerische Anschauen sich so weit über-

wunden haben, auch im Schrecklichen und scheinbar nur Widerwärtigen das Seiende zu sehen.[20]
Sie mußten erst da sein, die Kurtisanen im Alter und Elend, gefallene Engel; hinter ihnen in mystischem Dunkel das erlösende Bildnis der Mutter, zu dem auch Baudelaire, der mißratene Sohn und heruntergekommene Dandy, aufblickte und von dem er in unentwirrbarer Ambivalenz zugleich schon wieder wegstrebte. Das französische Gedicht hat sich mit ihm die dunkelglühende und dabei energisch präzise, mit knappsten Mitteln arbeitende Dialektik Pascals einverwandelt. Paris bildet den gleichen unverwechselbaren Hintergrund wie Moskau, St. Petersburg und die Weite des russischen Landes für Dostojewskijs Werk, das aus einer ähnlichen Seelenlage erwachsen, die geistige Situation unserer Zeit ebenso fundamental mitbestimmt hat.
Mit gröberen Mitteln arbeitet Zola. Aber auch bei ihm schlägt die visionäre Ballungskraft immer wieder durch. Der Sohn eines italienischen Ingenieurs und einer französischen Mutter, in Aix-en-Provence mit Cézanne aufgewachsen, suchte und erzielte den Masseneffekt und zerfiel dabei notwendigerweise mit dem Jugendfreund, der sich als aristokratischere Natur der Menge fernhielt, kein gesteigerter Courbet wie Zola wurde, sondern im Gegenteil unter dem zugleich harten und fließenden Licht des Südens asketisch einsam sich zu klassischen Formgesetzen in revolutionär neuer Mischung durchkämpfte. Zolas Verismus, wissenschaftlich schlecht und recht untermauert, aber von einer gewaltigen geistigen und moralischen Energie getragen, drängt immer wieder durch die Oberfläche zu den elementaren Triebkräften des Menschen hindurch. ›L'Assommoir‹ wurde so der erste proletarische Pariser Roman. Er besitzt nicht die souveräne philosophische Fülle und dichterische Intensität von Victor Hugos ›Elenden‹, hat dafür aber mit einem Schlag für ganz Europa bisher kaum geahnte Adern im sozialen Gefüge des technischen Zeitalters sichtbar gemacht.
Ob Zola – wie Restif hundert Jahre früher – ins Boudoir der Pariser Kurtisanen führt oder mit dem gleichen durchdringenden Blick aufs Land zu den bäuerlichen Massen zurücklenkt, ob

er in den zwanzig Bänden seiner ›Rougon-Macquart‹ als Nachfolger Balzacs Hunderte von Figuren aus allen Ständen vorüberziehen läßt: die photographisch genauere, ernüchternd referierende Darstellung erhält den Zug ins Weite, sobald der Dichter an bestimmte Grundkonnexe herankommt. Die Markthallen von Paris in ihrer überquellenden Fülle werden spontan für ihn zum ›Bauch von Paris‹, die Riesenbahnhöfe und Weltkaufhäuser, die Fabriken und Börsen zu faszinierenden und vernichtenden Formen des modernen Moloch, das Ächzen und Stöhnen der fronenden Masse – auch ihr Liebesstöhnen – zu einer unerhört wahren Sinfonie der Tausend.

Schon Thomas Mann hat auf die leitmotivische Rolle hingewiesen, die in Zolas Romanzyklus wie in Wagners ›Tetralogie‹ das Gold und sein Fluch spielen. Zola selbst aber, der sich als großer Wagnerkenner dieser Thematik bewußt war, präzisierte sein Verhalten zum deutschen Musiker und Mythenschöpfer mit den Worten: »Mein lateinisches Blut bäumt sich auf gegen diesen perversen Nebel aus dem Norden und verlangt menschliche Helden des Lichts und der Wahrheit.« Liebe, die ihre Stillung im Tod sucht, wie Tristan, lehnt er ab.[21] Während Wagner nach 1848 einen Strich unter seine Vergangenheit als Barrikadenkämpfer zieht und den Mythos in eine Vorzeit zurückverlegt, an deren Ende die Götterdämmerung steht, setzt Zola als ›Monomane des gesunden Menschenverstandes‹ den Freiheitskampf der großen französischen Denker des 18. und 19. Jahrhunderts fort. Er ist in diesem Sinn im Kampf ums Recht für den Hauptmann Dreyfus auf die Barrikaden gestiegen: die staatsbürgerliche Aktivität war für ihn unabtrennbar von der schriftstellerischen.

»Zola stinkt« ist eines der verhängnisvollen Fehlurteile Nietzsches, der zur gleichen Zeit die konventionellen Gesellschaftsplaudereien der Comtesse de Martel (Gyp) als Meisterstücke der Psychologie pries. Die Französische Akademie – ihrer ganzen Struktur nach eine Bastion des Konservatismus – urteilte nicht anders und wies empört einen Dichter zurück, der seine Kandidatur aufgestellt hatte, weil er sich als berufenen Sprecher des modernen Frankreich empfand. Wilhelm II. hat ungefähr zur gleichen Zeit Hauptmanns ›Webern‹ den Schiller-Preis verweigert, und sein Kanzler Chlodwig Fürst zu Hohenlohe-Schillingsfürst auf ›Hanneles Himmelfahrt‹ mit einer Aussage reagiert, die die klassenbedingte Abwehr des Naturalismus durch die herrschende Schicht handgreiflich macht: »Ein gräßliches Machwerk, sozialdemokratisch realistisch, dabei von krankhafter sentimentaler Mystik, unheimlich, nervenangreifend überhaupt einfach scheußlich. Wir gingen nachher zu Borchardt, um uns durch Champagner und Kaviar wieder in eine menschliche Stimmung zu versetzen.«[22]

Als Vorläufer Zolas hatten die Brüder Edmond und Jules de Goncourt 1864 den Pariser Roman um die erste ätzend naturalistische Darstellung bereichert. Ihr Dienstmädchen-Roman ›Germinie Lacerteux‹ leitet die lange Reihe von Schilderungen aus dem dumpfen Kleinleuteleben ein, das mit dem desillusionierten Blick und der Formkunst des Lateiners fixiert wird. Huysmans arbeitet zunächst in der gleichen rabiat verdüsternden Weise weiter mit ›Les Sœurs Vattard‹, ›En ménage‹, ›A veau l'eau‹. Seine Absage an die Naturalisten ist ›A rebours‹, eine Quintessenz des Pariser Ästhetizismus um die Jahrhundertwende. Von dieser morbid raffinierten Verherrlichung aller Sinne führt der nächste Schritt zur schwarzen Messe von ›Là-Bas‹. Am Schluß die Konversion, das Bekenntnis zu einer ebenso intoleranten, aber mystisch in Grünewaldfarben erglühenden Katholizität (›En route‹, ›L'oblat‹, ›La Cathédrale‹). Victor Hugos ›Notre-Dame‹ ist hier durch die Kathedrale von Chartres ersetzt, der noch eine lange dichterische Laufbahn bevorstehen sollte: Péguy wurde ihr großartigster Verkünder.

Das Paradox der Brüder Goncourt bestand in der Doppelforderung nach erbarmenlos wirklichkeitsgetreuer Beobachtung und preziös ausgefeilter Form. Die beiden Väter des Naturalismus waren als lothringische Aristokraten exquisite Kenner des Achtzehnten Jahrhunderts und wurden zugleich Entdecker der japanischen Kunst für Frankreich. Zu ihren ausgeglichensten Leistungen zählen nicht ohne Grund ein Malerroman, ›Mamette Salomon‹, und die Chronik einer untergehenden Familie aus der Pariser Geldaristokratie, ›Renée Mauperin‹. Zusammen mit J. P. Jacobsens dänischen Verfallsromanen hat das Werk die Schilderung des verfallenden Lübecker Patriziergeschlechts in den ›Buddenbrooks‹ mitbestimmt. Hinter den impressionistisch getönten, nervös nuancierten Abwandlungen des Dekadenzthemas stand jeweils als unerbittlicher Meister Flaubert, in dessen Provinzroman ›Madame Bovary‹ Paris aber nur aus mythischer Ferne hineinragt. Flaubert selber tauchte periodisch in der Hauptstadt auf, hatte dort seine Amouren und literarischen Zirkel und vergrub sich dann wieder monatelang in Rouen. Paris ist dem riesenhaften, arbeitsbesessenen Normannen zeitlebens unheimlich geblieben.

Das ›Tagebuch‹ der Brüder Goncourt – 1851 gemeinsam begonnen, 1870 nach dem Tod von Jules durch Edmond allein bis 1896 weitergeführt – bietet ein zwar oft hämisch vertratschtes, aber unglaublich reichhaltiges Bild des Pariser Gesellschafts- und Künstlerlebens. Es gehört zu jener ununterbrochenen Folge von Aufzeichnungen, die bis zu den Tagebüchern oder tagebuchartigen Notizen von Jules Renard, Rémy de Gourmont, Maurice Barrès, Romain Rolland, André Gide, Paul Léautaud, Julien Green, Marcel Jouhandeau, François Mauriac das Bild von Paris um zahllose präzise Einzelzüge bereichert haben. Über Berlin fehlt diese Art von spontaner, dabei künstlerisch geprägter Dokumentation fast vollständig. Was hätten dabei jahrzehntelang durchgeführte Tagebücher von Theodor Fontane, von Benn, von Döblin bedeuten können! Unter die wenigen Ausnahmen zählen die vehementen Aufzeichnungen des frühverstorbenen Georg Heym und die bei aller gesellschaftlichen Kritik ganz anders nach innen horchenden Tagebücher Oskar Loerkes.

Die moderne Variante von La Bruyères Porträts und Anekdoten, von Merciers und Restifs Pariser Momentbildern bilden die Querschnitte durch das kulturelle Leben der Hauptstadt, die nach 1830 ins Kraut schossen. ›Physiologies de Paris‹ wurde der generelle Namen dieser scharf beobachtenden Darstellungen. Die vielleicht wertvollste Sammlung ›Les Français peints par eux-mêmes‹ läßt auch die Typen aus den verschiedenen Provinzen Frankreichs am Leser vorbeidefilieren.[23] Man kann diese journalistischen Sammelbände nicht als oberflächlich abtun: sie stellen eine erste Bestandaufnahme und künstlerische Verarbeitung des gewaltigen neuen Stoffes dar, wie Deutschland sie auch nach dem Emporwachsen seiner Riesenstädte nie besessen hat. Wien mit seiner hervorragenden Feuilletonistik bildet seit dem frühen 19. Jahrhundert eine Ausnahme. Karl Kraus hat ihr später den Prozeß gemacht und bleibt doch ihre genialste Blüte. Inzwischen waren die großen Feuilletonisten der ›Vossischen‹, des ›Berliner Tageblatts‹, der ›Frankfurter Zeitung‹, der ›Weltbühne‹ und anderer, vorwiegend Berliner Organe dazu getreten, bis 1933 den barbarischen Einschnitt bedeutete.

Die ›Augsburger Allgemeine Zeitung‹, das führende Blatt des Liberalismus im Vormärz, war der Zensur wegen in einer heruntergekommenen kleinen Donaustadt redigiert worden und glänzte vor allem durch die Beiträge seiner Korrespondenten aus dem Ausland, darunter Heine. Der Verfasser von ›Lutetia‹ und ›Französische Zustände‹ hat sich (wie sein Feind-Bruder Börne) im Paris der ›Physiologies‹ zum souveränen Stilisten entwickelt. Er befand sich nicht in schlechter Gesellschaft: neben formsicheren gewitzten Tagesschreibern wie Jules Janin, Arsène Houssaye, Alphonse Karr, Paul de Kock arbeiteten an diesen Panoramen der Hauptstadt Dichter vom Rang eines Balzac, Nodier, Dumas, Théophile Gautier, Gérard de Nerval mit.

Selbst George Sand, deren anti-pariser Affekt seit der Rückkehr auf ihr Landgut in der Provinz Berry immer heftiger zum Ausdruck kam, hat für einen dieser Bände (›Paris-Guide‹, 1867) ein paar atmosphärisch dichte Seiten über die ›Einmaligkeit‹ von Paris verfaßt, und Victor Hugo für den gleichen Band die Einleitung geschrieben – einen seiner grandiosen Texte, eine prophetische Schau der Stadt von gestern, heute und morgen, wie sie nur ihm, dem Verbannten auf dem Meeresfelsen, aus der Feder fließen konnte.

Die Flut der Pariser Romane steigt im Verlauf der zweiten Jahrhunderthälfte ins Unermeßliche. Der Mythos ist fixiert, es werden meist nur Korrekturen angebracht. Der bei aller spru-

delnden Munterkeit innerlich verwundbare Provençale Alphonse Daudet hatte mit seinem ›Tartarin de Tarascon‹ einen bestimmten Typ des beweglichen und bequemen, oratorisch sich verströmenden Südfranzosen hingestellt. In seinen ›Pariser Sittenromanen‹ kommt er über feine Stimmungsmalerei (›Fromont jeune et Risler aîné‹) oder oberflächliche Satire (›L'immortel‹, ein Pamphlet gegen die Akademie) nicht hinaus. Und Maupassant, der Zögling und einzige unmittelbare Schüler Flauberts, erreicht in den großen, psychologisch bedeutsamen und bisweilen schon vom kommenden Wahnsinn überschatteten Romanen aus der Pariser Lebewelt nicht die typisierende Eindringlichkeit seiner hundert, mit knappsten Mitteln arbeitenden Erzählungen aus der Normandie, die am Konkreten kleben, wie die hartrechnenden Bürger und Bauern des Landes, das sie schildern. Die Seine verbindet Rouen mit Paris: ein paar der schönsten Pariser Erzählungen Maupassants spielen an ihren Ufern unter Anglern und Ruderern – die gleichen, die Manet und Monet auf ihren Gemälden fixiert haben.
Paul Bourgets einst weltberühmte, mit pedantischer Pünktlichkeit vorgelegte Gesellschaftsromane, die bald im Salon kokettieren, bald sich dogmatisierend auf den Fels der Kirche zurückziehen (›de l'eau de bidet à l'eau bénite‹, hieß ein Witzwort), leiten über zum Pariser Unterhaltungsroman, der in seiner billigen gelben Broschur den Weg bis auf die entlegensten Landgüter Rußlands fand. Als Ausdruck eines saturierten Besitzbürgertums steht er auf dem Niveau des französischen Boulevardtheaters – von Scribe über Labiche, Meilhac und Halévy bis Feydeau, Lavedan, Sacha Guitry, de Flers und Caillavet in der Komödie; von Sardou und Augier über Hervieu, Brieux und Porto-Riche bis Bataille und Bernstein im Drama. Das Paris, das sich in ihnen spiegelt, ist nur mehr das einer geldkräftigen, genußgierigen und heimlich zerrütteten Gesellschaft – ein verengtes, irreführendes Bild, das zur deutschen Vorstellung vom weibisch dekadenten Frankreich wesentlich beigetragen und insofern auch die Fehleinschätzungen des deutschen Generalstabs betreffs der Widerstandskraft des Landes mitveranlaßt hat. Paris schien sich auf Montmartre zu reduzieren. Die

›Kameliendame‹ von Dumas fils wurde zum Inbegriff der Pariserin – verlockend, entnervend.

Dabei hatte Paris selbst seine Theaterreform unternommen. Das ›Théâtre libre‹, 1887 von Antoine gegründet, gab das unmittelbare Modell für die Berliner ›Freie Bühne‹ ab. Seine größten Erfolge trug Antoine – wie bald darauf Lugné-Poe im ›Théátre de l'Œuvre‹ – mit ausländischen Stücken davon. Paris entdeckte Ibsen, Björnson, Strindberg, Tolstojs ›Macht der Finsternis‹, Gorkis ›Nachtasyl‹ und nicht zuletzt Hauptmanns ›Weber‹, die noch vor der Berliner Première in Paris französisch aufgeführt wurden und Zolas Naturalismus auf die Bühne zu übertragen schienen.

Die Flucht in eine ganz andere, elegisch oder heroisch stilisierte Traumwelt traten der Belgier Maeterlinck mit ›Pelléas und Mélisande‹ und der Südfranzose Edmond Rostand mit dem Versdrama ›Cyrano de Bergerac‹ an. Härter sind die Konturen, leidenschaftlich die Auseinandersetzung mit den ideologischen Problemen bei Paul Claudel. Aber auch diesem militanten Katholiken und hohen Staatsbeamten, den die Dritte Republik als Botschafter nach Südamerika und Japan schickte, kommt es nicht auf unmittelbare Gestaltung der Gegenwart an. Paris ragt nur in symbolischen Umrissen aus seinem Jugenddrama ›La ville‹ hervor. Der geniale Erneuerer des Barocks bewegt sich im Raum Calderons, Lope de Vegas, Shakespeares. Das Mittelalter, die Zeit der Revolution und Napoleons, exotische Länder faszinieren ihn. London spielt – aus einer ganz anderen Zielsetzung heraus – eine wesentlich vordergründigere Rolle in den großen gesellschaftskritischen Schauspielen Bernard Shaws. Die einzigen naturalistischen Werke von Rang in dieser Nivellierungszeit des französischen Theaters stellen nicht ohne Grund Typen der Geschäfts- und Finanzwelt auf die Beine: ›Les Corbeaux‹, 1884, von Henri Becque (der auch eine bühnensichere ›Parisienne‹ schrieb) und ›Les affaires sont les affaires‹ von Octave Mirbeau, 1903. Der Anschluß war hergestellt an Molières ›Geizigen‹, Lesages ›Turcaret‹ und Balzacs ›Mercadet‹. Weltgeltung haben die Gestalten von Becque und Mirbeau allerdings so wenig gefunden wie die prallen Karikaturen des bornierten, breitgesäßigen Beamten und Kleinbürgers in Courtelines Komödien (1893 sq.), die ihren Vorgänger im ›Joseph Prud'homme‹ von Henri Monnier, einem Zeitgenossen Balzacs, besitzen und ihr bayrisches Gegenstück in Ludwig Thomas Satiren. Die Emigranten, die 1933 mit der Illusion der ›Ville-Lumière‹ und seiner generös menschheitsoffenen Bewohner nach Paris kamen, haben sich sehr bald an der härteren Wirklichkeit der xenophoben Spießbürger, verhockten Bürokraten, zynischen Spekulanten der Politik und der Finanz gestoßen und zerrieben.

Vision geworden ist dieser dumpf stagnierende Aspekt von Paris in den Pamphleten von Louis Veuillot unter Napoleon III. (›Die Gerüche von Paris‹, 1866), in den Romanen und Manifesten von Léon Bloy unter der Dritten Republik (›Le Désespéré‹, 1886, ›Le mendiant ingrat‹, 1894, ›La femme pauvre‹, 1897). Bloys antibourgeoise, mystisch verwurzelte Vehemenz hat Ernst Jünger um so mehr imponiert, als dem Gift, Galle und Genie speienden Polemiker mit den hervorquellenden Augen eine Sprachgewalt zur Verfügung stand, neben der Jüngers eigene Melodie norddeutsch spröde und geradezu klassisch wirkt.[24] Georges Bernanos hat dann nochmals – in der apokalyptischen Zeit zwischen 1914 und 1945 – die gleiche dunkle und aufrüttelnde Sprache der Propheten gehandhabt, aber bei allem Impetus ein tiefes Mitgefühl für das Elend aller Kreatur als Grundstrom durchbrechen lassen. Paris tritt bei ihm hinter der phantastisch visionären Schilderung des Artois in Nordfrankreich zurück, wo der geborene Pariser einen Teil der Kindheit verbracht hatte.

In seiner Abrechnung mit der herrschenden Klasse hat Bernanos von der äußersten Rechten zur Linken hinübergewechselt und vereint so in seiner Person Tendenzen, die anderswo radikal auseinanderstreben. Jules Vallès vertritt am Ende des Jahrhunderts im Sinn der äußersten Linken die Gegenrichtung zu Veuillot und Bloy; die Verdammung der Großstadt vollzieht sich bei ihm unter umgekehrten Vorzeichen. Aus den einsamen Granithöhen der Auvergne nach Paris verschlagen, empört sich der ewig umgetriebene und entflammte Anarchist mit dem

zornwippenden rötlichen Bart gegen die soziale Misere und entwirft in der autobiographischen Romantrilogie ›Jacques Vingtras‹, 1879/86, ein erschütterndes Panorama der Geknechteten in den Kloaken des Elends. Auch dieses Werk ist in der Verbannung entstanden, in die Vallès 1871 nach seiner Teilnahme am Aufstand der Kommune hatte gehen müssen.
In der Lyrik war Paris durch Théophile Gautier und Banville um ein paar pittoreske Aspekte bereichert und durch François Coppée sentimentalisiert worden. Seine Kleineleute-Schilderung in den ›Humbles‹, 1871, könnte aus Raabes ›Sperlingsgasse‹ stammen, entspricht aber weniger der Gemütsversponnenheit des deutschen Autors als einer fortschrittsfeindlichen, sehr französischen Rentnermystik des ›Kleinen‹, zu der als Korrektiv die patriotische Phrase und die unverbindliche Verherrlichung der militärischen Glorie gehören. Auch das Witzig-Spritzige und mehr noch das Amouröse kommen zu ihrem Recht – in Heinrich Seidels gleichzeitigem ›Leberecht Hühnchen‹ unvorstellbar. Bezeichnend für die viel stärkere Durchdringung von mittlerer und hoher Literatur in Frankreich das selbstlose Eintreten Coppées für einen Größeren: Verlaine.
Der visuelle Sinn des Romanen tritt bei Verlaine hinter einer spontan hervorbrechenden Musikalität zurück, die mit der rasch erstarrten Monumentalität der ›Parnassiens‹ bewußt kontrastiert und in den geradezu wagnerhörigen, wagnerverfallenen Pariser Künstlerkreisen von 1880/90 eine ungeheure Resonanz fand. An Gérard de Nerval und Heine geschult, hat der zigeunernde Verlaine zugleich instiktiv die uralte Melodie der ›chansons‹ im Stil Villons und der anonymen Volkssänger wieder zum Klingen gebracht und genial der Neuzeit angepaßt. Spelunken und Gossen, derb sinnliche Volksfeste und aristokratisch erotisierende Maskeraden in Parkanlagen, dann wieder Spitäler, Gefängnisse, Kirchen: das Paris des ausgehenden 19. Jahrhunderts scheint überall durch. Zu einer Gesamtvision ist es aber so wenig gekommen wie bei Mallarmé, dessen Salon in der rue de Rome ein Ort der Abwendung von der Gegenwart und des Abstiegs in die Klüfte des Absoluten wurde, von wo aus das Wort in seiner unbefleckten Reinheit und zauberhaften

Vielfalt wieder ans Licht gehoben werden sollte. Ein mystisch-metaphysischer Vorgang, der aber nur von Paris als literarischem Zentrum aus die Weltgeltung finden konnte, die ihm noch zu Lebzeiten des Dichters zuteil wurde. Daß Mallarmé auch ironisch ziselierte kleine Artikel über Modeausstellungen und Putzsachen verfaßt und auf Damenfächer ebenso preziöse Verse geschrieben hat, beweist, wie sehr der esoterischste Geist noch im gesellschaftlichen Leben der Hauptstadt stand.
Sozial mitbedingt ist auch die ganz anders orientierte, in wenigen Jahren eruptiv hervorbrechende und ebenso rasch versiegte oder verdrängte Lyrik Rimbauds.
Paris war aus der politischen Lethargie unter Napoleon III. durch die militärische Niederlage jäh aufgerüttelt worden. Von deutschen Truppen eingeschlossen und bald von der eigenen, bürgerlich-republikanischen Regierung tödlich bedroht, hatten die Volksschichten mit utopischem Elan und ohne eigentliches Programm eine Stadtrepublik gebildet, deren absurd aussichtslose und heroische Tragik selbst Leconte de Lisle in seinem Gedichte ›Le Sacre de la ville‹ verherrlicht.[25] Als eine der großen revolutionären Archetypen des 19. Jahrhunderts hat die Kommune bis heute nachgewirkt – von Lenin bis Mao. Rimbauds eigene Auflehnung gegen Familie und Gesellschaft äußert sich auf diesem glühenden Boden zunächst in einer Reihe von aggressiven Strophen, die seinen kommunistischen Manifesten jener Monate entsprechen. Mit der ›Saison en enfer‹ und ›Les Illuminations‹ wird die Revolte des desillusionierten Zwanzigjährigen nach innen, in die Sprache selbst verlegt, und das überlieferte dichterische Metaphern- und Beziehungsnetz rücksichtslos und genial gesprengt. Wieder einmal verschwand Paris hinter einer Vision, die alle subterranen Elemente aus sich herausschleuderte. Die Stadt bildete nur noch ein paar aufgelöste Partikel in der Universalexplosion, in die die ganze sichtbare Welt hier zerstoben war. Ein ungeheurer Orgelpunkt, in seiner posthumen Wirkung vergleichbar nur mit der von Hölderlins letzten gestammelten Versen. Der Rest von Rimbauds Leben war Schweigen, Flucht in die Kolonien, Kaffee- und Waffenhandel, abenteuerliche Züge durch Afrika und der schwere Tod

des 37jährigen im Spital von Marseille. Rascher und lärmvoller triumphierte vor 1914 Emile Verhaeren – ein belgischer Schüler des größeren Walt Whitman – mit weit dahinrollenden, bald anklagenden, bald zukunftsberauschten Strophen über die ›Villes tentaculaires‹. Seine Großstadt profiliert sich auf dem Hintergrund der windgepeitschten flandrischen Ebene. Die Ergriffenheit bleibt bestehen, aber das grobkörnige dichterische Material trägt nur noch Bruchstücke davon zu uns herüber.

Nicht Lyrik und Theater, sondern die Malerei – vor allem der Impressionismus – hat zusammen mit dem Roman die Vision von Paris dem Weltbewußtsein vermittelt.
Zola hatte sich zwar mit Cézanne überworfen, dafür aber wie Mallarmé aufs engste mit Manet und seinem Kreis verbunden. Baudelaire wäre ohne Delacroix's Vorbild und Gespräch kaum so rasch und entschieden zur letzten Raffinesse seines ästhetischen Evangeliums vorgedrungen. Seine ›Tableaux Parisiens‹ transponieren kongenial ins dichterische Wort Anregungen von zeitgenössischen Malern, Zeichnern, Kupferstechern. Darunter in erster Linie Constantin Guys mit seinen genial sicher hingetuschten Skizzen aus dem Boudoir und dem Bois de Boulogne, einem Treffpunkt der kutschierenden Eleganz, und Méryon mit seinen haarscharf gravierten Darstellungen von Pariser Monumenten und alten Vierteln, in die halluzinatorisch Chimären und Dämonen hereinbrechen: immer wieder unter der glitzernden Oberfläche das subterrane Reich der Nacht und Zerstörung. Guys und Méryon gehören zu Baudelaire wie Gavarni und Daumier zu Balzac, Toulouse-Lautrec und Forain zu Maupassant.
Manets ›Bardame in den Folies Bergères‹, seine nackte ›Olympia‹ als hieratisch starre Version der männerverderbenden Kurtisane, die zahllosen Balletteusen von Edgar Degas fixieren für immer das Bild von Paris als Stadt des Genusses und der Verführung. Als Gegengewicht dazu die Solidarität des bürgerlichen Fundamentes: die Sphäre des Familienlebens beim Frühstück oder Abendbrot; das Kind in der Wiege, wie Berthe Morisot es zugleich so intim und so raffiniert überlegen ohne

Gefühlsschwelgerei gemalt hat; die zwei Mädchen vor dem Klavier, wie Renoir sie in ihrem Pariser Interieur darstellt; die Landpartien die bei den Impressionisten so wenig fehlen wie bei Fontane; die Seine schließlich mit ihren Ruderbooten, Anglern, Gasthofterrassen am Ufer und Lampions in der Nacht: das alles ist ein Fest fürs Auge, Vision und tiefere Wahrheit einer Epoche und einer Stadt.

Selbst wenn Claude Monet mit kühnem Griff in die Industriezeit die Bahnhofshalle von Saint-Lazare und den Dampf ihrer ein- und ausfahrenden Züge darstellt, andere das Wagengewühl auf den großen Plätzen, das Gedränge in der Oper oder vor der Börse, dominiert – im Gegensatz zu Zolas zähbrauner oder schwärzlicher Grundfarbe – jenes flimmernde nuancenreiche Silbergrau, das für das ganze Seinebecken und seinen atlantisch bestimmten, ständig wechselnden Himmel so charakteristisch ist. Die Entdeckung dieses Lichts war die Tat der Impressionisten, und mit ihm haben sie den besonderen atmosphärischen Reiz von Paris entdeckt, von dem Wilhelm Hausenstein mit feinster Einfühlung geschrieben hat: »Paris ist eine einzige ungeheure Grisaille. Ville-Lumière, kein Zweifel. Doch wichtiger ist, daß Paris grau in grau steht. Dies könnte auch traurig klingen. Aber das Grau entzückt, es ist reine Vornehmheit, ist ein tausendfacher Reichtum, denn in dem Grau regen sich alle Ahnungen und Wirklichkeiten der vollkommensten Palette.«[26]

Anatole France verkörpert noch einmal um die Jahrhundertwende die Qualitäten des Erzparisers: urbane Umgangsformen, Skepsis und Räson, Reizempfänglichkeit, Sinn für solides Handwerk und Hang zur Fronde. Am Seine-Kai unter den alten Bäumen und bei den offenen Buchkästen aufgewachsen, ist er selbst ein ausgesprochener Buchmensch gewesen, mit allen Geheimrezepten der literarischen Küche von Kindesbeinen an vertraut – ein Epigone, gewiß, aber ein Epigone von Format, der mit alten Mitteln auch die Gegenwart gestaltet hat und darum im Gegensatz zum klassisch glatten, längst vergessenen Paul Heyse immer noch lebendig ist. Nur Literarhistoriker kennen noch Heyses einst als kühn verschriene Berliner oder Münchener Romane. Die Pariser Gesellschaftsromane Anatole Frances wie ›L'Anneau d'améthyste‹ – einer der vier Bände seiner ›Histoire contemporaine‹ – haben ihre funkelnde Wahrheit behalten, weil sie in satirischem Gewand die Struktur der realen Machtverhältnisse um 1900 sichtbar machen. Mit seinem ›Crainquebille‹ schließlich hat France das Repertorium der Pariser Volkstypen um eine neue Figur vermehrt: den Gemüsehändler am fliegenden Karren, der als Opfer blinder Staatsjustiz ins Gefängnis kommt, ein populäres Gegenstück zum Hauptmann Dreyfus.

Gegen Anatole France als Nachzügler der großbürgerlich epikureischen Kunst schlägt Charles Péguy als Sohn aus dem Volk die Reveille. In Orléans unter Stuhlflickerinnen und Rebbauern großgeworden, als arbeitswütiger Stipendiat in die Hauptstadt gekommen, sieht er wie Michelet und Hugo in Paris die Mutterzelle der einstigen und der kommenden Revolution, ruft zum Kampf gegen die Tempelschänder auf, bricht bald auch mit seinen sozialistischen Freunden, tritt in die Reihe der mystischen Einzelgänger und hinterläßt, ehe er im September 1914 als exaltierter Patriot in der Marneschlacht fällt, Visionen von Paris in hinreißender Prosa, die in kühner Verbrüderung Jeanne d'Arc mit den Freiheitskämpfern von 1789 und Notre-Dame mit der unentbehrlichen Guillotine zusammensehen.

Wie seine Generationsgenossen Péguy und Claudel, stammt auch Romain Rolland aus der Provinz, der anmutig hügelreichen Gegend von Clamecy am Rand von Burgund. Die zehn Bände seines stürmisch gefeierten Musikromans ›Jean-Christophe‹, 1904–12, wurden das Modell für die epischen Zyklen der nächsten Jahrzehnte. Rolland verdammt in ›La Foire sur la place‹ Paris und seinen Jahrmarktsrummel, wo die gespeicherten Kräfte der Provinz im Namen eines überheblichen und längst illusionär gewordenen Weltmachtsanspruchs monopolisiert, verfälscht und vergeudet werden. In Rom, das er glühend liebte, war der junge Kunst- und Musikhistoriker durch Malvida von Meysenbuyg, eine der letzten Vertreterinnen der Goethezeit, ins deutsche Geistesleben eingeführt worden, wie später durch Gandhi und Tagore ins indische. Der leidenschaftliche soziale und kosmopolitische Geist des 18. Jahrhunderts lebte in ihm weiter und ließ ihn 1914/18 dem Kriegstaumel der europäischen Völker und seiner mittaumelnden geistigen Führer Anklagen ins Gesicht schleudern, die fast das einzige Fanal in jener Nacht des Geistes waren. Paris liebte er mit Vorbehalt, und Paris hat ihn nie so rezipiert wie die Welt.

Ein jüngerer Freund Rollands, Georges Duhamel, hat im Gegenteil die provinziellen, liebenswerten Züge der Hauptstadt in den Zyklen ›Salavin‹ und ›Les Pasquiers‹ festgehalten und sich mit der Zeit immer stärker einem gedämpft plaudernden, halb gerührten, halb humoristischen Intimismus in der Art Alphonse Daudets hingegeben. Der Dichter verschwand hinter dem betulichen Moralisten. Am eindrucksvollsten bleiben die Kriegserzählungen des humanen Arztes, die an Carossas ›Rumänisches Tagebuch‹ erinnern, aber mit schärferem Realismus und politischem Zugriff gestaltet sind.

Kaum mehr als ein Jahr hatte die Künstlergilde bestanden, die Duhamel, Vildrac, Arcos und ein paar andere Schriftsteller, Maler und Musiker 1906 in einem halb ländlichen Vorort von Paris begründet hatten. Das Programm hieß: engerer Anschluß aneinander und ans Leben, Wiedererweckung der handwerklichen Tradition – vorab der Buchdruckerei – und zugleich offene Augen für die Probleme des 20. Jahrhunderts. Eine Sozialutopie, die sich nicht verwirklichen ließ, die aber den Sinn für die Erfassung des Kollektivgebildes Paris geschärft hat.

1908 formuliert der zielbewußte Weggenosse der ›Abbaye‹, Jules Romains, die ›Theorie des Unanimismus‹. Sein Lebensgefühl reagierte spontan, genau und ohne visionären Überschwang auf Massenerscheinungen. Dichter wie Whitman und Verhaeren hatten ihm vorgearbeitet, Soziologen wie Durckheim, Philosophen wie Bergson die denkerischen Unterlagen geliefert. Als eigenes Erbteil brachte er eine bestimmte, wenn auch eng umrissene dichterische Sensibilität mit, die sich vielleicht am reinsten in den Skizzen aus dem populären Viertel ›La Villette‹ äußert, einem Frühwerk mit dem präzisen melancholischen Charme Utrillos in seiner guten Zeit, vor 1911, als seine Palette noch unglaublich dicht und blühend war. Nach erfolgreichen Theaterstücken, deren satirisches Thema meist die Ausbeutung eines Massen-Wunschbildes durch skrupellose und ingeniöse Abenteurer – ein Arzt, ein Bankier, ein Diktator – bildet, ließ Romains 1932 den ersten Band seines Romanzyklus ›Les hommes de bonne volonté‹ erscheinen, dem bis 1947 26 weitere Bände folgen sollten: das Gesamtbild einer Stadt und eines Landes zwischen dem 6. Oktober 1908 und dem 7. Oktober 1933.

Gleich das berühmte Kapitel des ersten Buches ›Darstellung von Paris um 5 Uhr nachmittags‹ gestaltet mit den Mitteln von heute das Zentralthema, das Vigny in ›Elévation‹, Victor Hugo in ›Notre-Dame de Paris‹, Balzac in ›Père Goriot‹, Zola in ›L'Assommoir‹ und in ›Une page d'amour‹ einander zugespielt hatten: der Rundblick auf die Millionenstadt von den Höhen des Montmartre, der Kuppel des Pantheon, den Türmen von Notre-Dame. Wie aus den vier Himmelsrichtungen die Züge Paris zueilen, wie dabei der Leser in konzentrischen Ringen allmählich von der Ebene her über die Vorstädte zum Stadtkern vordringt, wie Einzelgestalten sich von der Masse ablösen und wieder hinter neuen Gruppen zurücktreten – das läßt den großen Atem des Epikers verspüren.

Der Schüler Louis Bastide, der in den ersten Bänden gegen Abend seinen Reifen durch die provinzstillen Straßen des alten Montmartre hinabrollen läßt, verkörpert die meditativen Züge im Dichter Jules Romains. Stärker noch identifiziert sich der Großschriftsteller mit dem Immobilienagenten Havercamp und bringt uns durch ihn und seine Zukunftsvisionen bei den passionierten Streifzügen in ganz Paris die Dynamik einer wachsenden Stadt bildhaft nahe.

Wie seine Landsleute aus der Auvergne mit ihrer sprichwörtlichen Ellenbogenstärke es in der Hauptstadt von Schankwirten und Kohlenkleinhändlern zu Besitzern von Kaffeehauskonzernen gebracht haben, so hat Jules Romains mit beschränktem, aber klug verwaltetem dichterischem Kapital einen Riesenbazar errichtet, in dem Paris und halb Frankreich ausgestellt sind (auch die Provinz wird in das Werk mit einbezogen): ergötzliche und belehrende Schaukästen, aber mit Balzac, Hugo, Zola

verglichen, liegt meist nur gediegene Konfektion aus; die großen schöpferischen Augenblicke sind selten. Auch die Darstellung des unterirdischen Paris bleibt im Arrangement stecken. Rendezvous eines Frauenmörders in verlassenen Steinbrüchen; Evokation der Geheimgänge, die einst ganze Straßenzüge untereinander verbunden haben sollen. Die gleiche opportunistische Unsicherheit in der Ideologie. Wo Hugo für die zerschmetterte Republik und Zola für den abgewürgten Hauptmann Dreyfus eingesprungen waren, engagierte Jules Romains sich unter dem Auvergnaten Laval für Ribbentrop – nicht ohne bald den Defraudanten zu wittern und den Kopf rechtzeitig aus der Schlinge zu ziehen.[27]
Der Nobelpreis, den Romains erstrebte, ist an Roger Martin du Gard gefallen, den Verfasser eines epischen Zyklus in 10 Bänden: ›Les Thibault‹. Die stark nach innen verlagerte Geschichte einer Großbürgerfamilie zwischen 1890 und 1930 spielt zum Teil in Paris. Trotz des geistigen Ernstes und der subtilen Darstellungskunst haftet dem gewichtigen Werk etwas Sprödes an. Über die Hauptstadt erfährt man letztlich viel mehr bei dem soziologisch versierteren Rivalen oder aus andern Pariser Romanen, die nicht einmal dem Titel nach hier aufgezählt werden können.

Eine Ideal-Liste müßte geborene Pariser umfassen wie Gide und Cocteau mit ihren ironisch durchblinkten, unverhüllt päderastischen Schülerromanen; Montherlant mit seinem antifeministischen, herrenreiterisch forschen Zyklus; Paul Morand mit seinen Nachkriegsromanen, in denen das erschöpfte und lebensgierige Paris von 1920 mit London, Hamburg, New York und anderen Weltstädten von einem kennerischen Dandy konfrontiert wird, der die Tradition eines Abel Hermant modisch auffrisert.
In radikalem Gegensatz dazu Eugène Dabit. Sein ›Hôtel du Nord‹, 1930, nimmt den beseelten Naturalismus auf, mit dem schon um 1850 Champfleury (aus Laon) und später Gustave Geffroy die Pariser Volksviertel, ihr Elend, aber auch ihre verschwiegene Poesie lebendig gemacht haben.[28]

Daneben der jeweils verschieden getönte Pariser Roman der Dichter aus der Provinz: Charles-Louis Philippe aus dem Bourbonnais mit seinem proletarisierenden ›Bubu de Montparnasse‹; Jean Giraudoux aus dem Berry mit seinen grundgescheiten, poesiedurchzuckten politischen Romanen; die Burgunderin Colette mit ihren sprachkräftigen Stimmungsbildern aus der Pariser Halbwelt und Bühnenwelt. Am Rand die Kriminalromane des Belgiers Georges Simenon, die Gide so schätzte und die Millionen von Lesern eine eigentümlich dichte Atmosphäre des unterirdischen Paris unserer Zeit vermittelt haben.

Wiederum bietet das Theater erstaunlich wenig. Nichts reicht an einen Film wie ›Sous les toits de Paris‹ heran: die Technik der Kamera eröffnete René Clair und anderen Regisseuren Perspektiven, die der Bühne versagt bleiben.

Marcel Pagnol hat mit seiner Trilogie ›Marius‹, ›Fanny‹, ›César‹, 1929/36, saftige Typen aus dem Marseiller Volksleben hingestellt, die bereits klassisch geworden sind. Aber bei Anouilh so wenig wie bei Salacrou, Sartre, Camus oder gar Ionesco und Beckett ist ein typisches Bild von Paris entstanden oder überhaupt nur erstrebt worden. Ansätze finden sich in der ›Folle de Chaillot‹ von Giraudoux. Die Avantgarde teilt mit diesem Erben alter Theaterkultur mindestens eines: die Wiederaufnahme mythologischer Stoffe im Brennlicht der Aktualität – Elektra, Eurydike, Antigone.

In der Lyrik wären nicht nur begabte Stimmungsmaler zu nennen wie François Carco – ein schwermütiger Liebhaber von Montmartre –, sondern vor allem die Chansonniers, die mit ihren frech oder melancholisch hingesungenen, zynisch aufbegehrenden oder dramatisch sich einwühlenden Texten und Melodien das Bild der Stadt in immer neuen Abwandlungen bis in die entlegensten Provinzwinkel tragen oder im Fernsehen ausstrahlen. Die Vitalität und Varietät dieser wahren Volkssänger von Paris kann nicht überschätzt werden. Schwulst und Geleier sind freilich auch dabei.

Guillaume Apollinaire, als Sohn einer polnischen Mutter und eines unbekannten italienischen Vaters in Monte-Carlo aufgewachsen, ist der Bohème von Montmartre und Montparnasse immer treu geblieben. Dort hat er seinen unwiderstehlichen Czardas-Ton, den süßen wilden Geigenstrich noch vervollkommnet. Zugleich war er als eminenter Leser mit allen Wassern der Weltliteratur gewaschen, mit Brentano, Heine und den deutschen Volksliedern so gut vertraut wie mit italienischen Canzonetten und dem spanischen Romanzero, altfranzösischen Leineweberliedern aus dem 13. Jahrhundert, Negerliedern und Negerkunst und nicht zuletzt mit den Versen seiner Zeitgenossen Pierre Mac Orlan und des gemeinsamen Vorläufers, Jules Laforgue, einem erstaunlich modernen, ironischen und zerrissenen Gestalter Pariser Stimmungen.

Das Resultat bei Apollinaire war kein Mosaik, sondern der vielleicht hinreißendste lyrische Mythos von Paris in unserer Zeit, unvergeßlich strömende Gedichte über die Seine, den Pont Mirabeau, den Eiffelturm. Neuestes ist hier mit Ältestem verschmolzen, Volkslied bedeutet nicht Rückzug aufs Land unter die Linde zur Schäferin, sondern Dreinspringen in die Realität, don-juanhaftes Ansichreißen der Moderne in seiner verwegensten Form. Flugzeuge kreisen in der Luft und mit ihnen kreist und dreht sich der Eiffelturm wie auf den Bildern von Robert Delaunay aus dem gleichen Jahrfünft vor dem ersten Weltkrieg. Wieder einmal Pariser Bruderschaft der Dichter und Maler: Apollinaire, ein massiver Imperator mit Napoleonprofil, war der Freund und Förderer von Picasso, Braque, Matisse, Dufy, der Theoretiker des Kubismus und zugleich der Entdekker des malenden Zöllners Rousseau – die Volksmelodie rührte und lockte ihn auch hier. In Paul Eluards ›Capitale de la douleur‹, 1926, ist Paris abstrakte Chiffre geworden wie in der gegenstandslosen Malerei und wie später bei René Char. Als echter Pariser aber fand sich Eluard ohne Zaudern in der Wirklichkeit zurecht, als das Leben der Stadt bedroht war: er stieg auf die Barrikaden, seine Gesänge gegen die braunen Eroberer rissen ein ganzes Volk hin.

Der Surrealismus hat dem Bild von Paris ein paar neue, fahle oder schillernde Lichter aus anderen Regionen aufgesetzt. Bretons ›Nadja‹, 1928, geistert als mondbleiches Ektoplasma durch die überwache Stadt; Léon-Paul Fargue webt aus delikaten und skurrilen Einzelzügen ein jean-paulisches Gespinst der Erinnerung; Queneau holt aus dem Argot den Stoff zu Sprachexperimenten und Lautmalereien, worin die Pariser Unter- und Oberwelt in einem tollen staccato vorübertreibt; Robert Desnos und Jacques Prévert verbinden in ihrer raffiniert populären Lyrik surrealistische Extravaganz mit der kritischen Respektlosigkeit Gavroches, des Straßenjungen von Paris.

Einzigartig die Stellung von Louis Aragon. Der virtuose Surrealismus seiner Anfänge (›Le paysan de Paris‹, 1926) ist nach dem Beitritt zur kommunistischen Partei einem sozialistischen Realismus gewichen, der den Dichter mit der gleichen Versiertheit große gesellschaftliche Fresken entwerfen ließ (›Les Cloches de Bâle‹, 1934, ›Les Beaux-Quartiers‹, 1936, ›Les Voyageurs de l'Impériale‹, 1942, ›Aurélien‹, 1944). Seit dem Tauwetter in Rußland hat die bewußte Wiederaufnahme der subjektiv anarchistischen Elemente des Frühwerks zu erstaunlichen Leistungen geführt: ein Feuerwerk des Geistes, in das zugleich die Schatten menschlichen Leids, Verzweiflung an sich und den andern, angstvolle Suche nach der wahren Identität des Menschen und Dichters hineinfallen; das Ganze mit einem Schuß Komödiantentum (›La Semaine Sainte‹, 1958, ›La Mise à Mort‹, 1965).

Abseits stehen als heroische Gestalter, die die ausbrechende Tragik durch Strenge der Form zügeln, André Suarès, eine Art verarmter Hidalgo, mit Knebelbart und Mantille, dessen lyrische Prosa die Stadt mit El Greco-Farben malt, und Pierre-Jean Jouve, für den Paris ein reales und metaphysisches Konzentrat von Sexus ist, um dessen Lust und blutende Wunde sein gànzes Werk kreist.

Einer der größten Visionäre des zeitgenössischen Paris, ein Arzt aus den Elendsvierteln der Vororte, Louis-Ferdinand Céline, hatte sich mit Haut und Haaren dem Faschismus verschrieben, seinen Haß auf die Juden, Christen und die geordnete Welt schlechthin in den Dienst der wildgewordenen Kleinbürger und Herren des Dritten Reiches gestellt, ohne aber wie sie seinen gestauten Machtrausch anders als auf dem Papier austoben zu wollen. Mit der Vichy-Regierung nach Deutschland entflohen, später nach Dänemark entkommen, in Abwesenheit zum Tod verurteilt und schließlich begnadigt ins Pariser Vorortselend zurückgekehrt, ist er gleich nach seinem Tod in die tonangebende Klassikerausgabe der ›Pléiade‹ aufgenommen worden. Darunter die zwei großen Romane in und um Paris ›Voyage au bout de la nuit‹, 1932, und ›Mort à crédit‹, 1936. Seine Macht ruht auf der Sprache. Das Argot, das Victor Hugo in einem berühmten Kapitel der ›Misérables‹ eingeführt hatte, ist für Céline Lebenselement. In ihm offenbart er die Dynamik einer gehetzten, revoltierenden und immer wieder niedergeschlagenen Masse, in ihr überbordet das Kollektivwesen Paris die architektonisch gegliederte und polizeilich reglementierte Stadt, sucht nach neuen Lebensmöglichkeiten, stößt sich blindwütend an den Mauern der Macht, sackt ab, grölt wieder auf. Keine Zukunftsutopie; es bleibt nur der Moloch; Sodom und Gomorrha in aeternum.

Der Gegensatz ist vollständig zwischen dieser ausschweifenden und zugleich kurzatmigen Prosa und dem ungeheuer verästelten, alle Sedimente der Kultur umschließenden 16-bändigen Romanwerk von Marcel Proust ›A la recherche du temps perdu‹, der genialsten Prosaleistung Frankreichs in der ersten Hälfte des Jahrhunderts.

Proust hat als Scheherazade einer Stadt und ihrer sterbenden Gesellschaft zahllose Pariser Einzelzüge in diesen Riesenmärchenteppich hineinverwoben, wie seine Vorbilder – der Kardinal Retz, der Herzog von Saint-Simon, die Marquise de Sévigné – in ihre Memoiren und Briefe.

Ein einziges Beispiel: die vier oder fünf Seiten über die ›Rufe von Paris‹, wie sie vor 1914 die aristokratischen Viertel im Stadtkern belebten, wo gleichzeitig noch das kleine Volk hauste wie einst in der Feudalzeit – die Rufe, mit denen die durchziehenden Glasscheibenträger, Kleidertrödler und Alteisenhändler, Stuhlflicker, Porzellankleber, Scherenschleifer, Fisch- und Austernverkäufer, Obst- und Gemüsehändlerinnen die Aufmerksamkeit der Bel-Etage sowohl wie der Hinterhaus- und Mansardenbewohner auf sich ziehen wollten. Ein ungeheuer

variiertes akustisches Ganzes ohne eigentliche Melodie: lyrische Deklamation im Sinn von ›Boris Godunow‹ und ›Pelléas und Mélisande‹; volkstümliches Gegenstück zum Psalmodieren der Priester in der Liturgie.[29] Die Vergleiche strömen Proust aus allen Ecken und Enden zu, schaffen die erstaunlichsten Querverbindungen, erhellen Kulturzusammenhänge. Kolorit und Textur dieser Prosa sind so raffiniert wie die der impressionistischen Maler und Musiker jener letzten Glanzperiode von Paris: bei ihnen ist der Romancier bewußt in die Schule gegangen, bei ihnen hat er die neuen Perspektiven erlernt.
Kühner und abschreckender als sein Wiener Zeitgenosse Hugo von Hofmannsthal stößt Proust in die soziale Realität vor, deckt in kruden Szenen die homosexuelle Bindung hochkultivierter Aristokraten an ihren rüden Chauffeur oder beleibten Portier auf, analysiert – weit über Balzac und selbst Schnitzler hinaus – den Sadismus von Lesbierinnen mit der Unerschrockenheit Freuds. Und immer tritt neben den Blick auf die Gesellschaft bohrende Introspektion.
Der verwöhnte Erbe einer reichen Pariser Arzt-Familie, der verschwärmte Salonheld, der dem alten Adel gegenüber an seiner bürgerlichen und obendrein halbjüdischen Herkunft leidet und für den das echte oder halb-imaginäre Asthma zugleich gesellschaftliches Hindernis und Rettung seiner selbst bedeutet, versucht in fünfzehnjähriger strenger Askese und nächtlicher Zwangsarbeit der tausend Eindrücke Herr zu werden, indem er die Welt des konventionellen Romans aus den Angeln hebt. Die raumzeitliche Ordnung Balzacs ist durchbrochen zugunsten der ›erlebten Dauer‹ Bergsons. Im wechselnden Licht des Gedächtnisses restituiert Proust der entschwundenen Wirklichkeit die Vielheit ihrer Aspekte und erschafft sie erst so in ihrer wahren Dimensionalität. Sein Werk ist ein endloser Maskenzug, in dem die Masken ständig wechseln, bis zuletzt das nackte Ich unter der Verkleidung sichtbar wird. Auch Proust ist zu den Müttern abgestiegen, hat um das vergötterte Bild der eigenen Mutter gerungen und ist, wie Nerval, der furchterregenden Gottheit begegnet.
Das Bild von Paris tritt hinter dieser Gralssuche zurück wie das

Bild Wiens hinter der gleichen Suche nach der Seinsschicht in Musils ›Mann ohne Eigenschaften‹. Nur ist Musil, einer jüngeren Generation angehörig, als passionierter Naturwissenschaftler viel stärker dem technischen Zeitalter verbunden. Seine gläserne Schärfe kontrastiert mit dem hofmannsthalisch seidenen Glanz von Prousts Romandichtung, die als grandioses Reifeprodukt einer versinkenden Kulturform zum erstenmal und vielleicht letzten Mal »den Bogen von Balzac zu Baudelaire geschlagen hat«.[30]

Die radikal moderne Erfassung der Großstadt als »anonymer Korallenstock für das Lebewesen Mensch« kam nicht aus einer geschichtsüberlagerten, uralten Siedlung wie Paris, sondern aus Städten ohne große Tradition, in denen die Pioniere sich der Zukunft um so mehr ungehemmter öffnen konnten: dem New York von Dos Passos und dem Berlin Alfred Döblins. Als Sohn eines Portugiesen und einer Südamerikanerin nach New York mit seinen Wetterstürzen und seinem furiosen Arbeitstempo verschlagen, hat Dos Passos in ›Manhattan Transfer‹, 1925, als erster systematisch im Großstadtroman die Technik der Montage und polyphonen Stimmführung verwandt. Prousts delikate ›Rufe von Paris‹ steigerten sich hier zum Getös einer menschlichen Brandung, deren Gischt den Leser bis auf die Knochen durchnäßte. Walter Benjamin hat ein ähnliches Bild für Döblins ›Alexanderplatz‹ gebraucht und mit Recht darauf hingewiesen, daß das Werk zwar erst 1929 erschienen ist, aber das Prinzip der Stilmontage seine Wurzeln im Frühexpressionismus, Futurismus und Dadaismus habe, zu deren treibenden Kräften Döblin und der Kreis um den ›Sturm‹ gehörten.
Rund vierzig Jahre waren vergangen seit dem Tag, wo Julius Hart begeistert aus dem westfälischen Agrarland in die Hauptstadt eingefahren war:

»Die Fenster auf! Dort drüben liegt Berlin!
Dampf wallt empor und Qualm, in schwarzen Schleiern
Hängt tief und steif die Wolke drüber hin
Die bleiche Luft drückt schwer und liegt wie bleiern...

Ein Flammenherd darunter – ein Vulkan,
Von Millionen Feuerbränden lodernd,...
Ein Paradies, ein süßes Kanaan, –
Ein Höllenreich und Schatten bleich vermodernd.«

Der Archetyp des Moloch und Kanaans sind hier noch ebenso gekoppelt wie Schillerpathos und neu verkündeter Naturalismus. Es überwiegt das Draufgängertum der Dehmelgeneration:

»Berlin! Berlin! Nun hoch die junge Stirn,
Ins wilde Leben laß dich mächtig tragen!«
»Neu zeuch hinab, so stolz und selbstbewußt,
Welch Spur willst du in diesen Fluten lassen?«

Ein ähnliches Zwischen-den-Zeiten in den Berliner Romanen Gutzkows und Spielhagens. Was waren sie schon gegen Balzac und Zola? Und was war Max Kretzers ›Meister Timpe‹, 1888, gegen den Meister Morel in den ›Mystères de Paris‹, 1842? Eugène Sues Pariser Roman hat die Massen aufgewühlt, politisch und ideologisch mitgerissen, elementare Reflexe ausgelöst, die noch um 1900 in der großen Krise zwischen Dritter Republik und römisch-katholischer Kirche nachwirkten. Kretzers Roman gehört der Literaturhistorie an. Fontane steht an der Grenzscheide. Gespeist mit allen Säften der Überlieferung, märkisch-preußisch und doch ein moderner Großstädter, ein Abschiednehmer und auf seine Weise ein Wegbereiter, aufgeschlossen für die ›revolutionäre‹ Problematik des jungen Gerhart Hauptmann. Mit dem ›Biberpelz‹ und den ›Ratten‹ hat Hauptmann später dichterische Dokumente über Berlin geschaffen, denen das Pariser Theater jener Zeit wenig an die Seite zu stellen hat. Zuletzt ist er doch der Schlesier geblieben, den es immer wieder halb genial, halb lallend zu der Erdenkräfte flüsterndem Gedränge zurücktrieb. Den Nerv der harten Zeit hat er bei allen großartigen Anläufen nicht bloßgelegt. Es fehlte die eigene Härte, Schärfe, Selbstzensur; der Komfort des Großschriftstellerlebens tat den Rest.

Das Berlin von 1914, 1918, 1933 verlangte anderen Einsatz: eine Schrillheit des Tons, der bei Sternheim, Kaiser, Heinrich Mann, dem Kreis der ›Aktion‹ und des ›Sturm‹ durchzubrechen beginnt und der bei Jacob van Hoddis, Wolfenstein, Gottfried Benn das lyrische Bild von Berlin schon vor 1914 gestaltet hat. Musterbeispiel bleibt Georg Heyms ›Gott der Stadt‹:

»Auf einem Häuserblocke sitzt er breit.
Vom Abend glänzt der rote Bauch dem Baal...
Er streckt ins Dunkel seine Fleischerfaust.
... Ein Meer von Feuer jagt
Durch eine Straße. Und der Glutqualm braust
Und frißt sie auf, bis spät der Morgen tagt.«

Die Lehren Baudelaires und Rimbauds, Whitmans und Verhaerens haben ihre Früchte getragen. Deutschland beginnt eine adäquate Großstadtdichtung zu produzieren. Heyms Gedicht spielt bei dieser Bewußtwerdung der Moderne dieselbe Rolle wie 1831 Vignys künstlerisch reiferes, geistig tieferes Gedicht ›Elévation‹ für Frankreich. Liegt ein direkter Einfluß vor? Oder drängte sich nicht vielmehr von selbst dem scheinbar traditionsentfesselten Expressionisten der traditionelle biblische Archetyp der großen Hure Babylon auf, der in der englischen Dichtung von Milton und Blake bis zu T. S. Eliots und H. W. Audens Londoner Visionen ebenso konstant ist und als utopisches Gegenbild das himmlische Jerusalem an den Himmel projiziert?[31]

Auch bei Döblin steht hinter ›Berlin-Alexanderplatz‹ mystische Erfahrung und Spekulation; darüber an anderer Stelle. Hier soll nur festgehalten werden, daß dieser erste deutsche Großstadtroman von Weltrang weder im Bewußtsein der Nation dieselbe Rolle spielt wie ›David Copperfield‹ von Dickens oder ›Die Elenden‹ von Hugo, noch bei Döblin selber eine Nachfolge gefunden hat. Vier Jahre nach Erscheinen des Werks wurde der Dichter aus Deutschland verjagt wie alle anderen Vertreter der Moderne, soweit sie nicht niedergemacht wurden. Zwölf Jahre später war Berlin selber ein Trümmerhaufen. Die alte deutsche Tragik: gewaltsamer Bruch in der kaum entstandenen Tradition. Berlin von Braunau aus negiert, eine der Hauptstädte der Welt von Hinterwäldlern geistig ausgelöscht, ehe sie real zerstört wurde.

Auch über Paris lag der Schatten der Zerstörung. Der Zusammenbruch war schon 1914 ganz nah und wurde 1940 effektiv. Zweimal wird Paris von jener apokalyptischen Vernichtung bedroht, die Mercier 1780 prophezeit hatte.

»Brennt Paris schon?« fragte 1944 Hitler immer wieder ungeduldig in seinem Bunker. Aber der General von Choltitz, der auf Hitlers Befehl Rotterdam mit ausradiert hatte, verschonte gegen Hitlers Befehl Paris. Die französische Résistance behauptet noch heute, der deutsche Kommandant von Paris sei vor einem typischen Pariser Phänomen zurückgewichen: den Barrikaden, die plötzlich dem Boden entstiegen. Vielleicht werden Generäle überhaupt erst ansprechbar durch militärischen Gegendruck. Vielleicht aber hat der genius loci gleichzeitig auf eine andere Weise mitgewirkt in Form jener mystischen Scheu, die Paris mit seiner uralten Tradition und der Fülle seiner Kunstschätze schon 1815 bei Alexander I. erzeugt und die Kosaken von der Plünderung abgehalten hatte. Darüber hinaus dürfen wir aber doch wohl ganz einfach einem General humane Regungen zugestehen, wie Victor Hugo sie seinem Galeerensträfling zubilligt. Wie komplex die Motive gewesen sein mögen, es zählt die Tat, und sie steht da in ihrer vollen Monumentalität.[32]

Paris lebt trotz allem weiter. Berlin ist vernichtet. Aber ein Schuß, der heute in Berlin fällt, hat eine Weltresonanz, gegen die Pariser politische Ereignisse nur selten aufkommen.

Vigny würde uns zwar immer noch das grandiose Bild der Weltstadt als glühend um sich selber schwingendes Rad zeigen können, doch grandioser wirken heute New York, Tokio, Rio de Janeiro, wirken zehn, zwanzig andere Städte der Welt – Hochhäuser sogar in Alaska. Die Zukunft bleibt aber auch für Paris offen. Als Stadt mit ganz eigener Atmosphäre und Traditionen hat es sich auch weiterhin nicht nur die eigenen Provinzen anverwandelt, sondern Ausländer. Die einen wurden hier zu Leistungen in ihrer Muttersprache stimuliert. Andere übernahmen das Instrument der französischen Sprache selbst. Panait Istrati, Milosz, J. Kessel, Romain Gary, H. Troyat, Manès Sperber, Ionesco, S. Beckett, Prinzessin Bibesco, Elsa Triolet, Nathalie

Sarraute gehören in unserer Epoche dazu. Das Bild von Paris wird bei ihnen bald in realistischem Sinn weiter präzisiert, bald löst es sich wie in der abstrakten Malerei und unter Bezug auf die Unbestimmtheitsrelationen der modernen Mathematik in Mikro-Partikel auf, die frei vom Handlungsgerüst der Konvention eine ebenso autonome Welt für sich bilden wie die kontrapunktischen Exerzitien in Bachs ›Kunst der Fuge‹. Den ›Anti-Roman‹ dieser neuesten Pariser Schule hatte schon Diderot in ›Jakob und sein Herr‹ zu schreiben begonnen.

Unmittelbarer Anreger aber ist ein Irländer – James Joyce – geworden, der zunächst in Triest, dann im 20jährigen Pariser Exil das verlorene Dublin mit derselben Vehemenz und Kraft der Abstraktion als ›città ideale‹ neugestaltet, die den irischen Mönchen des 7. und 8. Jahrhunderts das phantastisch verschlungene, endlos verästelte Rankenwerk ihrer Buchillustrationen eingegeben hatte: ein freies Spiel und zugleich eine Summa strengster Logik, ein mathematischer Rausch. Materielle und geistige Stütze fand Joyce bei der Amerikanerin Gertrude Stein, die von 1903 bis zu ihrem Tod 1946 Paris als Wahlheimat betrachtete und von diesem alten Kulturzentrum aus so radikal moderne Geister wie Joyce, Hemingway, F. S. K. Fitzgerald, Henry Miller samt Malern wie Picasso und seinem Kreis um sich sammelte und durchsetzen half. Damit war nicht nur das Bild von Paris bereichert, sondern einem Pariser Erbübel, der nabelbeschauenden Überheblichkeit, entgegengewirkt und der Avant-garde der französischen Maler und Dichter, Philosophen und Musiker neue Türen zur Welt geöffnet. Auf die besondere Rolle der russischen und polnischen Emigration kann nur am Rande verwiesen werden. Seit den Tagen von Chopin, Adam Mickiewicz, Alexander Herzen, Turgenjew bis zur Epoche von Ivan Bunin, Chestov, Berdjajew bildete Paris eine Freistatt für sie.

Die Musik Strawinskys und die Ballette Diaghilews sind 1913 für Paris ähnliche Katalysatoren der Moderne geworden wie die Malerei Jawlenskys und Kandinskys zur selben Zeit für München. Aber Kandinsky hat die deutsche Wahlheimat zum erstenmal während des Krieges von 1914, zum zweitenmal unter

Hitler verlassen müssen – 1944 starb auch er in Paris, zu dem Maler wie Chagall und Soutine, eine Schauspielerfamilie wie die Pitoëffs und slawische Künstler schlechthin ganz andere innere Beziehungen unterhalten haben als das in Deutschland der Fall sein konnte.

Auf die entscheidende Wende, die Paris im Schaffen Rilkes bedeutet, braucht nur hingewiesen zu werden. Der deutschen Emigration nach 1933 war es nicht mehr vergönnt, Fuß zu fassen. Die Zeit war zu knapp, der Fall stand bevor. Paris ist für die meisten unter diesen Vertriebenen eine oft verfluchte Durchgangsstation oder gar eine Falle geworden – so für Ernst Weiß, der sich beim Einzug der Deutschen die Adern öffnete, so für Joseph Roth, der sich schon vorher bewußt zu Tode trank.

Das neue Phänomen seit 20 oder 30 Jahren ist der enorme Kräftezuwachs, den Frankreich und sein Sprachraum durch die Existenz frankophoner Sprach- und Dichtergruppen in den ehemaligen Kolonien gefunden haben. Um nicht in die Zersplitterung der zahllosen Stammessprachen zurückzufallen, sind die jungen Staaten auf das Französische als auf eine Umgangssprache von universalem Charakter angewiesen, die mit wachsender Schulbildung nun auch in die Massen eindringt.

Welch eigenen Atem der Welschschweizer Rousseau und nach ihm der Bretone Chateaubriand in die erstarrte Sprache der Pariser Salons gebracht hatten, ist schon angedeutet worden. Selbst der junge Bonaparte brachte aus Korsika einen besonderen Impetus der Diktion mit. Belgien und Kanada bilden andere Reservate seit Jahrhunderten. Aber erst Afrika erschließt die Fülle der Möglichkeiten; dazu treten ältere Siedlungen wie die Antillen, Guayana, Haiti. Am grandiosen Aufschwung der spanischen und portugiesischen Lyrik und Prosa südamerikanischer Provenienz zeigt sich jetzt schon, welch ganz neue Dimensionen auf einem ähnlich exotischen Kraftfeld für die Sprache des Muttervolkes entstehen können.

Der vorletzte Nobelpreisträger Frankreichs, Saint-John Perse (Alexis Léger) stammt von der Insel Guadeloupe, wo seine Familie seit dem Ende des 18. Jahrhunderts sich niedergelassen hatte. Jahrzehntelang hoher Beamter im Außenministerium wie Giraudoux und Claudel, hat er Paris bewohnt, aber kaum besungen. Er besingt das Meer, den Raum der Sterne und Winde, den Kosmos; ein planetarischer Mensch in noch viel unmittelbarerem Sinn als Mombert und nicht ohne Grund dem brasilianischen Lyriker Pereira Lima geistesverwandt.

»Und es ist ein Meeresgesang wie er niemals gesungen wurde,
Und es ist das Meer in uns, das ihn singen wird –
das Meer, das in uns das seidene Rauschen der offenen See trägt und die ganze große unverhoffte Frische über die Welt.«[33]

Das führt die großen Meereshymnen des alten Victor Hugo auf einer neuen Ebene weiter und trennt dabei wie Hugo die Arbeit und Kultur des Menschen nie von der Natur, geht wie Malraux den Spuren der im Sand verwehten Tempel nach, den Bronzegalionen auf dem Meeresgrund, den Hieroglyphen längst entschwundener magischer Wissensbereiche, die doch so geheimnisvoll unter uns nachleben und von einer unbeirrbar fortwirkenden Kraft zeugen.

Elementarer noch wirken die Dichtungen schwarzer Lyriker französischer Zunge. Léopold Sédar Senghor, der derzeitige Staatspräsident von Senegal, hat sie mit eigenen Dichtungen in einer berühmten Anthologie zusammengestellt.[34] Die Errungenschaften der typischen Großstadtdichter Baudelaire, Verlaine, Rimbaud, ja Mallarmé, sind hier mit uralten eigenen Überlieferungen verschmolzen (wenngleich auch ab und zu der oratorische Schwung der Advokatensprache dazwischengerät). Ein Mitschüler Senghors im Pariser Gymnasium Louis le Grand oben beim Pantheon hatte den Senegalesen einst in die Geheimnisse der französischen Lyrik eingeführt: Georges Pompidou, der heutige Staatspräsident, den seine politische Tätigkeit nicht daran gehindert hat, 1961 eine ›Anthologie der schönsten französischen Gedichte‹ herauszugeben oder 1967 einem Baudelaire-Kongreß zu präsidieren. Auch das und gerade das ist Paris.

In diesem Paris fühlen sich die afrikanischen Dichter – zumindest die der Generation, die heute seine Geschicke lenkt –, geistig und menschlich mehr zu Hause als in London oder New

York, in Moskau oder Peking. Von hier aus können sich über Kanäle der ganz neuen Innervations-Ströme, die vom alten Paris zu den schon euro-physiologisch und sprachschöpferisch ganz anders reagierenden farbigen Völkern führen, unerwartet produktive Varianten im Bild der Stadt ergeben.

Die Natur hat vielleicht noch manchen guten Streich mit Paris im Sinn.

---

1 Vigny: *Paris* mit dem doppelsinnigen Untertitel *Elévation* (›Anhöhe‹ und ›Aufschwung‹) in seinem Gedichtzyklus *Poèmes antiques et modernes*. Krit. Ausgabe der *Œuvres* durch F. Baldensperger, éd. La Pléiade, Paris 1948, 2 Bde. Darin auch Diskussion der Datierung des Manuskripts durch den Dichter: »6. Januar 1831«.

2 Pierre Citron: *La poésie de Paris dans la littérature française de Rousseau à Baudelaire*, Paris 1961, 2 Bde. Ausführliche Tabellen am Schluß des Werkes (chronologische Verzeichnisse der wichtigsten Dichtungen über Paris, der Metaphern und Symbole etc.). – Es hätte den Rahmen der vorliegenden Abhandlung gesprengt, auf die zahlreichen andern Arbeiten hinzuweisen, die jeweils herangezogen wurden: so vor allem P. Champion, J. Hillairet, G. Pillement, R. Héron de Villefosse. Eine Bibliographie der allgemeinen Werke über Paris bei Citron. Erwähnt seien nur das darin noch fehlende *Dictionnaire de Paris*, éd. Larousse, Paris, 1964, in-4°, 518 S. (mit recht unterschiedlichen Beiträgen von 23 Mitarbeitern) und *Guide de la France mystérieuse*, éd. Tchou, Paris in-8°, 1023 S. (18 Mitarbeiter. Über Paris cf. S. 667–708).

3 Voltaire: *Lettre au Comte de Caylus*, 1739. Cf. Citron, o. c., I, 94.

4 Die Zitate Rousseaus in *Emile*, éd. Furne, 1846, Bd.2, 416, 703, 714. Cf. Citron, o.c. I, 99 sq. Über Rousseau als Schweizer, mit vielen, nicht immer ganz überzeugenden Belegen, cf. die 2 Bände von F. Jost: *J. J. Rousseau, Suisse*, Fribourg, 1961.

5 Senancour: *Obermann* und *Journal intime d'Obermann*, hg. von André Monglond, Grenoble 1948, 3 Bde. – Cf. auch über das Landschaftsempfinden und das Stadterlebnis im späten 18. Jahrhundert die subtilen und reich dokumentierten Ausführungen desselben Autors in seinem Werk: *Le préromantisme français*, 2. revid. Aufl., Paris 1965.

6 Charles Kunstler: *Paris souterrain*, 1953 (mit Bibliographie). Baumel: *Paris sous Paris*, 1965.

7 A. Thibaudet: Histoire de la littérature française. 1936. 21. Über die Napoleonslegende und Paris cf. auch P. Citron, o. c., I, 308 sq.

8 Die Erwähnung von Notre-Dame bei J. Méry in: *Epître à M. le Comte de Villèle*, abgedruckt in *Œuvres de Barthélemy et Méry*, Paris 1825/26. Cf. Citron, o. c. I, 188. – Über Einfluß, den Sulpiz Boisserée auf die Wiederentdeckung der Gotik (als einer ›echt deutschen Kunst‹) in Paris gehabt hat, cf. die grundlegende Studie von Pierre Moisy: *Le séjour en France de Sulpice Boisserée* 1820–25, Paris 1956.

9 Paris als geballte politisch-geistige Energie: cf. Citron, o. c. I, 218 sq. – *La cuve* von Auguste Barbier ist 1832 in seiner Sammlung *Iambes* erschienen.
10 Geschlechtswechsel der Metaphern: Citron, o. c. II, 7 sq.
11 Bevölkerungsstatistik von Paris: genaue Tabellen bei Georges Dupeux, *La société française de 1789–1960*, Paris 1964.
12 Grundlegendes Werk von Louis Chevalier: *Classes laborieuses et classes dangereuses à Paris dans la première moitié du XIX. siècle*. Paris, 1958, 562 S. – Vom selben Autor inzwischen *Les Parisiens*, 1968.
13 Victor Hugo: *Discours du 20. 7. 1849 à l'Assemblée législative*. Cf. auch seine *Actes et paroles*, I, 470.
14 Über Balzac cf. die Kapitel bei Chevalier, o. c., 64 sq. und Citron, o. c. II, 181–206.
15 Victor Hugo: *Les Misères, Douze études, 1851*. Cf. Chevalier, o. c., 97.
16 V. Hugo: *Odes et Ballades*, Neue Vorrede von 1853.
17 Michel Butor, *Répertoire II*, 1964. – Unter den neuesten Studien über Hugo: Georges Piroué: *V. Hugo romancier ou les dessus de l'inconnu*. Paris, 1964. – Ch. Dedeyan: *V. Hugo et l'Allemagne*, Paris, 2 Bde., 1964/65. – Ferner die Akten des *Colloque sur les Misérables*, Strasbourg, 1963, und die Sondernummer der Zeitschrift *Europe* zur Jahrhundertfeier des Romans, 1962.
18 Grundlegendes Quellenwerk von Edmond Eggli über *Schiller et le romantisme français*, 1927. Unter den neueren deutschen Analysen von Hugos Geistesart: H. Mann, *Rede* in den *Essays*, Bd. I, Aufbau-Verlag, 1954. – Hans Mayer: *Rede zu Ehren V. Hugos*, in *Deutsche Literatur und Weltliteratur*, 1952, S. 75. – Cf. auch das Vorwort II. Mayers zu einer Übersetzung der *Elenden*, die seither in der DDR zurückgezogen worden ist. Frühere Übersetzungen (1923, 1927, 1933) sind kaum ans größere Publikum herangekommen. Jetzt Taschenbuch bei Goldmann und 1968 in Manesses *Weltbibliothek* (Zürich).
19 Neuausgabe der *Mystères de Paris* (von denen zahllose populäre Nachdrucke existieren) beim avantgardistischen Verlag Pauvert, Paris, 1963, 931 S. Vorwort von J. L. Bory. – Über Sue cf. die wichtigen Hinweise bei Chevalier, o. c., 510 sq. Im *Juif errant*, dem andern Erfolgsroman von Sue, spielt Paris eine nicht zu unterschätzende Rolle; berühmt ist die Schilderung der Cholera von 1832 (die auch Heine evoziert hat), Kapitel 4 und 5 ibid. – Auf der Bühne riß zur gleichen Zeit – um 1847/48 – das Drama von Felix Pyat: *Le chiffonnier de Paris* die Menge hin. Es hat sich nicht halten können, wohl aber sein Thema des Pariser Lumpensammlers.
20 Rilke an Clara Rilke, 19. 10. 1907. – Apokalyptisches Paris: Citron, o. c., I, 145 sq., 331 sq., II, 16–40. – Über Baudelaire als Dichter von Paris: A. Thibaudet: *Intérieurs*, Paris, 1924, S. 3–61. Wichtige Aufschlüsselungen wird der im Druck befindliche Kommentar von Robert Kopp zu Baudelaires *Poèmes en prose* bringen.
21 Zola über Wagner, zit. bei A. Bruneau *A l'ombre d'un grand cœur*, Paris, 1932. – Cf. auch L. Guichard *La musique et les lettres françaises au temps du wagnérisme*, Paris, 1963. Nietzsche über ›Zola oder die Freude zu stinken‹ in: *Götzendämmerung*, 1900, S. 65. – Unterhaltung Zolas mit Alfred Kerr in dessen *Welt im Licht*, 1920, I, 361 sq. – Immer noch maßgebend die Reden über Zola von Heinrich Mann (jetzt in den *Essays*, Aufbau-Verlag, Berlin, I, 1954).
22 Chlodwig Fürst zu Hohenlohe-Schillingsfürst: *Denkwürdigkeiten und Briefe*, 1907, 2 Bde. Bei allen Seitenhieben auf den Kaiser, viel akademisch-diplomatische Süffisance. Proust läßt seine Romanfigur Monsieur de Norpois als Vertre-

ter der französischen Diplomatie ähnliche Nichtigkeiten ebenso bedeutungsvoll vortragen. – Cf. auch die vorzügliche Studie von Hans Schwerte, *Deutsche Literatur im wilhelminischen Zeitalter* (in *Wirkendes Wort*, XIV, 4, S. 259).

23 *Les Français peints par eux-mêmes,* éd. Curmer, Paris, 1840 sq., 8 Bde. – Eine andere Sammlung in 15 Bden, an der auch Chateaubriand und Lamartine mitarbeiteten, heißt: *Paris, ou le livre des cent-et-un,* éd. Ladvocat, Paris, 1831–34. – Das Zwischenglied zwischen Mercier und diesen Sammelbänden bilden die Bände, die Etienne Jouy unter dem Titel *Collection des mœurs françaises* herausgegeben hat und deren bekanntester Teil die 5 Bde. seines *Ermite de la Chaussée d'Antin* waren (Paris, 1812). Cf. hierfür C. Pichois: *Pour une biographie d'E. Jouy (Rev. d. sciences humaines* IV, 1965). – Die Weltausstellungen unter Napoleon III. gaben der Gattung einen neuen Aufschwung. Außer dem im Text erwähnten *Paris-Guide,* 1867, bereits 1855: *Paris et les Parisiens au XIX. s.*

24 Barbey d'Aurevilly, als vehementer Zeitkritiker der gleichen ideologischen Richtung angehörig, hat in einem Roman wie ›La vieille maîtresse‹ 1858 die Pariser Gesellschaft unter der bourbonischen Restauration eindringlich geschildert.

25 Über das ›Bild von Paris‹ unter der Kommune cf. Henri Lefebvre: *La proclamation de la Commune,* Paris 1965, 130 bis 134. – Das aufschlußreiche Gedicht von Leconte de Lisle aus der Zeit der Belagerung ist unter dem bezeichnenden Titel: *Le Sacre de Paris* zuerst im ›Journal de la Librairie‹ vom 28. Januar 1871 erschienen (später aufgenommen in die *Poèmes tragiques,* 1884).

26. Wilhelm Hausenstein: *Europäische Hauptstädte,* 1932; neue Ausg. 1954, S. 30 sq. – Subtiler und bedeutsamer Essay von Walter Benjamin: *Paris, die Hauptstadt des 19. Jahrhunderts* (jetzt in Schriften, hg. Adorno, 1955, I, 406–422). Benjamin betont darin u. a. die Rolle, die die glasgedeckten Passagen auf den großen Boulevards während der 2. Jahrhunderthälfte in der Literatur über Paris gespielt haben; auch Louis Aragon spricht ausführlich darüber in einem seiner surrealistischen Frühwerke: *Le paysan de Paris,* 1926. Unter den Anthologien literarischer Texte, die neben Dichtern auch Maler hereinbeziehen, cf. P. Bessand-Massenet: *Air et manière de Paris,* 1951.

27 Eine Zusammenstellung der Pariser Kapitel aus dem Romanzyklus der *Hommes de bonne volonté* von Jules Romains durch Lise J. Romains unter dem Titel: *Paris des hommes de bonne volonté,* 1949, 404 S. – Unter dem Titel: *Puissances de Paris* hatte der Autor 1919 interessante, noch stark soziologisch determinierte Vorstudien dazu veröffentlicht. – Cf. auch die Biographie von A. Cuisenier: *Jules Romains,* Paris, 1954.

28 Bezeichnenderweise war Geffroy, ein Vorkämpfer des Realismus, zugleich einer der berufensten Verteidiger der impressionistischen Maler und Cézannes; mit Zolas konsequentem Naturalismus hatte er gebrochen. J. H. Rosny und L. Descaves haben in der gleichen Epoche härtere Pariser Sittenromane geschrieben, während *Une nuit au Luxembourg* von Remy de Gourmont den Typ des ›zerebralen‹ Romans darstellt, in den das subterrane Element von Paris seltsam hineingeistert.

29 Die ›Rufe von Paris‹ bereits in den ›Français peints par eux-mêmes‹, o. c., Bd. I, S. 225 sq. Später immer wieder, zuletzt in der Lyrik von Robert Desnos. – Unter den neuerschienenen Sammelwerken über Paris cf. das durch dichterische Texte illustrierte Photoalbum: *Paris des poètes, Paris en images, de Villon à Prévert,* éd. Hachette, 1966.

30 Gaëtan Picon: *Lecture de Proust,* Paris 1963.

31 Über die Großstadt in der englischen Dichtung einige wertvolle Hinweise bei

Johannes Kleinstück: *Mythos und Symbol in englischer Dichtung*, Stuttgart 1964.
32 Die Memoiren von Choltitz (frz. Übersetzung: *Un soldat parmi des soldats*, Paris, 1964) sind wenig ergiebig. – Aufschlußreicher, wenn auch keineswegs einwandfrei belegt, die Dokumentarstudie von Larry Collins und Dominique Lapierre: *Paris brûle-t-il?* 1964 (dt. Übers. München 1966).
33 Über P. Lima cf. Fritz Usinger in: *Tellurische und planetarische Dichtung* (Abhandlg. der Mainzer Akademie, Abt. Literatur, Wiesbaden, 1964). – Die Übersetzung der Strophen von Saint-John Perse zitiert nach Josef Theisen: *Geschichte der franz. Literatur*, Stuttgart 1964.
34 L. S. Senghor: *Anthologie de la nouvelle poésie nègre et malgache de langue française*, Paris 1950. – Eine andere, neue Zusammenstellung mit Vorwort von Leon-Gontran Damas, einem Dichter aus Guayana, in der Zeitschrift *Présence africaine*, Paris 1966, Nr. 57, 574 S. – Deutsche Anthologie von J. Jahn: *Geschichte der neo-afrikanischen Literatur*, Düsseldorf 1966, mit wertvollem Kommentar. – Zusammen mit dem tunesischen Staatspräsidenten Burgiba hat Senghor seine Lieblingsidee über den politisch-kulturellen Zusammenschluß der ›frankophonen Staaten‹ in Tunis am 16. Mai 1966 proklamiert. Ein Hauptverteidiger der algerischen Literatur französischer Sprache ist Mouloud Mammeri. – G. Pompidou: ›Anthologie de la poésie française‹, 1961. Dazu seine sehr positiven und fundierten Äußerungen über den ›nouveau roman‹ und abstrakte Malerei im ›Figaro littéraire‹, 1. 9. 1966, und seine Rede auf dem Baudelaire-Kongreß in Nizza, 28. Mai 1967.

Namenregister

Abraham a Santa Clara (Ulrich Megerle) 34, 260, 284
Ackerknecht, E. 156
Adenauer, K. 34
Adler, A. 133
Adorno, Th. W. 92, 234
Alain (Chartier, E.) 131, 146
Albert d. Gr. 324
Alberts, J. 306, 307
Albin (Mme Lacroix-Cornu) 133, 140
Alexander I. v. Rußland 368
Alexis, W. 172
Allmers, H. 300
Altdorfer, A. 184
Andersen, H. Ch. 162
Andler, Ch. 116
Andler (Gastwirt) 135
Andreae, J. 78
Andreae, J. V. 78, 87, 95
Angely, L. 162
Annunzio, G. d' 25, 181, 221, 313
Anouilh, J. 360
Antoine, A. 350
Apollinaire, G. 50, 114, 143, 183, 360
Aragon, L. 118, 326, 343, 362
Arcos, R. 357
Arène, P. 143
Aristophanes 97
Aristoteles 182
Arminius 142
Arndt, E. M. 58
Arnim, A. von 80, 222, 296
Arnold, A. 183
Arp, H. 284
Asa, Maria d' 143
Aubigné, Agrippa d' 321
Auden, H. W. 367
Auerbach, B. 131, 132, 134, 137, 142, 143, 144
Augier, E. 349
August v. Sachsen-Gotha 56

Avenarius, F. 301

Baader, F. 76
Bach, J. S. 55, 71, 123, 300
Bachelard, G. 122
Baeumler, A. 274
Bahlsen, M. 111
Baïf, A. de 321
Balzac, H. de 19, 24, 53, 74, 80, 87, 106, 108, 117, 118, 129, 130, 132, 134, 142, 146, 171, 186, 195, 326, 333, 334, 335, 337, 341, 342, 343, 345, 348, 350, 351, 354, 358, 359, 364, 365, 366
Banse, E. 311, 312
Banville, Th. de 352
Barbey d'Aurevilly, J. 112
Barbier, A. 332
Barlach, E. 146
Barrès, M. 23, 221, 281, 312, 313, 347
Bartas, G. du 321
Bartels, A. 143, 252
Barthélemy, A. M. 330, 331
Bartók, B. 252
Basch, V. 153
Bataille, H. 349
Baud-Bovy 137
Baudelaire, Ch. 24, 25, 33, 50, 74, 80, 81, 98, 106, 107, 108, 111, 113, 114, 132, 135, 138, 167, 323, 327, 341, 342, 343, 344, 354, 365, 367, 371
Bayle, P. 63
Bazin, R. 147
Beardsley, A. 306
Beauharnais, Stéphanie de 134
Beaumarchais (Caron de) 322, 325
Beauvoir, S. de 30
Bebel, H. 82
Becker, F. 27, 203

377

Beckett, S. 368
Becque, H. 350
Beethoven, L. van 35, 60, 67, 74, 103, 118, 160, 328
Béguin, A. 119, 122
Bengel, J. A. 78
Benjamin, W. 192, 220, 278, 365
Benn, G. 22, 28, 165, 167, 168, 169, 170, 172, 177, 189, 194, 265, 266, 275, 299, 316, 347, 367
Bentlage, M. zur 311
Benz, R. 66
Berdjajew, N. 369
Berend, E. 101, 109, 110, 117, 122
Berens-Totenohl, J. 269
Bergson, H. 277, 324, 357, 364
Berl, H. 277
Berlioz, H. 333
Bernadette (Soubirous) 33
Bernanos, G. 119, 351
Bernard, E. 307
Bernardin de Saint-Pierre 130, 330
Bernauer, A. 222
Bernhardt, S. 19
Bernstein, H. 349
Bertaux, P. 92
Bertram, E. 26
Beste, K. 311
Beumelburg, W. 28
Biandrata, G. von 83
Bianquis, G. 120, 123
Bibesco, Prinzessin 368
Bismarck, O. von 22, 36, 94, 171, 216, 248, 259, 269
Björnson, B. 181, 314, 350
Blake, W. 76, 367
Blanc, L. 325
Blaze de Bury, H. 110
Blechen, K. 162
Bloch, E. 148, 228, 248, 295, 303, 304

Bloy, L. 119, 351
Blunck, H. F. 28
Böcklin, A. 25
Böhm, M. 203
Böhme, J. 215, 234, 334
Börne, L. 21, 67, 110, 348
Boileau, N. 322
Bonaparte, Jérôme 27
Bonaparte, Lucien 38
Bosch, C. 225
Bosch, H. 73
Bossert, A. 115
Bossuet, J. 34
Bourges, E. 114
Bourget, P. 349
Bournac, O. 119
Bouteron, M. 134
Brahms, J. 67, 300
Brandes, G. 314
Braque, G. 285, 361
Brauer, J. N. F. 248
Brecht, B. 49, 55, 148, 198, 214–233, 280, 321
Brentano, B. 21, 31, 80, 90
Brentano, C. 21, 80, 222, 361
Brentano, F. 264
Brenz, J. 78, 79
Breton, A. 361
Breuer, H. 222
Breughel d. J. 67
Brieux, E. 349
Brion, F. 32, 145
Brizeux, A. 129
Brockhaus 63
Bronnen, A. 224
Brontë, Ch. und E. 297
Buchon, M. 133–139, 141–144
Buddha 207
Büchner, A. 111–112
Büchner, G. 21, 32, 38, 40, 75, 81, 102
Büchner, L. 111
Bülow, B. von 22
Bürger, G. A. 58
Buffon, G. L. de 57, 58

Buisson, F. 115
Bunin, I. 369
Burckhardt, C. J. 153
Burte, H. 148, 235, 238, 240, 242, 285
Butor, M. 24, 338
Buz, H. 225
Byron, Lord 320

Caillavet, A. de 349
Calderon, P. de la Barca 350
Calvin, J. 78, 83, 321
Camus, A. 37, 43, 360
Carco, F. 360
Carlowitz, Baronin 112
Carlyle, Th. 106, 108
Carossa, H. 183, 219, 357
Carrand, L. 299
Cassou, J. 117, 118
Catull 128
Céline, L. F. 40, 146, 192, 315, 362, 363
Cervantes, M. de 62, 108
Césaire, A. 279
Cézanne, P. 25, 93, 117, 307, 344, 353
Chagall, M. 132, 370
Chalgrin, J. F. 329
Challemel-Lacour 81, 87
Chamberlain, H. St. 276
Chamfort, N. S. Roch de 40
Chamisso, A. von 168, 172, 279, 295, 331
Champfleury (Husson, J.) 107, 112, 134, 138, 144, 359
Char, R. 285, 361
Chardin, J. B. S. 50
Chasles, Ph. 108, 114, 115, 118
Chateaubriand, F. R. de 35, 36, 37, 38, 39, 51, 92, 129, 130, 260, 296, 328, 329, 370
Chateaubriand, Lucile de 31
Chateaubriant, A. de 147, 313
Chatrian, A. 132, 142, 144
Chestow, L. 369

Chevalier, L. 332
Choiseul-Gouffier, M. G. A. F. de 81
Choltitz, D. von 154, 368
Chopin, F. 87, 131, 333, 369
Chuquet, A. 115
Churchill, W. 39
Citron, P. 321, 331, 332, 343
Clair, R. 360
Cladel, L. 143
Claudel, P. 24, 25, 85, 350, 356, 371
Clausewitz, C. von 39
Clemenceau, G. 39
Cloots, A. 330
Coccejus (Koch, J.) 89
Cocteau, J. 359
Colette, S. 30, 146, 360
Conrad, J. 279
Conscience, H. 143
Considérant, V. 136
Constant, B. 328
Coppée, F. 352
Corday, Ch. 33, 328
Corneille, P. 21, 22, 322
Corot, C. 137
Corti, J. 122, 123
Cotta, J. F. 80, 224
Cottet, Ch. 307
Courbet, G. 135–137, 138–140, 344
Courteline, G. 351
Crépet, J. 107
Curtius, E. R. 25
Curtius, L. 221

Dabit, E. 359
Dagnan-Bouveret, P. A. J. 307
Daniel-Rops, H. 118
Dante, Alighieri 25, 26, 315, 320, 324, 334, 336
Darré, W. 274
Darwin, Ch. 182, 197, 311
Daubigny, Ch. 307
Daudet, A. 349, 357

Daudet, L. 117, 150
Däubler, Th. 189
Daumier, H. 354
David, L. 329
Defregger, F. 269
Degas, E. 354
Dehmel, R. 22, 25, 148, 167, 178
Deissmann, A. 267
Delacroix, E. 354
Delaunay, R. 183, 361
Descartes, R. 208, 271
Deschamps, Emile 107
Deschamps, Eustache 321
Desfeuilles 143
Desjardins, P. 24
Desmoulins, C. 33
Desmoulins, L. 33
Desnos, R. 362
Deutsch, M. 218
Diaghilew, S. 369
Diane de Poitiers 33
Dickens, Ch. 72, 195, 340, 367
Diderot, D. 21, 32, 33, 40, 47–65, 67, 171, 322, 324, 369
Diesel, R. 225
Dilthey, W. 80
Diogenes 247
Döblin, A. 28, 38, 41, 69, 97, 166, 175–213, 185, 231, 264, 315, 347, 365, 367
Döblin, W. 201, 204
Döhler, W. 269
Doré, G. 143
Dos Passos, J. 191, 192, 365
Dostojewskij, F. 75, 106, 171, 181, 339, 344
Dreyfus, A. 153, 345, 356, 359
Dreyfus, M. 120
Droste-Hülshoff, A. von 31, 129, 144, 177, 296, 297, 301
Dufy, R. 361
Duhamel, G. 357
Dumas, A. 132, 142, 341, 348
Dumont, L. 112

Dupont, P. 139
Duranty, L. E. 134
Durckheim, E. 357
Dürer, A. 71, 81, 244, 257
Duveau, G. 215

Ebner-Eschenbach, M. von 31
Eckehart, Meister 234
Eichendorff, J. 20
Eliot, T. S. 367
Eluard, P. 361
Ende, Hans am 306
Engel, E. 234, 281, 282
Engels, F. 333
Enghien, duc d' 35
Erasmus von Rotterdam 154, 245
Erckmann, E. 132, 142, 144
Erhard, L. 30, 34
Etiemble 30, 281
Eulenburg, Graf 194

Fabre, F. 143
Falconet, E. M. 57
Fallada, H. 192
Fargue, P. L. 109, 362
Faulkner, W. 67, 190, 315
Fauriel, C. 145
Favre-Velten, J. 115
Faye, J. P. 276
Fecht, G. 131, 247
Feuchtwanger, L. 224
Feydeau, H. G. 349
Fichte, J. G. 69, 76, 85, 96, 153, 237
Finckh, L. 280
Firmery, J. 115
Fischart, J. 34
Fischer, S. 280
Fitzgerald, F. S. K. 369
Flaischlen, C. 243
Flaminio, M. A. 83
Flaubert, G. 19, 70, 80, 106, 111, 135, 140, 146, 187, 305, 339, 347, 349

Flers, R. de 349
Florian, J. P. de 140
Foch, F. 39
Fontane, Th. 20, 22, 86, 159–174, 184, 301, 347, 355, 366
Fontenelle, V. B. de 56
Forain, J. L. 354
Fourier, Ch. 136, 325, 333
France, A. 195, 355, 356
Franck, S. 222, 228
Francke, H. A. 85
François, L. von 31, 172
François-Poncet, A. 23
Franklin, B. 247
Frantz, C. 36
Franzos, K. E. 132
Freiligrath, F. 21
Frenssen, G. 143
Freud, S. 69, 133, 182, 197, 203, 364
Friedländer, G. 170
Friedrich, C. D. 50, 299
Friedrich II. v. Preußen 21, 36, 278, 328
Friedrich Wilhelm IV. 141
Frisch, M. 148
Fröhlich (Schwestern) 247
Fromentin, E. 107

Gabele, A. 253, 254, 255, 256, 261, 262, 264, 268, 280, 285
Galbacio, B. 343
Galilei, G. 219, 230
Galland, A. 42
Galvani, L. 61
Gandhi, M. 357
Gary, R. 368
Gauguin, P. 307, 308
Gaulle, Ch. de 30, 39, 134
Gautier, Th. 106, 113, 343, 348, 352
Gavarni, S. G. 354
Gay, J. 223
Geffroy, G. 359

Geibel, E. 38
Gehlen, A. 29
Genevoix, M. 146
Gensler, G. 299
George, H. 223
George, Stefan 25, 26, 27, 38, 72, 81, 95, 114, 146, 235, 258, 273, 274, 275
Gerhardt, P. 161
Gerstäcker, K. 310
Geßner, S. 52, 70
Gide, A. 23, 24, 25, 114, 143, 281, 347, 359, 360
Giono, J. 146
Giraudoux, J. 67, 116, 118, 360, 371
Girault, C. 122
Girault de St. Fargeau 109
Glasbrenner, A. 162
Gluck, Ch. W. 60
Gobineau, A. de 108, 114, 136
Goebbels, J. 95, 267, 272
Göring, H. 267
Görres, J. 67, 80
Goethe, J. W. 19, 21, 22, 26, 30, 32, 42, 47, 50, 55, 56, 57, 58, 59, 60, 68, 69, 74, 79, 80, 81, 83, 88, 89, 90, 92, 96, 101, 131, 133, 142, 145, 150, 160, 180, 182, 183, 185, 197, 219, 225, 234, 238, 240, 246, 270, 287, 295, 323, 327, 331, 333, 342
Goethe, Christiane 32
Goethe, Cornelia 240
Goethe, Frau Rat 31
Gött, E. 148
Gogh, V. van 93, 226, 256, 257, 307, 308
Goldoni, C. 49
Goncourt, E. und J. 24, 50, 135, 346, 347
Gontard, S. 85, 87, 92
Gontscharow, I. 325
Gorki, M. 350

Gotthelf, J. 129, 137, 143, 144, 246
Gottschedin, A. 31
Gourmont, R. de 347
Grabbe, Ch. D. 19
Graf, O. M. 149
Graf, U. 218
Gracian, B. 118
Grävenitz, Gräfin 33
Grange, E. de la 106, 107, 108, 113, 117
Grass, G. 210
Green, J. 347
Greuze, J. B. 50
Grieg, E. 299
Grillparzer, F. 41, 60, 247, 261
Grimm, Brüder 30, 128, 298
Grimm, F. M. Baron 56
Grimm, H. 28
Grimmelshausen, H. J. Ch. von 34, 149, 187, 228
Gröber, C. 240, 253, 254, 255, 262, 263, 264, 277
Groethuysen, B. 25
Grolman, A. von 127
Gros, J. A. 329
Groth, K. 148, 280, 301
Grünewald 260, 346
Gryphius, A. 321
Guardi, F. 61
Guérin, E. de 31
Guérin, M. de 31
Günderode, K. von 31
Guillemot, Ch. 112, 113
Guitry, S. 349
Guizot, F. 102
Gundolf, F. 26, 95
Gutzkow, K. 20, 366
Guys, C. 354
Gyp (Comtesse de Martel) 131, 345

Haarmann 315
Haas, W. 224
Haftmann, W. 314

Hahm, K. 252
Hahn, M. 275
Halévy, L. 349
Hamann, J. G. 55
Hamann, R. 305
Hamsun, K. 314, 315
Hansjakob, H. 148
Harms, L. u. Th. 311
Hart, H. u. J. 365
Hašek, J. 149
Hauff, W. 142, 151, 331
Hauptmann, G. 22, 25, 27, 28, 37, 38, 184, 196, 303, 307, 346, 350, 366
Hausenstein, W. 154, 214, 355
Hauser, K. 35, 323
Hausmann, M. 313
Haussmann, E. G. 343
Haydn, J. 67
Haym, R. 80
Hebbel, F. 21, 40, 67, 73, 179, 297, 298, 315, 324
Hebel, J. P. 126–158, 227, 228, 234–294
Hecker, F. K. 134
Heer, F. 83, 276
Hegel, G. W. F. 41, 61, 62, 67, 78, 79, 82, 85, 88, 94, 112–121, 154, 162, 182, 191, 228, 229, 265, 285, 323, 324, 328, 334
Heidegger, M. 27, 83, 96, 177, 226, 227, 229, 234–294, 338
Heimann, M. 27
Heimpel, H. 259
Heine, H. 21, 33, 67, 75, 97, 101, 114, 132, 133, 169, 199, 223, 301, 320, 321, 330, 333, 335, 348, 352, 361
Heinse, W. 19, 86, 93
Hella, A. 119
Hellingrath, N. von 95
Hellpach, W. 150, 280
Helvetius, C. A. 56, 61
Hemingway, E. 369

Herder, J. G. 21, 53, 55, 56, 67, 74, 133, 237, 279
Hermant, A. 359
Herr, L. 153, 154
Hervieu, P. 349
Herwegen, I. 263
Herwegh, G. 80
Herzen, A. 333, 369
Herzog, R. 269
Hess, G. 279
Hesse, H. 146, 156, 280
Hessen-Homburg, Landgraf von 90
Heuss, Th. 206, 225
Heym, G. 347, 367
Heyse, P. 38, 355
Hildebrandt, K. 274
Hitler, A. 95, 147, 210, 244, 250, 251, 252, 262, 263, 265, 274, 275, 276, 286, 329
Hoddis, J. van 367
Högel, M. 224
Hölderlin, F. 20, 21, 27, 29, 40, 41, 58, 66, 68, 78–100, 102, 106, 108, 128, 150, 180, 181, 184, 187, 193, 196, 200, 207, 240, 241, 271, 272, 274, 275, 286, 327, 328, 334, 341, 342, 353
Höllerer, W. 67
Hölty, L. Ch. 295
Hofer, A. 270
Hoffmann, E. T. A. 60, 67, 76, 101, 120, 261
Hofmannsthal, H. von 26, 71, 218, 219, 231, 234, 364, 365
Holbach, P. H. d' 61
Holbein, H. 218, 230
Hohenheim, F. von 34
Hohenlohe-Schillingsfürst, Ch. von 346
Homer 22, 68, 128
Horaz 128
Horst, K. A. 55

Hortense, Königin 140
Houssaye, A. 348
Huch, R. 28, 119, 185
Huggenberger, A. 148
Hugo, V. 35, 36, 37, 75, 104, 106, 114, 115, 131, 138, 186, 195, 325, 327, 331, 332, 333, 334, 335, 336, 337, 338, 339, 340, 342, 344, 346, 356, 358, 359, 363, 367, 368, 371
Huguet, L. 200
Humboldt, W. von 58, 243
Humboldt, Brüder 166, 172, 182
Husserl, E. 273
Huysmans, K. J. 346

Ibsen, H. 181, 303, 314, 350
Immermann, K. L. 19, 129, 143
Ingres, J. A. D. 329
Ionesco, E. 360, 368
Istrati, P. 368

Jacobsen, J. P. 160, 303, 305, 314, 347
Jäger, J. W. 89
Jahnn, H. H. 37, 41, 314
Jalabert, P. 122, 123
Jaloux, E. 117
Janin, J. 348
Jaurès, J. 154, 257
Jawlensky, A. 369
Jean Paul F. Richter 41, 57, 58, 66–77, 90, 101–125, 131, 152, 186, 193, 199, 235, 247, 327, 341, 362
Jeanne d'Arc 33, 142, 356
Jessel, L. 199
Joede, F. 309
Joffre, J. 39
Johannes XXIII. 337
Johannes vom Kreuz 193
Johst, H. 28, 95, 182
Joseph II. 21, 322
Joubert, J. 328
Jouhandeau, M. 347

Jouve, P. J. 362
Joyce, J. 191, 281, 315, 369
Juin, A. 40
Jung, A. 81
Jung, C. G. 148, 203
Jung, F. 219
Jung-Stilling, H. 127
Jünger, E. 28, 123, 163, 194, 310, 313, 315, 326, 351
Jünger, G. F. 313
Jury, P. 55

Kalb, Ch. von 68, 84, 86
Kafka, F. 70, 101, 149, 234, 280
Kaiser, G. 28, 366
Kalisch, D. 162
Kandinsky, W. 369
Kant, I. 161, 182, 258
Karl d. Gr. 150
Karl X. 91, 332, 334
Karl-August v. Sachsen-Weimar 22
Karl-Eugen v. Württemberg 34, 85, 222
Karl-Friedrich v. Baden 248
Karr, A. 348
Kasack, H. 27
Kaschnitz, M. L. 135
Katharina von Medici 321
Katharina von Rußland 57, 279
Kauffmann, H. 299
Keller, G. 28, 32, 67, 143, 144, 165, 171, 244, 245
Kempner, F. 283
Kerber, F. 242
Kerner, J. 20, 231
Kernstock, O. 282
Kerr, A. 306
Kessel, J. 368
Kesten, H. 210
Kestner, Ch. 32
Kierkegaard, S. 190, 200, 202, 296, 314, 325
Kirchner, E. L. 183
Kipling, R. 315
Klee, P. 307

Kleist, H. von 20, 40, 41, 54, 81, 102, 155, 166, 181, 183, 185, 187, 188, 193, 240, 323
Klinger, M. 21, 57
Klopstock, F. G. 21, 25, 33, 52, 70, 82, 295, 301, 320
Kock, P. de 348
Körner, Th. 133
Kolb 134
Kolbenheyer, E. G. 28, 235, 236, 252, 268, 285
Kommerell, M. 67
Konfuzius 184, 207
Kopp, R. 123
Korff, H. A. 95
Kotzebue, A. F. 108
Kraus, K. 348
Kretzer, M. 366
Kreuder, E. 47, 210
Kreutzer, C. 251, 261, 262
Krieck, E. 276
Krüger, F. 162
Kußmaul, A. 150
Kutscher, A. 223

Labiche, E. 349
La Bruyère, J. de 21, 173, 322, 347
Laclos, P. Choderlos de 322
Lafayette, Mme de 31
La Fontaine, J. 20, 128, 172
Laforgue, J. 361
Lagarde, P. de 311
Lamartine, A. de 19, 58, 107, 129, 131, 138, 144, 146, 343
La Motte-Fouqué, F. de 172, 296
Langbehn, J. 311
Lanz von Liebenfels 276
Laotse 185, 230
Laroche, S. 86
Lassalle, F. 197
Lasson, A. 182
Latouche, H. de 143
Laurent, M. 24

Lautréamont 113
Laval, P. 359
Lavedan, P. 349
Léautaud, P. 347
Lechter, M. 180
Leconte de Lisle, Ch. 106, 113, 353
Lefèvre-Deumier 112
Lehmann, W. 27, 316
Leibl, W. 136
Leibniz 23, 265, 271
Lemaître, J. 131
Le Nain, Brüder 54
Lenau, N. 20, 301
Lenin, V. I. 56, 135, 353
Lenz, J. M. R. 20
Leonhard, R. 28
Leroux, P. 107
Lesage, A. R. 350
Lessing, G. E. 21, 50, 55
Levetzow, U. von 32
Levin, R. 31
Liä-Dsi 185
Lichtenberg, G. Ch. 19
Lichtenberger, H. 115
Liebknecht, K. 203
Lienhard, F. 143
Liliencron, D. von 25, 176, 300, 301
Lima, P. 371
Linz, G. 29
Liselotte v. d. Pfalz 31
Liszt, F. 87, 333
Littré, E. 30
Löns, H. 309–315
Loerke, O. 27, 28, 189, 313, 347
London, J. 315
Lope de Vega 350
Lorrain, C. 93
Loti, P. 129
Ludendorff, E. u. M. 243, 268
Ludwig XIII. 40, 54
Ludwig XIV. 35, 40, 54, 128, 260, 261, 271, 322
Ludwig XV. 33
Ludwig XVI. 327, 330
Ludwig XVIII. 91
Ludwig-Philipp 36, 91, 332, 343
Lugné-Poe, A. M. 350
Luise, Königin v. Preußen 32
Luise, Großherzogin v. Baden 134
Lukács, G. 87, 286
Luther, M. 35, 78, 79, 185, 220, 222, 223, 234, 237, 244, 258
Luxemburg, R. 72, 203

Mackensen, F. 306
Mac Orlan, P. 361
Macpherson, J. 50, 51, 295, 312
Maeterlinck, M. 350
Mahler, G. 67
Mallarmé, S. 24, 25, 26, 33, 41, 71, 81, 98, 113, 114, 265, 281, 352, 353, 354, 371
Mallet, P. H. 51, 52
Malraux, A. 43, 50, 165, 371
Mandiargues, A. P. de 118
Manet, E. 24, 25, 349, 354
Mann, H. 28, 37, 75, 273, 366
Mann, Th. 28, 37, 67, 69, 101, 146, 160, 165, 170, 178, 196, 221, 264, 273, 345
Manzoni, A. 145, 287
Mao Tse-tung 353
Marat, J. P. 33, 328
Marcuse, L. 210
Maria-Theresia, Kaiserin 32
Marie-Antoinette, Königin 140 ·
Marinetti 183
Maritch, S. 281
Marivaux, P. de 322
Marlitt, E. 308
Marmier, X. 137, 138
Martin, N. 140
Martin du Gard, R. 23, 359
Marx, K. 34, 61, 97, 121, 136, 171, 197, 209, 323, 333
Mathis (Brüder) 240
Matisse, H. 361

385

Maupassant, G. de 146, 165, 301, 349, 354
Mauriac, F. 19, 23, 53, 146, 347
Maurras, Ch. 150, 312
Mayer, H. 23, 42, 63
Mazarin, Kardinal 34
Mehring, F. 36
Meilhac, H. 349
Meister von Meßkirch 259
Melanchthon, Ph. 82
Melville, H. 108, 187, 337
Mendelssohn-Bartholdy, F. 252, 299
Mercier, S. 104, 324–327, 342, 347, 368
Méry, J. 330, 331
Meryon, Ch. 354
Mesmer, F. 61
Metternich, Fürst 21, 110
Meyer, A. R. 183
Meyer, C. F. 48, 144, 171
Meyer, H. 308
Meysenbug, M. von 356
Michelet, J. 106, 324, 343, 356
Mickiewicz, A. 333, 369
Miller, H. 369
Millet, J. F. 136, 296, 306
Milosz, O. de 368
Milton, J. 367
Mirbeau, O. 350
Mistral, F. 19, 129, 147, 149
Modersohn, O. 306, 309
Modersohn-Becker, P. 303, 305, 307, 308
Mörike, E. 20, 72, 79, 102, 110, 128, 136, 150, 247, 297
Möser, J. 128
Molière, J. B. 21, 40, 53, 128, 172, 322, 350
Moltke, H. Graf von 39
Mombert, A. 28, 189, 371
Mommsen, Th. 36
Mondor, H. 24
Monet, C. 25, 93, 277, 307, 349, 355

Monglond, A. 328
Monnier, D. 137, 138, 351
Monnier, H. 351
Montaigne, P. de 56
Montesquieu, Ch. de 51
Montherlant, H. de 23, 359
Morand, P. 40, 359
Moreau, J. V. 261
Moreau, P. 137
Morgenstern, Ch. 299
Morisot, B. 354
Moritz, K. Ph. 121, 295
Mortier, R. 56
Moscherosch, J. M. 34
Moses, Grandma 156
Mosès, S. 122
Moser, J. J. 79
Mozart, C. 114
Mozart, W. A. 60, 67, 88, 322
Münchhausen, B. von 28
Münsterer, O. 224
Murasaki 42
Murger, H. 135, 342
Muschg, W. 210
Musil, R. 189, 264, 365
Musset, A. de 74, 106, 107
Muther, R. 204

Nadler, J. 19
Napoleon I. 29, 35, 36, 38, 51, 91, 94, 102, 140, 141, 142, 155, 225, 228, 239, 248, 259, 261, 271, 275, 279, 328, 329, 370
Napoleon III. 27, 36, 81, 134, 135, 140, 142, 336, 342, 351, 353
Necker, J. 102, 330
Nerrlich, P. 115
Nerval, G. de 19, 25, 41, 75, 106, 107, 108, 109, 112, 132, 146, 342, 343, 348, 352, 364
Neumann, R. 269
Ney, M. 336
Niclas, Y. 189

Nicolai, F. 162
Nietzsche, F. 40, 75, 81, 83, 101, 114, 121, 131, 171, 181, 189, 234, 238, 240, 268, 283, 285, 345
Nodier, Ch. 106, 138, 348
Nolde, E. 308
Nonne, J. H. 268
Novalis 197

Oberlin, J. J. 154, 185
Oetinger, F. Chr. 78, 87, 89
Offenbach, J. 199
Ossian, cf. Macpherson
Otto d. Gr. 151
Otto, W. F. 274

Pagnol, M. 360
Pailleron, E. 112, 113
Pannwitz, R. 189
Paracelsus 244
Parmenides 247
Pascal, B. 21, 56, 344
Pasolini, P. 281
Patterson, H. T. 104
Paulus, H. E. G. 95
Péguy, Ch. 25, 85, 119, 146, 153, 257, 346, 356
Pergaud, L. 146
Pergolese, J. B. 60
Perrault, Ch. 21, 128
Pestalozzi, J. H. 129, 137
Pétain, Ph. 39
Peter I. 57
Pettenkofer, M. 123
Pfeffel, G. K. 154
Pfitzner, H. 67
Philippe, Ch. L. 146, 360
Picasso, P. 307, 361, 369
Pichler, C. 109
Pichois, C. 101, 107–111, 122, 123
Pirandello, L. 198
Piranesi, J. B. 50
Piscator, E. 198

Pitaval, F. G. de 325
Pitoëff, G. 370
Platen, A. Graf von 19, 296, 297
Plato 182
Po-Chü-yi 223
Poe, E. A. 112, 113, 326
Poelitz, C. H. L. 107
Polenz, W. von 147
Polgar, A. 37
Pompadour, Marquise de 33
Pompidou, G. 371
Porto-Riche, G. de 349
Pound, E. 281
Pourrat, H. 146
Pouvillon, E. 143
Prätzel 297
Prévert, J. 321, 362
Proudhon, J. P. 136, 333
Proust, M. 21, 25, 56, 67, 117, 118, 146, 231, 316, 363, 364, 365
Puccini, G. 181, 342
Puschkin, A. 112

Queneau, R. 146, 362
Quinet, E. 106, 299, 343

Raabe, W. 22, 67, 102, 144, 151, 171, 215, 301, 312, 340, 352
Rabelais, F. 56, 321
Racine, J. 21, 322
Raimund, F. 261
Rameau, J. Ph. 59, 60
Rasch, W. 67
Ratzel, F. 150
Ravier, A. 299
Régnier, H. de 114
Rehm, W. 75
Reinhard, Graf 84, 91, 327
Reitzenstein, S. von 248
Rembrandt 70
Renan, E. 75, 106, 129, 244
Renard, J. 347

Renoir, A. 93, 355
Restif de la Bretonne, N. E. 130, 135, 324, 325, 326, 342, 344, 347
Retz, Kardinal 34, 322, 363
Reuchlin, J. 82, 275
Reuter, F. 20, 280, 301
Reuter, H. H. 171
Ribbentrop, J. von 359
Richelieu, Kardinal 18, 19, 22, 29, 38, 329
Richter, L. 70, 133
Richter, S. 118
Rickert, H. 182
Rilke, R. M. 20, 35, 52, 95, 97, 101, 146, 153, 249, 264, 302, 303, 305, 313, 343, 370
Rimbaud, A. 33, 81, 98, 113, 167, 336, 367, 371
Robert, H. 50
Robespierre, M. de 84, 102, 328, 330, 332
Rodin, G. 305, 307
Roethe, G. 266
Rohlfs, Ch. 308
Rolland, R. 35, 37, 40, 266, 347, 356, 357
Rollinat, M. 302
Romains, J. 146, 357, 358, 359
Rosegger, P. 236
Rostand, E. 350
Roswitha von Gandersheim 42
Roth, J. F. 132
Roth, J. 370
Rotteck, K. von 142
Rousse, E. 113, 115, 119
Rousseau, H. 156, 361
Rousseau, J. J. 21, 34, 36, 40, 51, 54, 58, 72, 74, 75, 92, 103, 118, 119, 121, 129, 130, 140, 323, 324, 325, 329, 330, 334, 370
Rousseau, Th. 306
Rückert, F. 19, 41
Ruskin, J. 303

Ruths, V. 299

Saint-Exupéry, A. de 23
Saint-John Perse 370
Saint-Just, L. de 85
Saint-Martin, L. C. de 334
Saint-Simon, L. duc. de 34, 40, 322, 363
Saint-Simon, C. H. comte de 136, 325, 333, 338
Sainte-Beuve, Ch. A. 80, 87, 90, 108, 138
Salacrou, A. 360
Salomon, E. von 180
Sand, G. 31, 130, 131, 138, 143, 144, 146, 296, 341, 348
Sardou, V. 349
Sarraute, N. 40, 54, 279, 369
Sartre, J. P. 21, 37, 43, 214, 217, 256, 282, 283, 360
Schadow, J. G. 162
Schaefer, W. 28, 148, 228, 235, 239, 285
Schaeffer, A. 309
Schaffner, J. 242, 251, 280
Scheerbart, P. 186, 198
Scheler, M. 24
Schelling, F. W. 76, 78, 79, 82, 85, 94, 150, 334
Schickele, R. 28, 154
Schiller, F. 19, 21, 26, 37, 49, 53, 55, 56, 57, 58, 59, 64, 68, 69, 74, 79, 81, 83, 85, 86, 89, 92, 101, 108, 150, 153, 180, 206, 225, 230, 260, 323, 325, 327, 337, 339, 340, 341, 346, 366
Schillings, M. von 28
Schinkel, C. F. 162
Schlageter, L. 96, 270
Schlegel, A. W. 69, 80, 145
Schlegel, C. 31
Schlegel, F. 19, 58, 190
Schmid, Siegfr. 79
Schmidt, Arno 20, 315

Schneider, Reinh. 154
Schneller, F. 148
Schnitzler, A. 364
Schöfer, E. 234, 281
Schönberg, A. 303
Schönemann, L. 32
Schönherr, K. 269
Schöpflin, J. D. 154
Schopenhauer, A. 76, 97, 113, 181
Schrimpf, H. J. 274
Schröder, R. A. 178, 264
Schubart, Ch. D. 79, 222, 223, 225, 228
Schubert, F. 252
Schulze, E. 80
Schumann, R. 67, 118
Schwan, A. 272
Schweitzer, A. 72, 126, 127, 148, 156, 185, 269, 270, 273
Schwind, M. von 133
Sciobéret, P. 137
Scott, W. 138
Scribe, E. 113, 349
Sealsfield (Karl Postl) 310
Seele, J. B. 261, 262
Sei Shonagon 42
Seidel, H. 352
Seidel, I. 28, 170
Senancour, E. de 87, 328
Senghor, L. S. 279, 371
Sérusier, P. 307
Servet, M. 83
Seume, J. G. 249, 287
Sévigné, Mme de 21, 322, 363
Shaftesbury, W. 60
Shakespeare, W. 42, 50, 105, 108, 350
Shaw, G. B. 350
Siemens, W. von 185
Simenon, G. 360
Simmel 182, 276
Simon, L. 307
Simrock, K. 140
Sinclair, I. 89, 90

Soehle, K. 314
Sophie-Charlotte v. Preußen 32
Soutine, Ch. 370
Souvestre, E. 143
Sozzini, F. 83
Spazier, R. O. 110
Speckmann, D. 311
Spener, Ph. J. 185
Spengler, O. 182, 206
Sperber, M. 368
Spielhagen, F. 164, 366
Spinoza, B. 265, 278
Spitteler, C. 245
Spitzweg, C. 70
Spranger, E. 159, 172
Staël, Mme de 31, 75, 80, 102, 103, 105, 106, 108, 118, 133, 145, 295, 328, 330, 341
Stahl, H. 314, 319
Stalin, J. 43
Stapfer, P. 115
Stauffenberg, C. Schenk Graf von 38, 95
Stehr, H. 280
Stein, Ch. von 32
Stein, G. 369
Stendhal 53, 88, 108, 112, 123, 186, 333, 334, 341
Sternberger, D. 284
Sterne, L. 61, 67, 108, 123
Sternheim, C. 37, 184, 251, 366
Stifter, A. 20, 67, 102, 144, 246, 301
Stinde, J. 161
Stolz, A. 148
Storm, Th. 22, 160, 171, 299, 300, 301, 315
Storz, G. 127
Stoß, V. 200
Straub, A. 224
Strauß, D. F. 238, 244
Strauß, E. 148
Strauß, R. 26
Strawinsky, I. 369
Strindberg, A. 203, 350

Stroomann, G. 150
Suarès, A. 362
Sudermann, H. 161
Sue, E. 142, 333, 340, 366
Süß-Oppenheimer 33
Swedenborg, E. 334
Swift, J. 72

Tagore, R. 357
Talleyrand, Fürst 90, 91
Taube, O. von 235
Tauler, J. 200, 202, 203
Terenz 42
Theokrit 128, 235
Therese v. Lisieux 33
Theuriet, A. 143
Thiess, F. 316
Thoma, H. 136
Thoma, L. 34, 351
Thomas v. Aquin 201, 278, 285, 324
Tieck, L. 19, 162, 295, 324
Tillier, C. 143
Tizian 219
Tolstoj, L. 72, 147, 171, 185, 235, 303, 314, 350
Toubin, Ch. 137
Toulouse-Lautrec, H. de 354
Trakl, G. 97, 249, 275
Triolet, E. 279, 368
Troeltsch, E. 26
Troyat, H. 368
Tschechow, A. 171, 300
Tu-Fu 321
Tulla, J. G. 248
Turgenjew, I. 310, 314, 369
Turgot, A. R. J. 51

Uhland, L. 20, 28, 79, 133, 154 231
Unruh, F. von 28
Utrillo, M. 357

Valentin, K. 223
Valéry, P. 24, 25, 324

Vallès, J. 351
Velut, P. 120
Vercingetorix 141
Vergil 128, 235, 247
Verhaeren, E. 354, 357, 367
Verlaine, P. 113, 352, 371
Verne, J. 187
Veuillot, L. 351
Vigny, Alfred de 74, 106, 107, 312, 320, 332, 334, 343, 358, 367, 368
Vildrac, Ch. 357
Villers, Ch. de 105
Villiers de l'Isle-Adam 112
Villon, F. 56, 223, 321, 352
Viollet-le-Duc, E. 141
Vischer, F. Th. 80
Vivaldi, A. 55
Vogeler, H. 305, 306
Volland, S. 48, 51
Voltaire 35, 36, 56, 97, 102, 322, 328
Voß, J. H. 140, 295

Waiblinger, W. 80
Wais, K. 60
Wagner, Ch. 90, 155, 156
Wagner, H. L. 327
Wagner, R. 52, 97, 114, 142, 150, 156, 171, 181, 220, 235, 236, 240, 259, 266, 273, 283, 285, 321, 333, 336, 345
Walden, H. 183, 196, 202
Wallenstein 186
Wassermann, J. 28, 340
Weber, C. M. von 252
Wedekind, F. 37, 75, 223
Weill, A. 131, 132
Weinbrenner, F. 127
Weinheber, J. 250, 268
Weisgerber, L. 243, 244, 248, 249
Weiß, E. 370
Welcker, K. Th. 142
Werfel, F. 28, 33

Wessenberg, I. H. von 142, 248
Wey, F. 137
Whitman, W. 354, 357, 367
Wieland, Ch. M. 21, 55, 56, 86, 109, 220
Wilhelm II. 36, 135, 141, 170, 194, 345
Wille, B. 172
Willemer, M. 32
Winckelmann, J. J. 50, 93
Wolfenstein, A. 367
Wolfskehl, K. 26
Wolzogen, E. von 58
Wothe, A. 308

Zedler, J. H. 63
Zellweger, R. 128, 130
Zelter, K. F. 58, 160
Zeppelin, F. Graf von 127
Ziegler, L. 199
Ziesel, K. 58
Zimmern, Grafen von 258, 259
Zola, E. 24, 36, 37, 56, 130, 146, 171, 182, 184, 197, 198, 344, 345, 346, 350, 354, 355, 358, 359, 366
Zschokke, H. 109, 137
Zweig, St. 264
Zwingli, U. 78

Nachweise

Die Texte wurden aus folgenden revidierten Ausgaben zusammengestellt:

Dichter in der Gesellschaft, 2. Auflage 1967, Insel Verlag 1966
Alfred Döblin zwischen Osten und Westen
Paris in der französischen Literatur (1760–1960)

*Hölderlin unter den Deutschen und andere Aufsätze
zur deutschen Literatur*
edition suhrkamp 275, 2. Auflage 1970, Suhrkamp Verlag 1968
Jean Paul oder die Verlassenheit des Genius
Hölderlin unter den Deutschen
Über eine Randfigur bei Fontane
Brecht und die wiedergefundene Großmutter
Heidegger und Hebel oder die Sprache von Meßkirch

Acht Essays zur Literatur
Fischer Bücherei 983, Fischer Bücherei GmbH 1969
Warum Dichterakademien?
Diderot, ein stürmischer Freund der Menschen
Jean Paul in Frankreich
Johann Peter Hebel und die französische Heimatliteratur
Lüneburger Heide, Worpswede und andere Heide- und Moorlandschaften

Zeittafel

1902 geboren am 23. 8. im elsässischen Städtchen Wasselonne
1909 Gymnasialzeit in Straßburg
1919–1921 Musik- und Philosophieunterricht bei Albert Schweitzer
1921 Aufnahme in die Ecole Normale Supérieure, Paris
1923 Gründung einer Gruppe zum Empfang deutscher Schriftsteller in der Ecole Normale Supérieure (darunter W. Mehring, Tucholsky, E. R. Curtius, Th. Mann, Hofmannsthal, H. Mann)
1927–1933 Lektor an der Universität Straßburg
1934 Universität Nancy
1936 dort Professor für deutsche Literatur- und Kulturgeschichte. Habilitationsschrift: »*L. Tieck, un poète romantique allemand*« und »*Die religiöse Entwicklung von K. Ph. Moritz*«
1937 Beginn der Freundschaft mit A. Döblin. Enge Kontakte zur Emigration
1939 bis Juni 1940 bei Jean Giraudoux im Informationsministerium
1940 interimistische Professur an der Universität Grenoble, da aus politischen Gründen Rückkehr nach Nancy nicht möglich
1944 Flucht vor der Gestapo
1945 Rückkehr nach Nancy
1947 »*Allemagne et Allemands, histoire culturelle*«. Mitbegründer des Komitees »Aufnahme der Beziehungen mit einem neuen Deutschland«
1951 Professur an der Sorbonne
1952 Korr. Mitglied der Akademie der Wissenschaften und der Literatur, Mainz
1956 Chefredakteur der Zeitschrift »Allemagne d'aujourd'hui«
1957 Professur am Collège de France, Paris
1958 Mitglied der Académie septentrionale, Paris
1963 Hebelpreis des Landes Baden-Württemberg
1965 Dr. h. c. der Universität Tübingen
1966 Aufbau des Albert-Schweitzer-Archivs in Günsbach »*Dichter in der Gesellschaft*«.
1967 Chefredakteur des alljährlich erscheinenden *Panorama des événements mondiaux, encyclopédie permanente.*
1970 Mitglied der Akademie der Künste, Berlin

Robert Minder
im Insel Verlag

Dichter in der Gesellschaft. Erfahrungen mit deutscher und französischer Literatur. 1966

Hebel, der erasmische Geist. Einleitung zur Ausgabe Johann Peter Hebel. Werke. Herausgegeben von Eberhard Meckel. 2 Bände. 1968

im Suhrkamp Verlag

Glaube, Skepsis und Rationalität
suhrkamp taschenbuch wissenschaft 43. 1973

Kultur und Literatur in Deutschland und Frankreich
5. Essays
suhrkamp taschenbuch 397. 1977